Cuando florezcan los eucaliptos *Rafael Tobar*

Cuando Florezcan los Eucaliptos

La persistencia de la memoria a través del tiempo

Rafael Tobar

Tea House Publishing

Miami, Florida - USA

Author: Rafael Tobar
Cover and back cover design by the author.
Photo: "Eucaliptos del cementerio", by
Guillermo Diomedes Gómez.
All pictures and illustrations are property of the author.

Copyright © 2008 by Rafael Tobar
All rights reserved. No part of this book may be reproduced in any form or by any electronic or mechanical means, including information storage and retrieval systems, without permission in writing from the Publisher, except by a reviewer who may quote brief passages in a review.
First Paperback Edition, 2008
Library of Congress Cataloging-in-Publication Data
Made the deposit according the law
Library of Congress Reg. TXU001645749
Tobar Rafael
"Cuando florezcan los eucaliptos".

ISBN-13: 978-0-615-23041-2
ISBN-10: 0-615-23041-5

Printed in the United States.
For further information address to:
Tea House Publishing
Email: teahousepub@rtspecialties.com

Comente este libro en:
www.rtspecialties.com/blog1

V.5.1

*A mis amigos y familiares
que me han antecedido en el ciclo vital.*

Cuando florezcan los eucaliptos *Rafael Tobar*

*A mis hijos,
Juan Carlos, María del Mar,
Raphael, Justin,
y a mi hermano Oscar,
por su constante apoyo
en la realización de esta obra.*

Nota del editor.

Tener una visión comprensiva de Rafael Tobar, es un desafío que nos obliga a mirar con detenimiento este ingenioso y creativo autor, que ha incursionado con éxito en diferentes géneros del arte, como lo demuestran sus pinturas, sus composiciones musicales y la destreza en su trabajo como diseñador gráfico.

Son virtudes que acompañan a Rafael desde su temprana infancia, allá en su pueblo natal, El Tambo, luego en el Popayán de sus amores, en la Cordillera de Los Andes y en el Litoral Pacífico, escenarios mágicos de los cuales emergen las inquietudes artísticas y su sensibilidad que marcan una perseverante y firme personalidad.

Tobar, desde muy temprano demostró tener una mente independiente y curiosa para asombrarse de lo que le rodeaba. A los seis años descubrió sus habilidades para dibujar. Se emocionaba al ver cómo las imágenes que observaba iban quedando en el papel con la plasticidad que inspiraba su amado terruño.

Aprendió con su padre el arte de la fotografía y en su adolescencia alternó su tiempo en el estudio de distintas expresiones artísticas y técnicas. En 1965 emigró a Los Estados Unidos. En los años setenta incursionó con otros entusiastas en la música electrónica.

Hoy, en medio del volumen de obras de la ya variadísima y excelente producción literaria de autores colombianos, nos encontramos con una obra que sobresale por varias razones.

El autor describe con realismo y sencillez, su niñez y adolescencia, en relatos llenos de anécdotas y comentarios, luego sus aventuras en la Cordillera Occidental de los Andes, por la costa del Pacífico caucano y por la Cordillera Central, con las campañas de cedulación de La Registraduría Nacional del Estado Civil en los años sesentas.

Pocos autores tienen la mágica virtud de identificar al lector con sus vivencias, como lo hace Rafael, por medio de una serie de inspiradoras y entretenidas narraciones y divagaciones científicas y filosóficas, con un espíritu de presencia continental, no sólo sobre el acaecer de su vida, sino sobre el país, la sociedad y la existencia en general.

"Cuando florezcan los eucaliptos", es una obra que cautiva la atención desde la primera página hasta la última.

Tea House Publishing.

PROLOGO.

Colombiano de nacimiento y estadounidense por adopción, tal es la nacionalidad de este personaje que hoy lanza a la luz pública su libro **"Cuando Florezcan los Eucaliptos",** editado en Miami, Estados Unidos, ciudad en la cual fijó su residencia desde hace más de cuarenta años.

Sorpresivamente recibí el encargo de la revisión de esta obra literaria, en borrador que me llegó a través de los medios electrónicos. Al agradecer la confianza y la distinción que para mi significó el haberme escogido para tan exigente tarea, me di a la lectura de sus 440 páginas y puedo afirmar que antes de llegar a las primeras diez, ya era cautivo de su contenido.

Rafael es conocido y recordado por muchos en la ciudad de Popayán, Colombia. Sus primeros años en esa ciudad, su juventud y adolescencia y una corta etapa de su madurez, transcurrieron allí, donde hizo sus estudios y donde dejó honda huella entre sus relacionados y amigos por la brillantez de su mente y las demostraciones de sus talentos naturales, como artista dibujante y como músico; y por su creatividad en las variadas actividades a que se dedicó.

Sería redundante, por supuesto, entrar a describir esa etapa de su mocedad, cuando está deliciosamente relatada en los primeros capítulos de su obra. Es curioso que tratándose, en síntesis, de la autobiografía de alguien que no ostenta celebridad en su país natal, logre captar y aprisionar de tal modo la atención de quien acceda a su lectura y que, aun sin conocerlo, empieza a admirarlo.

Bastaría con leer la trascripción que hace el autor de un conjunto de anotaciones de su diario de vida, escrito en hojas arrancadas de su cuaderno escolar, cuando apenas barruntaba la edad del conocimiento y la razón. Son percepciones del entorno en que su mente despertaba al mundo y sus vivencias. Y al leerlas, el libro se apega a nuestras manos de manera que ya no es posible renunciar a recorrer el camino que nos trazan las siguientes páginas, hasta el punto final donde expresa su íntimo deseo de regresar al terruño, en algún verano …**cuando florezcan los eucaliptos.**

No deja de ser curioso que las cuatro décadas vividas en Estados Unidos no parezcan marcar para el autor una huella representativa de sus memorias. Como si su vida se hubiera estancado al salir de la patria, de modo que su inspiración arrojase sus anclas allí y sus remembranzas limitasen con su éxodo, pero no es así, es la respuesta al pedido de sus hijos de relatar los primeros 25 años de una existencia que para ellos era un misterio, y da a entender que habrá un segundo libro que concluye en una serie de relatos vividos en los Estados Unidos.

Partiendo del Barrio Valencia de Popayán al que dedica sus primeras líneas y recuerdos, inicia la travesía de sus evocaciones con una afortunada semblanza del espíritu y del carácter del payanés genuino.

Los eucaliptos de la avenida al cementerio central y sus esporádicas floraciones sembraron en su interior profunda huella, hasta traducirse en el *leit motiv* que lo ha venido acompañando a través de su existencia, para plasmarse en el espléndido libro que hoy pone generosamente a disposición de los amigos lectores.

Sus tiempos de bohemia, la magia de sus aventuras a través de la geografía caucana desde los riscos andinos hasta el litoral pacífico, las semblanzas de sus tíos sacerdotes, de la tía Bertilde y de toda su familia, anécdotas y peripecias de juventud, el niño del balcón, sus exposiciones artísticas de pintura y fotografía, el embrujo del tango, la percepción de su universo infantil, los encuentros con la guerrilla del Capitán Rayo, "El prisionero de Usenda", Grethel y El Mejor regalo de Navidad, dos capítulos cargados de una ternura infinita, la descripción de lugares exóticos como los esteros del río Timbiquí, las cacerías con sus compañeros de colegio, las cimas de los Andes, travesuras y picaresca, fotografías e ilustraciones, en fin, temas todos que, si bien pudieran parecer intrascendentes, adquieren por arte de su palabra y su narración fluida y caudalosa de sentimientos, importancia inusitada para el lector.

Recorrer las páginas de *"**Cuando Florezcan los Eucaliptos**"* es entrar al país donde todo parece tan real y tan fantástico al propio tiempo, que nos incitan a morar en los reinos del encantamiento, de la nostalgia y de la ensoñación.

Jaime Vejarano Varona.

Nota: Jaime Vejarano, notoria figura del mundo literario, es miembro de la Academia de Historia del Cauca y su vicepresidente desde 1982. Cofundador del grupo parlatorio de "La tertulia payanesa", miembro del Círculo de Periodistas del Cauca, de la Sociedad Bolivariana de Colombia y de la Asociación Caucana de Escritores. Es corresponsal de varios periódicos nacionales y autor de numerosas crónicas costumbristas. Entre sus obras más conocidas se encuentran "Popayán Relicario de Colombia", "Popayán en su anécdota", "Estampas de mi ciudad, y una obra inédita titulada, "Cantos del corazón."

RAFAEL TOBAR.

Cuando florezcan los Eucaliptos.

Prefacio.

Mis hijos a menudo miraban los álbumes de fotografías de mis primeros 25 años en Colombia, Sur América, mi país natal, con cientos de fotografías de regiones exóticas para ellos y llenas de misterio. A veces me preguntaban la razón de esas fotos tan diferentes a las de los demás álbumes de la familia y parcialmente les relataba algunas anécdotas relacionadas con mis experiencias juveniles. A medida que crecían, aumentaba su interés por saber más sobre el país de su padre. Para ellos Colombia es tan exótica como la Mongolia o la China provinciales, porque las fotografías no mostraban casi nada de la vida urbana sino montañas, mares, y gentes humildes de las aldeas y poblaciones de la región del Cauca. Esas poblaciones y pequeñas aldeas no se pueden comparar con las de los Estados Unidos, ni siquiera con las poblaciones de Texas o

California con gran influencia española e indígena. Las aldeas colombianas constituyen una arquitectura única y característica de la región andina y de la costa del Cauca, un Departamento en el Suroeste de Colombia, cercano al Ecuador.

-Papá, debes escribir tus andanzas por esos mares y montañas, prácticamente nosotros no sabemos nada de tus años juveniles-. Dijo Juan Carlos, el hijo mayor.

-Eso da para escribir un libro de muchas páginas-. Les dije.

María del Mar aplaudió la idea de su hermano, exclamando,

-Hoy tienes tiempo de sobra para relatarnos tus historias. Sería fascinante. Así tendrás algo qué contarles a nuestros hijos para que te conozcan mejor-.

Raphael Francisco no fue menos entusiasta con la idea de sus hermanos.

-*Dad*, ¿por dónde has andado? –Preguntó, viendo las fotos en las que aparecía sobre una precaria canoa y con un sombrero de corcho en la cabeza.

-Tú has sido como un Indiana Jones, con una vida llena de aventuras y experiencias en lugares que nosotros ignoramos, pero estamos ansiosos por conocer-.

Nunca me había tomado el tiempo de valorar mis experiencias infantiles en mi tierra natal ni mis aventuras juveniles, a pesar de recordar con añoranza esos primeros 25 años de mi vida en Colombia; la música de aquellos tiempos evocaba esos lugares maravillosos que en mi juventud recorrí.

La vida me regaló una cantidad de herramientas para observar el mundo con ojos especiales, buscando la razón de las cosas, tratando de escudriñar más allá de la superficie con el fin de encontrar una constante que hiciera más fácil su conocimiento haciendo un esfuerzo consciente para encontrarle sentido a la existencia, en un concepto total de lo que significa existir. Cada cual lo encuentra a la medida de sus fuerzas y sus conocimientos, yo lo encontré en las artes y las ciencias.

Desde la edad de seis años observaba a mi padre revelando fotografías en el cuarto oscuro; me asombraba ver cómo la imagen iba emergiendo del blanco papel, pero había un momento en que era necesario sumergirla en el líquido fijador, de lo contrario se volvería completamente negra, hasta hacerse inservible. La vida es un eterno devenir en donde es necesario tomar las decisiones acertadas en el momento adecuado, de lo contrario se perderían las oportunidades que ella nos brinda. Mis observaciones infantiles me revelaron un cúmulo de enseñanzas empíricas que sirvieron de base para enfrentar y resolver los problemas vitales encontrados a lo largo de los años.

Los hechos de los seres humanos pueden parecerse entre sí, pero como las huellas dactilares, nunca serán iguales. El camino que recorre cada persona en su tiempo vital es único, porque esa persona también es única, es un universo en sí que nos coloca ante vivencias y emociones muy interesantes de contar, para provecho de la persona que las escucha.

La vida del ser humano tiene un valor incalculable. Es admirable el soldado que da su vida por un ideal, es la máxima ofrenda que puede dar. Ese soldado nunca en la historia del universo entero volverá a existir, no habrá otro igual por los siglos de los siglos. Por tanto, la grandeza de la existencia está en la virtud de diferenciarnos los unos de los otros, porque somos asimétricos, todo en el universo es así, es su naturaleza, esta cualidad trae la diversidad y la diversidad hace que no haya nada igual, sólo así es posible el cambio, la fluidez y la evolución. Sin embargo todo tiende a la simetría y humanamente la preferimos.

En conclusión, los hechos de mi vida son únicos y pienso que sí vale la pena contarlos. Quedaré satisfecho si mis experiencias, goces y sufrimientos, sirven de ejemplo al lector para trasmitir en su ánimo el provecho espiritual y emocional esperado.

Resuelto en este empeño, ya casi retirado del mundanal ruido y desde la cima de mi vida, doy paso a la evocación de lo que una vez fue y hoy sólo existe en la memoria.
Siempre es grato recordar hechos pasados que fueron tan nuestros y mejor todavía escribirlos, es una manera de darle significado a las circunstancias que pasamos por alto, que van quedando guardadas en el baúl del olvido y que al abrirlo brotan para conectarse unas con otras formando entre sí un todo coherente, cosas y hechos que nos dan la razón de ser y la identidad con la que nos distinguimos de los demás.
Allí, en donde el pasado y el presente se reúnen para darle sentido a los hechos del futuro todo está entrelazado en una red de tiempo y espacio por donde discurrimos, hacemos, pensamos y creamos, donde interactuamos con los demás seres cuya presencia nos influye e influimos. Así comencé a darle forma a un relato que aclarara las incógnitas escondidas en la niebla que cubría mis años juveniles, y a la distancia temporal de cuarenta y siete años evoqué escenas de esos lejanos días, las personas con las que conviví y hoy no están aparecieron para recrear el papel que habían desempeñado en vida.
Me situé en los años sesenta como punto de partida, la calle de mi casa se llenó de su cotidiana algarabía, vi a mi tía caminando por la calle sexta y a mis vecinos en sus labores cotidianas. Era un despertar más en la ciudad, en donde la gente se levantaba al diario laborar con la confianza de ver el sol mañanero que parecía subir sobre la Cordillera Central y se escondía horas después detrás de las montañas azules de la Cordillera Occidental, sin percatarse de que en realidad es nuestro planeta el que gira sobre su eje.
Era un mundo concebido para crear en sus habitantes una confianza milenaria. Las cosas eran así y se tomaban con esa resignación y humildad cristianas tan comunes en los países que fueron colonizados por los españoles. Pensé en la efímera temporalidad de los seres humanos, en los que se fueron para siempre, en la persistencia de nuestra memoria haciendo esfuerzos por mantener el recuerdo de hasta lo más insignificante de nuestras vidas y de lo pequeños que somos, atrapados en un momento y en un lugar de este vasto e inteligente planeta que es nuestro navío. Y,

simplemente, comencé a describir las escenas que mi memoria evocaba.

(He colocado las coordenadas de los lugares visitados para que los aficionados a la geografía, con el programa Google Earth, me acompañen virtualmente en este fascinante viaje).

Me transporté a El Tambo, (2.27.02 Norte – 76.47.55 Oeste) al pueblito de mi niñez allá en Sur América, y a Popayán, (2.26.09 Norte – 76.36.22 Oeste), la ciudad de mi adolescencia, la patria del corazón escondida en un pequeño rincón, en donde viven los seres que junto a nosotros interpretaron su papel en el gran teatro de la vida.

Pero, más interesante aun, fui al encuentro con ese niño inquieto lleno de mil preguntas en un mundo infantil y después con el adolescente que maduraba, un poco más complicado, queriendo entender y develar las incógnitas existenciales.

Él me mostraba su época y la concepción pura de sus experiencias, en una perspectiva llena de dinamismo a través de las imágenes que sus actos me evocaban. Muy interesante, porque escribir este libro fue un trabajo de dos, un *"Joint venture"*, una aventura que habíamos emprendido juntos, él en el pasado desde los años cuarenta y cuatro y yo en el presente. Fue una agradable experiencia llena de reflexiones que me ayudaron a completar círculos dejados a medio cerrar en el transcurso de la vida.

Barrio Valencia.

Todo comenzó en el Barrio Valencia, diría yo, un lugar conformado por un conjunto de seres de clase media y media alta pintoresco y único al oeste de la ciudad.

Eran personas que no demostraban su gran calidad humana sino cuando se escudriñaba dentro de ellas, porque el carácter del

1 - Barrio Valencia, Popayán, 1960

payanés es reservado, muy diferente al del costeño o al del antioqueño, que son personalidades expresivas y espontáneas.

Pero esa estampa del payanés taciturno y casi indiferente se rompe con la conversación para revelar un riquísimo mundo interior, con anécdotas a cuál más interesantes y una vena humorística desbordante de espontaneidad que cuenta las historias con cierto aire de guía de museo, con un academicismo del cual él mismo no es consciente, pero es encantador porque al final de la conversación terminamos con una sensación de habernos enriquecido espiritualmente, de ser más instruidos, más reflexivos y si se quiere, más de allí.

En Popayán sus habitantes están pisando tierra en todo momento, sin embargo el visitante tiene la percepción de haber regresado al pasado, pero esa sensación se rompe con el sonido de los vehículos motorizados o con el de las telenovelas filtrándose por las ventanas de las casas solariegas. El visitante detesta esos sonidos, quiere continuar en el pasado sin interrupciones que detengan esa maravillosa y única vivencia que la ciudad ofrece.

Hasta la naturaleza concierta presentaciones espectaculares dejándonos ver en algunas ocasiones el nevado volcán, tan diáfano y nítido que creemos tocarlo si alargáramos la mano. Y con sus casi constantes y paradisíacos 20 grados centígrados que hacen agradable el clima durante todo el año.

Si en un barrio, la comunidad adquiere su propia distinción como colmenas que generan cierta clase de miel de acuerdo con las flores que se siembran alrededor, las gentes de Popayán se dividen en grupos: los de la rancia aristocracia, por lo general la clase dirigente, sobretodo de ascendencia española, y varios de origen judío, esta última muy influyente económicamente, son prácticamente los dueños del comercio del centro de la ciudad, como sucede en muchas ciudades de Colombia y el mundo, pero pocos se dedican a la política y no se confunden con las demás etnias. La clase media, compuesta por los trabajadores de oficina, el sistema de gobierno y de servicios y por último la clase obrera, importante fuerza vital para que la maquinaria funcione normalmente.

Sin embargo, bien puede haber familias de clase alta media. Son familias de abolengo, pero sin medios económicos, por lo tanto se han visto reducidas a vivir con la gente de escasos recursos económicos.

La cultura promedio de los habitantes de Popayán es alta. La gente de esta ciudad tiene fama de poseer finas maneras en donde la cortesía parece ser una constante y lo demuestran en todo momento. Son, como decía, de carácter apacible, dados a la buena lectura, a la música y a las artes en general y, sobretodo poseen un humor desbordante lleno de pinceladas ingeniosas, de juegos de palabras que hacen desternillar de risa a quien las oye.

Los turistas, al pasar por este lugar perciben el ambiente de una ciudad *"sui generis"*, muy apegada a sus costumbres ancestrales ligadas en su mayoría a sus creencias religiosas. Son importantes las procesiones de la llamada, Semana Santa, temporada cuando en solemne ceremonia se exhiben por las calles las imágenes de los santos de las iglesias, colocadas en pesadas *"andas"* y a hombros de ciudadanos ataviados con túnicas. En cierta forma recuerda las procesiones de la semana santa en Sevilla pero la gente no acompaña en tumulto las andas como en la ciudad española. En Popayán los devotos con velas encendidas acompañan la caravana caminando a ambos lados de la calle y los capuchones de los portadores de las andas, llamados *cargueros*, no les cubren el rostro.

Todas estas manifestaciones míticas, heredadas de los españoles se han ido reproduciendo de generación en generación desde los tiempos coloniales, mejoradas con adiciones criollas, como las bandas de música y las *sahumadoras*, llamadas también *ñapangas*, fruto de la mezcla del español con la mestiza criolla llevando vistosas polleras y blusas, dejando ver sus esbeltos cuellos y hombros con bellos bordados sobre la blanca tela y queman incienso en un hornillo dentro de una canastilla adornada con flores.

Las creencias ancestrales de la religión mantienen a la población unida en un solo credo, del cual hacen gala precisamente en esa semana, también llamada La Semana de Pasión.

Podría decir que todo comenzó aquí pero en realidad fue cuando papá y mamá contrajeron matrimonio.

La boda de mis padres.

El 20 de Octubre de 1936 contrajeron nupcias en una finca llamada "El Llano", la casa de los abuelos maternos cerca de El Tambo, a treinta kilómetros de Popayán y sería el querido tío Sacerdote, Rafael Solarte, hermano de la abuela Carmen, quién les leyera la epístola de San Pablo. La fiesta estuvo amenizada por una orquesta de música de cámara en un ambiente campestre lleno de flores y rodeados por sus amistades, autoridades y gentes de El Tambo y Popayán.

Días antes de la boda el Padre tío, (así llamaban los familiares al Sacerdote), le apaciguaba los temores a su hermana hablando positivamente del candidato a esposo de su hija, el joven telegrafista de la población. La familia Gómez Solarte fue conformada por Milciades Gómez Guzmán y Carmen Solarte, de cuya unión nacieron el tío Jorge Tulio, Bertilde, Ruth Elisa mi madre y María. El abuelo Milciades se marchó en un viaje y no se volvió a saber de él. Jorge Tulio y Bertilde, los hijos mayores hicieron frente a las responsabilidades que él había dejado, para mantener a su madre, a sus tres hermanas pequeñas y a Maruja y

2 - Boda de los padres de Rafael - Octubre 20, 1936.

Beatriz, hijas de una familiar de la abuela, huérfanas de madre que habían sido agregadas a la familia.

Desde muy temprano tuve una afinidad muy grande con Jorge Tulio y con Bertilde, ellos llegaron a ser como segundos padres para los tres primeros de los seis hermanos, pero a pesar de eso, el trato fue siempre el de tíos a sobrinos.

El matrimonio de mi padre Saúl con Ruth Elisa, fue el comienzo de la generación de los Tobar Gómez. Producto de esta unión nacieron Rafael Heraclio, (murió cuando tenía un año), Luis Afranio, Rafael, mi persona, Saúl Marino, Ismael, Francisco Javier y Oscar.

Con los hijos del tío Marco Tulio Gómez, el hermano de mi abuelo, no fuimos ni siquiera amigos, en parte porque ellos ya eran casi adultos y nosotros unos niños todavía. Marco Tulio, debió llegar a El Tambo desde la ciudad de Bolívar, varios años después cuando su hermano, mi abuelo Milciades ya se había establecido.

3 - María Gómez Solarte.

Es poco lo que pueda relatar desde febrero de 1940 fecha de mi nacimiento, hasta mediados de 1944 por obvias razones; pero de esa fecha en adelante sí tengo algunos recuerdos visuales, que cobran sentido con las informaciones recogidas de familiares y amigos.

En mi niñez no hubo mucha afinidad con la tía más joven, María, simplemente porque no estaba dentro de mi panorama cotidiano, sin embargo en mi adolescencia llegó a ser una figura importante, especialmente cuando mis padres se fueron de Popayán. Era una mujer positiva, realista, sin esa religiosidad recalcitrante que ostentaban sus dos hermanas mayores educadas más directamente bajo la férula del reverendo.

La Segunda Guerra Mundial.

Eran tiempos de gran inestabilidad en Europa, causada por la guerra. Con mucha atención y curiosidad veíamos la revista "Vanguardia", publicación que cuando Estados Unidos entró a formar parte activa en la guerra le cambiaron el nombre a "En

Guardia".

Las revistas nos mostraban fotografías de soldados, tanques de guerra, hombres, mujeres y niños mutilados o quemados dentro de una iglesia convertida en hospital y aviones destruyendo ciudades enteras, desembarco de soldados, y señores con nombres como Stalin, Truman, Hitler, Mussolini, Hiro-Hito y Churchill.

Era el año cuarenta y cinco, con todo el horror de la Segunda Guerra Mundial lo que observaban nuestros infantiles ojos llenos de asombro y curiosidad a través de esas revistas provenientes de los Estados Unidos. La Guerra terminaba con la entrada de los Aliados a Berlín y a Polonia, a descubrir los horrores de las cámaras de gas y los millones de judíos y gentes de otras nacionalidades asesinadas por Hitler, de una manera fría, calculada y sistemática, en su locura por querer exterminar todas las razas que no fueran de origen ario. Y con la rendición de Japón, obligado por las bombas atómicas arrojadas sobre las ciudades de Hiroshima y Nagasaki.

Las fotografías de esos años eran testigos de la guerra, y nuestros padres comentaban de ella como la más cruel peste que acabara con naciones enteras. En medio de mi asombro le preguntaba a mi padre la razón de la guerra y él me contestaba.

-Es la ambición del ser humano por querer más poder, más dinero y más tierras-.

Las fotografías me mostraban cientos de cadáveres que parecían esqueletos, tirados en inmensas fosas comunes. Se me hacía un nudo en la garganta y me preguntaba,

¿Cómo puede un ser humano ser tan cruel y despiadado con otro ser humano? Cuánto horror y sufrimiento debe haber padecido ese pueblo en los campos de concentración y, siendo su pueblo escogido, como dice La Biblia, ¿por qué Dios lo permite? No hay suficientes lágrimas para llorar el exterminio masivo de una sociedad.

En una de esas revistas vi por primera vez la famosa fotografía de los soldados estadounidenses elevando la bandera en un monte de

Iwo Jima; despertaban en mí la emoción de la victoria, el sentimiento de compañerismo, el sentido de patriotismo y el pesar de ver en el campo de batalla a sus compañeros, sacrificados para que ellos pudieran conquistar la colina. Todas estas reflexiones afloraban en mi infantil espíritu, confundidas en esa única e inolvidable fotografía.

Fueron años terribles para Europa, con una guerra que involucró de una u otra forma a casi todos los países del mundo. Hoy todavía nos parece increíble que algo tan brutal pueda haber ocurrido. Es una enseñanza y un llamado a las conciencias del mundo para evitar que un hecho así se repita. Viendo el diccionario y la revista norteamericana "En Guardia", supe que el ser humano llevaba ya una larga trayectoria de guerras y que esta había exterminado a sesenta millones de personas. El mundo no se pierde por la astucia de los malos, sino por la indiferencia de los buenos que no hacen frente a los brotes de injusticia y porque se dejan llevar por la elocuencia de los violentos que, vestidos de corderos, prometen un mundo mejor de paraísos irrealizables.

Los tíos Sacerdotes.

Mi infancia fue feliz y tranquila llena de amor maternal, con las preguntas normales ligadas especialmente a las creencias religiosas. Mi madre y mis tías fueron mujeres obedientes de las enseñanzas de la iglesia. Hubo monjas y curas por parte de las familias Gómez y Solarte. El Padre Rafael, hermano de mi abuela materna, un presbítero que cuando terminó sus estudios de Teología en el Seminario Conciliar de Popayán, fue enviado a la ciudad de Bolívar en misión apostólica, oportunidad dada para que ambas familias se conocieran.

Milciades, enamorado de Carmen, la hermana del clérigo, marchó de Bolívar a El Tambo, cuando el Padre Rafael fue trasladado a esa población por orden de La Curia. Allí los abuelos contrajeron matrimonio dando inicio a la familia Gómez Solarte.

El Padre, hombre de fuerte carácter y de un cristianismo a toda prueba, regía a su grey con mano inquisidora; era respetado y

4 - Ruth Elisa Gómez Solarte, madre de los Tobar-Gómez.

temido al mismo tiempo, su palabra encendida fustigaba a los malos católicos, a los herejes y a los corruptos en los cargos públicos a quienes denunciaba poniéndolos en evidencia ante sus feligreses.

Era El Tambo de los cuarentas, los intereses políticos estaban divididos entre liberales y conservadores. Con una política llevada al fanatismo, las apasionadas rencillas entre simpatizantes de los dos partidos era cosa natural.

Por lo general pocos liberales iban a misa, los conservadores triplicaban su presencia siendo estos más proclives a guardar las tradiciones, mientras los liberales escuchaban con simpatía los ecos de los movimientos socialistas, comunistas y de las sociedades secretas como los Masones a quienes la iglesia había puesto en la mira por ser potencialmente dañinos a sus intereses. Los conservadores rechazaban estos movimientos y por ese motivo eran bien acogidos dentro de la institución religiosa.

En cierta ocasión estaban desapareciendo las monedas de las alcancías colocadas al pie de las imágenes sagradas, el Padre tío, como le llamaban sus familiares, decía desde el púlpito con cierto humor:

-Deben ser los conservadores porque los liberales no vienen a la iglesia-.

La casa cural fue mi hogar en mis tempranos años. Después del fallecimiento de la abuela, papá, mamá y la tía Bertilde se trasladaron allí para cuidar del anciano tío Sacerdote. A comienzos de 1944 fue llevado a Popayán debido a su precario estado de salud para proveerle cuidados especiales. Lo vi en contadas ocasiones cuando me llevaban a la ciudad; casi no me permitían entrar a verlo, pero yo sabía que era él, quien ataviado con su negra sotana se cruzaba conmigo por los amplios corredores de la casa cural. El arzobispo de Popayán dio autorización especial al tío para celebrar misa en la misma casa. La tía Bertilde confeccionó un pequeño altar en la habitación y la casa se convirtió en templo a donde diariamente acudían los vecinos piadosos a oír misa.

El anciano Sacerdote falleció en Popayán en 1945, sus restos fueron trasladados a El Tambo en 1947. Fue un acontecimiento el póstumo regreso del Padre a su morada final. Se realizó un desfile desde el miradero de la población; en la escuela nos dieron banderitas para agitarlas cuando pasara el cortejo fúnebre. Las autoridades eclesiásticas y civiles elogiaron la vida fructífera del patricio; "Un cura de almas", como él mismo se tituló cuando fue nombrado Monseñor, honor declinado porque este Doctor de la Iglesia quería ser sólo "Un cura de almas", siguiendo el ejemplo de su maestro Jesús. Y así de esa misma manera firmó sus libros de formación espiritual, *"Por un cura de almas"*.

Si por parte de mi abuela Carmen Solarte Idrobo tuvimos un tío Sacerdote, por parte de mi abuelo Milciades Gómez Guzmán, su

5 - Acuarela realizada por el tío, Guillermo Gómez Guzmán.

hermano Guillermo fue Sacerdote también, profesor en Ciencias Físicas y Naturales en el Seminario Conciliar de Popayán. Exploró la región andina, hizo estudios sobre los volcanes y escribió sobre la flora y la fauna de la región. Fue fotógrafo, de los primeros en utilizar las famosas cámaras de cine alemanas de 35 milímetros marca Zeiss Ikon, las cuales utilizaba para tomar fotos fijas; tomó millares de fotografías de Popayán, Bolívar, Almaguer, Cali y Pasto desde los años veinte.

Si comparamos a ambos Sacerdotes, el tío Rafael fue un hombre que quiso conocer a Dios a través de la fe. No hacía preguntas. Para él, Dios creaba las cosas y asignaba su destino a cada una de sus criaturas y había que aceptarlo así, no estaba dado a ningún ser humano preguntar el cómo y el por qué de sus designios. En cambio para el tío Guillermo el mundo estaba lleno de preguntas y estaba allí para descubrirlo, quiso comprenderlo por medio del método científico investigando el por qué y el cómo de las cosas y de esa manera acercarse a la mente del Creador. Dos puntos de vista diametralmente opuestos, pero sin hombres que pensaran como el Padre Gómez, hoy todavía estaríamos en la edad media.

Fueron discípulos del Sacerdote los hermanos Valencia, Álvaro Pío y Guillermo León, este último compañero de cacerías del tío Jorge y futuro presidente de la nación. Todos se educaron en el Seminario Conciliar de Popayán, conservando la amistad durante toda la vida.

El tío Padre, Guillermo Gómez Guzmán, no era solamente fotógrafo y científico, fue un consumado artista de la pintura. La cubierta para uno de sus álbumes de fotografías aquí mostrada es un bello ejemplo de sus dotes pictóricas y caligráficas. Mi vena artística e inquietudes científicas provienen en gran parte de la familia Gómez Guzmán, sin dudas. Sus hermanas a quienes llamábamos las tías Gómez, fueron hábiles artistas, se ganaban la vida haciendo frutas de cera, confeccionando trajes y coronas de azahares para las novias y haciendo increíbles miniaturas tridimensionales de paisajes campesinos. Si fueron hábiles artistas, también fueron pésimas mujeres de negocio. En varias ocasiones editoriales españolas quisieron comprarles los borradores de las investigaciones del Padre y no se los compraron porque, con una admiración desmedida por su hermano o mal aconsejadas pidieron demasiado dinero. Los años pasaron, y lo que antes era una novedad dejó de serlo, otros científicos descubrieron lo que el Padre había descubierto años atrás, perdiendo valor todos sus manuscritos. Cuando quisieron venderlos nadie daba nada por ellos. No tuvieron la percepción de la fluidez y el cambio del tiempo. El conocimiento científico es como un río incontenible buscando siempre la manera de continuar su cauce a pesar de los obstáculos que pueda encontrar en su camino. El crédito de un descubrimiento o de un invento es del primero que lo publique y esa oportunidad tuvo un momento que las tías no supieron aprovechar.

Universo infantil.

Mi padre no daba mucha importancia a los asuntos religiosos, como mi madre lo expresaba. Pertenecía al partido liberal pero asistía a misa. Casado con una de las sobrinas del presbítero, no le quedaba más remedio que confraternizar asistiendo cada domingo con su señora esposa.
Mis hermanos, el mayor Luis Afranio y el menor Saúl Marino, deben haber sido compañeros de juego, pero en mi panorama infantil no los veo, ni recuerdo alguna anécdota acerca de ellos, después nacería Ismael y en Popayán, Javier y Oscar.
La Santísima Trinidad era algo incomprensible para mí. ¿Cómo puede ser que dentro de una persona haya tres distintas?
Y cuando resuciten los muertos ¿podrá albergar mi universo a toda esa gente? Si terminaba donde se unía ese cielo de cristal con la tierra el mundo debía ser muy pequeño. Él y yo constituíamos un ente en su totalidad, con gentes, animales y objetos, era una extensión de mi propia persona. Existir era lo más natural y existir con todo lo que me rodeaba significaba sencillamente, existir. Mi concepción geográfica imaginaba una mesa redonda donde estaban los pueblos, los ríos, las montañas, etc. y una gran bóveda de cristal con las nubes, el sol, la luna y las estrellas. Era difícil concebir un mundo redondo como una bola según mi madre me lo describía. Sabía que era redondo como un plato, no como una pelota, y si eso fuera así compadecía a los chinos condenados a vivir con la cabeza hacia abajo y la pregunta lógica de, ¿Cómo es posible? afloraba a mi cerebro. Una pregunta que todo niño se hacía cuando llegaba a esa altura del conocimiento. Y sin saber nada de filosofía, mi mente concebía el mundo con esa cándida sencillez aristotélica de que la realidad era lo que tenía ante mis ojos y después de eso no existía nada más. Si Ari se levantara de su tumba y comparara el ayer con el hoy, vería que la relatividad y la cuántica han cambiado profundamente esos conceptos para mostrarnos un universo complicado y cada día más difícil de entender.

El libro mágico.

6 - Pequeño Larousse Ilustrado – 1939. El Libro Mágico.

Pronto comprendí que este mundo no se circunscribía a las inmediaciones de mi pequeño pueblo, gracias a un descubrimiento fantástico que hice por esos años: El Pequeño Diccionario Enciclopédico Larousse Ilustrado, de la biblioteca de mi padre, edición del año 1939. No se imaginan ustedes qué importante fue este libro para mí. Significó el primer contacto con una fuente de conocimientos que llegaba así, gratuitamente y sin esperarlo, como si un mago lo hubiera reservado especialmente para que yo lo descubriera. El maravilloso y pesado libro para las manos de un niño, me revelaría cientos de misterios y creaba más interrogantes que esperaba esclarecer.

-Mamá, ¿qué dice aquí? -Era la pregunta que mi madre más escuchaba de mis labios.

No hubo maestro más fiel que ese libro, estaba allí a todas horas. Pacientemente me mostraba mil y más maravillas, cientos de dibujos, retratos, mapas y diagramas con los cuales reflexionaba en que más allá de las inmediaciones de mi pueblo y más allá de

Popayán, hasta ese momento los límites de mi universo conocido, en esas tierras que los mapas me mostraban había otras gentes y otros lugares ajenos a cuanto mis ojos experimentaban alrededor. Despertó mi curiosidad hasta unos límites nunca imaginados. Entonces comprendí que yo mismo era mucho más extenso y prometí caminar un día por mi universo para conocer todas las maravillas que los dibujos me mostraban y descubrir el misterio de los chinos a quienes mi madre llamaba, "antípodas".

Más tarde comprendí que, aunque formaba parte de este universo, era un ente independiente, con un yo que parecía inalterable, aunque el mundo cambiase alrededor. El diccionario me mostraba un dibujo del mundo, redondo, como las pelotas de caucho que traían de lo caliente. Esa percepción cósmica de mi persona como un ente total, junto a lo que me rodeaba no era una fantasía, en realidad somos hijos del cosmos, estamos hechos de la misma materia de la que están elaboradas las estrellas. Las supernovas son hornos donde se crean los elementos y compuestos que formaron nuestro planeta, de los cuales todos estamos hechos. Aquí estaban las condiciones básicas para nuestra existencia. Estaban ya el hierro, el potasio, el oxígeno, el carbono, el agua, el hidrógeno, el nitrógeno, el calcio y todos los demás ingredientes que forman nuestro organismo y por demás no hay nada especial en nosotros que no se encuentre en los demás seres vivos, salvo una masa encefálica con mayor capacidad y mejor facilidad de raciocinio; sin esos materiales no hubiera sido posible la existencia de la materia viva tal como la conocemos, y también por las condiciones evolutivas del planeta, donde el ambiente que nos rodeaba era propicio para la sustentación de la vida. No era una fantasía infantil. Si todos pensáramos con la conciencia de ser hermanos en el cosmos, habría más sentido de confraternidad, más colaboración entre todos, menos egoísmo y también más empeño para cuidar del planeta que alberga el regalo del universo: esos elementos y compuestos que han llevado a lo que hoy conocemos como materia animada, que somos todos los organismos vivos. Hoy, cuando observo esas increíbles fotografías de nuestro planeta tomadas por los astronautas desde el espacio, o desde la luna y lo contemplo envuelto en nubes como ningún artista pudo imaginarlo jamás, siento que debemos hacer más por él, de contribuir a su conservación, porque es nuestro único vehículo, y si lo dañamos no habrá otro; debemos hacerlo por nuestros hijos y por las generaciones venideras que sufrirán por nuestra insensatez.

En una ocasión vi cómo una mujer en la calle, sentada en la banca de espera del bus, se comía un banano, cuando terminó echó la cáscara debajo de la banca ¡estando el latón de basura a un lado! Y a un conductor en una intersección de la calle abrir la puerta de su lujoso vehículo y con toda la indelicadeza tirar a la calle las colillas de cigarrillo y los chicles mascados. Yo creo que se deben poner severas penas a todos los que de una u otra manera le hagan daño a nuestra madre tierra. Lo más lamentable es que en ambos casos eran latinoamericanos. Cuidar nuestro planeta se ha convertido en un asunto de vital importancia, si no lo cuidamos todos pagaremos las consecuencias con una muerte lenta y dolorosa.

"Los seres humanos no somos víctimas de algún dios maligno, sino del mal que nosotros mismos llevamos dentro" (Jacques Cousteau, observando el resultado de la destrucción de la civilización de la Isla de Pascua, causados por la explotación indiscriminada de sus recursos naturales).

Pero, todavía me faltaba algo más para llegar a comprender totalmente el maravilloso libro de mi niñez: los pequeños signos de las páginas, las hojas rosadas con las voces en latín y la tercera parte con cientos de retratos, biografías y mapas, para eso era necesario aprender el ABC.

Mamá, al observar mi interés por los libros comenzó a enseñarme a leer en una especie de preescolar. Semanas después ya deletreaba y comprendí que las palabras estaban apiladas en orden alfabético y las páginas en orden numérico, y que tanto las letras como los números eran símbolos muy importantes, tan importantes que sin ellos el mundo y el hombre no existirían como es hoy. Con las letras comenzamos a guardar nuestras ideas para que otros cerebros las conocieran y con los números comenzamos a comprender el por qué del universo. Así entré en un mundo nuevo y fascinante, dando inicio a mi aventura con el conocimiento y a crear mi sentido de individualidad.

Si el Pequeño Larousse Ilustrado fue el libro de mi niñez, el de mi adolescencia lo fue, Don Quijote de la Mancha, libro que leo a menudo con el mismo placer de la primera vez.

Entre los objetos que mamá y la tía Bertilde guardaban, había varios papeles sueltos con escritos míos, guardados por mi hermano Oscar, quien los encontró al fallecimiento de ambas. Era una especie de diario en hojas de cuaderno sueltas, algunos sin fecha, un dibujo a la acuarela que mi hermano tituló, "La orquesta de animales", realizado por mi en 1948, varias cartas mías dirigidas a la tía Bertilde y a mamá y la última carta que no alcanzó a enviar. Los he catalogado por temas de nuestra vida en El Tambo y otros en Popayán. Muchas vivencias estaban definitivamente olvidadas y tengo muy vagos recuerdos de otras. Le doy paso al niño que nos ayudará a comprender a través de su diario, cómo observaba la vida y el bucólico ambiente de sus primeros años, en comunión muy cercana con la naturaleza.

Diario infantil.

La carretilla.

Mi tío (Jorge Tulio), me hizo un carrito y voy a ensayarlo en el barrial con bastante carga, como el carro de Gentil Hoyos, o como el carro de Neftalí Cobo que suena como un tren y se llama Jalisco. Todo el mundo lo conoce, es bien popular por todo el pueblo. Apenas aparece en el recodo donde se divisa el pueblo Neftalí lo hace sonar con ese sonido que todos conocen y la gente dice, ya llega Jalisco.

Dice mi papá que Neftalí le coloca unas botellas en el escape para que suene de esa manera. Yo hago sonar las botellas así cuando las soplo, pero como él le pone varias, por eso suena con varios sonidos. Cuando esté grande voy a manejar un carro de esos.

Gentil Hoyos está triste porque Gustavo Mazorra vendió el camión de pasajeros que él manejaba. Se llamaba, El Tambeñito, ahora maneja otro, se llama Lusitania. (Gentil Hoyos se casó con Maruja Idrobo, una de las dos hermanas que vivieron con nosotros.)

Mi tío Jorge me hizo una carretilla. Esta carretilla la necesito para ir a traer agua al pozo. Vuelvo del pozo y veo varios niños trayendo agua en sus carretillas. Ahora yo tengo una nueva, pero no es muy fácil; cuando los calderos están vacíos no hay problema y me divierto bastante carreteándolos camino abajo, pero cuando Margarita los llena de agua y los cuelga en el palo de la carretilla es muy pesado. Hay que tener macana, como dice el negro José. Margarita me ayuda con unos calderos haciendo menos difícil la llevada de la carretilla loma arriba. Qué agua tan cristalina la que se extrae del chorrito, así se llama, el chorrito, donde se saca el agua más pura y limpia del pueblo.

La familia Collazos y otros asuntos.

La casa de don David y misiá Enelia, está al frente de nuestra casa. Su hijo se llama Ignacio León. Es alto y flaco, ya le está saliendo bigote.

Mi mamá me manda, a veces, donde misiá Enelia, a decirle que le mande un poquito de "téngate allá", pero yo creo que a misiá Enelia siempre se le olvida porque, al fin nunca le manda nada y en vez de eso se pone a contarme historias y a preguntarme por toda la familia. No sé que es "téngate allá", yo creo que es una hierba que se le echa a la comida o algo así.

Don David, el esposo de misiá Enelia era un poco curandero, un poco médico. Yo diría que tenía ciertas facultades innatas para curar, porque muchas veces lo vi colocando sus manos sobre la parte afectada del paciente, murmurando palabras que no entendía, como si al colocarlas de esa manera estuviera realizando un rito misterioso y sus palabras formaran parte de ese ritual. Supongo que encomendaba la salud del pobre parroquiano al Creador, con una fe conmovedora. Sabía exactamente para qué servía cada planta de su huerta y suministraba pociones y brebajes a cuanto enfermo se presentaba a pedirle salud. A los borrachos les hacía oler cloroformo, para dormirlos o para despertarlos, nunca supe para qué.

Continúa mi diario infantil con interesantes observaciones y conceptos elaborados a raíz del medio ambiente que me rodeaba.

Mi papá dice que, trabajando como un servidor público nunca se hace dinero, no entiendo lo que quiere decir, pero lo tendré en cuenta. También habla de la iniciativa privada y del partido liberal. Dice mi papá que la tía Bertilde es goda.

¿Qué será eso?

(Nota: "Godo", nombre despectivo para los miembros o simpatizantes del partido conservador, en Colombia. "Rojo", es el nombre despectivo para los seguidores del partido Liberal, opuesto al partido Conservador.)

Hoy se ha reunido un mundo de gente frente a la casa de mi tío Jorge, dicen que va a hablar el Presidente de la República. Ha sacado el radio de batería a la puerta, toda la gente presta mucha atención a lo que el radio dice. Estas cosas son de mayores. Son las 8 de la noche, ya está oscureciendo. Sólo se ven, las luces de los cigarrillos encendidos que andan al ritmo de las manos que los llevan y las linternas que se prenden y se apagan, como luciérnagas. Algunas luces van más altas que las demás, esas son de los que andan a caballo.

Aquí en El Tambo no hay bombillas que alumbran como en Popayán. El otro día mi papá trajo de la oficina una bombilla y unas baterías redondas y grandes. Las conectó con unos cables y encendió la bombilla. Dice que un día de estos habrá luz eléctrica en el pueblo. Yo hago mis tareas a la luz de la vela, pero, a veces prefiero esperar que mi papá encienda la lámpara Coleman. A la lámpara Coleman se le echa una cosa como petróleo o aguarrás y tiene una caperuza. Hay que meterle aire con una varilla hasta que quede bien llena. Mi papá le arrima un fósforo, la lámpara hace, ¡POP!, y todo se ilumina.

Mi papá echa DDT para matar los zancudos. Dormimos con el toldillo puesto. En la casa cural vi unas películas de guerra. Los zancudos suenan como los aviones cuando caen en picado.

En el baúl de papá hay varios libros nuevos que trajo de Cali. Dicen, Crimen y Castigo, El jorobado de nuestra Señora, Los tres mosqueteros, hay también una cajita con monedas y billetes muy viejos. Tiene otras cajitas con tres soldados dibujados en la tapa y dicen Cadete. También hay una cajita con balas y una correa.

Mi papá vino de Cali con la prima Doris, es una muchacha flaca y rubia, y con una máquina de cuerda para poner discos. A Doris le gusta oír canciones de Leo Marini, dice que es un cantante argentino.
Creo que estoy enamorado de ella, pero si lo demuestro no sé qué pasará porque ella es más grande que yo, por eso hago como que no la quiero y en vez de decirle que la quiero le busco pelea, porque no deseo que me descubra, pero me gusta mucho. Es linda, como las muchachas que salen en las revistas de modas de mi mamá.

La huerta es muy grande, hay muchas plantas, árboles y gallinas con pollitos. Yo sé cómo nacen los pollitos, los he visto nacer. Para saber si los huevos tienen pollitos, mamá los mira a través de la luz; yo también hago lo mismo, pero no distingo nada, lo mismo me pasa con el termómetro, tengo dificultad para ver el mercurio. Mamá dice que hay que mirarlo de lado para que el mercurio brille. La otra vez quebré uno y salieron muchas bolitas plateadas, como balines, pero no se pueden coger, solamente con un papel y si se cae salen más bolitas.

Entre las cosas que tengo, fuera de los baleros, los trompos que

Jorge me hace y las bolas de cristal que me trae Gentil, tengo unas piedras que echan chispas y un imán.

Cuando juego en la huerta, con el imán recojo de la tierra un mundo de pedacitos de hierro. Sé que es hierro porque papá me lo explicó. Yo tomo unas vitaminas que contienen hierro. ¿Será este mismo hierro que lo desmenuzan y lo ponen en las vitaminas? Yo sé que es algo así porque también el calcio mi papá lo hace triturando las cáscaras de huevo hasta convertirlas en polvo y lo tomamos por cucharaditas con la comida. Papá dice que es bueno para los huesos.

Me gusta comer tierra, la negra que tiene como cosas brillantes, mamá dice que no se debe comer, pero me gusta. También me gusta comer huevos crudos. Cuando voy al gallinero saco dos o tres, les abro un huequito sin que se rompan y me los chupo. Para que mamá no se entere los dejo allí mismo en el nido, vacíos. Nadie sabe que yo me como los huevos.

Nota: Papá creyendo que era una chucha o comadreja, envenenó un huevo inyectándole cianuro.

Pero, papá observaba que esta chucha era muy inteligente y especial, porque les hacía un huequito y se los chupaba dejando los cascarones intactos en el mismo nido.

Margarita, nuestra nana se dio cuenta que la comadreja era yo. Asustada, me sujetó por el brazo y me llevó en presencia de mamá, a quien le avisó de su descubrimiento.

Si Margarita no me sorprende con las manos en la masa, lo más probable es que hoy no existiera. Inmediatamente destruyeron los huevos.

Los campesinos quieren mucho a mi papá. El sábado, día de mercado les llevan costales de naranjas, papas, plátanos y granadillas de Cuchanao, ¡cómo me gustan las granadillas!

¡Le regalan tantas cosas! Panelas, quesos, alfandoque... A veces les traen unos balones de caucho, yo juego con ellos, pero a los pocos días se desinflan y no se les puede echar aire. Dicen que vienen de lo caliente. ¿Dónde estará eso?

Continúa el niño describiéndonos sus años infantiles.

Papá trabaja en la telegrafía. La oficina está en el mismo edificio donde está la cárcel y hay otras oficinas. En la oficina de telégrafos hay un reloj muy grande que suena como una campana cuando da la hora. Mi papá no me deja ir solo a la cárcel, una vez entré con mi papá pero no me gustó, tienen gente en jaulas y huele a orines.

Mi papá tiene sobre una mesa, al lado del escritorio, el transmisor de telégrafo, el aparato hace tic, tac, cuando mi papá lo hace sonar. Hay una mesa larga llena de pilas de Volta, así dice papá que se llaman. De allí se extrae la energía para trasmitir los mensajes. Tienen un olor raro. Son unos vasos de cristal que tienen algo como agua, dos barras de metal y un tubo de cristal que une un vaso con otro y dos alambres amarrados a otros vasos. Papá guarda el dinero y otros papeles en la caja fuerte, su puerta es muy pesada, toda ella es de hierro.

Los campesinos de lo caliente llaman a mi papá Don Anasaúl y a mi mamá doña Anaruth. ¿Por qué será? Mi papá se llama Saúl y mi mamá Ruth, nada más. Si supieran mi nombre, ¿Me llamarían a mi Anarafael?

Hoy sábado también ha venido Don Gabriel Idrobo a ver a sus hijas, Maruja y Beatriz, la madre de ellas murió, por eso las trajo a vivir con nosotros.

Cuando Fernando llega con el correo, mi papá me deja colocar las cartas en los cajones que están en otro cuarto de la oficina. Están puestos de la "A" a la "Z", como en el diccionario.

(Nota: Fernando, el correísta, traía la correspondencia de Popayán y de los pueblos camino de El Tambo. También reparaba los desperfectos de la línea de telégrafos. Era el equivalente del "West Fargo" o el "Pony Express").

El Caballo Corneado.

Un caballo baja corriendo por la calle de nuestra casa. Trae los intestinos afuera y baja relinchando de dolor. Mi mamá nos abraza tapándonos para que no lo miremos. Pero yo alcanzo a ver mucha sangre y unas bolsas colgando debajo del estomago.

Hoy es viernes y los vaqueros vienen arriando las vacas y los toros al matadero para vender la carne mañana, es día grande de mercado. Un jinete le dice a don David que un toro bravo atacó a uno de los caballos de los vaqueros abriéndole una herida en el vientre. El caballo tiró al hombre al suelo y corriendo y pateando pasó por la calle de la casa. Varios jinetes van a buscarlo. Al rato se oye un disparo de un revólver.

Mi mamá se ha impresionado mucho y está en la cama. Don David, el vecino, ha mandado a llamar a mi papá, él está en la oficina de Telégrafos. Misiá Enelia la está atendiendo. Mi papá llega con don Rafael Sandoval, el médico y le dice a Margarita que caliente agua.

Mi papá no nos permite entrar a ver a mi mamá. Margarita entra y sale con frazadas y cosas. Yo no sé lo que está pasando pero lo que sí se es que mi mamá está enferma. Pregunto, ¿qué le pasa a mi mamá? Pero, mi papá no me contesta. Como siempre, son cosas de mayores, en las que los niños no se deben meter. Mucho rato después mi papá nos llama. Ya podemos ver a mi mamá pero nos recomienda que no hagamos ruido y que estemos para ayudarla en lo que necesite. Mi mamá se ve pálida, nos abraza y nos da muchas demostraciones de cariño, dice que se siente bien y que lo que pasó no tiene ninguna importancia. Pero ella está triste. El desmayo que sufrió fue por la impresión de ver ese caballo, yo lo sé, pero nadie lo dice.

(Nota: Mi madre estaba embarazada y la impresión del caballo con los intestinos

colgando fue tan fuerte que le produjo la pérdida del bebé).

1947. Bertilde y la música clásica.

Me gusta mucho dibujar. Mi tía me dibuja carritos, yo los copio para aprender a hacerlos por mí mismo. Trabaja en la alcaldía. Le gusta escuchar la Radio Nacional de Colombia, le encanta la música que trasmiten por esa emisora. Mi tía dice que es música clásica. Ella me explica y me nombra los compositores. Ya sé quienes son Beethoven, Mozart, Strauss, Chopin...

1948. La primera comunión. Popayán.

Mi tía dice que tengo que prepararme para la primera comunión y que tengo que asistir al catecismo.
Yo no sé como se dicen los pecados al padre. Eso se hace en el confesionario donde uno se arrodilla y reza el credo, no tengo nada que decirle al padre.

Ayer me comí casi todo el queso. Bertilde dice que hay que comer el queso con medida, lo que yo entiendo como comerlo por poquitos en rebanadas de un centímetro.
¿Será pecado comérselo todo?
Por las dudas voy a dejar un poquito.

El Maestro Martínez dice que se dice,
"Acúseme padre que yo no hago las tareas, acúseme padre que no obedezco.
Mi mamá dice que no bebe decirse,
"Acúseme" sino "Acúsome" con o.
El profesor Martínez sabe mucho. Creo que me equivoqué, él no dijo, "acúseme" sino, "acúsome". Parece igual.

Tengo libros, con varias materias para aprender. Estudio, pero

entiendo poco.
       ¿Seré yo bruto?

Dibujos a lápiz, Colegio del Pilar.
1948. Popayán.

Mi tío Jorge dibuja a lápiz, pero sus dibujos son mejores que los míos, dice que debo practicar más.

Pero, en el colegio mis dibujos son los mejores de todos los alumnos de la clase, me siento muy orgulloso de ellos. Los he hecho en colores, se los llevo al profesor Casas para que los califique. Este profesor me hace dar mucha rabia, porque cuando le llevo mis dibujos para que los califique, los repasa con un lápiz negro y me los daña. Yo sé que lo hace porque cree que me los está mejorando, dice que les falta contraste pues, los mira después de dañarlos como si hubiera hecho una gran obra.
       ¡Viejo tonto!
Yo deseo decirle que me los ha dañado, pero no me atrevo porque nadie le discute, es muy severo. Me callo y vuelvo a mi pupitre lleno de rabia.

Juego solo, cuando no estoy estudiando en el colegio. Los carros son lo que más me gusta. A veces, en el colegio del Pilar veo a mi vecino, Memo Torres, el hijo de Rosita Medina. Lo iban a colocar en la misma clase mía, pero después de hacerle el examen lo pasaron a una clase más adelantada. Es más grande que yo.

Tengo un cuarto aquí en la casa de El Cacho. También tengo mi cuarto en la casa de la tía Bertilde. Ella vive sola y voy a acompañarla por la noche para que no se la roben.

Aquí en esta casa de El Cacho, dicen que se aparece una luz. Cuando aparecen esas luces es porque hay un entierro. Varias personas la han visto. Entre ellas, Arturo Pérez. Es un señor que mi papá le ha arrendado esa habitación.

Arturo es paisa y es agente viajero, viaja toda la semana y sólo los fines de semana viene a descansar. Dice que ha visto una luz azulosa saliendo del centro del cuarto y al verla se ha erizado todito, pero él es muy valiente. A mí me da miedo entrar solo a esa sala. Qué tal si de pronto se aparece un fantasma o una calavera y El Guando o un duende de los que dice Margarita que está llena la noche.
Arturo dice que no hay que tener miedo de las ánimas y si se aparece una hay que hablarle con calma y decirle:
-En el nombre de Dios, ¿qué quiere?
¿Puedo ayudarle en algo?
¿Quiere dejar algún mensaje a sus familiares?
-Si no tiene nada que hacer aquí, entonces váyase y no vuelva más-.
Jajajaa... Quisiera ver a Arturo frente a un fantasma. ¿Será tan valiente como dice?

Arturo es muy hablador, todos los agentes viajeros que conozco son habladores, yo no soy así, yo casi no hablo. ¿Por qué?

Dice un muchacho del colegio (del Pilar), que cuando las mujeres orinan por poquitos es porque no tienen marido. Cuando vi a mi tía yendo para el baño la he seguido, ella no tiene marido, pero yo la oigo orinando a chorros. Ese muchacho debe estar equivocado. Busco en el diccionario Larousse, pero no encuentro nada de eso.

Otro muchacho, en el Colegio del Pilar, dice que en los radios se van a ver las imágenes de la gente. El radio de mi tía tiene un cuadrado cubierto con tela por donde la gente habla y se oye también música.
¿Será por allí por donde la gente se va a ver como en la pantalla de cine? ¿Qué se necesita para que trabaje como ese muchacho dice? No lo sé, pero lo voy a averiguar, tengo que informarme leyendo revistas. Las revistas tienen muchas fotografías y cosas interesantes. Tengo varias, especialmente la revista Billiken que me la compran siempre que llega, pero no hablan de Bolívar sino de San Martín,

7 - Orquesta de animales - Pintado por Rafael, a los ocho años.

mamá dice que Billiken es una revista Argentina. San Martín es como Bolívar, por lo menos se viste igual, con una chaqueta de adornos dorados.
Hay un muchacho en la revista Billiken que parece mentiroso, pero no lo es. En el primer cuadro aparece el niño con un señor.

-Señor, otro señor le está dando besitos a su señora.

El señor sale corriendo muy enojado y cuando llega ve a un vendedor dándole un paquete que dice, "Besitos de maíz". El señor se cae hacia atrás.

Hay una sección que me gusta mucho. Se llama, ¿Cómo puede ser? Hay dos señores que van a ejecutar, uno es negro y el otro es blanco, la bala da en el blanco y mata al negro. ¿Cómo puede ser?

El carpintero va al almacén a comprar cola, pero cuando llega hay una fila de espera, el se coloca de último en la cola.

El carpintero tuvo que hacer cola para poder hacer cola. ¿Cómo puede ser?

Hasta aquí este curioso diario de mi niñez que llegó a mis manos junto al dibujo de "La orquesta de animales", conservado como muestra del amor, dedicación e interés que mi madre y mi tía demostraban por las pequeñas inquietudes literarias y artísticas de mis primeros años.

Charlas con mamá.

Cuando iba de vacaciones a La Cumbre (Valle), a finales de la década de los cincuentas, mantenía largas y deliciosas charlas con mi madre. Era una gran conversadora. Aprovechaba sus largas horas de costura para contarme historias de la familia. Utilizaba unas revistas de modas muy voluminosas. Las señoras le llevaban las telas parecidas a las de las revistas, para que mamá les confeccionara los modelos que allí aparecían. Mientras cosía en su máquina *"Singer"*, en la que a veces le ayudaba a coser, me relató una interesante historia relacionada con Luis, mi hermano mayor. La escuché con suma atención y al final le dije.

-Esa historia está muy buena para escribirla, ¿Cuántos años tenía yo, cuando eso sucedió?
-Usted tenía casi tres años-. Escríbala mijo y me la da como regalo esta próxima navidad.
-Como la historia de la noche de bodas, mamá.

Ella sabía de qué estaba hablando. Con una picardía que se desbordaba por su cara, me dijo.
-No, mijo, ¡cómo va a escribir esas cosas!

-Lo que le dijo mi papá la noche de bodas es muy chistoso.

Haber, repítalo-. Le dije, apremiándola a que hablara, porque cuando lo decía se le subían los rubores a la cara.

-Bueno, pues, esa noche, cuando estuvimos solos en la intimidad, su papá me dijo, con cortesía y delicadeza.

"Después de la unión de las almas viene la unión de los cuerpos, con su permiso..."
¿Y? ... -Pregunté.

-Hasta ahí nomás mijito, hasta ahí nomás...
-El viejo era pícaro, ¿ah, Mamá? Le pregunté.
-Todavía lo es. No ha perdido su picardía, ni su donaire.

Cuando regresé a Popayán de las reconfortantes vacaciones en La Cumbre, tomé un bus para El Tambo a observar el escenario de la historia: la casa cural, de tan gratos recuerdos. No había anciano ni anciana que no recordara el incidente. Tomé notas de varios personajes que estuvieron presentes. Regresé el mismo día, porque El Tambo está solamente a treinta kilómetros de Popayán.

Comencé a desarrollar el tema, pero la Delegación Departamental donde trabajaba me envió a la Costa del Pacífico, a Guapi. Esa navidad la pasé en la soledad de Santa Bárbara de Timbiquí, oyendo música en un pequeño radio portátil y recordando las fiestas navideñas que disfruté con toda la familia. Fue en la siguiente navidad cuando tuve oportunidad de leérselo.

El niño del balcón, 1944.

En la casa cural de El Tambo, Luis el hijo mayor de la familia comenzó a hacer sus primeras travesuras, una de ellas famosa por la atención local y casi nacional que obtuvo.

Una ciudadana había visto a Luis, parado sobre la saliente de ladrillo entre los balcones del segundo piso de la casa cural. La gente comenzó a amontonarse frente al edificio al ver a un niño que alegremente y con una cara de inocencia sin igual miraba a los transeúntes con el desparpajo de quien da un paseo por el prado. Al ver esto, varios vecinos improvisan un grupo de rescate, algo así como el germen de lo que después llegaría a ser el Benemérito cuerpo de Bomberos. Traen una carpa de carro y se colocan estratégicamente debajo de dos de los balcones, esperando la inminente caída del gracioso niño que, sonriente, parecía decirles con la mano,

¡Hola, aquí estoy!

Mientras tanto, adentro, el Padre Rafael, notificado corre hacia el balcón acompañado de su sobrina, la madre que envuelta en la angustia le pide suplicante que haga algo, mientras otros tambeños de buena voluntad corren a avisarle al papá a la oficina de telégrafos. Unos minutos más tarde llegaba a percatarse de la situación suplicándole al niño del balcón que no se moviera y tratando de calmarlo, pues habían advertido que el niño se estaba poniendo nervioso al ver tanta gente con cara de angustia, allá abajo mirándolo.

Era necesario evitar que el niño se diera cuenta de la expectación que todo el mundo estaba sintiendo, porque podría asustarse y precipitar su caída. Lo llamaban para que se acercara a uno de los balcones, muy despacio y sin que volteara el cuerpo ya que la saliente de ladrillo no tenía más de 23 centímetros de ancho. El niño había pasado a través de las rejas de hierro del balcón. No llegaba a los cuatro años de edad.

Era un hermoso niño de grandes ojos negros, ágiles y expresivos, tan negros como el azabache. Al sonreír se le formaban graciosos huequitos en las mejillas. Su pelo era tan negro como el carbón y su piel de un color acanelado, de complexión robusta y rebosante de vida y salud.

El alcalde y los cuatro policías del pueblo se encargaron de apaciguar a la gente y poco a poco comenzó a sentirse un silencio sepulcral, pero la expectativa crecía por momentos y cada movimiento que el niño hacía crispaba los nervios.

Sus angustiados padres le sonreían diciéndole frases amables tratando de ocultar su desesperación llamándolo tiernamente, los segundos se hacían interminables, pero el niño no daba señas de querer ir hacia ellos.

El tío padre se había colocado en el balcón de al lado, por si Luisito quisiera ir hacia esa dirección, permanecía en silencio, pero sus labios susurraban una oración.

Él, como Sacerdote sabía que la vida del niño estaba en manos de Dios y con devoción profunda imploraba que no permitiera que una segunda tragedia vistiera de luto el hogar de la feliz pareja que él mismo uniera en santo matrimonio unos años antes. Su primer hijo había muerto de tos ferina, a la tierna edad de un año. Era Luis el segundo hijo del matrimonio.

El niño, súbitamente, dio un paso hacia sus padres, iba a dar el segundo paso cuando todos los espectadores vieron como se desprendía uno de los viejos ladrillos y caía pesadamente sobre el frío cemento de la acera haciéndose pedazos. Luis se detuvo un poco desconcertado colocando sus manitas hacia atrás, como queriendo pegarse a la pared mientras miraba cómo se estrellaba el ladrillo. Don Saúl pensó que ya no era posible que el niño caminara hacia ellos porque ese era el lado del ladrillo desprendido y si lo hiciera Luis podría dar un paso en falso al querer alcanzar el próximo ladrillo y caería irremediablemente al vacío. El espacio entre cada ventana era de más o menos dos metros. El niño estaba casi en el centro entre las dos ventanas un poco más cerca del balcón donde se hallaba el tío padre. Este trataba de llegar estirando los brazos hacia Luis, pero era inútil, el niño tendría que caminar un metro antes de ser alcanzado por alguien. Abajo los hombres en círculo, sostenían la carpa de carro observando fijamente los movimientos del niño, moviéndose al unísono, esperando su inminente caída. Por un lugar tan angosto ningún adulto podría caminar hacia él. Además, varios ladrillos estaban casi desprendidos, no resistirían el peso de una persona mayor.

La tensión aumentaba por momentos. Don Saúl y doña Ruth, al otro lado guardaban un silencio expectante cuando el Padre tío comenzó a llamarlo, diciéndole muy tranquilo, que avanzara hacia él, despacio, bien despacio y le diera la mano.

Algunas mujeres en la calle lloraban en silencio conteniendo el aliento padeciendo como madres el sufrimiento de la mujer que allá en el balcón era el retrato vivo de la desesperación. Otras rezaban angustiadas como si quisieran mantenerlo vivo con las camándulas.

Los hombres, solícitos algunos, perplejos los demás, sin poder hacer nada observaban con ojos de frustración aquel drama que más parecía extraído de una novela de suspenso y no de la vida real. Los bomberos improvisados, entre los que se encontraban el alcalde municipal, el jefe del partido conservador, el líder del partido liberal, también el famoso Paco, jefe comunitario que no creía en ninguno de los partidos tradicionales, Neftalí Cobo el dueño de la carpa, Tatamorra, el peluquero del pueblo, Don Elías Idrobo el del estanco, El caratejo Zenón, Don Tobías Rebolledo, Don Francisco Canales, las Polindara, Don Rafael Sandoval, el médico que lo había visto nacer, las Gatas Solarte familiares de nuestra abuela y su vecino Miguel Chávez el sastre, los hermanos Gentil y Luis Bustamante, Don David Collazos, misiá Enelia y su hijo Ignacio León, el Judío Hernán, el pastuso Joaquín y su señora. La misma que cuidaba a Saúl, el hermano más pequeño, que cuando llegaba le decía a la mamá. *"Misiá Ruth, aquí le traigo al Zunzún porque voyme"*. En fin, todos estaban allí reunidos, hasta el gordo Medardo con sus "alegres amiguitas," unidos con el único fin de tratar de ayudar en tan desesperante situación.

Mientras tanto, el Padre tío al fin era escuchado por el Altísimo. El niño comenzó a dar muestras de querer caminar hacia él. El Padre no dejaba de hablarle y prometerle cuantas cosas se le venían a la cabeza, recordaba que le fascinaban las pelotas de hule, el Padre le decía.

-Ven, te voy a regalar mil pelotas de hule de todos los colores, grandes y pequeñas, ¡cómo tú las quieras!

Al fin, el niño empezó a moverse de lado, como se le había indicado y poco a poco con sus menudos pasos se fue acercando a la ventana donde el Padre se encontraba. El Padre estiraba el brazo como tratando de asir la vida. La distancia se fue haciendo más corta hasta que al fin el niño estuvo al alcance de sus manos. Lo sujetó por uno de sus bracitos, el niño caminó unos cuantos pasos, cuando, súbitamente, se cayeron los demás ladrillos cuando el niño los pisó, por un segundo quedó con los pies en el aire bamboleándose, pero ya el Padre lo sujetaba por el brazo, Luisito, instintivamente le alcanzó su otra mano y así, bien sujeto, el Sacerdote lo levantó por encima de la baranda llevándolo a su pecho en un abrazo de vida. Sus padres corrieron hacia él abrazándolo y besándolo repetidamente. El niño se había salvado y, como si se hubiera dado cuenta en ese momento de la importancia del drama que él había protagonizado, comenzó a sollozar en los brazos de su madre.

El pueblo abajo no dejaba de dar gracias a Dios, unos gritaban de alegría, las mujeres lloraban de júbilo, algunos estaban ya repartiendo aguardiente entre la concurrencia. No se sabe de dónde salieron, pero como por encanto los músicos de la banda del Padre Rafael, la que tocaba en la plaza de mercado, la misma que dirigía el Padre tío, llenó la calle de música. Y hubo tal jolgorio y frases de confraternidad entre todos como nunca se había visto. Este acontecimiento había unido a un pueblo normalmente lleno de rencillas y equívocos en uno solo.

Don Saúl salió al balcón con su hijo en brazos. Emocionado agradeció a la multitud la solicitud de todas estas gentes ante el drama que le había tocado vivir, a él y a su joven esposa doña Ruth, el niño también sonreía y con sus manos saludaba a la multitud.

El alcalde, muy emocionado, felicitó a la concurrencia por el espíritu de colaboración del que había dado muestras y la solidaridad que liberales y conservadores habían demostrado invitándolos a zanjar sus diferencias ideológicas y tratar de trabajar por el bienestar tambeño. Por primera vez en la historia del pueblo liberales y conservadores se abrazaron y dieron muestras de sincero espíritu de colaboración, y todo gracias al incidente del niño.

Han pasado muchos años desde entonces. Todavía hoy se recuerda, "El día del niño del balcón". Día de la confraternidad tambeña, de un pueblo que demostró que se puede estar unido ante el desastre y que las rencillas partidarias dejan de tener razón cuando el dolor y el sufrimiento tocan al prójimo. Todo eso debe haber quedado poco a poco en el olvido para volver a las rencillas partidistas a las que somos tan aficionados los colombianos. No hay remedio.

La Nana Margarita y los fantasmas de mi niñez.

Mi mundo infantil estuvo lleno de espectros y fantasmas, de enanos y duendes retorcidos, de ánimas tenebrosas a las cuales temía. A veces aparecían en mis pesadillas y mi madre me despertaba al notar mi sueño intranquilo.

He sido mal receptor de sensaciones paranormales, nunca he visto ni oído nada que pueda considerarse sin explicación racional, a excepción de dos o tres experiencias para las cuales no tengo explicación alguna.

Ese mundo en el umbral de la realidad, esa puerta hacia ultratumba nos la abría una mujer que a través de su innata elocuencia ponía en movimiento todo un mundo de sombras para que mis hermanos y yo nos maravilláramos.

Largas trenzas negras le caían a cada lado de los hombros. Trigueña, de corta estatura, de delicadas facciones mestizas, nuestra nana comenzaba la hora del terror mientras planchaba las camisas y pantalones. Dotada de una exquisita narrativa sabía ponernos los pelos de punta. Gozaba al vernos asustados y nosotros con un placer morboso la apremiábamos a que continuara, mientras íbamos subiendo los pies a los asientos, no fuera a ser que las ánimas del purgatorio nos tiraran de ellos.

Mi madre le había prohibido nos contara historias de aparecidos, para evitar las pesadillas que sufríamos a menudo, causadas por sus relatos. Cuando sentía sus pasos acercándose al cuarto de planchado, ella con gran habilidad la engañaba cambiando el tema hacia la inocente Caperucita Roja o hacia La Cenicienta. Ese mundo de fantasía terrorífica, a pesar de ser horrendo, nos agradaba, nos hacía pensar en el otro lado oscuro que sólo ella nos lo presentaba con lujo de detalles y cuanto más asustados estuviésemos ella más gozaba y reía de sus mismos cuentos con una risita tímida. Si Margarita hubiera estudiado habría sido la Mary Shelley colombiana, porque extraía e improvisaba personajes y situaciones de su propia imaginación con una facilidad asombrosa.
Al calor de la mesa de planchar nacieron para nosotros los fantasmas cuidadores de tesoros, los fuegos fatuos de los cementerios, los vampiros chupasangre, los tesoros escondidos, los duendes, la llorona, el guando o el cortejo fúnebre, el rezo de seres invisibles, el descabezado y otros espectros y fantasmas. Describía a los personajes tan vivamente que, prácticamente les hacía un retrato hablado. Ella mostraba temor al relatar las historias, nos hacía pensar que las ánimas o los muertos le habían prohibido hablar de esas cosas, y sin embargo nos complacía.

Para ella El Duende es un personaje muy bajito, de la estatura de un niño de 8 años, de complexión media, usa un gran sombrero negro con correa y hebilla dorada en el mismo sombrero, similar al tradicional de las brujas, una chaqueta negra con botones y unos overoles de color gris oscuro, los zapatos de charol son puntiagudos y también con hebilla dorada. Sus pies están ubicados hacia atrás, es decir, mirándolo de frente lo que vemos es los tacones de sus zapatos. Es travieso y juguetón, generalmente inofensivo, pero sus bromas a veces pueden ser peligrosas para los seres humanos. Le gusta divertirse haciendo intrincadas trenzas a la crin de los caballos, tirando piedras, o moviendo platos, encerrando gente en cuartos oscuros, apagando y prendiendo luces, llamando a las personas por su nombre como si fuera un familiar y otras cosas más... En otras palabras, El Duende es un fantasma juguetón.

La Llorona se lamentaba por la muerte de su novio ocurrida el mismo día de la boda. El desgraciado incidente la trastornó, se volvió loca de remate. Mientras vivió buscaba a su novio por todas partes hasta que un día cansada de su infructuosa búsqueda entregó su alma al Señor. Pero su muerte, que podría interpretarse como una liberación de su desgraciado destino, no calmó a la infortunada novia y esa misma noche sus familiares, llenos de espanto, observaron su espectro vagar por las inmediaciones de su casa y así la vieron noche tras noche buscando también por la avenida del cementerio. La llorona viste completamente de blanco en traje nupcial y siempre llama a su novio. Se aparece a todos los hombres que van solitarios por los caminos y sobretodo a los borrachos que caminan por la vía del cementerio, desde una cantina llamada, *La última lágrima*, hasta las inmediaciones del campo santo.

También los asusta un impresionante mastín que sale súbitamente no se sabe de dónde, mostrando amenazantes colmillos, poniendo los pelos de punta con su ferocidad. Ciertamente, parece una figura fantasmal salida del averno, pero no, no es un espectro, es de carne y hueso, es Dólar, el perro del maestro Aranda el viejo latonero, merodeando por las inmediaciones de *La Última Lágrima*.

En una ocasión Guillermo Torres y yo salimos de allí, alrededor de las 2 de la mañana con nuestras guitarras al hombro cuando el enorme perro pardo nos cortó el paso.

Le dije a Guillermo.
-Sigamos caminando derecho, como si no existiera, no le des importancia.
Guillermo contestó entre dientes, como para que el mastín no lo escuchara.

¿Que no le dé importancia? Si está que se nos tira encima-.

El animal daba vueltas alrededor de nosotros, ladraba, se acercaba, retrocedía, gruñía, saltaba de un lado a otro y a veces gemía angustiado al ver que pocas bolas le poníamos, y volvía a ladrar. Se parecía a Mohamed Alí haciendo su amenazante baile antes de tirar su puño destructor.

¿A qué hora nos cae encima esta bestia parda? Y el viejo Aranda que no aparece por ninguna parte-.

Era el hombre con autoridad para detenerlo en caso de un ataque. El único remedio era defendernos a punta de guitarrazos, pero, por favor, era el último sacrificio que se nos ocurriría para salir con vida.
Al no encontrar contrincante el perro aullaba decepcionado y por último decidió dejarnos ir. Se quedó confuso, ladrando, aullando y gruñendo al aire. Nos fuimos alejando lentamente de sus predios. Lo dejamos asombrado como el león del Mago de Oz, seguramente pensando en qué clase de individuos éramos nosotros que no hicimos caso a sus alardes de fiereza. Era un perro entrenado para atacar cuando era agredido, si nosotros hubiéramos hecho el amago de levantar la mano, con seguridad se nos hubiera echado encima.

Nos habíamos salvado por un pelo. El olímpico desprecio del que le hicimos gala fue suficiente para desarmarlo. Debe ser muy humillante para un animal programado para el ataque no encontrar contrincante con quien enfrentarse.
Algo parecido sucede con ciertos políticos pendencieros, adictos a buscar camorra, hasta que una frase inteligente de su contrincante los desarma. Como cuando el poeta payanés Guillermo Valencia, después de haber cruzado duras palabras con un congresista en un encarnizado debate, se encontró con el contrincante en la calle, cara a cara. El congresista se detuvo frente a él retándolo.

-Yo no le doy la acera a un embustero-.
El maestro, que no quería broncas ni nada parecido le dijo.
-Yo sí-.

Se bajó de la acera, pasó por delante de él y siguió su camino, dejándolo asombrado y con la mente en blanco sin medios para responderle.

Pues, así mismo se quedó el perro del maestro Aranda.

Volviendo al relato de Margarita... Curiosamente, la llorona nunca entra al cementerio, se esfuma antes de llegar a la puerta enrejada. La llorona no acepta la muerte de su novio, por lo tanto no lo quiere buscar entre los muertos, lo buscará siempre entre los vivos, en la avenida del cementerio, desde *La Última Lágrima*, hasta que su energía psíquica se desvanezca. Debo apuntar también que su voz se oye cuando hay sonido de fondo, por ejemplo ruido continuado de un motor o de agua, en completo silencio gesticula, pero no emite ningún ruido. Al parecer los fantasmas necesitan una especie de sonido modulador para que su voz sea audible. Este fenómeno podría ser objeto de investigación parasicológica. Su rostro tiene la palidez de los muertos y sus ojos lloran sangre, con sus manos largas y huesudas y sus brazos extendidos está lista a dar un abrazo macabro a los hombres que se encuentra por el camino. Su aliento hediondo a huevos podridos es frío como las tumbas. Antes de aparecer, la víctima siente un escalofrío que le recorre la médula de los huesos, el aire se enrarece y un acre y pesado olor se siente en el ambiente.

La Llorona de Margarita no era como la de otros países que recogen esa misma leyenda. En México, la mujer ahoga a sus hijos en venganza por la traición de su marido y después pone fin a su propia vida, luego, arrepentida vaga buscándolos diciendo,

¡Ay, mis hijos! ¡Ay, mis hijos! Las personas que oyen ese lamento dicen que es estremecedor.

A pesar de existir leyendas muy criollas referentes a espectros y fantasmas, regadas por todo el territorio colombiano, muchas son de origen español adaptadas de una u otra manera, como El Guando, un cortejo fúnebre de seres encapuchados que llevan un féretro en procesión, muy parecida a los encapuchados de La Santa Muerte, manifestándose en varios lugares de España con las mismas consecuencias de la pronta muerte de quien los observa.

La vida moderna ha hecho que estas leyendas de las cuales se nutre la superstición callejera hayan mermado. No son leyendas urbanas, son más abundantes en el campo. Más bien los fenómenos *poltergeist* se desarrollan con mayor frecuencia en las ciudades. Son interesantes estos fenómenos y dignos de anotar, porque forman parte del folclor de cada país. Por ejemplo, ya se sabe que los fenómenos *poltergeist* son causados por alguna persona que no sabe que los causa. Son fenómenos que la ciencia un día aclarará, estoy completamente seguro.

Los eucaliptos de la Avenida.

Por el año de 1946, viajábamos de El Tambo a Popayán en una berlina negra por una carretera llena de huecos y piedras que hacían estremecer la carrocería, pero cuando llegaba a la ciudad por la Avenida del Cementerio el ruido se apagaba, habíamos tocado la calle pavimentada con inmensos cuadrados de cemento. El cambio de terreno me hacía despertar, lentamente pasábamos frente a los centenarios eucaliptos alzándose a lado y lado de la larga avenida y todo se iluminaba con las luces de las bombillas eléctricas, de las cuales carecíamos en El Tambo. Con mis manos y el mentón, colocados sobre la parte baja de la ventanilla del automóvil, miraba las bombillas encendidas que se esparcían a cada lado, algunas perdiéndose entre los altos eucaliptos que adornaban la avenida.
Acostumbrado a mirar las flores en el inmenso jardín donde el tío Jorge tenía las colmenas de abejas, me preguntaba si esos inmensos eucaliptos también florecían. Y, si fuera posible obtener miel con sabor a eucalipto, si mi tío sembraba árboles en los jardines. Yo le preguntaba a la tía Bertilde,

¿Los eucaliptos florecen?
-Sí; los eucaliptos florecen en el verano-.
-Quisiera ver los eucaliptos florecidos-.
-**Cuando florezcan los eucaliptos** vendremos a verlos-.

A menudo íbamos al cementerio y al regreso de visitar nuestros difuntos me detenía a recoger hojas de eucalipto, las llevaba a casa donde hacía una hoguera. El olor a mentol que producían las hojas quemadas invadía la casa, confundiéndose con el acre olor de las ramas quemadas, el humo se metía en mis ojos y me hacía llorar. Era un fuego supervisado por los discretos ojos de la tía para que yo, en mis cortos seis años, no fuera a causar un incendio. Durante varios años vi aparecer los eucaliptos, mustios en invierno y florecidos en verano, para mí eran como el símbolo de Popayán.

Más tarde supe que los payaneses tenían a la Torre del Reloj como el símbolo de su ciudad, y supe que el reloj fue donado por mis antepasados, pues, de acuerdo con los datos del Archivo Histórico del Cauca, "Don Cristóbal de Tobar y su pariente, Don Martín Prieto de Tobar y los hijos de éste, Joseph y Matías, donaron a Popayán el reloj traído de Londres que adorna el frontis de la Torre del Reloj, en el año de 1737".

Espero que la torpeza humana no haya destruido los eucaliptos de la Avenida del Cementerio, como destruyeron la Estación del Ferrocarril, que pudo haberse convertido en un punto turístico o en un museo. O como la Capilla de Belén, con sus hermosas y evocativas torres medievales, reemplazadas después del terremoto de 1983, por una mediocre construcción que le quitó toda su belleza al histórico sitio. Como la Torre del Reloj, la Capilla de Belén era otro símbolo de Popayán. ¿A qué "genio" se le ocurriría cambiarla por el adefesio que construyeron?

Los altos eucaliptos elevaban plegarias por las almas de los difuntos que pasaban por la avenida, en solemne cortejo hacia su última morada.

Los eucaliptos florecieron durante quince años más y yo llegué a la edad de 21 años, época en la que se medita sobre temas existenciales muy variados y se toman con más seriedad las decisiones que afectarán el curso de nuestra vida. Esa fecha mira hacia nuestro reciente pasado que ya no existe y hace cálculos sobre el futuro que tampoco existe, pero está por venir.

Papá decía que una fecha importante para él fue cuando cumplió los quince años, era el momento del ritual en que la madre desechaba los pantalones cortos de tirantes que se empleaban a esa edad y los guardaba para el hermano menor, diciendo entre sollozos de emoción por ver desaparecer a su niño...
-Si ayer te tenía arrullándote en mis brazos y mírate hoy, ya eres todo un hombre-.

Entre abrazos y sollozos le obsequiaba los pantalones largos que debía llevar desde entonces. Era un momento muy emocionante para todos, especialmente para él.
-Papá Ismael me llevó de paseo alrededor de la casa dándome sabios consejos necesarios para enfrentarme a los rigores de la vida señalándome mis deberes y responsabilidades. Entre todos los que me dio, les dejo a ustedes este que puede grabarse con letras de oro,
"Trata a los seres humanos con respeto. Nunca cuentes a nadie lo que hagas en la intimidad con una mujer, sé siempre digno y justo y pide a Dios te dé sabiduría para discernir entre lo bueno y lo malo".

Mi niñez fue solitaria, según parece, mi hermano mayor y yo no congeniábamos. Recuerdo a Ovidio, mi vecino y a Emelio Gaona, sin embargo, Luis o Saúl no aparecen en ningún momento. Creo que algo jugábamos, pero no porque lo recuerde; mi madre me comentaba que teníamos un árbol favorito al que nos encaramábamos fuera de su alcance cuando nos amenazaba con una paliza.

Ella dice que Luis gritaba
¡Rafael, a subirse al palo!

En carrera íbamos a refugiarnos entre las ramas más altas, donde nuestra madre no nos alcanzara.
Al ver que sus esfuerzos eran inútiles para que obedeciéramos nos

decía,
   -Esperen a que llegue su padre-.
Nosotros considerábamos la advertencia muy seriamente, dice, era mejor someterse a la disciplina de mamá, que a los severos castigos de papá.
Pero, eran épocas en las que imperaba entre algunos maestros y padres la frase famosa de, "La letra con sangre entra". Los malos estudiantes se aprendían el catecismo y las tablas de multiplicar a fuerza de reglazos. Todos los niños los temíamos y no sin razón, a más de ser dolorosos y humillantes, dejaban unos morados que duraban días en desaparecer, por eso estudiábamos con ahínco para que la regla no nos alcanzara. Muchacho que no estudiaba era castigado con premeditación, alevosía y ventaja. Sí; porque nadie osaba levantarle la mano a un padre o a un profesor, válgame Dios cometer tal atrocidad. Eran capaces de enviarlo directo a la horca, pero, esa era la herencia de la educación europea recibida en esos años. Es clásica y demostrativa la obra de Charles Dickens, Oliverio Twist, (el mismo Charles fue enviado por su padre a trabajar a una fábrica de betún), aunque en Colombia, creo, nunca se llegó a los extremos que el libro relata. Minutos después descendíamos del árbol y nos sometíamos a su disciplina.
Mi constitución fue débil y enfermiza. Sufría de dolor de piernas e inflamación de las amígdalas con mucha frecuencia. Mi madre se desvelaba friccionándome las piernas con alcohol y las envolvía en papel periódico. Posiblemente, el clima frío de El Tambo y mi extrema flacura contribuyeron a este padecimiento. Consideraron que debían extirparme las amígdalas, creyendo que ese podría ser el foco de mi enfermedad. Pero yo pensaba que si Dios las había puesto allí era para algo y que no sería prudente extirparlas, por lo tanto me opuse rotundamente y ante mi protesta el proyecto quirúrgico nunca se realizó. En cambio, comenzaron a tratarme con vitaminas de complejo "b" y con aceite de hígado de bacalao. A medida que crecía, los dolores y las inflamaciones fueron desapareciendo.
No fui buen deportista, después de hacer ejercicios violentos, como jugar al fútbol o al zumbo, (un juego parecido al baseball con bola de trapo pero sin bate), o correr por unas horas, terminaba con dolor

de cabeza, los médicos no encontraban la causa.

Qué lentos habían pasado esos años de la niñez. Lentos, porque el tiempo psicológico del niño es diferente al del adulto. Para el niño un año es un tiempo muy largo. Recuerdo con qué impaciencia esperaba la navidad y qué lentos pasaban los meses hasta el 24 de diciembre, por eso para engañar al tiempo me acostaba temprano y en un cerrar y abrir de ojos ya era el día siguiente.

Qué sensación maravillosa podrán experimentar nuestros futuros astronautas al dormirse en una nave hoy y despertar cientos de años en el futuro como si apenas ayer se hubieran ido a dormir. Cuando dormimos no somos conscientes del transcurso del tiempo, tanto es así que cuando despertamos lo primero que buscamos es saber qué día y hora es.

Ya en Estados Unidos, en los setentas, llevé a mi hijo mayor al médico. El galeno estrenaba un electrocardiógrafo y quiso ensayarlo conmigo. Era también mi primer examen cardiaco. El electrocardiograma señaló que padezco un bloqueo congénito de rama derecha. Es muy posible que esta sea la causa de los dolores de cabeza cuando hago ejercicios violentos.

-Creo que puedes vivir como una persona normal-. Me dijo, -sin embargo, tienes que chequearte regularmente, no sea que en el transcurso del tiempo puedas tener cambios que necesiten tratamiento-.

El Niño de Acero.

En cambio Luis era muy robusto, el niño de acero al que no le daba ni un catarro, parecía que al nacer nuestra madre le hubiera trasmitido una reserva triple de anticuerpos y no dejó para mí. En los juegos con él, cuando tenía 10 años, era yo el que siempre salía perdiendo, era como su trompo quiñador. *(El trompo con el cual se golpea el del jugador que ha perdido.)*

Se ufanaba de ser el más fuerte, el preferido de nuestro padre, quien posiblemente, copiando las leyendas de la Biblia, le daba preferencia a su primogénito, se burlaba de mí por mi aspecto débil y porque no lo emulaba. Es decir, hablando en la jerga de los deportistas de lucha libre, él era el rudo y yo ni a técnico llegaba.

Esa arrogancia frente a mi humildad definitivamente influyó en nuestra niñez para que tomáramos rumbos diferentes en todas las actividades futuras, hasta el punto de tener muy poca comunicación durante toda la vida. Es triste, porque hubiera querido tener un hermano con quien compartir, que fuera confidente y más que un hermano amigo y compañero, no un juez. Pero así fueron las cosas y no hay para qué lamentarse, ni guardo ningún resentimiento de aquellos años de la pubertad faltos de amor fraternal, que fueron compensados con el cariño de amistades buenas y leales.

Pero, él tenía su razón de ser así, mi hermano mayor era un perfecto caballero, estudioso, muy inteligente, cumplidor de su deber, un joven intachable, nunca fumó cigarrillo, aunque fumaba pipa, decía que el humo de la pipa no se aspiraba. No recuerdo que haya llegado alguna vez a casa embriagado, puedo decir que nunca lo vi así, a excepción de una vez en que se le desaparecieron a Bertilde tres garrafas de vino de consagrar, de unas cajas destinadas a la capilla del Colegio de Marinita Otero, ese día, cosa muy rara, Luis también desapareció. La madre de Jochen y otras madres preocupadas por sus hijos llamaron por teléfono a Bertilde. Averiguando por el vecindario, alguien le dijo que habían visto a cinco muchachos con unas garrafas de vino rumbo a El Achiral, unos potreros cercanos, hacia occidente.

Asombrosamente, mi tía no puso los ojos en mi persona, siendo la oveja negra de la familia, el serenatero bohemio, era lo más natural que yo fuera el principal sospechoso de la desaparición de las garrafas. Pero, al contrario, me hizo su aliado y con ella fuimos a buscarlos por el vecindario.

Mi tío Jorge por esa época era Jefe del Resguardo de Rentas de Santander de Quilichao, un día me pidió permiso para dejar en un rincón de mi habitación varias cajas de madera; una noche nos dedicamos a ensayar con varios guitarristas, el cuarto estaba impregnado de un delicioso olor a aguardiente anisado y mis amigos como sabuesos comenzaron a olfatear la procedencia de tan delicioso olor. Al darse cuenta que provenía de las cajas destapé una y nos encontramos con una garrafa llena de aguardiente junto a una cantidad de aparatos y probetas de cristal, como las que se usaban en el salón de química. Ni cortos ni perezosos trajimos copas y esa noche le dimos fin, hasta el último trago, en medio de canciones de Pedro Infante. Los remordimientos vendrían después por haber dispuesto de algo que no era mío. Cuando Jorge fue por las cajas yo le confesé que, descubierta la garrafa llena de aguardiente y sintiéndolo mucho por haber traicionado su confianza, en una noche le habíamos dado término. Mi tío se llevaba las manos a la cabeza en gesto de desesperación.

¡Pero qué han hecho!

-Ese aguardiente estaba tan delicioso que no pensamos otra cosa más que degustarlo-. Le dije sonriendo, con toda la sinceridad del caso.

¡Se han bebido la evidencia! Y ahora, ¿qué voy a mostrar ante el Juzgado de Rentas?

Desesperado comenzó a buscar en las demás cajas a ver si sus empleados hubieran depositado otras garrafas. Afortunadamente en otra caja se encontró una garrafa más pequeña envuelta en majagua, que como por milagro se había salvado, la cual sirvió como evidencia para encausar a los contrabandistas. Pero, ¿que estaba delicioso...? Sin lugar a dudas, ¡esa gente sí sabía hacer aguardiente!

Regresando a la historia de Luis... Horas más tarde lo vieron aparecer con Jochen, Servio Tulio Orozco, Carlos Collazos y Cornelio González. Venían recitando,

¿Qué cómo fue, señora?
¡Como son las cosas cuando son del alma!

Llegaron frente a la casa de Consuelo Sarria, a cuadra y media de casa, se pararon los cinco tenores a darle serenata. Desentonaron canciones hasta que se hartaron y después siguieron para la casa. Consuelo era una jovencita por la cual mi hermano sentía una cierta predilección que llegó a convertirse en amor y más tarde la hizo su esposa. Pero, había una justificación para su proceder: eran los últimos aleteos de un gallo que días después era sacrificado en el altar nupcial y su escapada con las garrafas de vino, acompañado de sus más caros amigos, no fue sino el día de la transfiguración antes del sacrificio.

8- Oscar Rodriguez, "El Compartidario" , con un amigo, y su perro. - 1956

Bertilde al ver la facha que traían, pues no podían sostenerse en pie, les preparó café bien cargado. De las tres garrafas de vino, solamente regresó una a medio terminar en manos de Servio Tulio; se la dio a Bertilde, diciéndole con su lengua trabada por el vino,

-Señorita, le logré salvar esta, *hip*, si no se las quito, *hip,* se la hubieran tomado toda estos sinvergüenzas, *hip*-.

Se tiró en una silla e inmediatamente quedó dormido ante la incredulidad de mi tía y la risa de mi persona, porque pensé,

-Estos paicos no saben beber-.

Un guayabo de guarapo o de vino es la cosa más aterradora que se pueda experimentar, se detesta uno a sí mismo, no solamente por el tufo tan asqueroso y porque el dolor de cabeza es macanudo, sino porque habiendo gastado todas las dopaminas del cerebro, al día siguiente se siente como la persona más infeliz del mundo, sin ningún futuro y sin ninguna razón para seguir viviendo. Es el mismo efecto de los que se drogan alterando el balance químico natural del cerebro y cuando el caso es extremo terminan suicidándose. Uno a uno fueron recostándose en los muebles de la sala a dormir la borrachera. Bertilde les aconsejó a las madres que los dejaran pasar la noche allí y así se hizo. Al día siguiente despertaron en tan mal estado que todos prometieron nunca más volver a beber.

Luís, un joven tan recto y estudioso no perdió un solo día de clase, mientras yo era un capador de escuela fenomenal. Con varios amigos faltábamos a clases a menudo y nos íbamos a veces por las riberas del Ejido a comer moras, arrayanes, guayabas, otras, nos metíamos a la cueva del indio.

En una ocasión planeamos el día anterior una capada de escuela para ir a explorar la enigmática cueva. Con linternas en mano logramos entrar a una profundidad considerable; encontramos un riachuelo de cristalinas aguas, no fuimos más adentro porque el aire se enrarecía cada vez más. Decían que los indios iban por dentro de la cueva hasta San Agustín (Huila), y yo me preguntaba si tenían respiraderos ocultos a lo largo de las cuevas, que debían haberse tapado en el transcurso de los años. No faltaba el chistoso gritando haber visto el fantasma del indio, el dueño de la cueva y salir corriendo despavorido, nosotros también pegábamos la carrera en estampía hacia la salida llenos de miedo.

Eso fue cuando estuvimos en San Camilo, con Guillermo Torres y los hermanos Rodríguez, tipos que, como se dice, eran tan chistosos que le sacaban pelos a una calavera. A uno de ellos, Manuco Rodríguez, le dio por hablar como Cantinflas. Oscar, su hermano, personaje de gran simpatía a quien llamábamos, *"El Compartidario"*, así, con "m", se ganaba el cariño de todo el mundo. Un día pensó que llamarme *Mono,* a secas, era una falta de respeto por todas las virtudes que, según él, me adornaban, cuando presenciaba los ensayos de radio teatro, los inventos que hacíamos para los efectos de sonido y los cambios de voz para hacer varios personajes, por tanto decidió bautizarme con el rimbombante nombre de, *Monarca*. Mi suspicacia me hizo pensar que de Mono a Monarca había una cierta similitud con el humilde y flaco Rocín del señor Quijano y Rocinante, el brioso corcel de Don Quijote, pero también sabía que lo había hecho sin ningún ánimo de ofender y hasta el último día de mi partida me saludó y despidió con el nombre de Monarca. Su admiración era auténtica y a mi vez lo admiré por ser quien era, este inolvidable amigo de nuestra niñez y adolescencia que, prácticamente nunca envejeció, porque siempre fue un inquieto muchacho hasta el último día de su vida. Tanto así, que hasta en ese día de su partida hacia el otro mundo, tuvo ánimos para decirles a sus hermanas que en cuanto llegara al otro lado se iba a comunicar con ellas para darles el número ganador de la lotería. Parece que se olvidó de la promesa o no ha tenido tiempo con tanta cosa nueva qué ver por allá, porque hasta hoy no se ha comunicado con ellas. Era una cuestión de fe... Esto me recuerda una anécdota que contaba Luis Landrisina, el gran humorista argentino: un predicador evangélico había cosechado adeptos que le tenían mucha fe. Un Viernes Santo resultó con que deseaba que lo crucificaran para resucitar al tercer día, como Jesucristo. La fe de sus feligreses no daba para tanto, por lo tanto resolvieron ir a pedirle consejo al Alcalde.

-¿Ah, sí? – Dijo el alcalde. Ustedes tienen mucha fe en él, ¿verdad? Hagan lo que les dice, crucifíquenlo. Ellos, asombrados preguntaron.

¿Usted nos aconseja que lo crucifiquemos, señor Alcalde? Si, claro. Pero si al tercer día no resucita, todos irán para la cárcel por asesinato en primer grado, piénsenlo bien...y que tengan buen día.

Estuvimos también en la Concentración Escolar, ubicada a un lado de los Molinos de harina Moscopán y del Teatro Bolívar, donde íbamos a ver, fuera de otras mexicanas, las películas de Tin Tan y Clavillazo, teatro que los domingos se llenaba de soldados enamorados llevando muy abrazaditas a las muchachas del servicio, las cuales se derretían por el uniforme militar. Algunos de mis amigos, la mayoría para ser sincero, desdeñaban las películas mexicanas y argentinas, solamente los que cantábamos y tocábamos guitarra íbamos a verlas. Para ellos las películas, mal llamadas americanas, (deberían llamarse estadounidenses; americanas también son las argentinas y las mexicanas) para ellos, eran lo único digno de verse. Nosotros fuimos espectadores de ambos mundos, disfrutábamos enormemente de toda clase de películas. Salíamos de ellas con el corazón embriagado de música y del más puro romantisismo. Y, ¿por qué no? En las películas de habla inglesa no había tríos ni guitarras y el tonto de capirote (Jerry

9 – Alfonso Mosquera, Rafael y Guillermo Torres. 1958

Lewis) o Red Skelton, no se podían comparar con Cantinflas o con Tin Tan. A estos no había que leerles los chistes. De las que se perdieron ellos, por bobos, por nariz parada.

Con Emilio Gaona y varios amigos íbamos a comer pomorrosos a Las Tres Cruces, a Los Quingos de Belén y a la entrada de la fábrica de aguardiente, llena también de plantaciones de Moras de Castilla. Otras veces pasábamos las tardes en las riberas del Río Molino, por El Achiral matando calagüingos con nuestras caucheras. (De lo cual me arrepiento, siendo hoy con mis hijos un protector activo del medio ambiente, pobres calagüingos...) A todo lo largo del río Molino se daban silvestres las moras y los arrayanes. Anduvimos también por La Anexa de la Normal de Mujeres, donde había árboles de madroños, nísperos y caimitos que nos dejaban la boca pegajosa. El caserón permanecía siempre vacío, algunas veces nos encontrábamos con el cuidador. Él nos dejaba pasar a comer frutas, pues nadie las cosechaba. En otras ocasiones entrábamos como Pedro por su casa. Años después, regresé a la anexa a pintar el portal, que cuando lo vi por primera vez me dije, tienes que pintarlo al óleo, el deseo lo cumplí e hice un cuadrito con el tema y no supe en manos de quién quedó, hasta que en una fotografía que me enviaron de la familia Hoyos-Idrobo, con ocasión de una primera comunión lo vi colgado en una pared del comedor.

¡Qué deliciosas eran las frutas de Popayán! Con sólo recordarlo *se me hace agua la boca*. La señora pájara y sus amigas se iban volando a un árbol vecino formando tremenda algarabía cuando nosotros tomábamos posesión de su árbol.
-¡Ufff! Ya llegaron esos odiosos muchachos a comerse nuestra comida-, parecían decir todas nerviosas y de mal humor. Pero, el nerviosismo de estas señoras no era sólo por las frutas, sino porque en esos árboles había varios nidos. Nosotros teníamos buen cuidado de no tocarlos, porque, ¿saben ustedes?, sus olfatos son muy sensibles y si huelen sus huevos a ser humano, abandonan sus nidos y no los empollan.

Otras tardes nos íbamos a bañar a unos charcos por Los Dos Brazos. Había también un nacedero de agua por El Achiral, antes de subir a Puelenje llamado, *La Churrusca*. Cuando llegábamos por sus inmediaciones alguno de nosotros, generalmente el que iba más adelante, aprovechando la ventaja, pegaba la carrera para llegar primero, gritando,

¡Maricón el que llegue de último!

Nadie quería ganarse el título de maricón, por eso todos salíamos a carrera tendida para llegar en grupo muertos de la risa. Nos bañábamos en calzoncillos y cuando terminábamos el baño nos dedicábamos a jugar y a correr hasta que se secaran. En esas horas de escuela el charco entero era sólo para nosotros, los peces, las ranas y los sapos, y para Jalisco, un perro que Maruja Idrobo nos había regalado. Nuestro buen amigo nos acompañaba en la mayoría de las excursiones y cuando era inconveniente que él nos acompañara, era preciso encerrarlo y el pobre se quedaba llorando. Mi madre reflexionaba sobre la coincidencia de observar que, cuando llegaba mojado y embarrado, Jalisco llegaba en las mismas condiciones.

Humm, eso está muy raro-. Decía, pero no llegaba a imaginar cuán involucrado estaba el animal en esas correrías. Mi madre decía que iba a hablar con el maestro de Educación Física para que no me pusiera a trotar cuando estuviera lloviendo, por miedo a enfermarme.

Luis conocía de mis andanzas y me miraba con ojos de reproche, porque sabía que yo no había ido a clases, pero, que yo sepa nunca me delató.

Años antes, con Guillermo observábamos que los dos guardias parados a lado y lado de la puerta del Batallón Junín, permanecían completamente inmóviles y nosotros empeñados en que quebrantaran la regla hacíamos apuestas y nos parábamos frente a ellos a chupar limones, a ver cual resistía menos y cerraba un ojo. ¡Qué clase de pillos, vagabundos y sin oficio éramos nosotros, pero no se imaginan lo felices que fuimos, por eso será que lo recuerdo tanto!

Claro que Luis y sus amigos también salían de excursión por las inmediaciones de Popayán, pero los sábados y domingos o los días de fiesta. En nuestro caso, el saber que estábamos infringiendo alguna ley y que éramos cómplices compartiendo un secreto que por nada del mundo revelaríamos, constituía un elemento de unión y de lealtad que se sumaba para hacer que la *capada* de escuela nos pareciera más emocionante.

Luis en el fondo quería lo mejor para mí, pero fue la forma la que no supo manejar. No comprendía que había dejado de estudiar porque no me interesaban las carreras convencionales, pero yo tampoco supe explicarle, y aunque lo hubiera hecho no lo habría entendido, que a los seis años, cuando tomé lápiz y papel para dibujar había decidido lo que quería hacer; después llegaron los años de 1955 y siguientes en que salieron a relucir mis aptitudes musicales y me convertí también en bohemio y serenatero, bebedor de fin de semana, cuya figura junto con la de mis alegres y disolutos amigos no concordaba con su orden establecido. Eran muchachos, para él sin oficio, sinvergüenzas y borrachos. Tuvimos que soportarle todas sus diatribas y desprecios, simplemente porque habíamos decidido caminar por otro rumbo diferente al de la Universidad. Era un producto de su época, cuando los que no estudiaban eran considerados como personas de segunda o tercera clase, pues, todo el mundo le hacía la venia al *"Señor Doctor"*, y hubo algunos "amigos" y compañeros de clase que nos quitaron el saludo. El culto al título, existe hoy todavía, pero menos que antes debido a la diversidad de profesiones técnicas y vocacionales que de ese tiempo acá han proliferado. En esa época los padres y familiares trataban de hacer que el hijo o sobrino tuviera el título universitario, a toda costa, aunque no sirviera para eso. De ahí tantos profesionales mediocres que andan en la vida frustrados por haber sido obligados a seguir una profesión que no querían. Sin embargo, es importante hacer una carrera universitaria cuando verdaderamente se desea, porque ella les da acceso a la investigación y a la docencia. Las universidades hoy, necesitan cerebros que se involucren en todas las áreas de la ciencia. Son cargos que no enriquecen económicamente, pero sirven para pasar una vida decente, sin embargo pueden dar un gran renombre porque de allí, de la investigación científica es de donde salen los premios Nóbel. Hay escasez de jóvenes que con espíritu desinteresado se dediquen a la investigación. Es una crisis de cerebros que toda Latinoamérica está sufriendo, porque los jóvenes terminan sus bachilleratos y optan por carreras que no les consuman mucho tiempo, para comenzar a ganar dinero lo más pronto posible. Es necesario crear una conciencia social para que los muchachos y muchachas con verdadera vocación y talento se vean atraídos hacia la investigación. Hay campos inmensos en la química y la biología. La investigación sobre el genoma humano apenas comienza, también hoy se han hecho grandes descubrimientos sobre el funcionamiento del cerebro, la neurociencia, será el tema del siglo XXI. En la física, el nuevo acelerador de partículas del CERN, nos acercará más a conocer el origen de nuestro universo, su expansión y aceleración, la energía oscura, las partículas de alta energía, entre ellas el Bosón de Higgs, una de las partículas fundamentales. La nanotecnología nos indica que habrá mucho por hacer en estos años, campo en donde se están realizando descubrimientos increíbles. El estudio de nuevas fuentes energéticas también nos mantendrá muy ocupados. El problema del medio ambiente es de máxima prioridad. Las becas para los jóvenes con talento investigativo están allí esperando y con la facilidad del Internet lo que hay que hacer es sólo saber buscar. El inglés es imprescindible, así que, a prepararse. Las Universidades están listas para recibirte si tienes talento y perseverancia.

Una juventud de ensueño.

Fueron casi diez años de vida bohemia, aquí dirían de hipismo acendrado; con una excepción: ninguno de nosotros usó droga alguna. Si quieren llamar al aguardiente una droga, en ese sentido sí, pero no adictos, porque sólo bebíamos los fines de semana de serenatas y solamente cuando había una guitarra delante; éramos, eminentemente músicos. Nuestro mayor entretenimiento era llevarles a las payanesas esa clase de regalo que no se puede retribuir con nada más que con amor: la serenata.

Los años sesenta hasta mediados de la década los compartí con mis jefes de la Delegación Departamental, que más que jefes fueron entrañables amigos, Rafael Bolaños y Joaquín Arboleda, cuando iba a Popayán los fines de semana, en esas inolvidables noches de bohemia pura, donde reinaba el chascarrillo ingenioso, el poema sentimental y el tango quejumbroso preñado de pasiones humanas, excepción del año que viví en la costa del Pacífico.
Viajé por las Cordilleras Andinas y por el Pacífico caucano y, artísticamente, de 1955 a 1965 fueron los años más prolíficos de mi juventud, donde desarrollé el dibujo, la fotografía, pinté los primeros cuadros al óleo, investigué sobre los colores y sobre los materiales de pintura, descubrí una preparación para hacer los lienzos más duraderos, hice ilustraciones y diapositivas

publicitarias para los cines, desarrollé también la técnica de la acuarela. Estudié radio televisión y electrónica por pura curiosidad. Aprendí cerámica y la decoración de figuras de porcelana, comencé a tocar la guitarra, a cantar y a escribir canciones e hice varias obras de radio con nuestro grupo de teatro experimental.

Si pudiera volver a vivir esa época maravillosa, la viviría igual, con mis amigos bohemios y románticos y con mis compañeros de guitarra. Fui un autodidacta que deseó conocer la vida sin más dirección que su propia razón para discernir y evaluar entre lo bueno y lo malo, entre lo verdadero y lo falso, con un criterio muy propio y con un modo de ver la existencia muy personal, donde los valores materiales y la fama me importaron un bledo. Con el tío Jorge, aprendí a usar la sierra y el martillo, a cepillar la madera, a encolar y a conocer las clases de materiales para usarlos en diferentes trabajos de ebanistería. Su ejemplo de trabajo fue una enseñanza para mí. No usaba cadenas en el cuello, ni anillos, decía que eran artilugios estúpidos que le impedían su libre movimiento cuando trabajaba en el taller o en el cuarto oscuro, donde a menudo debía introducir las manos en los químicos de revelado y fijado de fotografías, lo único que usaba en la muñeca era un reloj increíblemente plano y decía que lo usaba por necesidad. Desde entonces yo también lo imité. Comencé a devorar libros de Mecánica Celeste. El tema me fascinó, al comprender que El Universo se rige por medio de fórmulas matemáticas exactas y que nada existe por la magia o el milagro.

A mis quince años apareció una mujer que se atrevió a compartir penas y alegrías, aventuras y desventuras, con el adolescente que yo era. Con ella me hice hombre, anduvo en mi nave por varios años. Fue una mujer muy especial en mi vida, a quien recuerdo con gran afecto. Ella escuchó de mi voz sus canciones favoritas, en una idílica e inolvidable relación.

Todavía hoy, cuando escucho un trío, una ranchera mexicana o un bambuco, un agradable sabor a aguardiente parece tocar mi paladar y revivo esa maravillosa época, con tanta claridad, como si sólo ayer hubiera sucedido, época que describo en varios capítulos a lo largo de este libro. Suena pueril, pero hay que oír unas cuerdas de guitarra a las tres de la mañana para vivir su encanto y sólo las payanesas de nuestro tiempo podrían describirlo. Ellas realizaban la catarsis del ensueño cognoscitivo del amor en esas serenatas y no sería nunca más la misma mujer, porque a través de nuestra música habría sido tocada con la vara mágica del amor, como una Aldonza Lorenzo que fuera transformada en la sin par Dulcinea, por esa misma fuerza.

Lo mejor de todo es que nunca cobramos por dar serenatas, eran amigos quienes a través de nuestras voces y guitarras expresaban su sentir a las muchachas de su corazón. A excepción de una vez que alguien contrató a Jaime Carrillo, mi vecino, para darle una serenata a Miss Universo. Pero él tenía una banda de música bailable no propia para una serenata romántica, llamé a Silvio, a quien llamábamos "Chivo" y con Jaime improvisamos un trío. Lulú Ayerbe, la dueña de la casa situada al frente del Paraninfo de la Universidad, nos hizo pasar a un amplio corredor interior, frente a una ventana que daba al patio. Iba a cantar cuatro canciones, pero en medio de la segunda canción se abrió la ventana y apareció Luz Marina Zuluaga con todo su encanto, ataviada con una vaporosa túnica de noche, color canario, iluminando con su belleza el patio estilo español. La vi tan cerca que pude analizar a mi placer la perfecta simetría de su sonriente rostro. Allí estaba yo cantándole a la mujer más bella del universo, como Jorge Negrete o como Pedro Infante, mis ídolos de ese entonces en esas inolvidables películas que admirábamos en los teatros Popayán y Municipal.

> Si Rafael Bolaños hubiera estado allí diría.
> ¡De verdad, es bella la condenada!

Canté todas las canciones que Luz Marina quiso: boleros, bambucos y canciones mexicanas; y un acto que iba a durar solamente una hora se prolongó de las 9 de la noche hasta pasadas las doce y no se prolongó más porque la reina debía cumplir al día siguiente varios compromisos sociales. Esa fue la bienvenida que Popayán le dio. En la despedida, el turno fue para Guillermo Torres, que con Silvio Fernández y Carlos Nates, constituían un trío, por cierto, nunca supe cómo se llamaba, pero no sé por qué quisiera llamarlo, "El Trío Cañagria". La casa se inundó con las melodías de los boleros y bambucos más sentidos de esa época. Luz Marina, La Reina del Universo debe haber pensado que esas dos serenatas fueron los mejores regalos que alguien pudo haberle obsequiado jamás.

Pero mi hermano, ciego a casi todas las expresiones musicales populares por considerarlas propias del vulgo, nunca las valoró. Más bien, Oscar el menor de mis hermanos, quien fue dotado como yo de aptitudes artísticas y literarias supo comprenderme más que cualquier otro de mis hermanos. Pero poco nos tratamos porque él creció en el Valle, mientras yo permanecía en Popayán. Cuando mis padres y hermanos regresaron, a mediados de los sesentas, yo preparaba el viaje para los Estados Unidos.

Fue un gesto hermoso de su parte, cuando cumplí mi propósito, escribirme una carta en donde me anunciaba que había decidido venir a "conocerme", porque al salír de Colombia yo tenía veinticinco años y él apenas tenía doce. Graduado con el título de Médico Cirujano, de la Universidad del Cauca, con una simpatía y don de gentes muy especial, se ganó el cariño y el respeto de amigos y pacientes. Es sin lugar a dudas uno de los hermanos más brillantes.

La bohemia fue una de las épocas más bellas y románticas que América entera vivió con las voces de Los Panchos, Los Tres Diamantes, Los Tres Ases, Los Tres Reyes, El Trío San Juan e innumerables voces de tenores que hicieron de esa época de los cincuentas y sesentas lo mejor de la música del siglo pasado.

Jaime Rico Salazar, autor de una famosa enciclopedia de artistas y compositores del bolero, hace un merecido homenaje a todos los que contribuyeron a hacer del siglo XX, el siglo del romanticismo, en su libro, *"Cien Años de Boleros"*.

Pinturas para una exposición.

10 - Óleos para la exposición de 1965, en el Museo Valencia, patrocinada por la Universidad del Cauca.

Pero, si Luis Afranio despreciaba mis andanzas nocturnas no fue así con mis aventuras con el pincel y el lápiz, pues cuando en las proximidades de una Semana Santa terminaba el grupo de óleos que exhibiría en esa ocasión, después de observar en silencio todo el proceso, desde hacer los marcos en la carpintería y preparar los lienzos, pintar los temas y hacer los marcos de presentación, hasta culminar el trabajo seis meses después, me sorprendió con sus comentarios sobre la obra, los cuales espontáneamente publicó en el periódico local El Liberal, y al mismo tiempo envió a la emisora, La Voz del Cauca, por medio de nuestro vecino, el Poche Castillo, uno de los locutores de dicha emisora, el mismo comentario para su divulgación radial.

He conservado el artículo desde entonces como una muestra de su interés y sincera admiración por mis labores artísticas, dice así:

"Muy original y muy sincera, muy de nuestros lares y a la vez con tremenda comprensión universal; llevando en su fondo la verdadera expresión de un arte enfocado, se presenta la pintura de Rafael Tobar, que viene desde la naturaleza misma para entregar a las personas ávidas de estética su torrencial frescura.

Paisajes de asombroso realismo en los cuales se transparenta esa belleza perenne que solamente nace como un símbolo, en la quietud de la inspiración.
Es un arte de ritmo y equilibrio, porque nuestro artista, Zeus de una nueva especie, posee la áspera sinceridad de los pintores barrocos y la serena y madura expresión de los clásicos. Arte, mezcla de curioso equilibrio, de ritmo opulento y violenta espontaneidad.
Del transitar por la compleja selva del cromo le queda a Rafael Tobar un estilo especial, que aun no se define, pero da muestras tempranas de su verdadero vigor. Esta exposición aquilata valores innegables que no han podido escapar ni a nuestra visión rutinaria.

Pero ante todo es un arte propio y exclusivo, que lejanamente nos hace a veces recordar un Corot, otras un Van Gogh.
Tobar busca tender un puente entre el arte y la humanidad, una comunicación invisible y lo logra por medio de valores transcendentes en uno de sus mejores cuadros, en el cual la creación y la idea están a la par con la seguridad de ejecución.
La creación en esta, la primera época del artista, está representada en el paisaje, algunos naturales, los más obra de una fantasía de original acierto.
Rafael Tobar es pues un artista que se encara a la forma pictórica y se lanza a la creación en una entrega descuidada que puede abrirle las puertas del conocimiento total.
No es una visión más del arte lo que se suscita en la obra de Tobar, es un algo verdaderamente único y propio, cuya poderosa originalidad nos envuelve en un fascinante hechizo de luz y color, de forma y equilibrio y una idea extrañamente ecuménica.
Rafael Tobar está incorporado al arte desde sí mismo, desde su fondo estético, desde su conciencia de artista total. Queremos por

eso felicitarlo como un valor en las nuevas generaciones que harán en nuestra cultura un renacimiento.
Luis Afranio Tobar, Marzo de 1965".

El 9 de Abril de 1948

Mis recuerdos van hacia la casa de El Cacho, en la carrera once entre cuarta y quinta, nuestra primera casa en la ciudad. Debí haberme cruzado muchas veces con un muchacho de 16 años que residía al voltear de mi casa, y posiblemente como yo, se motilaba donde don Isaac Achinte, el peluquero de la esquina y frecuentaba por las razones que fueran la tienda de la gorda Esther, en la carrera once con la calle quinta, en la esquina de El Cacho a donde nosotros íbamos a comprar cholaos, pero como teníamos una brecha generacional de diez años, nunca nos conocimos. Ese jovencito era el Dr. Mario Pachajoa Burbano, años después gran amigo y colaborador de la página en Internet "Popayán de mis amores", motivo por el cual nos conocimos en Estados Unidos.

Allí estábamos él y yo cada uno por su lado el 9 de abril de 1948, día del asesinato del candidato liberal, Jorge Eliécer Gaitán, que desató una ola de violencia por todo el país. Popayán no fue una excepción, comenzaron a oírse disparos y ráfagas de ametralladora por todas partes; las monjas de los colegios y los Hermanos Maristas del Colegio Champagnat dejaron ir a sus casas a los alumnos cuando los vándalos comenzaban a saquear los almacenes y a incendiarlos.

Una de mis vecinas de ocho años de edad con una amiga, en vez de irse derecho para sus casas, se quedaron en el Parque de Caldas llenas de curiosidad, brincando, cogidas de la mano y gritando, ¡Qué bueno que mataron a Gaitán!, eran probablemente hijas de padres conservadores que los habían oído hablar despectivamente del candidato liberal, sin percatarse de que las niñas los pudieran escuchar. Un ciudadano que corría alejándose de la chusma enfurecida, les dijo.

¡Cállense, por amor de Dios!

De prisa las retiró del lugar salvándolas de una muerte segura.

Precisamente, a la misma hora salía del Champagnat mi vecino, Mario Pachajoa Burbano con otros compañeros de colegio. Iban a atravesar el parque de Caldas para tomar la calle quinta, pero al oír el estruendo de los disparos y los gritos de la chusma clamando venganza prefirieron irse por la calle tercera.

Los vándalos comenzaron a tomar el centro de la ciudad y a disparar indiscriminadamente a cualquier parroquiano que se encontrara a su alcance si no era como ellos, otro iracundo manifestante. Más y más personas de los alrededores de Popayán llegaban en camiones a formar sus manifestaciones, a beber, a robar, a matar y a incendiar.
Empezaron las purgas entre pertenecientes a las diferentes corrientes políticas y, como dijera el poeta Jorge Robledo Ortiz, *"Una tierra de paz que tuvo espigas y música y luceros para el rancho, se hundió en la noche como un lobo hambriento con la misericordia entre sus fauces"*. Noche que aún perdura, después de 57 años de barbarie.

Horas más tarde el ejército tomaba la ciudad, el centro había sido desalojado y los bomberos trataban de apagar los incendios que se producían aquí y allá, luchando porque el fuego no se propagara a otros edificios.
Fue declarado el Estado de Sitio y no se podía salir después del toque de queda, a las siete de la noche.

Al día siguiente, comenzaron a llevar cadáveres al cementerio, en cajones abiertos para que los dolientes los identificaran. Nosotros con papá entreabríamos las ventanas para ver a los soldados atrincherándose en la misma carrera once con la calle cuarta, muy cerca del cuartel, mientras pasaba el macabro cortejo fúnebre lleno de carretas con los ataúdes hechos a última hora, sin tapas, dejando ver el contenido de hombres abaleados en sus pechos y sus rostros.
Era como si las historias de horror de Margarita hubieran cobrado

realidad.

Papá tuvo la "brillante idea" de llevarnos a Luis y a mí al cementerio. Los eucaliptos de La Avenida me parecieron mustios, tétricos y fríos, un ambiente de tristeza invadía toda la vía. Nos unimos a padres y madres del pueblo cuyos hijos no habían llegado a sus hogares y como última y fatal esperanza los habían ido a buscar llenos de angustia al Campo Santo.

Habían colocado los cadáveres en ataúdes sobre carretas así mismo como fueron recogidos de la calle, algunos no cabían porque sus brazos rígidos y abiertos no lo permitían. Parecían estatuas caídas hacía atrás.

Si macabro fue para mí, un niño de ocho años ver estas escenas, profundamente triste fue ver cómo llegó un humilde anciano y se abrazó llorando desesperado a uno de los fríos cadáveres, diciendo,

¡Este es!... ¡Este es!...¡Despierta, hijo! Oh, Dios mío, no me lo quites.

Mi papá y otras personas separaron del cadáver al inconsolable padre y trataron de darle apoyo ante lo irreparable. El cadáver tenía los ojos abiertos, mi papá en un acto de piedad cristiana se los cerró.

Pero sentí que yo debía hacer algo para quitarle el inmenso sufrimiento a ese inconsolable padre, sin embargo, no hallaba medios para hacerlo; algo me decía que de aquellas tristes escenas había una cierta conclusión que no alcanzaba a comprender. Era como un círculo que no podía cerrar y que durante varios años no pude ver clara y distintamente. Me faltaban definiciones, más conocimiento para poder racionalizar todos esos pensamientos abstractos, carecía de herramientas para manejarlos. Por el momento pensé que ya había visto suficiente, no quería estar cerca de la desesperación y el sufrimiento humanos, halé a mi papá de la manga del saco y le dije,

-Salgamos de aquí. Vamos a casa-.

Cuando me miró, vio la angustia reflejada en mi rostro, reflexionó por un instante, como si en ese momento se hubiera dado cuenta de que no debió traernos, llamó a Luis que estaba mirando los demás cadáveres y salimos del lugar.

Sin embargo, esta triste experiencia de mi niñez sirvió años después para reflexionar sobre la existencia humana, como una lucha por sobrevivir, evitar el sufrimiento y buscar la felicidad o la tranquilidad de espíritu, a veces a costa de lo que sea, como un deseo constante en todo ser viviente.

El niño llora porque siente hambre o frío, la madre escucha y trata de terminar con esas sensaciones incomodas. En consecuencia, el niño, aunque es muy pequeño para comprender el concepto de felicidad o infelicidad siente que no está conforme y sin saberlo es infeliz.

Ante un entorno hostil hay sufrimiento y cuando no estás conforme contigo mismo también lo hay. Sin embargo, el ser humano adhiere algo más a su existencia en relación con los demás seres: la compasión. Hay sufrimientos que van más allá de nuestro propio yo y los sentimos como nuestros por empatía, la sensación de sufrimiento se trasmite a quien ve sufrir y ese dolor llega a ser tan intenso como el que lo sufre.

Al observar al anciano desesperado sufriendo por su hijo, me conmovió tanto que cada vez que lo recuerdo reviven en mí los mismos sentimientos de pesar que experimenté cuando observaba la escena.

Ejemplo de compasión fue el que vi en una película de 1962. El protagonista, (Kirk Douglas), tratando de huir de los federales, entra cabalgando a una autopista llena de tráfico y un camión los atropella, él estaba mal herido y no se podía mover, estaba desesperado oyendo a su fiel caballo relinchar de dolor. Llegan a auxiliarlo varios oficiales de carreteras, el jinete mal herido parece decirle con los ojos al policía,

-Atienda al caballo, está sufriendo.

El policía leyó el mensaje de sus ojos, dio la vuelta y corrió hacia el caballo, el jinete esperó a oír el disparo que le diera fin al sufrimiento del noble animal, un instante después escucha la detonación, el caballo deja de relinchar, inmediatamente el policía corre a auxiliar al jinete, pero al aproximarse, observa que afloja su cuerpo, ladea la cabeza y expira. Ostentando una fuerza de voluntad sobrehumana estaba esperando que su caballo dejara de sufrir para morir. (Los valientes andan solos, en Inglés, *Lonely are the Brave*, 1962).

Esa misma compasión hace que me incline a pensar en la eutanasia como una buena manera de acabar con el sufrimiento de los enfermos terminales que han pedido les finalicen su agonía de una manera radical, procedimiento inaceptable por la filosofía cristiana , con el axioma de que *Dios nos dio la vida y que Dios es el único que debe quitárnosla.* Argumento que se debilita al reflexionar que somos "materia viva", fruto de una evolución, que comenzó con el organismo más simple hasta llegar al más complejo y la ciencia no admite la intervención de medios sobrenaturales de creación, porque contradicen las mismas leyes universales de la naturaleza. Pero, aunque la ciencia tiene razón, esta clase de debates son casi eternos, porque las creencias religiosas son muy difíciles de erradicar de la conciencia humana, no dependen de la razón y aunque en ese sentido son irracionales, la reflexión del espíritu humano sobre estos temas es ancestral. Al no encontrar respuestas racionales a sus reflexiones, el ser humano fabrica sus mitos y sus dioses, de allí nace la fe, un estado mental condicionado, que no exige pruebas, ni fórmulas matemáticas, sino simplemente creer, aunque no haya en ella ningún fundamento de razón, si lo hubiera dejaría de ser fe para convertirse en ciencia.

Los acontecimientos del nueve de abril dejaron una secuela de efectos que todavía hoy van con nosotros por los desastrosos resultados que hoy padecemos. Ha sido como una reacción en cadena de desastres para la sociedad colombiana. Sólo ahora vislumbramos un rayo de esperanza, una luz en el horizonte, la pesadilla está terminando y parece que nos espera una época de verdadera paz. Momento para llamar a esos muchachos que fueron obligados a dejar sus hogares campesinos para adoctrinarlos en el odio y la delincuencia, al servicio de una causa que nunca llevó a ninguna parte más que al caos y a la zozobra. Muchacho, es la hora de que te reintegres a tu hogar, a la sociedad, a La Patria que te espera con los brazos abiertos para que te reeduques en el amor al prójimo y seas partícipe de la paz, la concordia y el progreso de todos los colombianos.

Un poco de Historia.

Ahora, demos una ojeada, así, a vuelo de pájaro, cómo fueron creadas ciudades como Popayán, enclavada entre las cordilleras occidental y central de Los Andes colombianos. (Latitud norte de 2.28 grados y 76.37 grados de longitud oeste, a 1721 metros sobre el nivel del mar).

En 1537 llegaba procedente de Cuba un español aventurero y analfabeto nombrado Sebastián Moyano, que cambió su apellido por el de Belalcázar, su tierra natal. Había viajado hasta el Perú, la Tierra de los Incas, desde la isla caribeña con un puñado de españoles y criollos cubanos ávidos de dinero y aventuras navegando hacia el Sur por el recién descubierto Océano Pacífico, como lugarteniente de Francisco Pizarro, otro español, que comandaba la expedición.

En el Perú, Belalcázar decide separarse de Pizarro y realizar su aventura por sí mismo. Los nativos le han relatado que al norte, en una tierra llamada de Los Chibchas y los Muiscas, hay una laguna cuyo fondo está lleno de polvo de oro y de piedras preciosas, vestigio de los sacrificios de doncellas que ataviadas con estos adornos lanzaban al fondo ofreciéndolas a sus dioses.

Llevado por la sed del oro, pues no era otro el motor que animaba todas las exploraciones, se fue con sus soldados en pos de lo que los indígenas llamaban "El Dorado", en el territorio denominado Colombia.

Gran parte de esas tierras estaban dominadas por el Imperio Inca, el cual abarcaba las cordilleras andinas y territorios circundantes, desde Pasto, al norte, hasta el centro de Chile y el noroeste de

Argentina. Igualmente, en México el imperio azteca dominaba grandes territorios por medio del terror y los impuestos que las tribus vecinas debían pagar como tributo al monarca eran escandalosos, (Tributos que eventualmente pasaron a manos de los españoles), buena tierra de cultivo para levantamientos y guerras intestinas que los españoles supieron aprovechar en uno y otro lugar, porque con la ayuda y confabulación de los habitantes de las poblaciones vecinas esclavizadas por el imperio, este puñado de españoles creó un ejército de miles de aliados, sin los cuales no hubieran podido conquistar ni un metro de tierra. De esa manera derrocaron las tiranías de los aztecas y los incas.

En su camino hacia el norte Sebastián encontró lugares propios para construir emplazamientos, muchos de los cuales se convertirían en ciudades. En nombre de los Reyes de España, los patrocinadores de sus exploraciones por el Nuevo Mundo, Belalcázar tomó posesión de esas tierras pertenecientes a los nativos americanos y marcharon hacia el norte con indigenas incas hasta el Ecuador, en donde toman indios de la tribu Yanacona, que usaron como mulas de carga hasta Popayán, siguiendo las rutas de los mismos indígenas. Estos indios yanaconas no quisieron volver al ecuador y se establecieron en la reserva que hoy lleva su nombre: Yanaconas, cerca de Popayán. A su paso, entre escaramuzas, flechas y tiros de arcabuz, los españoles fundaron varias poblaciones, entre ellas Guayaquil y Quito en el territorio que se denominara Ecuador, y Pasto, Popayán y Cali en la región que llegaría a conocerse como Colombia.

El continente americano debía llevar el nombre de Colombia en honor de Cristobal Colón, su descubridor, pero le dieron el nombre del cartógrafo Américo Vespucio, otro italiano, por la importancia que tuvieron sus mapas en la navegación por el recién descubierto continente.

(Es curioso: los italianos descubren y los españoles explotan).

El pobre genovés terminó acusado por la envidia y la codicia de los españoles de los peores actos contra la corona. Cristóbal murió humillado y en la pobreza más absoluta, una de las peores infamias de la historia, sin embargo, nosotros sí le hicimos honor al descubridor nombrando, "Colombia" a nuestro país, antes de su desintegración por causa de las desavenencias ideológicas, desvaneciéndose así el sueño de Simón Bolívar de forjar la nación federada llamada, Los Estados Unidos de Colombia, que abarcaría desde el Perú hasta Panamá.

Colombia con toda su belleza natural podría llegar a ser un paraíso turístico de singular importancia, pero dada la situación de peligro en que la mantienen sometida los guerrilleros, el narcotráfico y otros males que la aquejan, el turismo es muy restringido. No pude detener una lágrima por mi país al ver la belleza de Provenza, en Francia, al apreciar la infraestructura turística de la región, donde todos se benefician del flujo constante de visitantes, todo prospera, no se ve la pobreza y la atención y las facilidades para el turista, para ellos la gallina de los huevos de oro, es formidable. Quisiera eso para Colombia, una Colombia a donde llegue el turista sin temores y viva, se emocione y disfrute en un ambiente de paz y armonía de todo lo bueno que el país puede ofrecer. Hoy, como decía, parece haber un horizonte de luz y de esperanza aproximándose a Colombia, porque los buenos se han unido y han tomado la resolución de no permitir que las sombras del mal sigan invadiendo nuestro territorio.

La epopeya de la conquista de América, sin importar los motivos que los llevaron a forjarla, fue obra de hombres muy valientes que lucharon contra todas las adversidades por lograr su propósito. Lucharon contra los nativos y contra la esquiva naturaleza, abriendo camino por selvas casi inexpugnables, contra enfermedades desconocidas y contra fenómenos naturales nunca imaginados. Cuando llegaron al Caribe comprendieron que la tierra más bella que ojos humanos vieron, como le pareció a Cristóbal, no era precisamente un paraíso, los monstruos de la mitología griega quedaban pequeños ante la magnitud de los que llegaban generalmente en septiembre, devorando todo lo que encontraban a su paso y contra los que el ser humano nada podía hacer, eran los huracanes, los tornados y las lluvias incesantes, que hacían desbordar los ríos llevándose todo y destruyéndolo todo. Se producían terremotos e inmensas erupciones volcánicas a lo largo del enigmático continente. Y por último, a la ferocidad de los habitantes de esas tierras, que lucharon por su supervivencia ante fuerzas muy superiores representadas por los extraños animales que montaban los extranjeros y los letales rayos de fuego que portaban. Pero el espíritu del ser humano es indomable, resueltos a quedarse en este mundo nuevo los extranjeros lucharon en su empeño hasta conseguir su propósito.

A muchas adversidades más tuvieron que enfrentarse los titanes de la conquista, pero nadie les brinda el reconocimiento que se merecen en la historia del mundo. Fue la más pura realidad, llena de historias difícilmente igualadas por los escritores más imaginativos. Era una tierra rica en toda clase de productos minerales y vegetales, y recursos humanos representados por los nativos que pronto esclavizaron y supieron explotar para enriquecer el arca de los monarcas españoles casi en la ruina, después de una larga guerra de ocho siglos contra los musulmanes. ¡Ocho siglos! Muchas generaciones con el orgullo herido, pero sin olvidar ni un instante que habían sido invadidos por unos guerreros exóticos queriendo imponer sus leyes orientales y su religión a un país cristiano. Aunque de verdad, después de tantos siglos la religión católica, la judía y la islámica convivían en paz, pero Isabel, con su cristianismo excluyente, cerrado y fanático, no perdonó ni a judíos ni a islámicos. Está bien que hubieran derrotado el gobierno islámico y los echaran de Granada, pero no ordenar el éxodo de la gente trabajadora que después de nueve siglos era tan española como los mismos reyes de España, por el delito de profesar una religión que no era la católica. Así ordenó el éxodo de gente talentosa, laboriosa y emprendedora, un éxodo injusto y doloroso que en vez de ser beneficioso para España fue uno de los mayores perjuicios en la historia de este país, al desterrar no solamente los musulmanes sino también a los judíos que no quisieron convertirse al cristianismo. Ya podría ella quitarse el camisón rosado, que como promesa no se quitaría sino el día en que los islámicos salieran de su tierra, y así comenzar conversaciones con Cristóbal que, con su ayuda económica, iba a emprender la mayor aventura de su vida: el descubrimiento de América.

Cuando cumplió su sueño, Colón regresó a España llevando nativos americanos para que Europa los conociera y relató cómo estos nativos engordaban a sus enemigos y después en gran festín se los comían asados. La Reina Isabel pensó en la necesidad de enviar misioneros católicos a catequizar a esos salvajes que se comían entre sí y llevarles la palabra de Cristo para que abandonaran su canibalismo. Los Sacerdotes misioneros comenzaron a catequizar a los indígenas y a defenderlos de los desmanes de los mismos españoles que comenzaban a esclavizarlos en la agricultura y en las minas abundantes por todo el territorio. La ignorancia los había conducido a crear un mundo cósmico mágico que tenía siglos de existencia, el cual se acomodaba bien a su modo de vivir, todo lo que no comprendían lo atribuían a poderes de dioses y deidades a las que rendían culto con sacrificios humanos, que sus chamanes endrogados con yerbas y hongos exigían para calmar su imaginaria ira y rogar por el bien de sus cosechas.

¿Nos alumbrará el dios sol mañana, ahora que los extranjeros no nos permiten ofrecerle la vida de las doncellas y de los niños más hermosos, para que continúe dándonos su calor?

¿De qué manera podremos calmar la ira de los dioses?

Deben haber sentido un temor extraordinario. La religión y creencias en las que se sustentaba su mundo se venían abajo.

Pero esto no era nada nuevo, los pueblos primitivos de Europa y Asia pasaron por esas etapas. Las creencias y las religiones son difíciles de cambiar por hechos de razón y aún hoy en el siglo XXI todavía experimentamos el fanatismo religioso que atrasa las sociedades y las lleva a luchar guerras santas, como en siglos pasados. No quiero decir que la religión no tenga un lugar importante en el espíritu humano. Creer en la posible existencia de un ente superior a nosotros que mira como un padre amoroso su creación, es saludable. Da seguridad en un mundo que todavía está lleno de incógnitas. Pero, si estas creencias comienzan a hacerse impositivas, guiadas por fanáticos, sectarios y lunáticos, es cuando se vuelven peligrosas.

No fue raro adoptar la creencia que los españoles con sus vestiduras tan extrañas y montados sobre cuadrúpedos más extraños todavía, eran dioses venidos del mar en portentosas naves. Pronto se dieron cuenta de su error, eran seres humanos tan vulnerables como ellos.

La magia comenzaba a terminarse. ¿Dónde estaban sus dioses que los habían dejado en el total desamparo? ¿Acaso sus sacrificios humanos, el degüello de las vírgenes y los niños ya no les era grato? Ellos les ofrecían la vida de sus mejores ejemplares a cambio de que el dios sol continuara alumbrando y la diosa lluvia siguiera regando los cultivos que la Pacha Mama proveía. Sacrificaban vida para que los dioses les dieran vida. Pero, llegaba otro dios, el único y verdadero, como aseguraban los extranjeros, a quien desde ese momento debían rendir culto. Enorme confusión, porque todas sus creencias ancestrales habían sido borradas de tajo. Sus tradiciones religiosas en las que habían creído por milenios se habían vuelto fantasía de un momento a otro, destruían sus ídolos, los hombres blancos proclamaban su falsedad, por siglos habían convivido con dioses malos que demandaban muerte y sangre.

Pronto percibieron que el sol seguía alumbrando sin sus sacrificios, que la lluvia continuaba empapando sus cultivos, y que la diosa tierra continuaba produciendo frutos, que la vida seguía igual, aunque no comprendían el por qué. Igual de temerosos vivían los cristianos que, al no comprender los misterios de la naturaleza se refugiaban en la religión. Hasta que llegaron Kepler, Galileo, Newton y Einstein, para explicar por qué no había ningún peligro de que el sol o la luna se cayera y que el sol dejara de alumbrar, ni que el agua cesara de regar sus cultivos. El nuevo dios de esos hombres con sus feas caras blancas, no exigía sacrificios humanos, al contrario, decía que debían amarse los unos a los otros. Los sacrificios que los blancos ofrecían a su dios eran simbólicos y había que aprender a mirar la hostia y el vino como el cuerpo y la sangre del cordero sacrificado, y después era necesario comer ese cuerpo y beber esa sangre. ¡Qué extraño canibalismo difícil de entender por sus sencillas mentes!

Pero, paradójicamente, esos hombres bajo el estandarte de la cruz, daban muestras de una crueldad sin límites hacia ellos, contradiciendo sus propias enseñanzas de amarse los unos a los otros. ¿Cómo explicar esa actitud? Si hubo brutalidad por parte de los indios al defender sus intereses por todos los medios, igual brutalidad la hubo por los conquistadores. Vivo ejemplo es la proclama que invitaba a presenciar la ejecución del Inca, José

Gabriel Tupac Amaru, el 18 de mayo de 1781.
"Que su lengua sea cortada y así, mudo y sangrante presencie la ejecución de sus mujeres, sus hijos y sus lugartenientes. Luego, que cuatro potros sean uncidos a sus extremidades y que a una orden partan disparados en direcciones opuestas".
Esta medida no lo descuartizó del todo y tuvieron que decapitarlo para acabar con él.
O, por ejemplo, el indio Hatuey. *(En la isla de Cuba.)* No quería ser bautizado en sus últimos momentos, antes de ser ejecutado por el delito de conspirar contra la autoridad española.

-Hijito mío-, decía el Sacerdote. -Tengo que bautizarte, de lo contrario no irás al cielo-.

-Padre, ¿en el cielo hay españoles?

-Claro que sí, hijo mío-.

-Entonces no quiero ser bautizado, no quiero ir allá. ¡No me envíen a vivir con esa gente! Tal era el terror que los españoles producían en los nativos americanos.

La conquista, a pesar de los enormes logros alcanzados fue también una empresa llena de frustraciones. Ponce de León se fue en pos de *La fuente de la eterna juventud* y no encontró más que un pequeño riachuelo por las inmediaciones de San Agustín, en el estado de La Florida, cuyas aguas indudablemente tenían ciertas propiedades medicinales producidas por las raíces de un árbol denominado, Palo Santo, abundante en sus riberas. Los indios usaban la savia de este árbol para sanar las heridas con rapidez, poseía propiedades antibióticas, pero nada más. Las noticias corren de boca en boca y la imaginación trabaja para ir moldeando una creencia cada vez más fantástica, así nacen los mitos y las leyendas como esta de *"La Fuente de la Juventud"*, y la de *"Las siete ciudades de Cibola"*, hacia Texas y Baja California, cuyos templos, se decía, estaban fabricados con oro puro, pero sólo encontraron caseríos y cavernas de unos indios que casi no tenían nada para comer. Sebastián se fue a buscar El Dorado y no encontró sino leyendas.
Pero, la conquista del oeste de Estados Unidos, la parte que pertenecía a México, no fue asunto de conquistadores de yelmo y espada, como Álvar Núñez Cabeza de Vaca, que exploró Texas y el

mismo Cortez la Baja California, más bien fue obra de humildes misioneros franciscanos que, a lomo de mula, se aventuraron por esas desconocidas tierras a catequizar a los indios, llevando una cruz por arma.

Uno de ellos, que no esperaba ciudades mágicas llenas de oro, ni fuentes de la juventud, más realista que los ilusos conquistadores fue Fray Junípero Serra. En su viaje al noroeste fundó varias misiones que luego se convirtieron en las ciudades de Sacramento, Santa Clara, San Diego, en 1769, después fundaron San Carlos Borromeo del Río Carmelo en Monterrey en 1770, trasladada al sitio actual justo al Sur de Carmel al año siguiente. En ella yacen los restos del Padre Serra en una humilde capilla de adobe, junto a la iglesia de la misión.

Fray Junípero y sus compañeros de congregación fundan a San Antonio de Padua en 1771, San Gabriel Arcángel en San Gabriel y en el siguiente año de 1772 San Luis Obispo de Tolosa. Cuatro años más tarde, en 1776 llegan al lugar que bautizan como San Juan Capistrano, uno de los principales puntos de interés a todo lo largo del "Camino Real". Como apunte curioso, por más de cien años, con algunas variaciones, miles de bandadas de golondrinas emigrantes anidan en las viejas paredes de adobe, llegan al promediar el mes de junio y permanecen hasta mediados de octubre. Son las famosas Golondrinas de Capistrano.

Un año más tarde, en 1777 fundan Santa Clara y en 1769 Santa Bárbara. En 1787, La Purísima Concepción y luego, en 1791 Santa Cruz, después en este mismo año, Nuestra Señora de la Soledad, situada dos kilómetros al norte de Soledad y por último la misión de San José, en 1797.

México pierde la guerra contra Estados Unidos, ocupan sus tierras, parte de los monasterios son destruidos y la civilización española, al embate de la civilización anglosajona, poco a poco va desapareciendo de los territorios del oeste. Sin embargo y no sé cómo, Fray Junípero es el único español que tiene una estatua erigida en el "National Estatuary Hall" del Capitolio de los Estados Unidos.

El franciscano y sus hermanos no sólo fundaron estas misiones, luego convertidas en inmensas ciudades, también llevó a la región el cultivo de la uva. ¿Por qué?, pues, porque necesitaban este fruto para hacer el vino, la sangre de Cristo elevada en el cáliz en el momento de la consagración en el culto católico.

Hoy, todo el Valle de Napa y regiones aledañas producen los mejores vinos del país, con tan buena calidad que en ocasiones sobrepasan la de los franceses más famosos gracias a las semillas traídas por el humilde Franciscano y a la tierra pródiga en nutrientes, propia para esta clase de cultivos.

En Europa, la historia del vino está ligada fuertemente a los monasterios; fue don Perignon, un monje benedictino el descubridor de la Champaña en la región del mismo nombre en Francia.

Los nativos fueron utilizados para trabajo esclavo en las innumerables plantaciones del sur y centro de Los Estados Unidos, igualmente en Sur América, y poco a poco fueron terminando con ellos. Los escasos sobrevivientes fueron reducidos a vivir en reservaciones, ellos, que antes de la llegada de los blancos eran los dueños y señores de la tierra americana. Tanto se redujo la población indígena que los traficantes de esclavos comenzaron a importar africanos para trabajar en los innumerables cultivos y minas a lo largo del continente. Después de siglos de esclavitud, cuando el avance de la tecnología hizo que los brazos de los esclavos negros ya no fueran necesarios les dieron la libertad. En los Estados Unidos los Estados esclavistas defendieron sus intereses creados a sangre y fuego contra los independentistas del norte tratando de separar la unión de los Estados Confederados, después de sangrientas batallas ganaron estos últimos. A raíz de la liberación de los esclavos se creó un problema social que subsiste hasta el día de hoy, aunque con menor intensidad. Los esclavos a quienes se les había negado el acceso a la educación, ya liberados y al desamparo de sus amos, tuvieron que trabajar por su cuenta para poder subsistir, pero su educación era tan precaria que muchos no encontraban trabajo y cayeron en la delincuencia. Agravado por el rencor hacia sus viejos amos, los negros han tratado a los blancos como chivos expiatorios de los actos de sus antecesores.

Así se fueron forjando las naciones del nuevo mundo, usando como medio la esclavitud, el abuso y el exterminio. Pero, en la historia del mundo esto ha sido una constante: es la lucha del fuerte para someter al débil.

Se me antoja pensar que si una raza extra terrestre nos visitara, si fuera más débil que nosotros, la someteríamos con toda seguridad, pero si fuera superior, y es lo más probable que así sea, porque sólo el haber llegado hasta aquí es prueba de una civilización más avanzada, por lo menos tecnológicamente, entonces seríamos nosotros los sometidos, exactamente como Hernán Cortez hizo con los aztecas, Pizarro con los incas, Inglaterra con China e India o los holandeses e ingleses con Sur África.

No esperen que una raza formada por seres evolucionados espiritualmente, nos vayan a enseñar sus conocimientos, eso es romanticismo, elucubraciones de los espiritualistas y "videntes" que creen en apariciones y seres luminosos para hipnotizar a las crédulas masas ignorantes. Es muy posible que la evolución haya dado paso a formas más avanzadas o similares a las que conocemos, posiblemente estén formados por otra clase de materia, evolucionando independientemente del carbono, sin necesidad de la industria agrícola y animal para poder subsistir, una civilización, por ejemplo, cibernética, con una psiquis diferente a partir de circuitos eléctricos, sin dependencia de la conversión de hidrocarburos en energía vital.

Y aún así, abrigo mis dudas de que no nos obliguen a trabajar para ellos. La esclavitud y el sometimiento del débil por el fuerte, es una constante de la naturaleza, es *Ley de Vida*.

Pero, según Hubble, esas posibles civilizaciones estarían tan alejadas de nosotros por unos cientos de miles o millones de años luz, que no sería posible para ellos llegar hasta nosotros, tanto más, cuanto que las galaxias se alejan a fantástica velocidad unas de otras cada segundo que pasa. Es probable que ellos hayan resuelto el problema del viaje en el tiempo y de los túneles para cortar camino, asunto que para nosotros es hasta ahora ciencia ficción, a pesar de ser una realidad matemática.

Desde que el *"homo sapiens"* es *"homo sapiens"* no hemos evolucionado un ápice. Seguimos siendo los mismos bárbaros y los mismos santos de siempre. La tecnología no va de acuerdo con nuestro progreso espiritual, hace cuarenta mil años el hombre es como es y pasarán otros cuarenta mil y no cambiaremos, porque la evolución no se da en miles de años, sino en millones.

Si traemos un aborigen australiano a vivir con nosotros se adaptará y llegará a ser uno más, tan refinado como la educación que sepamos darle. La prueba está en que ya hay aborígenes en la universidad de Sidney estudiando toda clase de materias. Han dejado su huella en diversos ámbitos del saber, entre ellos el académico, el literario, el musical, el de la danza y el deportivo.

A partir de los años 60, al abrirse las universidades, muchos aborígenes han escrito y publicado poesías, novelas y obras teatrales en inglés y en varios idiomas nativos. He traído aquí a los australianos aborígenes porque, al haber permanecido aislados de la civilización, son ejemplos vivientes del hombre de la edad de piedra. Sin embargo, su cerebro es el mismo que el del hombre urbano, capaz de aprender, adaptarse y vivir entre nosotros como los demás.

Resultado de parecidos hechos históricos es la colonial ciudad de Popayán, donde crecí y me formé hasta 1965, fecha cuando emigré a los Estados Unidos.

Mi circunstancia.

> *"Yo soy yo y mi circunstancia."*
> *José Ortega y Gasset.*

El hombre se forma, no solamente por medio de la instrucción que intencionalmente adquiere, sino también como resultado de las vivencias de su entorno. Preguntémonos, ¿cual era mi circunstancia en una tierra tan diferente a los Estados Unidos?

Vamos a ver, tenía una relación familiar muy estrecha con mis primos, hijos de María, hermana menor de mamá, casada con Luis Bustamante, un profesor de escuela. Cuando yo era pequeño confundía a Luis con su hermano Gentil, ambos visitaban nuestra casa de El Tambo, pero Gentil lo hacía más a menudo. Era una figura alta con su traje de color caqui, botas altas y sombrero de corcho, es decir, un explorador muy familiar; nos obsequiaba caramelos y bolas de cristal. En ocasiones nos visitaba Luis Bustamante, cuyo parecido con su hermano Gentil me llevaba a confundirlos, pero como no nos visitaba muy a menudo yo ignoraba su nombre, por eso le preguntaba,

¿Oto Entil, tene bolas?

De mis primos, con quienes más amistad tuve fue con Rafael y Diego, los dos mayores. No éramos muy contemporáneos, pero nos llevábamos bien. Rafael, joven brillante, un intelectual dedicado a la ciencia y a las matemáticas y con inclinaciones esotéricas herencia de su padre quien tenía ideas muy avanzadas en varias materias; se graduó como Ingeniero y años después dictaba cátedra en la Universidad del Valle, en la vecina ciudad de Cali, situada al norte de Popayán. (3 grados 26' de Latitud norte y 76 grados 28' de Longitud oeste, a 950 metros sobre el nivel del mar).

Luis padre, enamorado de todo lo que fuera asombroso, novedoso en la naturaleza, asiduo lector, nos envolvía en sus narraciones interesantes siempre educativas y enaltecedoras. Creo que a todos los que bebimos de su saber nos dejó una honda huella.

Diego era místico. Estudiaba en el Seminario Conciliar y se ordenó de Sacerdote. Su historia es similar a la que cuenta Eca de Queiroz en una de sus novelas, colgó los hábitos por una bella doncella con quien tuvo un encendido romance que lo llevó a pensar que, en vez de ser un Sacerdote sin vocación sería mejor ser un buen esposo y padre de familia. Finalmente escuchó el llamado de la paternidad, se casaron y fueron muy felices.

Jaime Carrillo, a quien llamaban familiarmente, *"Agüitecoco"*, personaje lleno de novedades e inquietudes, estudio ingeniería electrónica en Estados Unidos.

Jaime instala en su misma casa, frente a la mía, un taller de reparación de televisores, poco para una persona con título de ingeniero electrónico. Pero, ve que la electrónica no da en Popayán y en vez de trasladarse a Cali, ciudad en donde pudiera haber hecho una bonita carrera profesional se queda pensando como crear un negocio diferente que le produzca dinero sin tener que dejar su entrañable terruño. Sigue los pasos de su padre, panadero de profesión, dueño de una importante panadería de la ciudad. Compra la más avanzada maquinaria de panadería en Estados Unidos, implanta la producción en cadena, organiza una línea de camiones de entrega, como la compañía *"Holsum"* de Florida, estableciendo rutas hacia los pueblos vecinos. Su idea tiene un enorme éxito. En ese entonces es la primera panadería en fabricar pan a gran volumen para abastecer las tiendas de los pueblos circundantes y con ello alteró el curso normal de esa industria arruinando innumerables panaderías que abastecían las tiendas de esas poblaciones. Ya en esa época se vislumbraban los problemas de la globalización.

Pese a sus propias deducciones, ante la inconveniencia de abrir un taller de reparación de televisores en una población donde estos aparatos eran una novedad, lo inaugura; parecía tiempo perdido, pero unos años más tarde su taller prosperó hasta el punto de tener que utilizar varios técnicos para atenderlo.

Algo similar ocurrió con la construcción del Metro Riel en Miami; nadie usaba este transporte que había costado millones de dólares y hoy en día es el transporte más importante de la ciudad, más cuando estamos sufriendo la crisis energética mas dura de la historia y tener un automovil comienza a constituir una desventaja para ir al trabajo.

Su esposa Janet, una hermosa rubia de origen judío fue repudiada por la familia y por toda la colonia judía por haberse casado con un infiel. Tuvieron una hija. Tiempo después la madre de Janet era la única persona que los visitaba a espaldas de sus familiares.

En uno de mis viajes a Colombia (1972), lo visité en la ciudad de Cali. Fue un encuentro casual. Caminando por una calle comercial, vi a la distancia el inconfundible aviso de neón mostrando un tubo al vacío con el nombre de "Radio Visión" atravesándolo por la parte de abajo y verticalmente el nombre de Jaime Carrillo. Ya no era la misma persona con quien una vez fundamos el periódico "Nosotros", en nuestros días de inquietudes juveniles. Tuve la impresión de hablar con un desconocido, me trató de usted, después de haber sido mi vecino con quien mantenía una diaria comunicación. Qué frialdad hubo en aquel encuentro, pero no nos extrañemos, "Los tiempos *cambéan* y la gente *varéa*", dice filosóficamente el campesino. Un tío suyo, Don Pedro Bolaños tenía su casa al lado de la panadería, él me enseñó a manejar en un camión Ford F-8 de seis ruedas, haciendo rutas de entrega de pan, de Popayán a La Sierra por el sur y de Popayán a Tunía por la vía a Cali.

En el año de 1958, se creó la Sociedad, "Tobar y Cabanillas, Productora de Maíz", fue una aventura entre Edgard y yo. Sembramos unas cuantas hectáreas de maíz en la finca de Don Arcesio Cabanillas, su padre. La sociedad no prosperó porque la cosecha fue muy escasa, a duras penas produjo para los gastos. Sin embargo, sí prosperaron los paseos de amigas y amigos los fines de semana con el pretexto de ver como crecía la plantación; iban a cantar y a tomar *saque*, delicioso y embriagador, preparado por el mayordomo de la finca. Se amenizaban las reuniones con guitarras y acordeones, y para festejar el final de la cosecha se preparó una larga mesa en el patio de la casa y hubo lechón asado con arroz, platos repletos de todas las frutas que producía la finca y por supuesto, arepas de maíz, de choclo y aloha de maíz, mazamorra y maíz asado en la misma tuza, era el festival del maíz.

Figura importante de mi circunstancia fue la familia Peña, residentes frente a mi casa, constituida por el padre Don Israel, tres hermanos varones, Daniel, Servio Tulio y Federico y una hembra llamada Gerardina. Yo tendría no más de 13 años cuando Daniel me dio las primeras clases de guitarra, pero el sueño de tocar guitarra nació dos años antes en la Pensión Oasis, viendo ensayar al Trío Los Romanceros en una temporada en que permanecieron en Popayán. Las primeras canciones que Daniel me enseñó fueron tangos de Gardel como "Cuesta abajo", rancheras mexicanas como "Entre copa y copa", merengues colombianos como "Las golondrinas", boleros y bambucos. Este hecho marcó mi gusto popular musical hasta el punto de cantar en Miami en varios centros nocturnos las mismas canciones, especialmente tangos en un restaurante argentino, donde nunca imaginé llegar a ser popular por cantar este género musical. ¿Quieren saber cómo fue? Sucedió así...

"*La Cumparsita*".

Una noche fui con una amiga a cenar a un restaurante argentino llamado, "*La Cumparsita*", por el Tamiami Trail y la Avenida 97 en Miami. Se presentaba un cantante de tangos acompañado por un bandoneonísta. Mi compañera de esa noche, poco entusiasta por la música típica Argentina, no estaba muy segura de acompañarme cuando le comuniqué a dónde la iba a llevar.
Como las personas que no conocen tenía un concepto equivocado del tango, al cual califican de arrabalero, propio de las cantinas y que habla sólo de tragedias. El tango es todo eso y algo más...Cierto es que el tango nació en los barrios bajos de Buenos Aires y sólo era un ritmo bailable, pero al pasar los años se fue llenando de versos con la florecida semilla de eminentes compositores y poetas que pusieron su inspiración a su servicio y comenzó a tener su propia filosofía, a veces crudo, con esa crudeza que la vida nos enseña, pero también romántico, tierno y apasionado.

Mi amiga tuvo la cortesía de acompañarme, al profetizarle que no pasaría mucho tiempo sin que cayera en el embrujo de su melodía y de sus versos. Ella, tomándolo como un desafío se entusiasmó. Poco tiempo después nos encontrábamos viajando rumbo oeste, por el Tamiami Trail, una larga carretera que conduce al otro lado de la península, en el Golfo de México.

Mis juveniles quince vivieron en el fulgor del bolero, es decir, por el año 1955, mientras ella esperaba sus quince diez años más tarde, cuando la balada estaba de moda. Esa brecha generacional de diez años marcó una diferencia en gustos y apetencias entre mi amiga y yo, especialmente en cuanto a modas y estilos musicales. No obstante, mi repertorio como cantante incluyó la balada, pero los tangos, los boleros y la música mexicana siempre fueron una constante en mi vida. Era necesario conciliar todos estos gustos al parecer dispares enseñándole esa música de nuestros padres que ella no comprendía. Ese nunca fue mi caso, mi madre cantaba algunos tangos y rancheras y crecí bajo el hechizo de sus melodías. Cuando todas las luces del pueblo se apagaban, sólo quedaba una, la de la cantina de la esquina emanada de su propia planta eléctrica, a media cuadra de mi casa, cuya radiola cantaba la música de moda, "Noches de Hungría", "La leyenda del beso", "Mis harapos", "Silencio en la noche", "El día que me quieras", "Marionetas" ... Y, cómo no iba a quedar grabada en mi memoria, si esa música me arrulló en mi niñez, desde le edad de siete años, aunque fue más tarde cuando la racionalicé y vine a analizar el por qué me inclinaba hacia el tango, que en sí tenía un misterio, un arrobo y por qué formaba parte de mí mismo.

No sabría determinar si el tango se adueñó de mí, o yo de él, quizás fue un abrazo mutuo de amor, porque noche a noche estaba allí, cercano, arrullador y persistente; él me acompañaba hasta que mis soñolientos ojos se cerraban embriagados de violines y bandoneones.

Los comensales charlaban, reían y esperaban la anunciada presentación del cantante. En el ambiente típico argentino, con un salón lleno de implementos gauchos tuve la sensación de haberme transportado por un instante a la *Calle Corrientes*. La sonoridad característica de las voces femeninas casi susurrantes y las risas coloquiales acusaban varios acentos y procedencias, pero prevalecía el canto de los acentos argentinos distribuidos entre las mesas.

El lugar era un pedacito del Buenos Aires eterno, un bulín en donde me dio la impresión de que pronto, detrás de las pesadas cortinas saldrían la matrona y sus alegres muchachas llenas de colorete, seductoras, eróticas y voluptuosas exhibiéndose al mejor postor.

El sistema de altavoces tocaba música instrumental de fondo, discreta, como para dejar susurrar al oído las palabras y promesas de amor en la noche cómplice, a la hora cuando comienza la mentira, con frases como,

-Te amo, soy tuya para siempre; nunca he querido como te quiero a ti; o tú eres la única-.

Palabras que pueden ser sinceras en un momento, pero el tiempo se encargaría de llevárselas en la mayoría de los casos, porque la vida de los seres humanos es así... efímera y cambiante. Los violines hacían arabescos, piruetas y acrobacias danzando con los bandoneones en un baile sensual y apasionado, y entre ese embrujo de la noche Argentina lleno de tangos y milongas, mi amiga y yo chocamos dos copas de vino.

El dueño, Tony Caló, resultó ser un ex integrante del famoso conjunto típico de Los Hermanos Caló, en el cual él era el bajista del grupo. Estaba preocupado porque el bandoneonísta no había llegado y ya se aproximaba la hora de la presentación; observé que el cantante, que mi mala memoria no recuerda su nombre, estaba tras las cortinas de la puerta que daba a otro salón, paseándose con una copa de vino en la mano.

El señor Caló se acercó al micrófono y pidió disculpas por la tardanza, ya eran las 9 y 30 de la noche y el esperado bandoneonísta no daba señales de vida.
Le dije a mi amiga
    -Por favor, espérame un momento-. Me acerqué al dueño y le dije,
    -Yo soy guitarrista, si me prestan una guitarra yo puedo acompañarlo mientras llega el bandoneón.

    -¿Sabés tocar tango? Me preguntó el cantante con su cara iluminada. Pensó en un instante que podría ser una solución al problema.
    -Por supuesto-, le dije.
    -Dígame no más el tono de las canciones y empezamos.
Al escuchar la expresión "dígame no más" me dijo.
    -Sos colombiano, ¿cierto? Colombia es el segundo país después de Argentina donde más se canta el tango. Yo vengo de

hacer una temporada en Cali, Medellín y Bogotá.

-Es verdad. Medellín es el santuario del tango en América porque allí murió Gardel, allí se oye más tango que en el propio Buenos Aires.

Lo cierto es que nunca había acompañado a cantantes de tango, pero los tangos sí los conocía y anteriormente había cantado unos cuantos de manera informal. Dueño y cantante se miraron y yo sonriente esperaba oír su decisión.

El señor Caló se detuvo un momento pensativo y luego dijo,
 -Ya regreso-.
Momentos después aparecía con una guitarra en la mano, me la dio diciendo
 -Andá, que todo salga bien-.

Afiné la guitarra, salimos al escenario, los concurrentes comenzaron a aplaudir. El cantante les informó del improvisado cambio y comenzó a entonar el tango "Uno", después cantamos a dúo, "Los rosales", a sugerencia mía. La clásica pieza fue aplaudida con entusiasmo por la concurrencia.
En medio de la tercera canción entró el hombre del bandoneón quien esperó discretamente que termináramos para subir al escenario y pedir disculpas por su tardanza. Era un hombre pequeño un poco entrado en carnes, de apellido Arrabal, ¿quién puede olvidar un apellido así?, pero su nombre, Luisito o Pedrito, no lo puedo recordar con exactitud.
Regresé junto a mi amiga a disfrutar del bifé y el vino, mientras escuchábamos el dúo argentino. Mi amiga, despertada su curiosidad no solamente por el ambiente que le rodeaba, sino por la novedad de verme en un escenario, parecía haber cambiado de opinión ante la belleza de los versos, algunos de Homero Manzi, otros de Discépolo, de Battistella y del mismo Carlos Gardel, la máxima figura del tango argentino. Al escuchar esta tierna melodía de Mario Battistella, mi amiga no tuvo más remedio que confirmar lo que yo le había asegurado.

Cuartito azul, dulce morada de mi vida,
fiel testigo de mi tierna juventud,
llegó la hora de la triste despedida,
ya lo ves, todo en el mundo es inquietud.
Ya no soy más aquel muchacho oscuro;
todo un señor desde esta tarde soy.
Sin embargo, cuartito, te lo juro,
nunca estuve tan triste como hoy.

Cuartito azul de mi primera pasión,
vos guardarás todo mi corazón.
Si alguna vez volviera la que amé
vos le dirás que nunca la olvidé.
Cuartito azul, hoy te canto mi adiós.
Ya no abriré tu puerta y tu balcón.

Aquí viví toda mi ardiente fantasía
y al amor con alegría le canté;
aquí fue donde sollozó la amada mía
recitándome los versos de Chénier.
Quizá tendré para enorgullecerme
gloria y honor como nadie alcanzó,
pero nada podrá ya parecerme
tan lindo y tan sincero como vos.

La voz del cantante iba deshojando al viento tiernas flores viajando en los versos de los tangos. Fue una noche mágica a la cual mi amiga sucumbió. Entrando la madrugada llegó el momento de la despedida. El señor Caló no me permitió pago alguno, quería retribuir de alguna forma el favor que le había hecho y, puesto que mi intención había sido únicamente con el ánimo de ayudar, no acepté de ninguna manera. Un poco incomodo por mi determinación me llamó aparte y me dijo.

¿Querés venir a cantar los fines de semana?

-Estaría encantado, pero yo no se cantar tangos como los profesionales, no tengo el acento argentino, además, - le dije - ¿qué hace en un restaurante argentino, un individuo rubio, de ojos azules, que más parece gringo, cantando tangos? Creo que soy la antítesis del verdadero tangista argentino.

-Yo te enseño, la figura no importa, probemos por un mes, vos me decís cuánto querés ganar por presentación-.

Un acuerdo que iba a ser por un mes se prolongó por dos inolvidables años, en los que canté no sólo tangos sino las baladas de moda y los tradicionales boleros de siempre, convirtiéndome en "*La voz cosmopolita de La Cumparsita*", como cantante de la casa. Cada mes Tony contrataba algún o alguna tanguista de su tierra que pasaba por Miami para un fin de semana de gala; fueron ricas veladas musicales que guardé en grabaciones para publicar en un futuro.

Muchos hechos ocurrieron en *La Cumparsita* durante esos dos años, comencé a conocer a los clientes, varios de los cuales se convirtieron en asiduos visitantes los fines de semana, entre ellos una elegantísima dama, a sus sesenta años la adornaba una amabilidad cautivante y un porte altivo, toda ella era una reina, si no iba el viernes lo hacía el sábado, su presencia me halagaba y en las pocas ocasiones que dejó de asistir me sentía como si mi hada madrina me hubiera abandonado. Fue tanta su lealtad que a veces iba sola a escuchar mis canciones entre las cuales había una en particular que casi siempre me pedía: "*Siboney*", de Ernesto Lecuona. Al oírla se marchaba a su pasado y soñaba con su Cuba bella que el régimen comunista la había obligado a abandonar.

> *Siboney...*
> *Yo te quiero, yo me muero*
> *Por tu amor.*
>
> *Siboney ...en tu boca*
> *La miel puso su dulzor.*

Ven a mí, que te quiero
Y que todo tesoro, eres tú para mí.

Siboney...al arrullo
De tus palmas, pienso en ti.

Siboney de mis sueños
si no oyes la queja de mi voz.
Siboney, si no vienes
me moriré de amor...

Siboney de mis sueños,
Te espero con ansia en mi caney.
Porque tú eres el dueño
De mi amor, Siboney.

Oye el eco de mi canto de cristal...
No se pierda por entre el rudo
Manigual...

Se sentaba cerca a una de las mesas del frente del salón, pero una vez ella le pidió a Tony le reservara la mesa más cercana, al lado izquierdo, entre el estrado y la mesa de recepción. Tony advirtió a los meseros que esa sería en adelante la mesa de la dama cubana. Por muchos meses nos acostumbramos a ver a la señora con sus amigas y sus galanes que algunas veces las acompañaban, usualmente muy bien vestidos, hasta que un fin de semana dejó de asistir. Todos la echábamos de menos. Y yo particularmente lamentaba su ausencia, porque con ella presente se iluminaban mis canciones. Había pasado un poco más de un mes de su ausencia, y una noche llegó un caballero con una caja, en compañía de una dama. Se quedaron a escuchar la primera tanda de tangos y al comenzar la segunda presentación de la noche, el caballero y la dama, a través de uno de los meseros me enviaron una tarjeta pidiéndome que cantara *Siboney*. Esta canción, *Virgen del Cobre*, y *Siempre en mi corazón*, eran canciones que los asistentes cubanos especialmente querían escuchar, por lo tanto no me pareció nada raro su petición. Procedí a complacerlos y cuando terminé, el caballero y la dama se acercaron al escenario, él extrajo de la caja un ramo de flores exclamando.

-Estas flores son un regalo de mi madre, la señora que venía a escucharlo casi todos los viernes. Gracias por todas las horas felices que usted le dio con sus canciones.

-Isabel era mi suegra, murió hace dos semanas-. Dijo la señora.

El caballero me expresó.

-Días antes de su muerte mi madre me recomendó le trajera estas flores y he venido a cumplir con sus deseos-.

Emocionado por el gesto y triste por el deceso de mi admiradora, le di un abrazo, pero a través de su hijo yo la abrazaba a ella, a esa elegante mujer que se había convertido en mi hada madrina, cuyo nombre era Isabel. Tony y su esposa observaban discretamente la emotiva escena, les hice una seña para que se acercaran, los presenté y les comuniqué la triste noticia de la desaparición de su clienta. Tony llamó a uno de los meseros ordenándole unas copas de vino y brindamos en memoria de la desaparecida. Semanas después otras gentes ajenas a la historia ocuparon la mesa de la señora cubana, pero a pesar de estar ocupada por personas extrañas, yo la veía allí presente aplaudiendo mis canciones, especialmente cuando cantaba *Siboney,* su canción favorita.

De vuelta a la circunstancia que venía relatando, interrumpida por los recuerdos del futuro en el restaurante de Miami, quiero mencionar al Capi Olano, no era muy vecino nuestro, pero vale la pena decir que su señora dio a luz un hijo, precisamente el 9 de abril de 1948. Dicen que lo bautizaron con el nombre de "Saqueo", por los disturbios ocasionados ese día. Este es un nombre bíblico y no viene al caso hacer mucho comentario, pero, ¿usted le pondría a un hijo ese nombre?

Como si eso no fuera suficiente, dos años después, en plena actividad de las fuerzas contrarias al gobierno y con el orden público perturbado por asesinatos, secuestros y robos, nace su hija, a quien llama, "Violencia." Pero, todo el mundo la nombraba con su diminutivo cariñoso de "Viole", el mismo diminutivo de Violeta, porque les daba lástima nombrarla por su nombre original. Así, dicen que la pobre Violencia vivió con ese estigma durante toda la vida. Como me lo contaron se los cuento.

Diagonal a mi casa se alza la residencia del Dr. Marco Tulio Ante, profesor de la Universidad del Cauca en la Facultad de Ingeniería. Se presentaba majestuosa, como una catedral del conocimiento, infranqueable, cerrando bruscamente el paso de la carrera 10-A . El Doctor Ante, un polifacético personaje a quién sus abundantes neuronas le dieron la capacidad de ser astrónomo, matemático, filósofo, pintor, músico y políglota. Los fines de semana, de su salón de música brotaban voces angelicales en coro, cantando música de los grandes maestros. Era un hombre dedicado a la cultura, tenía un hijo y dos hijas, dueñas ellas de una escuela al lado de la casa de piedra situada al final de la cuadra, hacia el oeste.
Cuando la ciudad de Cali adquirió el planetario, construido por la Zeiss Ikon alemana, el Dr. Ante fue llamado para ensamblarlo y calibrarlo. En Colombia no había otro con los conocimientos técnicos y astronómicos y que al mismo tiempo dominara el alemán, como él.

Edwin Hubble y las galaxias.

En el techo de su casa de dos pisos construyó un moderno observatorio astronómico. Allí, con su telescopio vi por primera vez los cráteres de la Luna, Venus y los anillos de Saturno, Marte y también las galaxias lejanas que se veían como nubecitas de gas. Tiempo después, el astrónomo Hubble con el telescopio que lleva su nombre se dio cuenta de la verdad, no eran concentraciones de gas sino galaxias enteras como nuestra Vía Láctea, con billones de soles y planetas alejándose entre sí a fantástica velocidad, hecho que comprobaba la expansión del universo y que su tamaño era

infinitamente mayor del que hasta ese momento se había pensado.
Einstein descubrió que sus fórmulas matemáticas concluían en que el universo se expandía, pensó que eso no era posible y creyendo estar equivocado, creó una constante cosmológica para estabilizarlo. Edwin Hubble lo invitó a ver la expansión por el efecto Doppler, a través de su telescopio, y se dio cuenta de que su teoría de la constante cosmológica no tenía sentido: el universo se expande y hoy se sabe que no sólo se expande sino que se acelera, posiblemente atraído por la llamada materia oscura, que constituye más del 95% de la materia del Universo.

Con sus conferencias sobre el tema, el Doctor Ante aclaró mis conceptos sobre el Universo y comencé a interesarme por la astronomía y por la filosofía. Comprendí que la magia y el milagro no existían y que el único camino hacia la verdad eran las ciencias físicas y matemáticas y que el conocimiento era el único medio para ser verdaderamente libres.

Guillermo Agudelo Mejía, de la promoción de egresados de la Universidad en el año 1959 se expresa así de sus maestros, y especialmente de mi vecino, Marco Tulio Ante:

"Formados más por el ejemplo que por los dictados de una cátedra sobre ética, la influencia silenciosa de nuestros maestros, como Marco Tulio Ante, con su gesto al caminar, con sus palabras al enseñar, contagiaban transparencia, que es esencial en lo ético".

Temprano en mi vida conocí a Manuel García Morente, mi profesor de filosofía, quien a través de sus libros abrió un mundo nuevo de posibilidades, especialmente con las conferencias dictadas en la Universidad de Tucumán, cuyas transcripciones originales llegaron a mis manos por una casualidad. El maestro me enseñó a distinguir los diferentes aspectos de la realidad y a diferenciar clara y distintamente el mundo de los objetos reales, el mundo de los objetos ideales y el mundo de los valores, sembrando las normas hacia una total comprensión del complicado universo en que vivimos.

11 - Rafael Tobar – 1958

La sociedad secreta.

Eran años de descubrimientos, llenos de inquietudes científicas, filosóficas y religiosas. Quería esclarecer muchos aspectos de la existencia y los libros me ofrecían el camino para lograrlo, sobretodo en la parte espiritual. Me interesó el estudio de La Teosofía con La Blavatsky, Krishnamurti, Alan Kardec, Lobsan Rampa, el Corán, La Biblia, el Budismo, en fin, todos esos temas esotéricos y religiosos. Pero al mismo tiempo el conocimiento de las ciencias con sus teoremas y sus fórmulas exactas me decía que el camino de la verdad estaba más bien por ese lado y no por el del misticismo. Fueron años de grandes descubrimientos, pero también de grandes dudas que debía resolver.

Estaba desayunando a unos pasos de mi cuarto en el comedor de la casa de Bertilde cuando sentí un ruido extraño, como algo estrellándose contra el suelo. Al instante me levanté del asiento y me dirigí al cuarto. Alguien había tirado un paquete envuelto en papel y atado con una cuerda. Presuroso me dirigí a la ventana para ver el causante, pero no encontré a nadie, salí a la calle y miré por todo lado, pero todo fue inútil, sólo vi un carretero de mercados bajando por la calle y un caballero de traje oscuro subiendo por la acera de la casa del Doctor Ante. Entre curioso y temeroso levanté el paquete, podría ser una bomba casera. Comencé a abrirlo con sumo cuidado. Adentro aparecieron varios libritos de Krishnamurti y de La Doctrina Secreta de La Blavatsky, fabricados en papel barato, casi papel de envolver, escritos en letras negras, pero la carátula era de cartulina blanca con títulos en azul claro.

Convencido por los libros que estaba leyendo, atribuí su aparición a un hecho milagroso de los seres etéreos, que viven junto a nosotros, pero en una dimensión desconocida, por lo cual es muy difícil verlos, solamente los iniciados en las doctrinas secretas pueden percibir su presencia. Según estas doctrinas, están desperdigados por todos los rincones del planeta, envían mensajes y hacen curaciones milagrosas por la noche.

Aunque mi razón me decía que no podía ser, había un rescoldo de dudas. Estuve muy inquieto con este misterio sin resolver, mientras tanto me inclinaba más por retirar de mi mente la intervención mágica e investigaba quien, de carne y hueso, podría haber tirado ese paquete por la ventana.

¿Cómo sabía esa persona, ente o lo que fuera, que yo estaba interesado en esos temas? Comencé a indagar, le pregunté a mi hermano Luis y a Bertilde sin ningún resultado. Pasé a la casa de Daniel Peña y a la de Jaime Carrillo a preguntarles si habían visto a alguien lanzar un paquete por la ventana de mi cuarto, pero todo fue negativo, nadie vio nada, nadie oyó nada, misterio total.

Una cuadra y media hacia el occidente enseguida de la casa de Arcesio Cabanillas vivía Gustavo Sarria, padre de Consuelo, quien vendría pocos años después a ser la esposa de mi hermano Luis.

Yo tenía la costumbre, mientras trabajaba en casa, de salir a la puerta de la calle a descansar mientras me fumaba un cigarrillo, sí, a fumar un cigarrillo. Dirán ustedes,

-Pero, si nunca te hemos visto fumar-.

Fumé por espacio de unos tres o cuatro años. Y súbitamente lo dejé. Ustedes no fuman, pero mi método para dejarlo es infalible. En otra ocasión les doy mi formula efectiva, para que se la trasmitan a sus amistades fumadoras que quieran dejar el vicio del cigarrillo.

Decía que tenía la costumbre de salir al portón de la casa a descansar, mientras veía pasar la gente, ocasionalmente saludar alguna cara conocida y charlar por unos momentos. En una de esas observé a Gustavo Sarria. Nos saludamos como de costumbre, pero esa vez lo hizo con una cortesía inusual, noté en su mirada como una interrogación, como si quisiera sacar algo de mí, como si tuviera conocimiento de algo que yo no debía saber. Pensé,

¿Habría sido Gustavo quien tiró el paquete? ¡No! Una persona tan seria cómo va a hacer eso, él tocaría a la puerta y lo entregaría en mis manos con alguna explicación razonable. Además ¿Qué hace este señor con esos libros, si nunca he sabido que vaya a ninguna logia masónica, ni secta secreta, ni grupo espiritista?

-Definitivamente, no-.

Pero, la duda seguía metida en lo más profundo de mi cerebro. Recordé la obra teatral de un escritor español, "Cualquiera puede ser un asesino", que probaba la teoría de que hasta la persona menos sospechosa podría ser la culpable. De todas maneras no puede uno guiarse sólo por las apariencias. Cuando llegó Luis, lo conminé a decirme cual era el origen de los libros, porque noté en su semblante que algo ocultaba. Yo, basándome en argumentos y preguntas lo fui acorralando. Él todo lo negaba, pero mi ataque se hizo más virulento y cuando lo tenía en la esquina no resistió más y comenzó a hablar. Poco a poco fue revelando la conspiración urdida, diciendo.

-Mientras le ayudaba a mi futuro suegro a bajar unas cajas del tumbao, (espacio entre el cielo raso y el techo) encontramos ese paquete que había sido de sus años mozos, cuando igual que tú, él tenía las mismas preguntas e inquietudes por resolver. En ese momento fraguamos jugarte una broma y pensamos en lanzar el paquete por la ventana. Pero yo no lo hice, era muy obvio. Resolvimos que él pasaría por la casa cuando subiera al trabajo y lo lanzaría a través de las rejas de la ventana-.

Rió de lo lindo de mis seres etéreos y cómo se habrá reído Gustavo de los médicos que hacían curaciones milagrosas al amparo de la noche. Cuando uno está joven, con un cerebro en formación, es muy proclive a creer toda clase de noticias, por más absurdas que parezcan. Esto reafirmaba mi tesis de que el milagro y la magia no existen, existen fenómenos no explicados todavía y este misterio quedó satisfactoriamente aclarado. Antes, cosas intangibles como las pasiones no se podían medir y estaban destinadas al ámbito de la psicología o la siquiatría. Hoy, la moderna neurología, con toda una gama de aparatos sofisticados permite ver la intensidad del odio, del amor y qué factores electro químicos intervienen cuando el cerebro cambia su cableado sináptico mientras pasa de un estado a otro. Vislumbro un nuevo enfoque en lo que se llamaría neuropsicología o neuropsiquiatría.

El incidente sirvió para conocer mejor a Gustavo Sarria, un hombre serio y respetable, quién conociendo mi afición por la música, me invitó a su casa a escuchar tenores. Aficionado a la música seria, poseía una colección de discos bien completa, con obras de los clásicos y cantantes de ópera y algunos tenores populares. Me presentó a un cantante mexicano que todavía no conocía, Alejandro Algara. Años después tuve oportunidad de grabarlo en vivo en un programa por la televisión de México, llamado, "Caminos de mi tierra", junto a renombrados artistas del folclor mexicano.

Cuando miro hacía atrás en el tiempo considero que fuimos muy afortunados en vivir en esa época, rodeados de hombres y mujeres que dieron lustre no sólo al Barrio Valencia sino a Popayán. Fueron todos ejemplo de sabiduría, hidalguía, don de gentes, bondad, humildad y sencillez, dones de los cuales hicieron gala a lo largo de sus vidas. Se muy bien que esa época nunca volverá. Es nuestro deber hacer que no se olvide, para que sirva de ejemplo a las generaciones venideras. ¿Te acordás hermano?, ¡qué tiempos aquellos!, los muchachos de antes no usaban gomina, no se conocía coca ni morfina... ¡Yo y vos solos quedamos hermano, yo y vos solos para recordar!

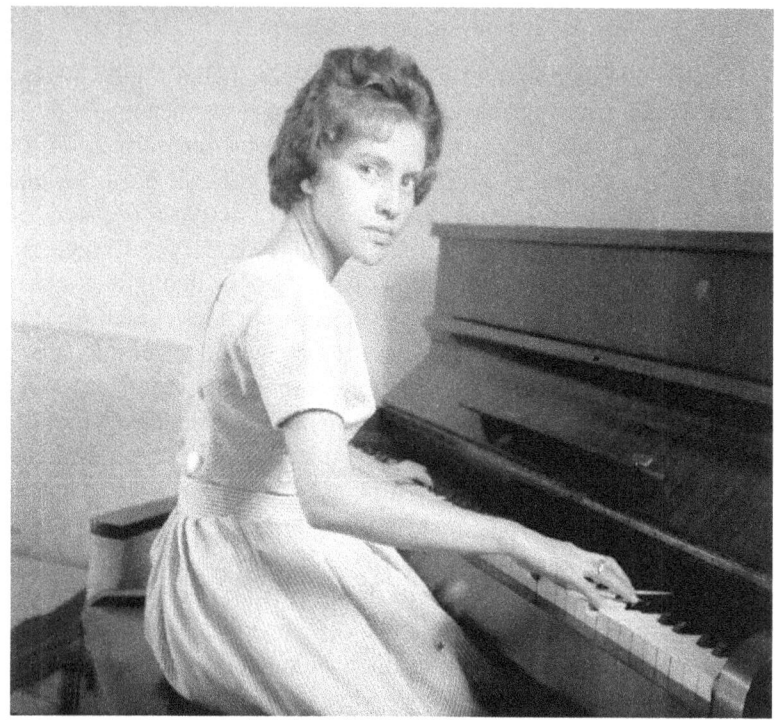

12 –Nelly Garcés, una de las bellas vecinas de Rafael.

Pero aquí no termina el relato de mi circunstancia, aun hay más personajes en este tema que vale la pena desarrollar en una segunda parte, y eso es lo que haré en las páginas siguientes, para que se formen una idea cabal del entorno en el cual resolvíamos nuestro diario vivir.

Mi circunstancia, segunda parte.

Don Daniel Rengifo, (un poco más allá de la residencia del Dr. Ante), padre de Luis Ángel Rengifo, famoso pintor, y su hija Helena, casada con José Chávez, hombre oriundo de la vecina ciudad de Pasto. Su hija Matilde, se convertiría en la esposa de Javier, mi quinto hermano. Javier, un magnífico artista con una profunda sensibilidad que atestiguan sus cuadros al óleo con

13 - Carmen Tobar - Dibujo de Rafael. 1962.

reproducciones de los clásicos que adornaban su hogar. Lamento no haber tenido ese contacto cotidiano requerido para conocer mejor a este buen hermano, de quien siempre he estado muy orgulloso y agradecido por los favores que un día me hizo.

14 - Estudio de Rafael, en Miami - 2007

Matilde heredó de su familia sus capacidades artísticas en el campo musical, es profesora de música. Javier trabajaba en proyectos de tránsito haciendo carreteras, pero la situación de inseguridad con que le había tocado trabajar en esas regiones los hizo pensar en emigrar a Europa.

La familia Garcés, por la carrera hacia el sur, constituida por Alfredo, Fiscal de profesión, su esposa Esilda y sus cinco hijos. Allí conocí a su sobrino Augusto Rivera, pintor bien cotizado. Gracias a él comencé a pintar algunos óleos abstractos, pero lo dejé porque después de haber aprendido el arte clásico figurativo me faltaba alma picasiana para alterar la figura de esa manera. Regresé al arte tradicional, donde me sentía menos culpable de distorsionar la

15 - Bohemia - Óleo de Rafael, años sesenta.

realidad. No es que no entendiera a Pablo y su escuela, en esa época ya conocía las vidas, obras y estilos de la mayoría de los artistas clásicos y modernos, sin embargo me costaba trabajo fragmentar la realidad. Y más cuando cada día iba viendo cómo aparecían nuevos artistas "abstractos", emergentes por frustración, incapaces de pintar algo figurativo que valiera la pena, un bodegón o una cara y optaban por el cubismo o abstraccionismo donde no tenían que fijarse en que la línea estuviera de acuerdo con el objeto real. Fue una etapa oscurantista del arte, época cuando aparecieron las Marthas Trabas tratando de darle sentido a todas las barbaridades que sus ojos observaban y con un olímpico desdén hacia el arte tradicional. Era cuestión de *"marketing"*, el crítico hacía famosos y deshacía a los que no eran de su agrado con un simple plumazo. El público asistía como borrego a admirar las obras por las que el

crítico se deshacía en elogios. No dudo que entre todo ese bagaje de modernismo hubiera trabajos salvables, pero de mil, uno.
Por lo menos, Picasso había sido un pintor clásico en sus comienzos, era un artista probado y por eso tenía todo el derecho del mundo para distorsionar la realidad como se le antojara. Yo creo que para darle valor a la pintura moderna, el artista debe pasar primero por el clasicismo, de lo contrario poco valor le doy a sus expresiones modernistas.
Muestra de esa etapa de investigación, es la única foto de un óleo de la serie de cuadros semi-abstractos titulado, "Bohemia". A pesar de todo, los cuadros se vendieron, era un producto de la época en la que la gente andaba a la caza de todo lo que se apartara de lo tradicional.

El Citroen.

La familia Hurtado, dueña de la única funeraria cerca del Centro Histórico, guardaba su carro funerario en casa de uno de sus hijos, frente a nuestra casa en la esquina de la calle sexta con la carrera diez A.
Hurtado el viejo, llevaba a sus difuntos en un vehículo parecido al Ford modelo "T", acondicionado con una cama de madera semejante al paso del Santo Sepulcro. Los turistas que por casualidad lo veían admiraban lo bien conservado que el vehículo se encontraba, pues no viajaba sino de la iglesia de San Francisco hasta el cementerio; le ofrecían un montón de dólares por él. Todos creían que era un modelo "T", pero en realidad era un Citroen, fabricado por André Citroen, quien desde Francia introdujo la producción en masa del automóvil en Europa, apoyado por Henry Ford. El modelo se fabricó durante diez años, desde 1919 sin muchas variaciones.

Andaba por Popayán una anécdota sobre el viejo Hurtado. Dice que, entre cepillada y cepillada, mientras fabricaba sus ataúdes, salía a la puerta de la calle a fumarse un cigarrillo, como es costumbre en Popayán. En una de tantas, observa que a unas cuadras se aproximaba un fulano a quien él le estaba debiendo dinero y en ese momento no tenía ni un centavo para pagarle. Afanado, buscaba con la mirada un lugar donde ocultarse, hasta que se le iluminó la testa, rápidamente se trepó a la mesa y se metió en el ataúd en que estaba trabajando, y tapándose con la cubierta a medio terminar se quedó bien quietico para que el acreedor no lo notara. Llegó el caballero, lo llamó y al no verlo por ninguna parte decidió esperarlo y mientras tanto se dedicó a mirar los ataúdes recostados contra la pared del salón, abriendo las cajas para ver el magnífico acabado interior. Por fin, se fija en el ataúd a medio terminar donde estaba Hurtado, lo destapa y cual no sería su sorpresa cuando lo ve tendido en él. Súbitamente, Hurtado "el muerto", abre los ojos y al verse descubierto lo único que atinó a decirle fue, ¡hombre, aquí muerto de la pena por no poderte pagar! El hombre, de la sorpresa casi se cae para atrás.

La ventana de Soledad, una de las hermosas nietas de Hurtado, daba al frente de la mía. Ella a menudo hacía ventaneo, que consistía en treparse a la ventana a ver pasar a la gente y a veces a charlar con sus vecinos. Era propio de las muchachas. Así se recibían las visitas de los enamorados, antes de que los padres dieran el visto bueno y les permitieran entrar a la sala. No era bien mirado que un muchacho ventaneara, se consideraba poco masculino. Si un joven quisiera ver pasar a la gente o charlar con alguien debía hacerlo en la puerta.

Entre la casa de Guillermo Torres y las Garcés se encontraba la residencia de los Camayo. Silvio, el hijo de Don Joaquín y La Mona, tocaba guitarra, su meta era estudiar Agronomía.

Tres puertas hacia el oeste, Monsieur Mignon, con su señora. Su oficio, encuadernar libros. Su mayor cliente, la Universidad del Cauca, con el Archivo Histórico, cuyo director era Don José María Arboleda Llorente, padre de Joaquín Arboleda, uno de mis jefes en la Delegación Departamental. Monsieur Mignon, a quien llamábamos El Mesié, me encuadernó las colecciones de dibujos de Emilio Freixas, un artista español cuyas obras se vendían en láminas de diez por paquete, y la colección de cinco libros de un curso de dibujo del mismo autor. Con sus obras Emilio enseñó a toda una generación de artistas de habla hispana los rudimentos y técnicas del arte de la ilustración, lecciones que también le han servido a Raphael, nuestro hijo menor para desarrollar su talento artístico. La familia Mignon se trasladó a otro lugar de Popayán y la casa la ocupó un arquitecto de Cali con su familia.

Maruja Vieira y las láminas de Emilio Freixas.

Este material lo adquiríamos en un almacén situado al lado del Colegio Champagnat por la carrera tercera, al frente de la Oficina de Registro de Instrumentos Públicos, lo digo en plural, porque casi siempre iba con Jochen Gerstner, un amigo de la infancia aficionado al dibujo, como yo.
La dueña, Maruja Vieira (María Vieira White), dama oriunda de Manizales, hizo su hogar en Popayán para beneficio de la cultura. Tenía un espacio los domingos en La Voz del Cauca, la emisora amiga y de tan gratos recuerdos. Maruja declamaba bien, su programa era muy apreciado por los oyentes cultos de la estación radial que cada domingo por la mañana esperaban su hora llena de comentarios, reseñas de libros música exquisita y poemas. Recuerdo uno de Carlos Castro Saavedra titulado, "Angustia", que una vez recitó con esa voz sensual que poseía, si me parece oírla... Era una época en la que mis instintos comenzaban a buscar a esa desconocida que iba a acompañarme en la aventura de mi vida y la vena romántica y soñadora se ensanchaba debajo de mi piel.
Un poema que dice algo más de lo que está escrito, un poema a esa mujer esquiva que permanece en la oscuridad, no quiere darse a conocer, todavía no llega, está escondida en algún lugar del universo, la que un día llegará y se dará cuenta que hay alguien que existe para ella, que la espera para ser uno en el camino de la vida. Las canciones que mis oídos escuchaban y los versos que mis ojos leían estaban llenos de significado.
La cadencia de la voz de Maruja ayudaba a hacerlo exquisito y especial. Todavía, leyendo este poema después de tantos años me trasporto al pasado... y escucho su femenina voz, lenta, suave y profunda, diciendo...

*Yo me lleno de angustia mirándote la frente
porque estás más lejana, cuando estás más presente.*

*Para que yo no pueda llegar hasta tu alma,
tú me miras a veces, con esa misma calma*

*con que miran los lagos una noche estrellada,
la miran hasta el alba y no le dicen nada.*

*Espadas de silencio guardan tu pensamiento,
y yo me estoy muriendo de sentir lo que siento.*

*Angustia de no verte los labios apretados,
cuando nombro la historia de los besos robados.*

*Angustia de mirarte las pestañas caídas
indiferentemente, como flores vencidas.*

*Cuando me entrego y hablo de la virtud del trigo,
y te pido amoroso que te vengas conmigo,*

*nada te transparenta, hasta tu misma risa
destaca tus perfiles de mujer imprecisa.*

*Todos tus actos tienen profundidad de arcano,
hasta el acto sencillo de levantar la mano.*

*Me nombras y te salen despacio los sonidos,
como si no quisieran llegar a mis oídos.*

*En ti misma te escondes, yo te busco y el llanto
muchas veces me inunda y es de buscarte tanto.*

*Te fugas hacia adentro de ti misma obstinada,
y yo sufro mirándote con la boca cerrada.*

Tus dos labios sin música de palabras ardidas
se me antojan dos flautas por ti misma vencidas.

Vives en mí tan honda desde hace tantos meses,
que si ahora muriera moriría dos veces.

Angustia de mis manos buscando en el vacío
tu corazón que ignora la soledad del mío.

Angustia de tus trenzas que recortaste un día
y que tenían la forma de la tristeza mía.

Siempre recordaré su voz, una voz que pudiéramos llamar sensual, por lo menos en mí provocaba deseos eróticos, porque daba la medida de una mujer íntegra, total, con todos sus encantos femeninos, como la que yo soñaba.

Trivializando el tema, Manuel Henao, mi vecino, antes de que la casa fuera ocupada por Jaime Carrillo, también la escuchaba y coincidimos en la misma idea, pero también trajo al tema como comparación a la cantante Mona Bell, interpretando "La Montaña."
    ¿No te has dado cuenta que canta como si estuviera copulando? Dijo.
Sonreí ante una pregunta tan sensual, más que sensual erótica y no tuve más remedio que confirmar su aseveración.
    -Sé que cuando canta hay un erotismo que la empapa, es una voz absorbente, muy femenina-. Le dije.

Ustedes no la conocieron, pero las personas de mi generación sí escucharon a la diva de quien estoy hablando y estarán de acuerdo conmigo.
En una ocasión, mientras trasladaba sus canciones a la PC, llegó una amiga a visitarme. Preguntó quién era la mujer que cantaba.
    -Es Mona Bell- le dije, una cantante chilena que tuvo mucho éxito por su voz acariciadora y sensual.

-Qué raro. ¿Tú la percibes así? Yo oigo una voz normal-, me expresó.

-Hecho que confirma mi tesis de que el cerebro femenino no es igual al masculino. Ustedes las mujeres tienen otra manera de percibir las cosas-. Le contesté.

El tema de la mujer incógnita en la poesía de Carlos Castro Saavedra es como un anhelo de deseos no cumplidos, como el ansia de encontrar pareja cuando los impulsos genéticos llaman a la puerta, cuando se ve todo de colores brillantes, el futuro se presenta lleno de infinitas posibilidades y el idealismo es tu guía. Es el momento de sacar a relucir lo mejor de ti, ofreciendo a la hembra la promesa que escondes. Tiempo hermoso del enamoramiento, del coqueteo de la muchacha y de indecibles deseos eróticos que comienzan a modelar al hombre en ciernes que tú eres. Pero, ella no se enamora de ti, sino del futuro médico o ingeniero, del futuro profesional y te cuida y te mima porque en ese futuro está en juego el suyo propio y el de sus hijos, en ese sentido la mujer es preveedora, aunque muchas hoy no persiguen nada más que sentir el torrente de hormonas recorriendo sus cuerpos, que terminan en una saciedad orgásmica, nada más.

Qué diferencia experimentamos los de la tercera juventud cuando después de haber recorrido nuestro camino nos quedamos solos, sin promesa ninguna, porque todas o la mayoría de nuestras metas están cumplidas; a esta edad, que podría llamarse la edad de la sinceridad, es cuando somos más auténticos, no tenemos que posar para nadie, cuando no tratamos de gustar a los demás y nos importa un bledo gustemos o no. Cuando somos lo que somos y lo que la otra persona obtiene de nosotros es lo que ve, sin falsas expectativas, pero llenos de sabiduría. Los estadounidenses tienen una frase ya hecha para eso, *"What you see is what you get"*, *(Lo que tú obtienes es lo que ves)*, frase que nos da patente de autenticidad, es la edad en la que alcanzamos la plenitud, conscientes de la verdad, cuando lo que pensamos del objeto observado es realmente lo que el objeto es, cuando el pleno conocimiento de nosotros mismos se hace realidad. Es una de las etapas más felices y llenas de serenidad que el ser humano puede experimentar.

Pero esa bella edad de la adolescencia también era tiempo para leer a José Ingenieros, a Cervantes, a Dale Carnegie, la revista Luz, hacer los ejercicios de Charles Atlas y practicar el Ju-jitsu, una variación del Judo, y aprender a bailar Chachachá, el ritmo de moda que nos llegaba de Cuba, en casa de las Garcés, o donde las Barreto, o en la quinta de las Cabanillas. Época en que el suave roce de una mano femenina despertaba emociones indecibles, cuando al finalizar un baile quedaba nuestra mano suavemente perfumada al contacto de su delicada mano. Y no faltaba uno que dijera que no se lavaría esa mano durante todo un mes, para sentir el olor de su amada muchacha hasta que el perfume desapareciera por sí solo.

Qué vergüenza nos hizo pasar nuestro órgano a algunos de nosotros porque, en contra de nuestro deseo, en los bailes se abultaba debajo de la braguueta como un sediento gigante erótico queriendo escaparse a cumplir su llamado genético, al contacto de ese discretamente perfumado y delicado cuerpo femenino que seguía el compás del bolero romántico; si en ese tiempo hubieran estado en venta esos escudos de plástico que hoy usan los deportistas para cubrirse el aparato genital, serían un *"Best Seller"*. Las muchachas, parecían no percatarse de esto, o lo disimulaban muy bien, pero no pasaba desapercibido para los compañeros que con bromas y risas apagadas murmuraban al oído sobre la angustiosa situación.

Hoy se diría *"Hot"*, o *Caliente*, palabra que en cualquier idioma me ha parecido vulgar en cuanto a esto se refiere, sin embargo, no puede haber mejor palabra para expresar esta reacción tan natural de nuestra adolescencia.

Con seguridad las muchachas también sentían como nosotros con sus propios impulsos eróticos, los que como animales urbanos educados era necesario disimular. Pero, así es nuestra humana naturaleza y no hay por qué avergonzarse de ello, al contrario, era muestra de estar vivos y bien dotados para la misión reproductora que el destino nos habría de deparar.

Don Luis Dulcey y su hermano.

Continuando con el tema de mi circunstancia, hacia el oeste de mi casa, a cuatro puertas vivía el talabartero Luis Dulcey, un hombre corto de estatura, pausado en el hablar y, payanés al fin, poseía bellas maneras de cortesía. Don Luis vivía con su esposa, mujer que casi nunca salía y un hermano esquizofrénico, plomero de profesión. El hermano montaba en su sufrida bicicleta, a la que le había construido dos cajas, una delante del manubrio y otra en la parte de atrás, y las mantenía llenas de herramientas propias de su profesión. Las llantas casi aplastadas por el excesivo peso parecían decir,

-No puedo más con este loco, quítenme este suplicio de encima-.

Pero ella, fiel a la razón por la que fue construida lo llevaba y lo traía pacientemente. El plomero tenía un amigo imaginario con el que mantenía acaloradas discusiones, el amigo le discutía y él lo refutaba con fuertes argumentos. A veces detenía su trabajo y se dedicaba a darle consejos. El amigo se esfumaba cuando sentía la presencia de alguna persona. Era un loco totalmente inofensivo y hacía bien su trabajo. El latonero era una persona muy bien reconocida en el barrio. Era el hombre que por unos centavos hacía durar los sartenes y las bacinillas unos cuantos años más. Apreciado por todas las amas de casa por el servicio que prestaba andaba de casa en casa soldando, afilando cuchillos y destapando cañerías.

Años más tarde tuve un caso parecido en Bill, uno de mis empleados, buen artista, hacía su trabajo y charlaba con su amigo imaginario. En ocasiones discutían, pero siempre terminaban haciendo las paces. ¿Cómo no hacer las paces con una persona que vive dentro de su propio cerebro?

Existe un caso en el que un esquizofrénico superó, o mejor dicho supo controlar su propia enfermedad.

John Forbes Nash Jr., hizo un descubrimiento matemático asombroso al comienzo de su carrera y se volvió famoso en todo el mundo. Su vida cambió súbitamente cuando la esquizofrenia lo atacó, pero sin arredrarse por la experiencia que la vida le daba ante el diagnóstico médico tan negativo, Nash luchó por recuperarse con la ayuda de su esposa, Alicia. Su cerebro enfermo creó todo un mundo de espionaje en el cual él era intérprete de códigos secretos. Un amigo imaginario y una niña lo visitaban, tan reales para él como tú y yo. Mantenía conversaciones con ellos, pero, un día se dio cuenta de que a pesar del transcurso de los años la niña no crecía y ni ella ni su amigo cambiaban de traje. Ante sus inteligentes observaciones pensó que la niña y el amigo no podían ser sino fruto de su imaginación. Resuelto a hacer caso omiso de sus alucinaciones luchó por imponer su lógica, hasta que las apariciones se fueron haciendo menos frecuentes. Relata que de vez en cuando los ve y se disgustan porque no habla con ellos, pero, consciente de que sólo son los fantasmas de su cerebro no les hace caso. Recibió el premio Nobel de Economía en el año 1994. Hoy en día Nash es una leyenda viviente, sigue entregado a su trabajo y lleva una vida casi normal.

La tía Bertilde.

Mi casa fue sitio de reunión de innumerables amistades que cada noche iban, bien a hacer tareas del colegio o a un rato de esparcimiento comentando las noticias del día o entablando discusiones científicas, políticas o filosóficas, en las que intervenía a menudo la tía Bertilde, una solterona feliz, nunca se casó por cuidar a su tío Sacerdote, pero como dicen, *a quien Dios no le da hijos el diablo le da sobrinos*, siempre estuvo rodeada por todos nosotros y por nuestros amigos. Era como la mamá grande. Mujer culta, se desenvolvía perfectamente comentando cualquier tema.
Fue una cristiana de fe inconmovible, inculcada por su tío, a quien cuidó hasta su muerte, lo quiso y admiró por su rectitud y grandeza de alma, fue su guía espiritual. La tía debió sentirse muy sola cuando el Padre Rafael dejó este mundo. Ocupó cargos de secretariado en varios ministerios del departamento. Siempre estuvo dispuesta a discutir de acuerdo con su leal saber y entender, aunque a veces

16 - Bertilde Gómez Solarte.

ante la fuerza de los argumentos que nosotros le esgrimíamos prefería callar, no fuera a ser cierto lo que los locos de sus sobrinos le discutían; a veces parecía que su fe no era tan firme y le era difícil encontrar respuestas a los nuevos argumentos que escuchaba. Se regocijaba mirando nuestros logros. Nosotros éramos como una extensión de su cerebro y nuestras manos las suyas para crear. Era feliz mirando las buenas notas de Luis en el colegio o el desarrollo de mis obras de arte. Nunca impuso su punto de vista de manera radical, daba pie a la discusión sabiendo que sus convicciones podían ser atacadas. Fue tolerante con sus sobrinos, porque las discusiones se desarrollaban en un ambiente de cordialidad y entendimiento a un alto nivel racional, como las veladas en el hogar de Julio Verne. Se hablaba de política y de la actualidad nacional e internacional, pero sobretodo de los avances de la ciencia y del cambiante mundo en el cual nos ha tocado vivir. Fue para ella momento de emociones indescriptibles ver al Papa por primera vez por la televisión, para ella, un personaje de dimensiones espirituales extraordinarias. Era como la representación viva de Pedro el apostol.

Figuras familiares de esas reuniones fueron,
    Carlos Collazos,
    Cornelio González,
    Servio Tulio Orozco,
    Libardo Dorado,
    Diego Muñoz Barragán,
    Jochen y Erhard Gerstner,
    Santiago y Victor Muñoz,
    Manuel Henao,
    Rodrigo y Giovanni Castrillón,
    Edgar Palomino,
    Guillermo Torres,
    Chepe Medina,
    Alberto Gómez,
    Otro Alberto Gómez ("El Pelma"),
    Jorge Alberto González,
    Luis Afranio mi hermano,
Edgard Cabanillas, etc., todos entrañables amigos y compañeros de inquietudes juveniles. Había más amigos y amigas, pero estas últimas asistían a la casa de Edgard Cabanillas a donde lindas vecinas iban a repasar las tareas con sus hermanas. Como nosotros no teníamos hermanas y era una época de segregación sexual, que una muchacha frecuentara reuniones de muchachos era mal mirado, o la titulaban de *machona* o de coqueta, una de dos, no había salvación, por eso, para remediar este inconveniente victoriano íbamos precisamente donde Cabanillas o donde las Garcés, allí sí teníamos la oportunidad de cambiar impresiones con el sexo femenino y de enamorarlas en los bailes que a menudo realizaban. En esos años, solamente existían grabadoras de cintas de carrete,

17 - Bertilde y su asistente con Janet Carrillo e hija. A la izquierda la residencia del Dr. Ante

pesadas y costosas. Era difícil hacer copias de las canciones de moda. El grandioso invento del casete no llegaría sino en 1970.

A principios de los sesentas, Luis mi hermano, viajó a estudiar al Instituto Champagnat de Pasto, la vecina ciudad sureña, Mientras tanto, Bertilde le arrendó una habitación a un estudiante de Bogotá, llamado Jorge Alberto González. La estrecha relación que Bertilde sostenía con el colegio de Marinita Otero y con Carmen Elisa Arboleda, hacía que a menudo supiera de estudiantes buscando albergue en casas de familia. El muchacho apareció con una grabadora de carrete, tan voluminosa y pesada que se necesitaban dos personas para transportarla. El muchacho era de buen ver, muy serio y educado, se metió al bolsillo a todas las jóvenes de los bachilleratos, y a las monjas que veían en él, algo así como un caballero de las cruzadas o un cátaro escapado de su monasterio. Lo invitaban a dar conferencias con su verbo elocuente y moralizador, todas hablaban de él y para ser sincero lo envidiábamos, no por su don de gentes, ni por su verbo elocuente, ¡qué caray!, sino por la facilidad con que las muchachas se le acercaban, como las moscas a la miel.

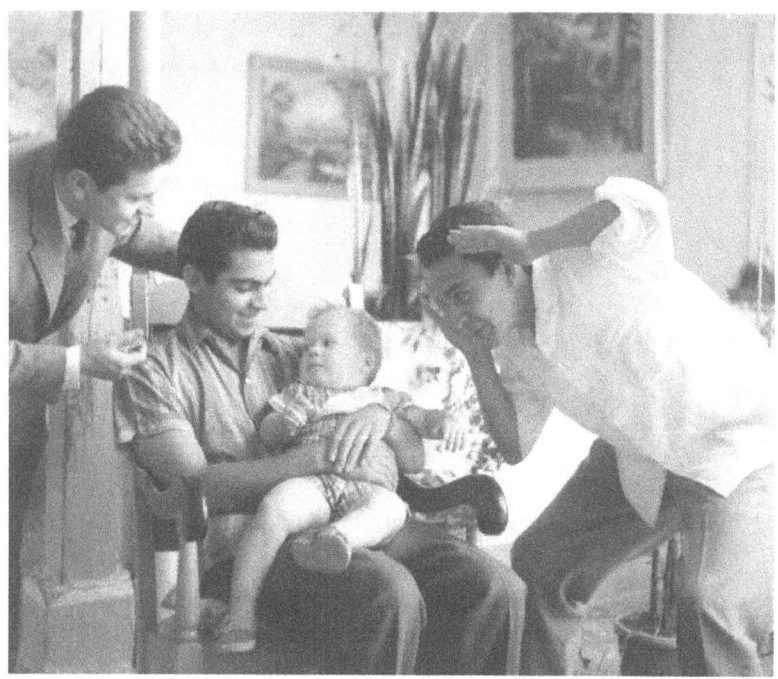

18 - De derecha a izquierda, Guillermo Torres, Juan Carlos Tobar, (Hijo de Rafael) Jorge Alberto González y Rafael. Al fondo dos óleos de los esteros del Río Timbiquí.

Jorge Alberto también se metió al bolsillo a tía Bertilde, activa miembro del Corazón de María, de Las damas del Rosario Perpetuo y de otras organizaciones religiosas. Comenzó a admirarlo por su acendrado cristianismo y por la defensa de los valores religiosos, de los que hacía gala en sus discursos. El muchacho era muy diferente a sus descreídos sobrinos, que a pesar de haber crecido dentro de cuna de familias católicas practicantes, daban muestras de pensar muy diferente.

Parecía como si este personaje caído del cielo para las monjas hubiera partido en dos la historia de Popayán, como para decir, antes de Jorge Alberto o después de Jorge Alberto. En realidad era una *buena papa*, como diría el amigo Alfonso López, no el presidente de mis tempranos años, sino un carpintero que años

después construiría mi estudio de grabación en Estados Unidos.
Sí, era una *buena papa* y todos lo apreciábamos de verdad.
Gracias a su gentileza en prestarnos su pesada y voluminosa grabadora mis amigos y yo hicimos varios programas, desde musicales hasta episodios épicos teatrales.
Sin embargo, la tecnología busca su camino y pocos años después, se podían encontrar mini grabadoras de carrete portátiles, a precio relativamente bajo.
Yo le llevé una a la tía. Con ella sostuve una comunicación sonora constante. Grababa los programas de Montecristo, Los Tolimenses, programas de música colombiana y otros que tanto me gustaban, como Evert Castro, presentado en La hora Phillips de la emisora Caracol. Decía Julián Ospina Mercado, el locutor, *¡Filipcidades amigos! ¡Aquí está Ebert Castro, el Coloso del Humorismo!"* Nely Ospina, su hermana, vivió con nosotros cuando estudiaba en la Universidad del Cauca, en compañía de Matilde y Cecilia Vanestrale, otras dos inolvidables amigas.
Después del fallecimiento de la tía, mi hermano Oscar encontró una caja de madera finamente trabajada por el tío Jorge Tulio, era un estuche con todas las cintas que yo le había enviado, de años de intercambio epistolar sonoro entre Popayán y Miami. Un tesoro de incalculable valor familiar que mi hermano trajo en un viaje de visita a tierras norteamericanas. Fue como abrir la caja de las mil maravillas, allí estaban las voces de mis hijos, niños todavía, con su sincera elocuencia relatando a la tía y a los abuelos cómo era su vida en los Estados Unidos. Escuchar esas cintas que nunca pensé volver a tener me recordó una película italiana llena de emotividad y humanismo: Cinema Paradiso.

Pero no solamente grababa programas radiales, hizo de flamante reportera; se la llevaba a la calle para grabar las chirimías y otros eventos. Se divirtió mucho con ella. Cuando iban a visitarla grababa las conversaciones. Gracias a ella poseo recuerdos grabados con mis amigos y compañeros de colegio. Llevó su grabadora donde Ortiz, el fotógrafo. Un aviso colocado al frente de su almacén decía, *"Soy feliz porque me retrata Ortiz"*.
Había sufrido un intento de robo hacía unos días. En el reportaje

grabado se oye a Ortiz relatando su odisea con lujo de detalles.
Dice que pensó en sacar su pistola, cuando los ladrones habían logrado abrir los candados y estaban a punto de subir la reja, pero después pensó que eso los haría correr en el mejor de los casos y en el peor, que a su vez le dispararan para matarlo. Luego se le ocurrió hacer honor a su profesión y pensó,

-No les voy a disparar con la pistola, les voy a disparar con la cámara-.

Ya los ladrones habían subido la reja lo suficiente como para agacharse un poco y pasar al otro lado. Ocultándose detrás de unos andamios, a través de los cuales podía ver la acción de los bandidos sin ser visto y mientras el corazón le hacía, repopopón, repopopón, parecía que se le iba a salir, Ortiz, en cosa de segundos preparó la cámara con el flash, enfocó y ¡Clic! Disparó, diciendo una palabra que no se puede pronunciar aquí. Los ladrones al ver el deslumbrante relámpago seguido por tremendo grito mentándoles la profesión de sus madrecitas salieron despavoridos.

Ortiz, corresponsal del periódico El Tiempo, envió esa misma noche la foto a Bogotá y al día siguiente aparecía en la primera página. Amplió la fotografía y la estuvo exhibiendo por varios días. La gente, curiosa, se arremolinaba para ver el resultado del memorable disparo. En una ocasión llegó un parroquiano y observó muy atento la chaqueta que llevaba uno de los bandidos, diciendo,

¡Hombre! Esa chaqueta es mía, desapareció de mi carro.
Sé que es la mía por la rayita esa que tiene al lado derecho cerca al hombro-.

Sus rostros, mostrados claramente en la fotografía, eran un preciso documento de identificación, la cual sirvió para que días después los capturaran en las proximidades de La Sierra, al sur de Popayán. Eran delincuentes profesionales que llevaban una larga historia de atracos y robos. Lo del intento de robo en el almacén de Ortiz fue algo mínimo comparado con las fechorías que habían perpetrado anteriormente. Seguramente, desde aquel incidente, los delincuentes de Popayán se habrán cuidado muy bien de pasar frente a su local; era preferible evitar un encuentro con su temible y delatadora cámara fotográfica. Con toda seguridad los personajes del robo frustrado, tras las rejas de la prisión, deben ser los únicos que nunca podrán compartir la famosa frase, "Soy feliz porque me retrata Ortiz."

La tía falleció de cáncer del páncreas, la misma afección que llevó a la tumba al tío Rafael. Después del deceso del Padre, Bertilde dedicó su vida a sus sobrinos, especialmente a los tres mayores que quedamos en Popayán, mientras los demás viajaban a La Cumbre, con papá y mamá. Ella fue nuestra segunda madre y más para mí, que desde los seis años fui el más apegado a ella y al tío Jorge Tulio. Con su fallecimiento sentí como si una etapa de mi vida se hubiera ido con ella. Fui a visitarla un mes antes de su partida y regresé una semana después. Fui al cementerio con mis hermanos a visitar su tumba y a darle el último y postrero adiós. Mientras caminábamos rumbo al cementerio noté que el viento desprendía de los viejos eucaliptos de la avenida las últimas flores del verano. Recogí hojas y flores para depositarlas sobre su tumba. Cuando las dejé oí la voz del niño que siempre permanece en el corazón, como un lejano eco perdiéndose en el tiempo, preguntándole,

>-Tía, ¿los eucaliptos florecen?
>-Si, Monito, los eucaliptos florecen en el verano-.
>-Quisiera ver los eucaliptos florecidos-.
>-***Cuando florezcan los eucaliptos*** vendremos a verlos...

No sé cuánto tiempo permanecí hundido en los recuerdos de la persona llena de bondad, en su carácter firme, en su fe inquebrantable, en su rectitud, en su estoicismo ante la adversidad, en su humildad, valores que siempre la adornaron y de alguna manera nos trasmitió con su ejemplo de vida. Mi hermano Oscar,

19 - Bertilde Gómez Solarte

tocándome el hombro, me devolvió al presente.
　-Debemos irnos-.
Ambos comulgábamos en el mismo sentimiento de pesar por la desaparición de nuestra tía, porque también fue una madre para él.
　-Cuando una persona, que nos quiere y queremos de verdad nos deja para siempre, algo de nosotros se va también con ella-.
　-Es necesario borrar de nuestro cerebro el concepto de su presencia corporal, y esa labor es dolorosa. Vamos-. Le dije, buscando la salida del cementerio.
　-Dicen algunos poemas: ¡*Qué solos se quedan los muertos*! Debieran decir: ¡Qué solos y tristes nos quedamos nosotros cuando se van nuestros seres más queridos...!

El tío Jorge Tulio

20 - Jorge Tulio Gómez Solarte.

Hermano de mamá, hábil artista con el cincel y el lápiz, poseía una extraordinaria capacidad para dibujar, dueño de un trazo seguro, tan limpio que sólo puedo compararlo con el trazo de Raphael, nuestro hijo menor, quien me asombra por su versatilidad con el lápiz.

Mientras trabajaba en la carpintería o pintaba, el tío silbaba canciones con extraordinaria precisión, haciendo miles de variantes y gorjeos. Estudió en el Seminario Conciliar de Popayán a la sombra de su famoso tío, el Padre Guillermo Gómez, profesor de ciencias físicas y naturales en ese plantel educativo. Jorge fue compañero de estudios y amigo de Guillermo León Valencia, Presidente de la República, de 1962 a 1966, Don Jorge Wallis y otros alumnos del Seminario, amistad que perduró a través de los años por una afición que compartían: la cacería.

En ocasiones, cuando estos personajes pasaban por El Tambo rumbo a las montañas de Munchique, en la Cordillera Occidental, mi tío solía llamarme para ir con ellos. Yo iba a dormir a su casa para salir juntos madrugados. Fui protagonista y compañero de varias cacerías a Munchique con estos famosos cazadores, tan diestros como la manada de perros, hambrientos e inquietos, de largas orejas, que llevaban en sus vehículos. Guillermo León y los demás cazadores llegaban en Jeeps a las 3 de la mañana con su inquieta jauría. Adelaida, la esposa de mi tío nos dejaba café en termos para darles un poquito a los de la expedición.

Curiosamente, notaba que el sabor del café que hacía Adelaida, no era igual al café que hacia mamá, ni tampoco al de las Monjas Vicentinas, cada cual tenía un sabor diferente, emanado de las manos de quien lo preparaba, supongo. Asimismo, la leche que tomaba, acabada de ordeñar tenía un sabor diferente a la que tomaba en casa de la tía, en Popayán. La razón, Bertilde tenía que hervirla para matarle las bacterias y ese proceso le cambiaba notablemente el sabor. En Estados Unidos, la primera vez que tomé leche mi memoria me llevo a la niñez, porque el sabor que aquí tiene es el mismo de la acabada de ordeñar. Con el método de la pasteurización el sabor original permanece intacto.

Nos incorporábamos a la caravana. Mi tío Jorge llevaba su admirado rifle con mira telescópica, sombrero y chaleco de cazador australiano; se veía delgado y recio. Yo, ataviado con un quepis marinero, impropio para una faena cinegética, pero bien cómodo, pantalón caqui, chaqueta de lana y botas de cuero. En un maletín llevábamos dos ruanas para cuando llegáramos al Páramo de Munchique.

En la aldea llamada Carpintería, la última parada, tomábamos un sustancioso desayuno. Nos alimentábamos bien antes de subir hasta Munchique, porque de allí en adelante no habría más comida caliente. Viajamos un poco más, hasta el final de la carretera y nos internamos en la selva. La cacería había comenzado.

El contacto con el ambiente salvaje de la montaña me llenaba de emoción. Me sentía libre para trepar todas las montañas del mundo, con esa libertad que da el contacto con la naturaleza y con el aire fresco y limpio entrando a raudales en mis pulmones. Parecía como si las nubes hubieran bajado, pero en realidad éramos nosotros los que habíamos subido hasta ellas, y lo más maravilloso era que esas señoras del espacio se podían tocar con nuestras propias manos. Ellas pronto se desvanecerían con los rayos del sol al filtrarse por la arboleda y nos dejaría ver claramente la salvaje naturaleza del Parque Nacional. Los ecos de los latidos de los perros se perdían entre los riachuelos de orillas llenas de musgo, líquenes y flores montañeras entre las hondonadas y los peñascos que encontrábamos en cada vuelta, en cada recodo, en cada loma recorrida. De pronto, nos sorprendían en los claros del bosque, pequeños espacios de pasto verde amarillento oliendo a humedad y yo me empapaba de todas esas impresiones para no olvidarlas jamás.

Repito que el sobrino más apegado a mi tío fui yo, no recuerdo viajes ni paseos con mis hermanos, hasta entonces, Luis, Saúl e Ismael. El tío me enseñó a respetar y a manejar las armas de fuego. Con su ejemplo aprendí a ser artista y artesano y sobretodo, a disfrutar de las tareas encomendadas, por ingratas que fueran.

Otra afición o profesión del tío era la industria de la miel, la Apicultura, con colmenas diseminadas por todo el jardín en la finca de Don Salomón y misiá Rebeca, sus suegros, cerca de la Cuchilla de El Tambo, lugar histórico por haberse librado en ese campo una sangrienta batalla contra los españoles.

Sabía sembrar las flores adecuadas para obtener el sabor de la miel que quería extraer. Por eso, años antes pensaba que si mi tío sembraba eucaliptos alrededor de las colmenas, las abejas libarían el néctar de estas flores para producir miel con olor a mentolatum.

En El Tambo, en la casa de zinc cultivaba gusanos de seda alimentándolos con morera. Era fascinante ver como los gusanos se envolvían en su crisálida, fabricada con la baba extraída de su propio organismo y a los pocos días se efectuaba una maravillosa transformación dentro de su envoltorio, dejando aparecer mariposas de hermosos colores. Los envoltorios ya vacíos se colocaban en agua caliente, para separar los hilos de seda. El tío y Adelaida trabajaron durante varios años en ambas industrias. Cuando se vendieron las propiedades de El Tambo, se trasladaron a Popayán donde Adelaida desarrolló a plenitud su oficio de modista, y dio varios servicios relacionados con la costura a otras modistas, destacándose por la buena calidad de su trabajo. Jorge Tulio continuó con sus labores de ebanistería y tiempo después fue nombrado Jefe de Resguardo de Rentas, en Santander de Quilichao. (3.01 norte – 76.29 oeste)

La Barra del Barrio Valencia.

La relación con amigos y amigas de la vecindad y varios que hacían viaje desde La Pamba, el Barrio Mosquera, y el Barrio Modelo, donde vivían los Caicedo, entre ellos Juan Carlos, entrañable amigo a quien le compré la segunda ampliadora que tuve, más grande que la que había construido. Su asistencia nos daba una muestra de la importancia que tuvo la Barra del Barrio Valencia en Popayán, también asistían los hermanos Hormaza, José Tomás Illera y Hernán Torres, más o menos del sector histórico de la ciudad.
Teníamos nuestro silbo distintivo, con una tonada que cada uno silbaba a su manera. Por el timbre del silbo, nosotros sabíamos quién era el autor de la llamada. Una vez, llegué a casa de Chepe Medina, a unas cuantas puertas de mi casa. Lo llamé con nuestra tonada, pero quien salió fue Don José María, su padre, quien me dio tremendo sermón disciplinario. Me dijo que su casa no era potrero y que a las personas no se silbaba, que su hijo no era un perro o un caballo para que yo lo estuviera silbando. Yo ante la andanada de tanta diatriba a todo decía,
    -Sí Don José María, como usted diga Don José María, está

bien Don José María y me fui... silbando la tonada-.

Me imagino a Don José María diciendo,
¡Ah!, ¡Qué muchacho este!

Tal vez nunca tuvo una barra de amigos que lo llamaran con un silbidito amistoso para ir a hacer inocentes travesuras. Puede que Don José María tuviera razón, hoy no me atrevería a llamar a nadie con un silbido, pero como muchachos al fin, en esas épocas nos sentíamos con licencia para silbar.
Estos y otros personajes formaron parte de mi circunstancia, de cuya sabiduría, habilidad y don de gentes bebimos un poquito para ser lo que somos. Fueron personas muy valiosas en lo personal y profesional y todas estaban allí, juntos crecimos en sabiduría y en edad, ganando experiencia a través de su ejemplo.

Rondaba el rumor de cambiar el nombre de la barra y formar un club de amigos del Barrio Valencia. Hernán Torres, en esa época, furibundo aficionado al inglés, llegó con la idea de nombrar a la barra el *"Club Young Party"*. Las muchachas, todas preguntaron,

¿Y, eso qué es?
-*Young party*, significa reunión de jóvenes, en Inglés.
¿Y, por qué tiene que ser en inglés? Dijo Ruby Mera, con cara de dolor de estómago. Las demás sintieron también algo en el estómago y dijeron,

¡No!

Todas protestaron por tan foráneo nombre y desaprobaron la idea del amigo Torres, y para no desairarlo Clelia Garcés se levantó

21 - Calle sexta, hacia oriente. A la derecha la casa de Hurtado hijo, donde se guardaba el Citroen, a la izquierda la residencia del Dr. Ante. 1962

como un soldado alemán, diciendo.

-*Ni p'a Dios ni pa'l diablo*, no queremos discutir nunca más sobre el nombre de la barra, la barra es la barra y ese es el nombre, punto-. El punto fue tan enfático que todas las muchachas aplaudieron su decisión.
Ninguno de los varones allí presentes pusimos la más mínima objeción y el tema del nuevo nombre de la barra terminó, las mujeres habían hablado y allí no había nada más que discutir. Pero, como históricamente, desde los tiempos de las cavernas quien tiene la última palabra es el hombre, todos dijimos al unísono:

¡Estamos de acuerdo!

Y con nuestra última palabra se dio fin a la discusión. Allí crecimos todos, en una comunidad rica en valores y rodeada de todas esas gentes que hicieron del Barrio Valencia una comunidad ejemplar.

En Estados Unidos, la gente se muda tan a menudo que nadie sabe quién es su vecino. En promedio el estadounidense vive unos cinco años en un lugar, vende y se muda.

En Colombia, cuando se compraba una casa, era por lo general para toda la vida. Por eso comenzábamos a conocernos entre vecinos, y creo que somos mejores cuando crecemos en una comunidad en donde todo el mundo se conoce, se quiere y se tolera.

Pero, tener una casa es cada día más difícil, por eso se construyen complejos de apartamentos y las personas que los habitan son más trashumantes. Se comienza a observar un fenómeno creciente cada día y es que con tanto forastero, se pierde la identidad payanesa, ya las personas no se comunican como antes, más bien se temen entre sí, son otras las que han invadido el rigor payanés, el cual con pocas excepciones, difícilmente comprenden y respetan. Pero, ante los aires respirados, no hay más remedio que hacer un llamado a los nuevos inmigrantes a la ciudad, para que comprendan la idiosincrasia payanesa y colaboren en conservar el carácter de la urbe. Cada día son más escasos los personajes de la palabra fina, del chiste inteligente, del requiebro elegante, de la charla filosófica que miraba la noche a la luz de los faroles o en los bares y centros sociales de la añorada ciudad estudiantil. Desgraciadamente, hoy gran parte de la juventud solo muestra chabacanería, chistes de mal gusto llenos de palabras soeces, a menudo de connotación sexual, que comparten hombres y mujeres por igual. ¡Qué lástima! Qué doloroso es observar como se deteriora el tradicional y exquisito entorno payanés...

Paniquita y la familia Bustamante.

Acababa de llegar de unas vacaciones en Paniquita, (2.31.45 N- 76.28.08 O), una pequeña población enclavada en la cordillera Central, más fría que Popayán y todavía estaba bajo la grata impresión de su saludable ambiente.

-Qué días más agradables pasamos allá con mis primos los Bustamante, pensé, mientras me incorporaba de la cama.

A través de la ventana resonaba el ruido mañanero de gentes, autos y camiones subiendo y bajando por la calle sexta, y carretillas tiradas por caballos cuyas patas dejaban su sonora huella sobre el pavimento. Las imágenes de Paniquita iban y venían, confundidas con el ruido proveniente de la calle.

¿Que habrá sido del burrito que fue a pedir auxilio a casa de Don Rudesindo Bustamante? Qué burro más inteligente. Don Rudesindo, padre de Gentil, Luis y padre adoptivo del poeta José Ignacio Bustamante, llevó el burrito al veterinario, lo examinó y le dio medicinas para el dolor de estómago y unas horas más tarde rebuznaba lleno de alegría. No a todos los borricos se les ocurre ir a pedir ayuda a casa de su amo, para que le alivien un cólico. Y hay gente que dice que los burros, burros son. A veces son más inteligentes que nosotros.

Doña Pura, la esposa de Don Rudesindo se había levantado con dolor de cabeza.

-Niños por favor llamen a Lola - Dijo.
Lola, o Dolores la cocinera, una mestiza joven, se aproximó a misiá Pura.

-Mande usted, señora- Dijo, mientras se secaba las manos con el delantal.

-Hija, hazme una infusión de hojas de coca, se me parte la cabeza.
Lola obedeció inmediatamente, nosotros fuimos con ella hasta la huerta, la cual gozaba de toda clase de yerbas medicinales. La joven arrancó unas cuantas hojas de coca y regresamos a la casa. Lola se quedó en la cocina haciendo la infusión para misiá Pura. La coca crecía silvestre por toda parte, allí todavía no había aparecido el genio maligno que la refinara y la usara para traficar con ella y para destruir las mentes de innumerables jóvenes alrededor del mundo. La gente la usaba sin el menor asomo de maldad, únicamente como planta medicinal, aunque, tradicionalmente los nativos mascaban la

hoja para resistir las duras faenas agropecuarias.

Cerca de la casa había un vivero, construido y administrado por el Departamento de Agricultura, con el fin de hacer experimentos con frutas y productos de clima frío. Los duraznos y las manzanas se daban espléndidamente. Se hacían injertos para mejorar las variedades de los productos, estudiar los resultados y distribuir las mejores semillas entre los agricultores de la región.

La tía María y Doña Pura Bustamante habían hecho fideos siguiendo una fórmula china extraída de una antigua edición de "Los viajes de Marco Polo", para complacer a mi primo Rafael. Lo había encontrado en la vieja biblioteca de Don Rudesindo. Probablemente, libros que habían pertenecido a su hijo adoptivo, el poeta y escritor José Ignacio Bustamante, hijo de una hermana del poeta Guillermo Valencia, víctima ella de los convencionalismos de la época y al que Don Rudecindo y Doña Pura criaron con el mismo amor y abnegación que profesaron a sus hijos verdaderos.

Disfrutamos viendo la elaboración de los fideos; Luis Bustamante, (esposo de mi tía María), como profesor que era, nos daba amenas lecciones sobre historia china, por él supimos que la familia Polo llegó a ser una figura importante en la vida de Kublai Khan, el soberano de la Mongolia y la China en ese entonces. Los Polo llevaron a Italia la fabricación de los fideos, la llamada pasta y los italianos llegaron a ser consumados especialistas, enriqueciendo con innumerables variedades el invento chino.

La pasta extraída en tiras por medio de una máquina de discos con aberturas circulares, se dejó secar sobre la mesa durante toda la noche, al día siguiente por la tarde se sirvieron los fideos. Nosotros no esperábamos otra cosa más que un resultado excelente, como lo constatamos inmediatamente.

La pasta, elaborada y sasonada con especias, era manjar hecho para reyes, todo el mundo se saboreaba y pedía doble ración. En cierta ocasión le pregunté aquí en Miami, al especialista en comida Gourmet del Hotel Biltmore.

-Dime, Eduardo. ¿Qué es una comida Gourmet?

-Gourmet es la comida en la cual todos los ingredientes están balanceados y el punto de cocción está correcto. Si en una de las aldeas de nuestra cordillera hay una mujer haciendo sancocho y todo está en su punto, la sal, el comino, la pimienta, el plátano, la carne, etc., ella sin haber leído libros de cocina, esta haciendo comida Gourmet sin que lo sepa. Así de simple. En esto no hay misterios. Lo importante está en la maestría del cocinero para lograr ese balance tan anhelado-.

Los fideos que comimos en esa ocasión eran fideos Gourmet. Ahora sí estaba seguro.

El libro de Marco Polo es uno de esos libros que desearía conservar en mi biblioteca, pero después de 50 años de este hecho nadie sabe qué pasó con él. El libro, encuadernado en tela roja o marrón llevaba el nombre en la cubierta, de color dorado, parecía muy antiguo, estaba escrito en español. Sé que, "El libro de las maravillas del Mundo", fue escrito originalmente en francés, ni siquiera en italiano y más que fama para su dueño, lo que recibió fue críticas burlonas, poca gente creía en las maravillas que allí contaba, hasta el punto de ponerle el sobrenombre de, "Marco Milione".

Marco Polo contaba que Kublai Khan poseía miles de trajes con incrustaciones en oro y piedras preciosas, miles de palacios y miles de caballos. El público pensaba que Marco era un exagerado, su libro no tuvo mayor repercusión durante su vida, pero siglos después la gente reconoció el valor de sus viajes, especialmente en el siglo XV cuando comenzaron las exploraciones.

Cuentan que el libro de cabecera de Cristóbal Colón, era el de Marco Polo que lo llenó de confianza y ánimo para llevar a cabo su travesía por el ignoto Atlántico.

Marco Polo no era escritor, sin embargo, un amigo llamado Petriccello tenía una editorial, a él le relató sus viajes y aventuras que publicó meses después. El libro estaba lleno de historias, mapas, recetas y asuntos financieros. Por lo tanto el libro que reposa en la biblioteca de don Rudesindo es una edición muy vieja, y mal pudiera decir que es traducción del original, en realidad de las obras que se han publicado después de la de Petriccello la que más se ha traducido es una de Francesco Pipino, del francés al latín, y luego del latín al italiano llamada precisamente, "Il Milione".

No era la primera vez que iba de vacaciones a Paniquitá, la tierra fría, la tierra de los duraznos en flor, pero sí sería la última porque el destino me había preparado conocer otras latitudes.

Separación de la familia Tobar Gómez.

Seguramente, mi tía ya va calle arriba hacia el Palacio Nacional a su trabajo. Ninguno de los miembros de la familia tenía automóvil. En esa época, solamente las personas muy acaudaladas podían darse el lujo de tener uno y mi familia no figuraba en esa categoría. Mi tía recorría diez cuadras todas las mañanas hasta su trabajo, a las doce regresaba, hacía almuerzo y volvía al trabajo a las dos de la tarde hasta las seis, es decir, recorría un total de cuarenta cuadras. Si sumamos 40 por cinco días da 200 cuadras caminadas en la semana. Por eso sería que siempre fue una mujer delgada.

Por 1955 el Gobierno trasladó a mi padre a La Cumbre, en el Departamento del Valle y con él se fueron mamá y mis tres hermanos menores, Ismael, Javier y Oscar. En Popayán quedamos tres: Luis, Saúl y yo. Nuestros padres nos dejaron con la tía porque estábamos estudiando. Tiempo después Saúl se alistó en el ejército.
La ausencia de mis padres duró seis largos años. A su regreso ya estaba trabajando para la delegación y en 1965 emigré a los Estados Unidos. Pienso que nos faltó conocernos mejor.

Estábamos Ismael Girón y yo en el cruce de la Carretera Panamericana y la vía para Cajibío esperando un trasporte que nos condujera a esa población, nuestro lugar de trabajo con la Delegación Departamental de La Registraduría, cuando vi a mis padres viajando hacia Popayán, al percatarme de su presencia los llamé a grito abierto, pero el ruido del vehículo apagó mis llamados. Iban también mis tres hermanos más pequeños.

-Allí van mis padres-, le dije.

Nunca habíamos hablado de nuestras respectivas familias y mientras viajábamos pasamos unas tardes muy agradables relatando nuestras respectivas historias, todas muy interesantes. Pero, continuemos con lo que les iba contando.

Maruja y Beatriz.

Maruja y Beatriz Idrobo, dos hermanas huérfanas de madre llegaron muy pequeñas a El Llano, la casa materna en las afueras de El Tambo. Don Gabriel su padre, hombre criado en las duras faenas del campo había quedado viudo y solo con dos hijas y un varón. Sin saber qué hacer por el momento ante su tragedia tomó la determinación de llevarle las niñas a mi abuela. Un parentesco indefinido los unía, porque los apellidos de mi abuela eran Solarte Idrobo. La abuela, poco a poco se estaba quedando sola en la finca, mi madre ya estaba casada, Bertilde se dedicó a cuidar del tío Padre y por lo tanto residía en la Casa Cural. Jorge se trasladó a la casa de zinc ubicada un poco más arriba de Quita Sombrero, en donde podía desplegar sus actividades de carpintero, fotógrafo y Personero. La casa de zinc, así llamada porque su techo, en vez de tejas, era de este material; ríanse ustedes para dormir con un aguacero, era como si San Pedro estuviera echando toneladas de agua sobre la casa, el ruido era ensordecedor, y si lo miramos bien, era arrullador para mí, se podían oír los duendecillos de la lluvia si prestabas atención. Cuando cesaba, todo volvía a quedar en el silencio más absoluto, pero a fuerza de la costumbre, llegamos a considerarlo cosa natural.

La abuela Carmen no quiso ir a vivir a El Tambo, porque pensaba que los asuntos de la finca no podrían ir bien sin su presencia; al dejar la abuela este mundo, Maruja y Beatriz fueron acogidas por mi madre y desde entonces vivieron con nosotros, hasta hacerse mujeres hechas y derechas. Mi madre fue para ellas como una hermana mayor, crecieron a nuestro lado como si fueran de la familia. Don Gabriel, su padre, iba a visitarlas cada ocho días. No sé si llamarlas tías o hermanas, sólo sé que son parte de nuestra familia.

Pensión Oasis.

Después del 9 de abril, la vida cambió para todos los colombianos, mi papá trabajaba en el Palacio Nacional, en la oficina de telégrafos, un edificio moderno levantándose como una fortaleza de cinco pisos. Me sorprendía ver en sus sanitarios secadores de manos por aire caliente, una novedad en 1948.

Papá, queriendo probar su propia iniciativa, renunció al trabajo que por tanto tiempo había desempeñado. Compró una compañía de transporte e inició una ruta entre Popayán y Bolívar. En varias ocasiones fui con él a la tierra del abuelo. Durante casi dos años luchó por prosperar, pero la situación de orden público cada día se hacía más peligrosa, los guerrilleros comenzaban a asaltar en las carreteras y mamá le aconsejó volver a trabajar con el gobierno, pero él quiso tratar una vez más con la iniciativa privada. Vendió los camiones y comenzó a hacer gestiones para instalar un hotel para estudiantes universitarios.

Cerca de la Universidad del Cauca, precisamente al frente de ésta había un edificio alto de dos pisos, idéntico a los demás en esa cuadra, con balcones que daban a la carrera cuarta frente a la biblioteca de la Universidad. Estaba para alquilar. Allí nació la "Pensión Oasis". Pronto se llenó de estudiantes, como papá lo había pronosticado y fue un negocio floreciente durante varios años.
Seis cuartos grandes que posteriormente se subdividieron podían alojar de tres a cuatro estudiantes cada uno. Los comensales que no residían allí eran muchos porque la proximidad con la Universidad los atraía y Doña Ruth, al mando de un pequeño grupo de colaboradoras, entre las que se encontraban Maruja, Beatriz y Margarita, los atendían solícitas.

Los estudiantes llegaron a tenerle mucho cariño a mamá, ella los cuidaba como la madre que les faltaba, con la dulzura y suavidad que la caracterizó, ganándose el respeto y el cariño de sus estudiantes.

Allí comencé a tomar interés por la guitarra escuchando los tríos que pasaron por la pensión, como los Romanceros y Los Peregrinos, que entonaban sus guitarras con boleros y bambucos de moda. Escogieron a la Pensión Oasis para su residencia. Yo me quedaba horas viéndolos ensayar y decidí aprender a tocar la guitarra.

La mayoría de los estudiantes se marchaban a sus respectivos hogares cuando terminaba la temporada de clases. Había también residentes permanentes, entre ellos una dama de Bogotá y Olga con su marido, ecuatorianos estilistas ambos, tenían un salón de belleza en el primer piso. Años antes, el marido había sido luchador profesional. Vivía contando sus hazañas y mostrando los trofeos y menciones en recortes de periódicos; cayeron por Popayán, les gustó el ambiente y su clima y se quedaron como muchos ecuatorianos, cuando en aquel tiempo Colombia era para ellos como los Estados Unidos para nosotros: El coloso del norte. Casi todos los panaderos que trabajaban frente a mi casa con Jaime Carrillo eran ecuatorianos.

Oliva.

Antes de conocer a mamá, papá tuvo una hija con una dama de Cajibío. De esta media hermana nuestra no tuvimos noticia sino hasta 1952. Era una muchacha muy blanca como él, delgada y esbelta, con ojos de párpados grandes, no había duda que era su hija. En mis cortos once o doce años pensaba que era bastante alta. Nos demostró, así lo pienso yo, una franca simpatía.
Pero, ¿por qué apareció esta muchacha después de 20 años? Nosotros no tuvimos conocimiento de ella hasta el día de su llegada a la Pensión Oasis.

Mamá nos expresó que esa niña era nuestra media hermana y nos dio varias explicaciones que en ese tiempo no nos vinieron ni bien ni mal; aceptamos de buen grado todo lo que mamá decía. En mi caso, creo, todavía no tenía criterio para juzgar esta clase de cosas, nunca supe la opinión de Luis al respecto. Pero el hecho era que, de buenas a primeras teníamos una hermana. Yo, en realidad sí estaba muy contento de tener un elemento femenino en la familia, contento y admirado de esta hermana que de un momento a otro cayó, no se sabe de dónde. Pensé que se quedaría con nosotros, como un miembro más de la familia. Mamá nos aclaró que ella venía a hacer un pedido especial a mi papá, antes de contraer matrimonio con el caballero que la acompañaba. Papá estaba muy contento con la visita de su hija e hizo preparar un suculento almuerzo para festejar el acontecimiento.

Por lo que puedo comprender, mi papá mantenía una relación más o menos estrecha con ella. Ese amor y dedicación de ella por él, no da para otra explicación. Alabo la buena acción de papá al no abandonar a esa hija que hoy contemplábamos por primera vez. Ella, con su afecto demostraba que su padre no era un extraño y él correspondía a ese afecto de manera recíproca. Esto es lo que puedo comprender repasando esas imágenes que nunca he olvidado. Lamenté que llegara y se fuera.

Años después supe que se llama Oliva, vive en Cali y a la muerte de papá no faltó ni un solo día al novenario que por su alma sus hermanos celebraron en una iglesia de Cali, pese a los comentarios de algunos familiares retrógrados que pensaban que ella no debía estar allí. Fue una niña a la que la ausencia de su padre debe haberle hecho mucho daño emocional. Demostró su cariño asistiendo al novenario y dejándole el postrero regalo de sus oraciones.

Y, ¿cual era el pedido tan importante que esta hija de mi padre venía a hacerle? Debía ser algo muy esencial en su vida, puesto que no se casaría sin que su pedido fuera satisfecho, como ella misma se lo hizo saber. Después de terminada la comida, en la cual estuvimos un poco obligados a portarnos con buenas maneras para no desdecir de nuestra educación y dar una buena impresión a los huéspedes, así como nuestra madre nos había advertido, repasé mentalmente la famosa Cartilla de Carreño y determiné que estaba listo para sentarme a la mesa.

Hubo una larga conversación en la que se trataron varios temas, de los cuales no recuerdo ni un ápice. Al terminar, todos nos levantamos y llegó el momento de la emocionante despedida, porque la escena que vi nunca se borrará de mi memoria. Muy humilde, la muchacha se arrodilló frente a papá, y en un acto de atavismo religioso, le rogó le diera la bendición. Era lo único que le faltaba para comenzar su nueva vida al lado de quien iba a ser su marido.

Es muy probable que la madre estuviese alojada en un hotel cercano mientras esto sucedía, y por respeto a mamá no se presentó con ellos a la ceremonia de la bendición paternal. Pero, pienso que la madre de la muchacha ya no tenía nada con mi padre, y además la niña había nacido antes de que mi padre conociera a mi madre, él era un hombre libre. Nadie, hablando religiosamente era culpable de nada; las circunstancias, que ignoro, no permitieron que mi padre se casara con la señora, que tal vez tenía mal genio o era mandona, o la señora descubrió que mi papá era un muchacho fregón, temático y terco y al poco tiempo la relación terminó, por otra parte, si no hubiera sido así, la familia Tobar Gómez nunca hubiera existido.

Mi padre, tomándola de las manos le dijo,

-Que Dios la bendiga, hija, le deseo toda la felicidad del mundo-.

La ayudó a levantarse y se fundieron en un emocionado abrazo. Mi madre sollozaba discretamente, la muchacha tenía lágrimas en los ojos, pero su semblante reflejaba felicidad; el joven pretendiente miraba el acontecimiento emocionado, en un momento pareció no resistir incólume la escena y trató de buscar soporte en los ojos de mi madre. Sus comprensivos ojos bastaron para que recobrara el aplomo. Pensé que la escena tenía ingredientes mágicos, como si esa bendición hubiera liberado a la muchacha de algo que si no hubiera sido así, no la hubiera hecho completamente feliz.

Luego, papá se acercó al muchacho, primero le dio la mano y

después se abrazaron. Mi papá, dándole las recomendaciones y consejos que siempre se hacen, en murmullos que no alcanzaba a descifrar, pienso que le decía.

-Mira, muchacho, al fin te saliste con la tuya. No me la vas a hacer infeliz, porque te vas a encontrar con el puño de mi brazo derecho, para que no seas majadero-.
Con seguridad, el muchacho estaba pasando un trago amargo en una situación en la que debía decir, ante la seriedad y la majestuosidad de papá: Sí, don Saúl, como usted diga don Saúl, se lo prometo don Saúl. Parece que le cumplió todo, porque, según informes posteriores, murió al lado de Oliva muchos años después.
Al fondo, en la puerta de la cocina, Maruja Idrobo y la nana Margarita con los delantales en la mano miraban la escena. Yo sin comprender mucho lo que estaba viendo sentí que se me hacía un nudo en la garganta, Luis y Saúl tal vez sintieron lo mismo, porque como yo, estaban mudos mirando la emocional escena. Luego la muchacha nos abrazó a todos, dándonos besos en las mejillas.

Yo le di mi cariño al abrazarla y la sentí como en realidad era, de nuestra familia, sabía que era hija de mi padre y eso bastaba para considerarla mi hermana, y... se fueron. Desapareció esa hermana que se hizo realidad por unas horas, pasando por nuestra vida como un ave fugaz. Ocurrió allí, en la Pensión Oasis.

La Cumbre, Valle.

Los meses de vacaciones eran difíciles para mis padres; aún así, la Pensión Oasis dio servicio por varios años, hasta que el dueño del edificio vendió la propiedad. Mi padre hubiera podido continuar con la pensión en otro lugar, pero pensó que no sería lo mismo, al no encontrar un lugar mejor, cerró y volvió a trabajar con el Gobierno. Fue asignado a La Cumbre, una población situada en la vía del tren hacia Buenaventura, en el Departamento del Valle.

La Cumbre era el sitio de veraneo preferido por los caleños. Numerosos chalets distribuidos a lo largo de la carrilera, se alquilaban en el verano y las mansiones dormidas despertaban de su letargo invernal con las voces de sus dueños. Llegaban escapando de la ciudad en busca del agradable clima frío de la montaña. Allí fuimos a pasar vacaciones y me volví popular entre los veraneantes porque con la guitarra, dando serenatas a las caleñas, me comenzaron a conocer con un sobrenombre que una me puso cuando dijo que la canción que mejor cantaba era, "Camino Verde", por lo tanto decir Rafael y el nombre de la canción era lo mismo. Mis padres permanecieron seis o siete años en La Cumbre. Cuando regresaron yo estaba trabajando para la Delegación Departamental.

Fábrica de Porcelana.

22 - *Rafael con Fructuoso del Río y dos compañeros, en "Alcora", la fábrica de porcelana. 1960.*

En los primeros meses de 1960, salió un anuncio en el periódico, "El Liberal", solicitando artistas para una fábrica de porcelana que acababan de fundar unos inversionistas españoles. Fui, me hicieron una prueba y me aceptaron. Aprendí la técnica de la pintura con colores minerales, colores especiales para pintar sobre porcelana. Las líneas doradas se daban con un color café. Al hornear la pieza a

23 - Rafael decorando jarrones. Detalle. 1960

alta temperatura para fijar los colores, las líneas de color café se tornaban doradas.

La cerámica se elabora a base de caolín, feldespato y cuarzo, después de cocinarlo se logra un color blanco de aspecto vitrificado. Este material se conoce como arcilla de china. El feldespato es uno de los minerales más comunes sobre la corteza terrestre. Se extraía de unas canteras cercanas a Popayán y de las riberas del Río Hondo, cerca de El Tambo.

Unos meses después de estar trabajando en la fábrica llamada, Alcora y cuando ya estaba empapado de la técnica de la pintura con colores minerales y de todos los pasos de la elaboración y horneado de las piezas de porcelana, renuncié para volver a la fotografía.

Mientras estuve en Alcora, delegaba trabajos a comisión a otro fotógrafo para cumplir con mis clientes. Ya había satisfecho mi curiosidad por conocer el arte y la técnica de la cerámica. La fotografía era económicamente más beneficiosa; además, ser mi propio jefe me daba muchas ventajas. Ese espíritu de independencia nunca me ha abandonado. Ya en Estados Unidos, trabajé empleado por espacio de dos años, al cabo de ellos inicié mi propio negocio y desde entonces siempre he trabajado por mi cuenta.

Nunca hice fotografía de estudio en los Estados Unidos. El rumbo que tomaría sería el de la Publicidad y el Diseño Gráfico, sin embargo, una de mis herramientas más usadas es la cámara fotográfica para el desarrollo de productos comerciales.

La ampliadora.

Las ampliadoras fotográficas profesionales eran demasiado caras para el muchacho de bolsillo flaco que yo era. En verdad la necesitaba con urgencia. Resolví fabricarla; con un pedazo de lata hice el cilindro y para los lentes utilicé una vieja cámara de fuelle de 120 mm., marca Agfa, a la que quité la parte de atrás y la fijé al barril de lata en donde coloqué una bombilla de 150 vatios. En un almacén de chatarra conseguí una lupa de la misma dimensión del tubo para que ampliara la luz, la llevé donde Emelio Gaona a darle unos cuantos puntos de soldadura y ya está. Trabajé con ella por varios años hasta que Juan Carlos Caicedo, un querido y recordado amigo de juventud, me ofreció su ampliadora de más capacidad y con ella hice ampliaciones hasta 1965. Antes de emigrar la vendí a un fotógrafo con todo el equipo de revelado. El curso de Radio Televisión y Electrónica también se vendió.

Poco a poco fui desprendiéndome de objetos tan queridos. Me habían acompañado en esos hermosos años llenos de experiencias. Pero era el momento de romper ataduras, en el extranjero volvería a comprar la ampliadora y el equipo de revelado.

Lo primero que hice al llegar a Estados Unidos fue ir a un almacén de fotografía y comprar una Besseler II, en realidad la utilicé muy poco por lo barato y fácil que era enviar los trabajos a un laboratorio profesional.

En cambio, traje entre otros objetos una cinta magnética de carrete marca *"Bass"* fabricada en Alemania, la cual llené con música colombiana extraída de los discos de la emisora. Cinta que duró más de cuarenta y cinco años, hasta que comenzó a volverse quebradiza y a dejar demasiado hierro en la cabeza del reproductor. Fue un regalo de una mujer importante en mi vida, a quien siempre he llevado en un lugar muy especial en mi corazón.

Ciro-Flex.

Cuando cumplí los quince años de edad mi padre me regaló una cámara de 120 mm., marca Ciro-Flex, la primera cámara fabricada en Estados Unidos al estilo de la famosa cámara alemana, Rolleiflex. Anteriormente tomaba fotografías con una pequeña cámara marca, Kodak, también de 120 mm.
Con la Ciro-Flex pasaba a otro nivel en la fotografía. Estas cámaras usadas por fotógrafos profesionales y periodistas, fueron muy populares desde la década de los cuarenta, hasta los sesentas.

Organicé un estudio fotográfico y comencé a ganarme la vida con este medio. Mandé a hacer una placa de metal, con inscripción en alto relieve y la coloqué a un costado de la puerta. Así nació, "Foto estudio RTG".
La calle sexta era una vía de mucho tráfico, especialmente los días de mercado. La calle daba precisamente a la Galería de Mercado, ubicada a cinco cuadras hacia el oriente. Este ir y venir de gentes por la calle sexta me favoreció. Poco a poco comenzaron a llegar parroquianos y meses después ya tenía una buena clientela.

24 - Cámara Ciro-Flex de 120 mm - 1955

En una ocasión ofrecí mis servicios fotográficos en un colegio y para interesar a la directora le daba un porcentaje por cada foto tomada. Trabajé con varios colegios y fotografié cientos de alumnos ese año. Niños y niñas que hoy deben tener, de 50 a 60 años de edad aproximadamente.

Pero no sólo hacía fotografía. Me interesé por la electrónica y me matriculé en una escuela de Radio y Televisión por correspondencia llamada, "National School", todo el año estuve haciendo el curso y al final armé un radio superheterodino de dos bandas que envió la escuela por partes, como culminación y graduación de dicho curso. Lo hice solamente por el amor de conocer la electrónica.

El dibujo.

A los 6 o 7 años dibujaba carritos, casas, árboles, animales y aviones, después pasé a pintar los cuadritos de las tiras de aventuras. Pintaba a Tarzán, Batman, Flash Gordon, Mandrake el Mago, los cuales aparecían en las páginas dominicales de los periódicos El Tiempo y el Siglo.

Nunca me llamó la atención estudiar medicina, ingeniería, derecho o cualquier otra profesión universitaria convencional, yo quería ser artista.

A medida que practicaba el dibujo me atrevía a dibujar figuras más complejas, algunas muy difíciles. Pronto descubrí que era necesario trabajar con mucho empeño. No dejaba de tener mis frustraciones, no siempre los resultados eran los más satisfactorios.

Comprendí entonces que debía tener paciencia y no desanimarme al encuentro del primer problema, al contrario, tenía que aprender a observar los objetos con cuidado y hacer cálculos mentales de proporción y escena, y comenzar de nuevo si fuera necesario, sin temor al fracaso.

El Siglo y El Tiempo.

Mi padre leía el periódico "El Tiempo", mi tía, "El Siglo". En una ocasión le pregunté.

¿Por qué usted no lee El Tiempo?

-Porque la letra de El Tiempo es muy pequeña-. Me respondió.

Yo las comparaba y observaba que el tipo de la letra era un poco diferente, pero el tamaño era igual. No tendría más de ocho años por aquel entonces. Casi nunca me dieron las respuestas verdaderas. ¿Sería pereza para explicarle a un niño asuntos que, a juzgar por ellos, no entendería? Era muy perspicaz.

¿Qué edad deberé tener para que me digan la verdad?

Iba en contra de los mandamientos del Catecismo Astete, cuyas enseñanzas nos prohibían mentir.

No comprendía nada de los recursos y astucias de los adultos para manipular la verdad, justificándola como mentira piadosa, eso era asunto de mayores.

Lo que poco ha cambiado es el fanatismo partidista. Colombia ha sido siempre un país muy politizado. El partidismo mal entendido ha sido uno de los mayores males de los colombianos. Trae intolerancia y toda clase de injusticias.

Comprendo por qué, mi padre de filiación liberal, nunca fue muy del agrado de mi tía, acérrima conservadora. Mi padre le correspondía comentando despectivamente que ella era "goda", sobrenombre utilizado por los liberales refiriéndose al partido conservador, pero estos también les tenían su sobrenombre a los liberales, los llamaban "rojos", arma de doble filo, porque rojos también denominaban a los comunistas.

Después del nueve de abril, cuando el llamado "Bogotazo", en el periódico El Siglo publicaron una tira de dibujos ilustrando los acontecimientos con el título de "La gran mancha roja". No sabía si se refería a los liberales o a los comunistas o a ambos, título que fue altamente criticado por la directiva liberal, cuya opinión era que el periódico con esas tiras históricas no ayudaba a promover la paz, más bien encendía las pasiones partidistas. Lo cierto es que los disturbios fueron causados por los liberales apoyados por el partido comunista.

El partido Conservador inclinado a ayudar a las clases poderosas con incentivos que beneficien a la población trabajadora, como rebajando los impuestos a las corporaciones para que estas generen más empleos, y el Liberal, más proclive a ayudar a las personas de menos recursos, por ejemplo: rebajando impuestos a la propiedad, incrementando los servicios sociales o rebajando las tasas de interés, etc. Hay subdivisiones denominadas de derecha y de izquierda, pero ese es un tema que aquí no viene al caso.

El dibujo se volvió mi principal pasatiempo por 1948, desde entonces no he dejado de dibujar. Dibujaba todo lo que mis ojos veían, bien a lápiz, bien a tinta china. La recompensa de mi dedicación era observar que lo que veía en la realidad iba quedando en el papel con bastante fidelidad, sentía una alegría infinita que acrecentaba mi ego, consciente de que no todo el mundo lo podía hacer.

Años después, cuando estudiaba en el Colegio del Pilar y luego en el Champagnat, fui desarrollando un sentido de grupo y amistad entre los poseedores de las mismas habilidades. Uno de esos amigos fue, Hiroshi Yamanaka, un japonés que comenzaba como yo, a dar sus primeros pasos en el arte.

Los muchachos en la clase de dibujo hacían apuestas para ver quién dibujaba mejor la tarea. No me importaba que me pusieran en competencia y creo que a él tampoco, la amistad estaba por encima de esas rivalidades estúpidas que los muchachos creaban y permaneció hasta que sus padres se mudaron a otra ciudad. Seguramente estaban en Popayán para aprender español, dada la fama que la ciudad tenía de ser donde mejor se habla el idioma de Cervantes. Él y los judíos estaban exentos de la clase de religión, pero Hiroshi no salía como los judíos que, por cierto, no se mezclaban con los demás, permanecía en la clase como observador dibujando y aprendiendo sobre el cristianismo.

Era una mente de artista abierta al conocimiento como yo. Debe haber sido budista, no lo sé, nunca hablamos de temas religiosos, pero quería entender la cultura occidental, nuestra pasión era dibujar y comentar sobre nuestros avances y descubrimientos artísticos.

Con Jochen Gerstner, el dibujante amigo de juventud, aunque nunca fuimos compañeros de clase, más bien era compañero de clase con mi hermano Luis Afranio, compartimos inquietudes juveniles. Editaba un periódico de crítica humorística, con dibujos hechos por él, para distribuirlo entre las amistades del barrio. Todavía conservo un ejemplar, muestra de increíble ingenio juvenil.

Nuestras amistades también colaboraron con su granito de arena, para que el *"Semanario quincenal que aparece casi todos los días"*, como rezaba en su encabezamiento, fuera una realidad. Jochen es hoy un notable galeno, profesor en la Universidad del Valle, con varios libros de medicina en su haber, enfocando sus investigaciones y prácticas a la cirugía de la mano.

Las tiras de aventuras.

Decía que en 1948 extraía material para dibujar de las tiras de aventuras, como Flash Gordon, Tarzán y Supermán. Con el Doctor Kildare y El Diario de Julieta Jones empecé a interesarme por la figura femenina, pues allí salía una serie de mujeres muy bonitas, que dibujaba con avidez. Y aprendí que la figura femenina había que dibujarla con delicadeza, sin acentuar los músculos, pero con la certeza de que estaban allí, debajo de la piel y a manejar el lápiz como acariciando el papel con él.

Los domingos por la mañana íbamos a la misa con papá, al templo de San Francisco y luego subíamos al Parque de Caldas. El sonido del avión que volaba a baja altura casi listo para aterrizar avisaba que la prensa había llegado. Era tan familiar que todos habían acondicionado en sus mentes la llegada del avión con la llegada de la prensa, al tanto que si alguien preguntaba,

    -La prensa, ¿ya llegó?   La persona contestaba,
    -Sí. Hace unos minutos oí el avión-.

La prensa era importante para mí, especialmente la dominical, precisamente por las maravillosas tiras de aventuras.
Magnífica la pluma de Alex Raymond, un modelo para imitar, creador de Flash Gordon, la cual se conoció en Colombia con el nombre de Roldán el Temerario, famosa tira de aventuras interplanetarias. El éxito extraordinario del personaje hizo que Hollywood se interesara al extremo de hacer toda una serie de películas como Flash Gordon conquista el Universo, Invasión a Marte, e Invasión a Mongo, con unos efectos especiales muy rudimentarios pero increíblemente ingeniosos, en un tiempo en que ni siquiera se pensaba en los computadores. Estas películas llegaban al Teatro Popayán, o al Teatro Municipal y las presentaban individualmente, pero los fines de semana presentaban dos o tres,

en serie, después de las 9 de la noche hasta la una de la mañana. Todos los muchachos hablábamos de ello. En varias ocasiones nos desaparecimos para ir a verlas.

Sólo se nos permitía jugar en la calle hasta las nueve de la noche, después de esa hora, padres y madres salían a averiguar por sus hijos que no habían llegado, pronto se daban cuenta que todos estábamos en el cine. Papás y mamás nos esperaban detrás de las puertas, bien preparados.
Por eso la llegada a casa, a la una y media de la mañana era una de las cosas más aterradoras que un muchacho de nueve años pudiera sentir, porque significaba una zurra por parte de nuestros respectivos padres, otros más afortunados recibían tremendos coscorrones y tirones de orejas, después de los cuales nuestras madres nos consolaban.
Nosotros hacíamos firmes promesas de no volver a hacerlo, promesas que no siempre cumplíamos, ¿quién iba a perderse las próximas series de Flash Gordon, de Supermán o del Zorro?

Algunos padres del barrio fueron más inteligentes y, como mi papá, terminaron asistiendo al teatro con nosotros. Ir a la matinée, a las 10 de la mañana los domingos no era ningún problema porque cualquiera nos llevaba, sea mamá o Margarita y a veces íbamos con alguna vecina.
Estas películas fueron las precursoras de la Guerra de las Estrellas, Star Trek y otras famosas que han entretenido a padres e hijos durante todos estos años.

Por cierto, nosotros los de la generación del cuarenta hemos disfrutado doblemente, porque vimos las películas de los héroes del treinta en su versión original y años después, con nuestros hijos volvimos a disfrutar de ellas en las versiones modernas, con la diferencia del color y los fantásticos efectos especiales de los cuales hoy disfrutamos, razón de más para apreciar los avances tecnológicos, nosotros que escuchábamos la música en las primitivas grafonolas marca Víctor y Edison, con los pesados y delicados discos de 78 revoluciones por minuto y hemos visto nacer

el invento de las grabadoras de cinta magnética y el casete de audio, el invento que lanzó la música a las calles con los aparatos portátiles, y la facilidad para grabar la música preferida de cualquier fuente. Fue la liberación del encierro de la casa, porque por primera vez se podía llevar la música a cualquier parte y escucharla íntimamente o con la chica preferida por medio de los audífonos, amen de un sinnúmero de innovaciones técnicas en la medicina e industria, que nos hacen la vida más placentera.
Después, en el ámbito audiovisual, llegaron el disco compacto, el Ipod, el DVD y el disco Blue Ray de alta definición. Por eso, a través de las vivencias de nuestra niñez y juventud apreciamos mejor el espíritu creativo del ser humano y miramos sus comienzos con ojos más comprensivos, sin esa tendencia juvenil de burlarse de los primeros artefactos, origen de todos los avances de la tecnología que hoy disfrutamos.

En 1946, en El Tambo hacíamos las tareas a la luz de la vela o de una lámpara Coleman que se encendía a veces de seis a nueve de la noche. No se acostumbraba colocar anjeos en las puertas y ventanas, por lo menos en mi casa no había, en cambio dormíamos con toldillo para protegernos de los zancudos, o mosquitos, que producían un ruido como de aviones de la segunda guerra mundial, cuando se lanzaban en picado hacia nuestras cabezas, para estrellarse contra la fina malla protectora.

Íbamos a la cama muy temprano y así mismo nos levantábamos con el canto de los gallos, a dar de comer a las gallinas, a los cerdos y a los patos, a ordeñar las vacas y a tomar espuma de leche tibia recién ordeñada, extraída con hojas en forma de cucharón. Los huevos se recogían de los gallineros y de la huerta los plátanos, las frutas y las hortalizas para nuestro diario sustento.

Nuestra niñez fue muy diferente a la de nuestros hijos, no sólo por el ambiente campestre que nos rodeaba, sino porque fue la época de las grandes innovaciones en todas las ramas del saber. El progreso es un esfuerzo escalonado de mejoras y avances sobre las invenciones de nuestros antecesores, por eso debemos admirar el

ingenio de aquellos pioneros sobre los cuales reposan los avances tecnológicos que hoy disfrutamos.
Por ejemplo, el CD se lo debemos a Albert Einstein. En la década de los veinte recibió el premio Nobel, no por la teoría de la relatividad, porque siendo tan novedosa no se había podido comprobar, sino por sus descubrimientos sobre la luz. Recuerden que él era un físico teórico. En sus fórmulas sobre la luz estaba implícita la teoría de la luz coherente, es decir, el rayo láser. Los físicos y técnicos prácticos se valieron de sus teorías para fabricar un rayo que escribiera y leyera la información de un disco compacto, de allí al Blue Ray, con el video de alta definición por medio de la grabación digital, ha sido un paso dado en muy pocos años. El mismo Rayo Láser se usa en operaciones quirúrgicas y en infinidad de aplicaciones industriales.

Los modelos de video ya están cambiándose por los aparatos de memoria sólida, con la información comprimida en formato, *"AVI"*, colocada en una envoltura con conexión de *"USB"*, y una dimensión de un centímetro de ancho por tres de largo que hacen innecesario el rayo laser. Dentro de poco los nuevos aparatos no tendrán nada movible, son tan pequeños y eficientes que podría caber toda una enciclopedia en unos pocos *"gigabytes"* o más de diez películas en un solo USB.
Comenzamos a disfrutar de la luz eléctrica las 24 horas cuando nos trasladamos a Popayán en 1948. A pesar de los apagones y las bajas de voltaje ocasionadas en las horas de más uso desde las seis de la tarde hasta las 10 de la noche, para mejorar la potencia se usaban transformadores de voltaje.
La radionovela era el cine del pobre que imaginaba los deslumbrantes escenarios narrados por el locutor. Los galanes y las damas eran de una perfección tal que sólo la imaginación de quien escuchaba le daba sus límites.
¿Quién no recuerda los novelones radiales, como, *El derecho de nacer*, *Chan Li Po*, *Sandokán*, y la serie de *El Tremendo Juez y la Tremenda Corte*?

Hoy, la televisión no sabe qué inventar para entretener al público.

Recurre a programas estrambóticos de mal gusto, en donde colocan en una habitación a cuatro estúpidas y cuatro estúpidos a contarse sus intimidades y a hacer el amor a la vista de la masa morbosa, con el beneplácito de los empresarios en lucha abierta por ganar encuestas de audiencia a costa de lo que sea. Hoy quien vende más no necesariamente es el mejor. En el pasado se premiaba a la excelencia, no al que más vendiera, pero la falta de iniciativa y de talento ha hecho que todo se degrade, hoy desgraciadamente, la buena calidad no importa, lo que importa es el *"cash"*.

Las aventuras de Tarzán, el hombre mono, fueron ilustradas originalmente por Harold Foster. Me asombraba ver la maestría de este artista dibujando los animales, la vegetación de la selva y el total dominio de la figura humana. Harold aceptó dibujar una nueva tira de aventuras titulada, El Príncipe Valiente.

En ausencia de Foster fue encomendado Burne Hogarth para dibujar a Tarzán. Poseía una pluma muy parecida a la de Foster, pero más decorativa, cada cuadrito era una explosión de movimiento, fuerza y vitalidad. Era como ver una película de acción, dibujaba con extremo cuidado cada una de las escenas, especialmente la vegetación salvaje de la jungla africana.
Varios artistas tomaron la pluma para dibujar a Tarzán, pero los dos mencionados son clásicos, los demás fueron seguidores de un mismo estilo.

Por los cincuentas el periódico El Siglo, publica El Príncipe Valiente dibujado por Foster, que no tuvo ningún reparo en ponerle al Príncipe la misma cara de Tarzán, pero vestido a la usanza de los cruzados de la edad media. La nueva tira de aventuras tuvo una aceptación inmediata. He de suponer que el artista veía la cara de su Tarzán como el máximo exponente de virilidad y gran carácter, por eso no tuvo ninguna intención de dibujar otra para el Príncipe.
Sucedió lo mismo en el cine con las aventuras de Tarzán protagonizadas por Johnny Weissmuller. Años después comenzó a protagonizar a Jim de la Selva, cuando la obesidad comenzaba a

cubrir sus músculos. Eran casi las mismas aventuras de Tarzán, pero con Johnny vestido de explorador.
Cada dibujo de Harold Foster era una obra de arte. Utilizaba a menudo el medio tono pintando las sombras con acuarela gris o tinta china al lavado. Posiblemente la mayoría de los muchachos no reparaban en la belleza de las escenas, pero yo las veía con ojos artísticos, más que por las aventuras en sí. Comencé a coleccionarlas pegándolas en un enorme libro de 18 por 24 pulgadas. El libro se quedó en Colombia. Mi hermano Oscar todavía lo conserva.
Los teatros de cine eran también un buen medio para la publicidad y llevado por mis habilidades innatas, comencé a anunciar vidrios publicitarios o transparencias para proyectar antes de comenzar la película. Hasta esa época este negocio estaba monopolizado por una compañía de Cali, nuestra vecina ciudad. En Popayán no había nadie que hiciera ese trabajo.
Comencé a anunciarlo bajo el nombre de Vidrios EPA, cuya sigla significaba, "Empresa Publicitaria Americana". Al principio utilizaba dibujos, después pasé a hacerlo con fotografías. El medio era fotografía en blanco y negro. Para darles color usaba óleos transparentes. Los mismos óleos utilizados para iluminar ampliaciones.
En la Semana Santa del año 1965 hice una exposición de cuadros al óleo patrocinada por La Universidad del Cauca. Álvaro Pío Valencia, hijo del poeta Guillermo Valencia y hermano de Guillermo León, el de las cacerías a Munchique con el tío Jorge, tuvo la cortesía de ceder un salón en el Museo Valencia. Varios de los cuadros eran paisajes de los esteros, frescos en mi memoria, porque acababa de llegar de la Costa del Pacífico. Otro cuadro, una concepción del cosmos, formando la cara de Dios, de connotación panteísta. Y otro titulado "Siglo XXI", una visión pavorosa de nuestro planeta devastado por la energía atómica, profecía que espero nunca se cumpla.

Siempre pinté por el único y exquisito placer de pintar. Mi método ha sido dibujar un boceto a lápiz de la modelo y luego, llevarlo a la

25 - Mati - Las Trillizas. 1956

tela, donde lo termino utilizando mi memoria y los principios matemáticos de degradación tonal para darle volumen, práctica que siempre me ha dado buenos resultados, porque no es una copia del natural sino que mi imaginación lo termina dándole toques y acentos diferentes, y porque las modelos en Estados Unidos son caras.

Amor a la fotografía.

La afición por la fotografía se la debo a mi padre. El cuarto de revelado, al que llamábamos el cuarto oscuro, fue desde mi más tierna edad un ambiente natural. Era tan natural que pensaba, en mis cortos seis años, que todo el mundo tenía un cuarto de revelado como el nuestro. En cierta ocasión le comentaba a Ovidio Hoyos, mi vecino, hijo de mi profesor de primaria, que la noche anterior había estado en el cuarto oscuro, revelando fotos.

¿Qué es eso? Preguntó.

Ovidio pensaba que el cuarto oscuro era una especie de habitación en donde me metían castigado cuando hacía travesuras.
-El cuarto oscuro es para revelar fotografías- Le dije.
¡Cómo! ¿En tu casa no tienen cuarto oscuro?

Desde muy temprana edad me veía en el rojizo ambiente del cuarto de revelado, generado por una lámpara de pilas, ayudando a mi padre a hacer copias en papel o en la balanza pesando los productos químicos para el revelador y el fijador. A pedido de papá, el tío Jorge fabricó una banca larga donde me trepaba para alcanzar la mesa de revelado. Papá me enseñó las fórmulas y a pesar los productos químicos en la balanza. Todos estos productos se obtenían en cualquier farmacia.

Mientras mis hermanos jugaban en el patio o en la huerta, yo prefería ayudar a papá copiando negativos y revelando fotografías, actividad que nos turnábamos. A veces yo impresionaba el papel y él lo vertía en el líquido revelador y viceversa. El cuarto de revelado era más divertido que cualquier otra cosa. Fue mi padre quien le enseñó al tío Jorge el arte y la técnica de la fotografía.

En 1950, llegó a visitarnos el primo Milciades Delgado Tovar, hijo de la tía Dolores, hermana de papá.

(Nota: A veces escribo el apellido Tobar, con "V" corta, o labidental, pues, no sé por qué causa dos de mis hermanos y yo usamos la "B" labial. Mi padre es Tovar, así debería ser, pero en los códices de las familias del Cauca usan la "B", o la "V", indiscriminadamente, sin embargo son una misma familia, originaria de Prieto de Tobar y García de Tobar, en Burgos, España. El nombre oficial está con "B" larga: TOBAR.)

Milciades tendría unos veinticinco años de edad y muchas cosas en

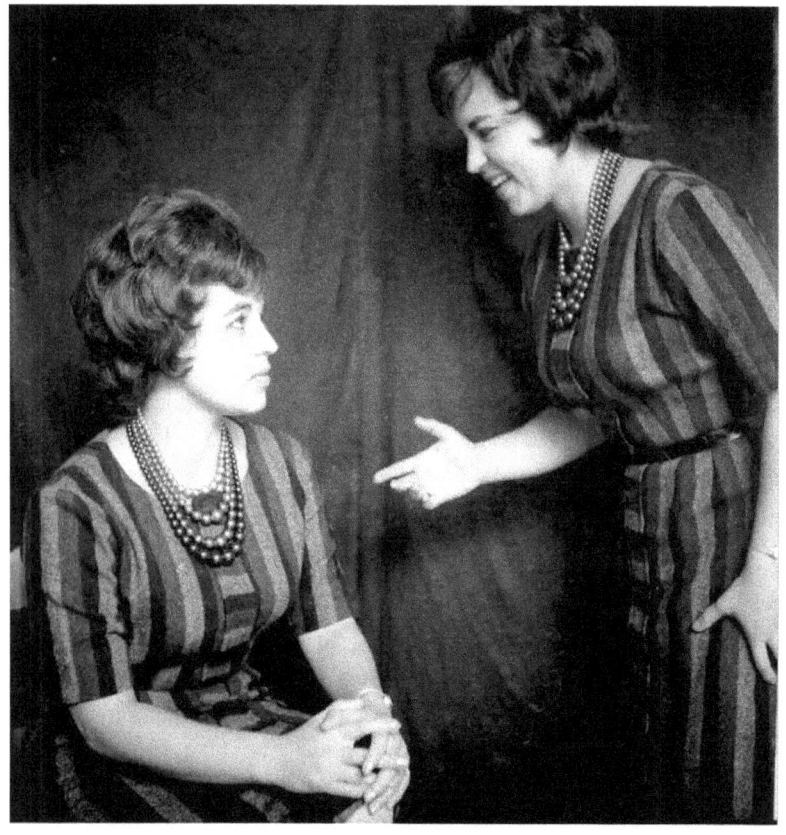

26 - Mati, en una pose doble. 1956

común conmigo, era fotógrafo y componía canciones, pero en ese tiempo, ni remotamente pensé que tres años después comenzaría a tocar guitarra, a cantar y a componer.

Abrumado por la cantidad de preguntas que le hacía sobre el tema de la fotografía, decidió pedirle permiso a papá para llevarme de vacaciones a su casa, en Miranda, Cauca, a conocer su estudio fotográfico. Allí me presentó a la tía Dolores, a la prima Orfilia y a sus hijos Víctor e Idalia, contemporáneos conmigo.

Nunca me había divertido tanto aprendiendo las técnicas de ampliación e iluminación. También aprendí a retocar negativos y a preparar diferentes fórmulas químicas de revelado para hacer ampliaciones de grano fino. Me enseñó a manejar las viñetas para dar efectos especiales a los retratos y a iluminarlos con óleos transparentes.

También, la técnica de la pistola de aire o aerógrafo. Milciades no era un maestro de la enseñanza, sin embargo verlo trabajar era para mí la clase más instructiva. Fue una de las vacaciones más fructíferas de mi vida. Con estos conocimientos ya estaba listo para hacer cualquier cosa en fotografía. Apenas tenía 10 años. Me divertí doblemente años después en Estados Unidos cuando comencé a trabajar con programas como, Corel Draw, Photo Paint y Photo Shop, al descubrir que podía con ellos hacer con las fotos todo lo que antes hacía a mano en horas de trabajo técnico y artístico; son mis herramientas favoritas.

Recuerdos de esa época fueron los trucos fotográficos que les hacía a mis amigas y familiares. Gracias a su buena voluntad siempre tuve a mi disposición modelos gratuitas que colaboraban gustosas al desarrollo de mis ideas artísticas.

Por 1959, iba a Santander de Quilichao, una buena plaza para vender ampliaciones fotográficas. Estuve viajando con José María Peña, un hábil vendedor, al que había nombrado Jefe de Ventas, primo de Daniel Peña, mi profesor de guitarra. No siempre tenía éxito en su afán de vender, lo chistoso del caso era que se deshacía en atenciones con la clienta, era todo un caballero, la gente quedaba encantada con él, pero ignoraban que cuando no le compraban, una vez que cerraban la puerta tras él, su semblante cambiaba y empezaba a echar maldiciones y a decir epítetos en su contra, le inventaba todos los defectos que la pobre clienta nunca hubiera podido tener y la llenaba de adjetivos insultantes: Vieja avara, se cree bonita y no es más que una vieja menopáusica, esclerótica y fea. En cambio cuando cerraba una venta la clienta era la mujer más dulce, bella y encantadora del mundo. Era muy simpático y sobretodo, vendía.

Pero, fue un trabajo inventado mientras encontraba alguno fijo, y unos meses después lo reclamó una distribuidora de zapatos como agente viajero y se fue, sólo cuando paraba en la ciudad por pocos días venía a saludarnos y a ver a sus primos los Peña, cuya residencia, como decíamos, estaba situada al frente de mi casa.

El Club Águila y El Club Misterio.

En general fuimos muy temerarios, nos encantaba enfrentarnos al peligro con ese ímpetu que da la juventud, con juegos en los que era necesario ganar créditos de valor para sentirnos bien. Nuestros familiares, cuando salíamos quedaban pendientes por nuestra suerte; la montaña significaba un alto grado de peligrosidad por ser zona de plena actividad guerrillera. Vivíamos los años llamados de "La violencia", en la década de 1948, con la proliferación de "tiro fijos", asesinatos y secuestros por todas partes.

Jochen y Luis, jefes del "Club Misterio", y mi persona, Jefe del "Club Águila", con mi lugarteniente, Diego Muñoz. Éramos admiradores del grupo del Halcón Negro, perteneciente a una unidad secreta de pilotos para misiones estratégicas de los Estados Unidos, y ellos, admiradores del Capitán América, con una filosofía muy parecida.

Los jóvenes de hoy juegan lo mismo, pero sentados frente a una pantalla donde son héroes imaginarios de cientos de aventuras. En nuestro caso, jugábamos en situaciones donde el peligro era real, y a pesar de luchar bajo estrictas reglas de combate para minimizar cualquier accidente éramos héroes de carne y hueso. Los juegos por computador no existían, por eso inventábamos situaciones, como esas de las reyertas para medir fuerzas.

Deseo relatarles una de esas ocasiones en la que tuvimos la "grata invitación" de ese club a participar en una reyerta, una escaramuza, mejor dicho, ir a darnos piedra, en realidad eran terrones de tierra, pero cuando pegaban, pegaban duro, en unos arenales de un edificio en construcción, cuyas coordenadas indicaban un sitio detrás del colegio de Las Josefinas. En esa ocasión, después de debatir con el

Concejo declinamos la invitación por no estar preparados en ese momento, porque ellos nos triplicaban en número. Tendríamos que reclutar más personal, antes de enfrentarnos a un combate de esa magnitud.

A pesar de haber instaurado estrictas reglas de combate para minimizar accidentes, estas escaramuzas no dejaban de ser peligrosas. Por lo tanto, jovencito que lees este libro, es mejor que continúes con tus juegos por computador, creo que ya no son los tiempos para andar lanzándose terrones de tierra en la calle, si en tus juegos virtuales puedes hacerlo con armas sofisticadas y en otros planetas.

Aunque el armamento que poseía el Club Misterio no era técnicamente mejor que el nuestro, es decir, usaban la misma tecnología que había probado ser efectiva en innumerables ocasiones: caucheras caseras de corto y mediano alcance. En ese sentido las fuerzas estaban bien balanceadas. Pero hubiera sido un suicidio aceptar el reto en momentos tan desfavorables numéricamente. Tuvimos que hacer uso de la vía diplomática para evitar la tunda de piedra a la que estábamos amenazados.

Enviamos a Alberto Gómez, (El Pelma), como emisario, con una nota en la que declinábamos su ofrecimiento, porque estábamos ocupados en delicadas labores de inteligencia con el mando de la Policía local que nos había invitado a colaborar en el descubrimiento de ciertos pandilleros que estaban causando disturbios en el Liceo. Nosotros estudiábamos en el Champagnat, pero teníamos algunos socios del club que estudiaban en ese plantel educativo, por lo tanto fuimos en ayuda de La Policía, encomendando esta labor a varios agentes encubiertos.

A pesar de temer su retención, Alberto regresó sano y salvo de territorio enemigo con una información en la cual el Club Misterio aceptaba la posposición del evento, "en fecha a especificar posteriormente", según decía la nota.

Días después comenzamos conversaciones para unir ambos clubes donde yo quedaba como vicepresidente, determinación unilateral porque no fue sometida a ninguna elección, donde los miembros de ambos Concejos pudieran votar por su candidato a presidente. El

Concejo, después de hacer sus deliberaciones determinó que, si aceptáramos, sería como someternos a la voluntad del enemigo y rechazó la fusión. Por otra parte, también consideramos que se acabaría el antagonismo. Un hecho perjudicial a nuestros intereses porque algunos de los avances y descubrimientos se debían precisamente a ese antagonismo que manteníamos y a nuestra preocupación por poseer nueva tecnología.

En cambio se determinó una alianza en la cual gozaríamos de completa autonomía, pero compartiríamos inventos y tecnología con ellos. No creímos que el Club Misterio fuera tan magnánimo de darnos todos sus secretos. Por ejemplo, ellos poseían un periscopio fabricado por Erhard Gerstner, el científico del Club Misterio, (el equivalente del Dr. Sarkoff en la serie de Flash Gordon), artefacto que nuestro comando deseaba poseer, porque utilizaba un sistema de aumento de imagen sofisticado. Podría ser intercambiable con un proyectil con cabeza explosiva propulsado a base de cauchera que el Club Misterio estaba loco por poseer.

Pensamos que la escaramuza no era más que un pretexto para ver en acción nuestro proyectil, en el caso de usar explosivos en la reyerta. Tecnología que no era perfecta, porque algunos proyectiles no estallaban y, si fueran recuperados por el enemigo, descubrirían la naturaleza del invento que era la simpleza más grande del mundo. Estos eran los riesgos a los que nos enfrentábamos. El robo de tecnología y el espionaje eran normales entre los clubes.

En realidad nosotros no los fabricábamos, los manufacturaba un amigo de Puelenje, dedicado a hacer fuegos artificiales, cuya existencia y domicilio eran un secreto guardado celosamente por nosotros.

Por informaciones de uno de nuestros agentes de inteligencia supimos que habían intentado sobornar a Don Eliécer Campo, un polvorero que vivía cerca de la calle doce por las inmediaciones del barrio de tolerancia o zona rosa de la ciudad, pero éste, hombre de principios y también vale la pena decirlo, por miedo a las multas y penalidades a las que los polvoreros eran sometidos por el gobierno por vender explosivos a personas no autorizadas, no sucumbió a la tentación de ganarse unos pesos. Luego intentaron fabricar unas cabezas explosivas similares, a la vista de mi propia persona, porque los experimentos se hicieron en casa de la tía Bertilde.

En esa ocasión Luís y Cornelio casi vuelan el cuarto de la muchacha del servicio, utilizado como laboratorio, en un ensayo por fabricar un explosivo a base de potasio, azufre y carbón; ya se imaginan lo que estaban haciendo, salieron todos chamuscados, con las camisas rasgadas, asustados y sordos por la explosión y sin ánimo para continuar los experimentos. Y nosotros, los del Club Águila, gozábamos y casi nos moríamos de la risa viendo todos sus fracasos y frustraciones.

Ambos clubes continuaron separados, porque los intereses individuales y los estudios nos fueron alejando de esas actividades y los clubes murieron poco a poco por falta de asistencia. Crecíamos y esos asuntos estaban perdiendo importancia, nos ocupaban otros intereses que requerían más atención.

Lo mismo sucedió años antes con mis carritos. De pronto, no le hallaba sentido estar halándolos con una piola por los barriales, intercambiar vistas de cine con mis amigos, o las competencias de trompo. Mis carritos me llamaban para que jugara con ellos, pero ya poco caso les hacía, y en realidad me daba pesar verlos allí abandonados en un rincón de mi habitación llenándose de polvo junto a los trompos, los baleros, los imanes y las cajitas llenas de vistas de cine, me preguntaban quejumbrosos y resentidos.

¿Qué te pasa?

¿Por qué ya no juegas con nosotros?

-Queremos salir a los barriales, como antes, sácanos de aquí que nos estamos muriendo de tedio-.

Así mismo las vistas de cine saltaban y los trompos bailaban solos creyendo que los iba a llevar a jugar, y al ver que pasaba sin siquiera mirarlos volvían tristes a sus cajas.

Mis carritos y demás juguetes no comprendían los cambios psicológicos y corporales que se estaban efectuando en mí. Ellos habían sido hechos para jugar y para simular la realidad y se

27 - *Don Pedro Bolaños, en los potreros del Achiral, luciendo una de las camisas que confeccionaba la madre de Rafael. 1959*

esforzaban avivando mi imaginación por carreteras y situaciones que mi cerebro construía de las impresiones acumuladas en mi memoria.

De un momento a otro me importaba mucho no ensuciarme de barro los pantalones y los zapatos, y me costaba trabajo sentarme en el suelo a jugar. El cuerpo y la mente cambiaban marcadamente acercándome a la pubertad y la manera de concebir el mundo real e imaginario se tornaba diferente. Nuevos retos se me ofrecían a cada paso y yo estaba dispuesto a encararlos.

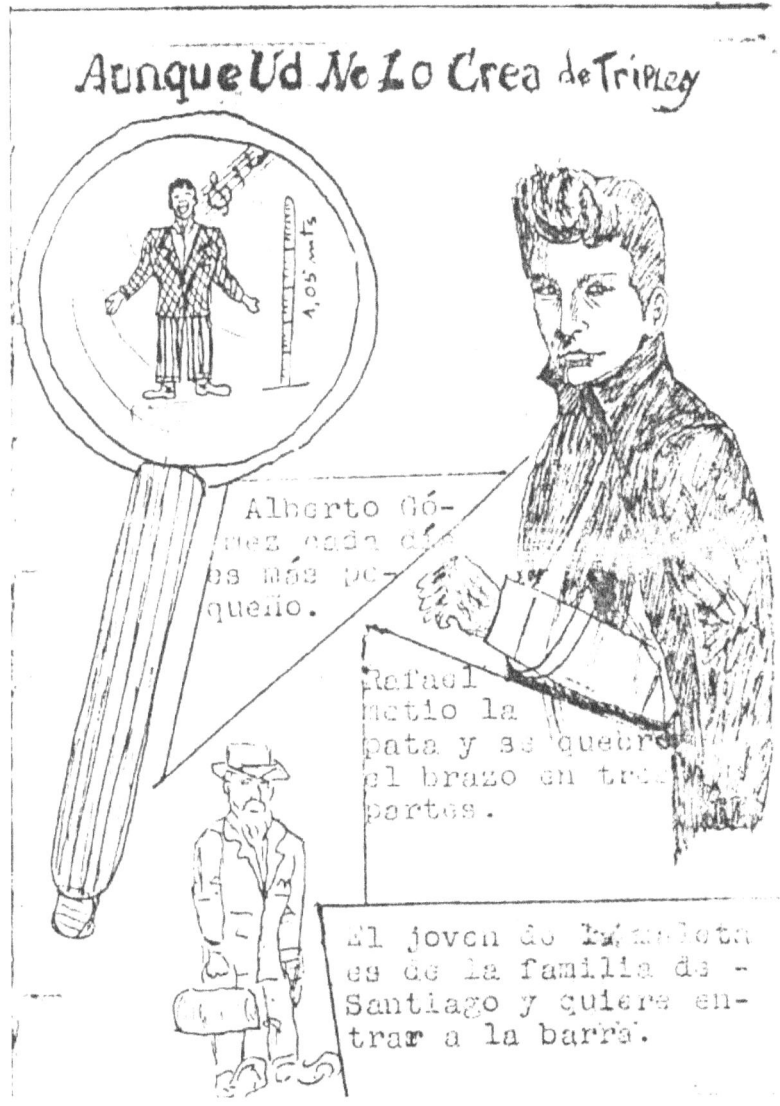

28 - Aunque usted no lo crea, de Tripley

Me gustaba más charlar con Nubia, una linda muchachita cuya vivienda estaba al frente de la casa de las Garrido, y los libros y revistas Billiken o las historias de los Hermanos Grimm poco a poco se fueron olvidando por las novelas de Cervantes, Julio Verne y Emilio Salgari. Crecía y esa etapa infantil bella e inolvidable estaba quedando atrás.

Por esos años mi madre confeccionaba unas camisas de vaquero como las de Roy Rogers. Se volvieron populares y mamá tuvo que pedir la ayuda de otras costureras para cubrir la demanda, porque la afición salió de los predios del barrio. Fue cliente Libardo Dorado, gran amigo, asiduo visitante de la casa y a quien todos apreciábamos, especialmente Bertilde le tenía mucho cariño, con quien sostenía largas conversaciones sobre gentes y hechos de Bolívar, por tener un lejano parentesco familiar. Don Pedro Bolaños, el tío de Jaime Carrillo, un hombre ya mayor, pero con espíritu juvenil fue otro cliente que lució varias de las camisas que mi madre confeccionaba.

Estaba en su apogeo la fiebre de James Dean, el artista estadounidense que llenaba las salas de cine y todos los muchachos queríamos imitarlo. En una ocasión fuimos a una fiesta de concurso en casa de las Barreto, disfrazados como Dean, con chaqueta, bluyines, botas y con la famosa mota de pelo que esmeradamente nos hacíamos. Era la moda. El ganador del concurso fue precisamente Libardo, con una indumentaria muy parecida a la que usaba el artista en una de sus películas.

La etapa de los Clubes, por linda y emocionante, aprendiendo a mandar y a obedecer en un ambiente de disciplina militar, enalteciendo el valor, el honor, el deber y el trabajo, nos trajo enormes experiencias y satisfacciones personales. Estos principios éticos quedaron grabados en nuestro más profundo yo, los cuales hemos llevado como estandarte y tratado de trasmitir a nuestros hijos a lo largo de su existencia.
No podía dejar de mencionarlos. Formó parte de la fabricación de

29 - Acuarela realizada por Rafael, en 1957

pistolas y escopetas, y también de los periódicos humorísticos que publicaban los Gerstner en mimeógrafos fabricados por ellos mismos, en los cuales todos participábamos con reportajes y colaboraciones literarias.

El periódico contenía varias columnas como La frase del día, Cosas que deben fomentarse, Cosas que deben suprimirse, una cartelera de películas y libros clásicos y modernos en los que los protagonistas eran nuestros amigos, con el título adecuado a la situación que cada uno padeciera. La noticia del día, con los acontecimientos sucedidos en el barrio. Y no podía faltar la sección "Aunque usted no lo crea, por *"Tripley"*. Pero, si éramos contrincantes en cuanto a los clubes, éramos amigos cuando de cacerías y excursiones se trataba.

Las cacerías.

De tiempo en tiempo salíamos de cacería por las inmediaciones de las montañas cercanas a Popayán. Fabricábamos nuestras propias escopetas y pistolas de fisto. Iba a menudo al taller de soldadura de don Buenaventura Gaona, padre de mi buen amigo Emelio. Había sido compañero de clase desde la escuela de El Tambo y después en Popayán. En la forja del taller y con su ayuda yo fabricaba mis escopetas. Pura tecnología tambeña. Íbamos a probarlas a unas mangas de ganado vacuno, con lomitas y árboles que circundaban el Río Molino, pertenecientes a la familia Lehman.

Debo admitir que estas pruebas no estaban exentas de peligro. En una ocasión, cuando probaba una, prácticamente, me salió el tiro por la culata.

Estaba probando una pistola, cuyo diseño se apartaba de las pistolas convencionales, porque el cañón era de treinta centímetros de largo. Esperaba tener la precisión de una escopeta y la facilidad de manejo de una pistola. Terminé de echar la pólvora, le introduje un pedacito de papel y después, envueltos en papel también, varios balines y más papel. Con una varilla apreté la carga, le puse una cabeza de fósforo, apunté, presioné el gatillo y en milésimas de segundo la pólvora se encendió, pero en vez de salir por el cañón se escapó por el mismo hueco en donde había puesto el fósforo. Como el disparo lo había hecho con el brazo extendido el fuego no alcanzó a llegar a mi cara, sólo me chamuscó la mano.

Estos eran los gajes del oficio. El huequito del fósforo era muy grande y, naturalmente, la pólvora se escapó buscando el camino de menor resistencia.

El padre de los hermanos Gerstner, oriundo de Karlsruhe, un pueblo cerca de La Selva Negra en Alemania, poseía un taller de reparación de motores; había viajado a América como ingeniero de la compañía Mercedes Benz, estalló la Segunda Guerra Mundial y prefirió no volver a Alemania. El joven Joseph Gerstner, por esas casualidades del destino, ayudó a desvarar a una acaudalada familia alemana cuyo vehículo se había averiado en una cuneta de la carretera. En medio del grupo advirtió la presencia de una joven muchacha, de enormes y profundos ojos azules, blanca y rubia, poseía una graciosa y espontánea sonrisa de la cual el joven Joseph quedó perdidamente enamorado. Fue como un flechazo que ambos sintieron. Siguieron viéndose a menudo hasta que meses después se casaban en una sencilla ceremonia nupcial que los uniría para toda la vida.

La señora de Gerstner había llegado a Colombia con el cargo de enfermera, contratada por la acaudalada familia para cuidar a sus ancianos padres. Entró por Barranquilla, remontando el Río Magdalena, en los característicos barcos de río, similares a los que describe Mark Twain en sus viajes por el Mississippi. Llegó a Girardot y de allí a Bogotá. Había viajado desde Neumunster, una población al norte de Alemania, cerca de la ciudad de Kiel.
Meses después llegarían a la ciudad de Pereira en donde fundaron su hogar. Allí nacieron sus tres hijos, Jochen, Trauty y Erhard, luego viajaron a Popayán donde nos conocimos.

En el taller de su padre, Jochen y Erhard fabricaban las escopetas y pistolas de fisto para cubrir la demanda de sus amigos y compañeros aficionados a la cacería, entre ellos mi hermano mayor, Luis Afranio, y nuestro común amigo Cornelio González, hijo de un Coronel retirado del ejército.

Cornelio había diseñado una escopeta parecida a un fusil, con manigueta y todo, con la diferencia de que la manigueta no se podía mover hacia arriba, como los fusiles convencionales, si por equivocación se levantara, se desensamblaba del cuerpo principal.

Las escopetas de los Gerstner, armas de fisto para disparar balines, también disparaban balas de plomo fabricadas por ellos. El plomo se extraía de las baterías en desuso, se calentaba a elevadas temperaturas y cuando licuaba se vertía sobre moldes hechos al calibre del cañón de las escopetas. Armas cuidadosamente terminadas, dignas de haberse conservado como muestra.

Llegó el día esperado, todos estábamos listos para la cacería. ¿Que íbamos a cazar? Lo que encontráramos. Bertilde nos había puesto a Luis y a mí sándwiches de pambazo con queso, panela de guayaba y mortadela del Gambrinus, botellas de Manzana Postobón, barras de chocolate y bananos.
Pero, había dos muchachos más, no puedo recordar su identidad. Uno, parecía ser un muchacho de apellido Nates, o *Toronjo*, trigueño, bajito, muy locuaz y de gafas con montura negra. Recordé haberlo visto entre la multitud en una manifestación política frente a la Torre del Reloj. Era el que más gritaba. Al segundo amigo nunca lo había visto en mi vida. Probablemente, ambos estudiaban en el Liceo de Varones, porque en el Champagnat nunca los vi. No eran de nuestro grupo de amigos cotidianos, posiblemente nuevos reclutas del Club Misterio.
Los siete en total, muy orondos con nuestro avío, nuestras armas y enseres de alpinismo. Sí, porque también éramos aficionados a este deporte, nos dirigimos hacia la piscina municipal, después subimos a la planta purificadora del agua, situada detrás de la piscina y de allí pusimos rumbo norte siguiendo el canal del acueducto.
Nuestra primera parada sería en La Cueva del Ladrón, en medio de un acantilado que teníamos por costumbre escalar, al pie se divisaba el canal del acueducto, llevando un agua cristalina hasta la planta de procesamiento. La cueva estaba siempre llena de murciélagos de una magnitud impresionante. Los capturábamos para jugar con ellos colgándolos en el pecho con las alas extendidas, como Batman. Pero antes de llegar allí tendríamos que pasar por un tubo de un metro de diámetro que conectaba una montaña con la otra, abajo, en el fondo del precipicio, se alcanzaba a ver el cauce de un turbulento y pedregoso río.
Era la única manera de pasar de un monte a otro, de lo contrario tendríamos que bajar hasta el fondo y volver a subir la montaña, en

30 - Ilustración a lápiz, para un libro de cuentos, realizada treinta años después, basada en un boceto dibujado en la cacería. 1990.

lo cual es muy posible que tardáramos un día entero. Un tiempo después llegábamos precisamente al sitio descrito, adelante se divisaba el tubo que unía las dos montañas. Todos pasaron por él, yo me había retrasado haciendo el boceto de tronco seco que me pareció interesante.

Cuando me di cuenta, ellos estaban acabando de pasar al otro lado, me apresuré y comencé a caminar sobre el tubo, pero a medio camino miré al precipicio, sentí una especie de mareo, la cabeza embotada y me sobrevino el pánico más grande que ser humano jamás hubiera experimentado, de inmediato, no tuve más remedio que sentarme sobre el tubo a horcajadas, para evitar caer al precipicio, y así continué arrastrándome hasta el otro lado, bien difícil, porque llevaba la jigra con la comida y la munición y cruzada al hombro la escopeta.

No deseaba que mis compañeros vieran lo que en ese momento interpreté como cobardía al ver que todos habían logrado pasar sin ningún problema. En numerosas ocasiones había estado en peligro,

sin embargo, había sabido esquivar la situación inteligentemente, pero momento de incertidumbre y confusión como este no lo había tenido jamás. Ninguno volteó a mirar hacia atrás para ver mi penosa situación. Lo más extraño de todo es que no era la primera vez que caminaba sobre ese tubo, en numerosas ocasiones lo habíamos cruzado sin ningún contratiempo.
Cuando ellos miraron hacia atrás, ya había llegado al otro extremo, me había incorporado y comenzaba a caminar hacia ellos. Se detuvieron un momento a esperarme. Les dije que me había quedado dibujando los árboles. Ciertamente los árboles y la hierba de un color verde esmeralda invitaban a dibujarlos y me detuve por unos minutos tratando de lograr los mejores bocetos del natural, sin más, continuamos el viaje.
Pero yo no estaba tan tranquilo, porque al regreso tendría que pasar por el mismo sitio. Tuve que hacer un acto de auto sugestión y programarme:

-Yo puedo caminar sobre el tubo sin ningún problema. No debo mirar hacia abajo, sino hacia adelante, hacia el final del tubo. Nada me puede distraer. Mis pies son firmes y seguros. Soy capaz de hacerlo-.

Así estuve repitiéndome durante todo el camino. La autosugestión surtió el efecto esperado porque, al regreso lo pasé tan fácil como quien se toma un vaso de agua y sin el menor temor. Nunca mencioné el incidente, hasta el día de hoy que escribo este episodio.

La cueva del ladrón.

Por fin llegamos a la Cueva del Ladrón, llamada así porque en años pasados, dicen que delincuentes huyendo de la justicia la habían usado como refugio.

Decía la leyenda que, cuando la guerra de los mil días, unas familias habían enterrado sus tesoros en lugares como este. La cueva, más profunda anteriormente, había sufrido varios derrumbes que taparon la mayor parte de ella. El área explorable no daba más de 30 metros de profundidad. Nosotros estuvimos investigándola en varias ocasiones, cavando aquí y allá, pero no encontramos sino excremento de murciélagos, que despedía un fuerte olor a amoniaco, años después supe que este gas es muy tóxico.

Los esclavos negros, según se dice, habían construido un laberinto debajo de la ciudad, dirigidos por miembros de La Iglesia, una especie de catacumbas para esconderlos de la agresividad de sus amos. Estas cuevas, cuentan algunos manuscritos antiguos, seguramente estudiados por el señor Arboleda Llorente, quien investigaba los viejos códices de La Colonia, en el Archivo Central del Cauca, están conectadas con otras, como La cueva del Indio, en el sitio de Calicanto, al sur de la ciudad, cerca del Río Ejido y otras en las inmediaciones de Pitayó.
Según relatos verbales de los indígenas, las cuevas van a terminar en San Agustín, al oriente de Popayán, en las ruinas de una antigua civilización precolombina. Dudo mucho sobre la veracidad de estos rumores porque de Popayán a San Agustín hay una gran distancia. Nadie sabe a ciencia cierta la verdad. Pero, como decía Jaques Bergier, este es el planeta de las posibilidades increíbles, todo puede suceder. Por ejemplo, se ha descubierto que alrededor del treinta por ciento de las líneas de Nazca indican corrientes de agua subterráneas, con túneles de piedra construidos hace milenios por los habitantes del Perú anteriores a los incas. Tienen respiraderos por los que se puede entrar en unos lugares y salir de ellos en otros, y están conservados en perfectas condiciones. ¿Quién lo hubiera creído, en un desierto tan inclemente como ese?
Algunas casonas de Popayán, según rumores, esconden túneles conectados con las cuevas, haciendo una especie de Internet subterráneo, pero es muy difícil saberlo porque los dueños se guardan muy bien de mantenerlos en secreto, a raíz de un juramento hecho de generación en generación, para evitar que los extraños puedan tener acceso, sería como darles las llaves de sus casas. Por lo demás, hay mansiones en donde el tiempo se ha encargado de esconder las entradas y no es fácil descubrirlas a simple vista. Varios estudiosos del caso han escrito sobre el tema, e investigadores serios como Harry McGree, Rossana De La Vossier,

y G. W. Chaux, han ocupado gran parte de sus vidas tratando de descubrir los laberintos, con resultados muy poco satisfactorios.

En una ocasión, murió el último vástago de una rancia familia, dueño de una de estas casonas coloniales. Sin ningún heredero que tomara posesión de la propiedad, pasó a manos del Estado. Se puso en venta. La noticia llegó a oídos de una empresa de televisión, de esos que andan a la caza de noticias extrañas para nutrir a la masa ignorante con entretenimientos baratos, esos que hacen documentales sobre la sonrisa de la Mona Lisa o de si el caballo blanco de Bolívar era realmente blanco.
Pidieron permiso para explorar la casa, el Gobierno se los otorgó. Llevaron luces y video cámaras. Una hermosa locutora en traje de exploradora iba reportando las escenas con lujo de detalles. Primero tomaron fotos de las calles captando gentes desprevenidas, después hicieron una toma del zaguán de la mansión, que daba acceso a un magnífico patio estilo morisco, con barandas de madera profusamente adornadas.
Después de mostrar otras curiosidades poco conocidas para las personas que no viven en la ciudad, llegaron al jardín y allí encontraron un promontorio plano, cuadrado, lleno de musgo, golpearon con una barra y dieron con unos tablones de madera debajo del húmedo musgo, lo removieron y poco a poco fue apareciendo una tapa de madera, más o menos de un metro cuadrado. Se veía que hacía muchísimos años esa tapa no se abría. Con gran esfuerzo lograron sujetarla por dos grandes argollas llenas de herrumbre, como las de los viejos arcones y al abrirla, ¿saben qué encontraron? Agua, era un aljibe del tiempo de la colonia, perfectamente bien conservado.

El productor, muy malhumorado y decepcionado por el fallido intento de encontrar el laberinto, pensando en la cantidad de dinero gastado en personal, en hoteles y en viajes desde la capital. Se metió en la cabeza que lo encontrado era la entrada a los túneles y anunció traer personal profesional para remover el agua del aljibe y encontrar finalmente un pasadizo al laberinto.

Pasaron los meses, pero probablemente desistieron del intento porque no regresaron. Poco después la casona fue vendida y cuando otra compañía intentó hacer lo mismo, el nuevo dueño no permitió que los medios televisivos invadieran la paz de su hogar. Lo de los laberintos de Popayán quedaba una vez más en el secreto. Lo cierto es que algo anda por debajo de la ciudad colonial.

Volvamos al relato de la cacería. Descansamos por un rato, comimos parte del avío y continuamos el viaje hacia la intrincada selva que teníamos delante. Esperábamos encontrar caza mayor, como jabalíes, tigrillos o jaguares, sin embargo lo único que conseguimos fue una liebre y unas cuantas torcazas.

En realidad la cacería no constituía el principal motivo de la expedición, lo más importante para nosotros era compartir, confraternizar y hablar mucho de las cosas y de las experiencias de cada uno.

La tarde no alcanzaba para más, debíamos regresar pronto al acantilado de La Cueva del Ladrón, si queríamos hacer una práctica de alpinismo, antes que la noche nos invadiera.

Llegamos al acantilado, la mayoría de nosotros estábamos muy cansados, por lo tanto los únicos que se atrevieron a escalarlo fueron, mi hermano Luis, Jochen y Cornelio. Erhard, el Toronjito, el otro amigo y yo nos quedamos abajo alentando a los deportistas a ver cual llegaba primero a la cima.

Comenzaron a subir abriendo huecos en las rocas con hachas especiales, para dar cabida a los dedos y a las puntas de los zapatos. Luis fue rápidamente tomando la delantera y minutos después coronaba la cima.

Jochen y Cornelio se encontraban más o menos al mismo nivel, un poco más arriba de la mitad del acantilado. Había unos seis metros de separación entre ellos.

Jochen trataba de abrir un hueco en la roca para sujetarse con los dedos, cuando súbitamente el hacha se soltó de sus manos yendo a caer al canal. Cornelio comenzó a aproximarse hacia él para auxiliarlo. Nosotros desde abajo, no podíamos hacer nada más que observar la emergencia por la que Jochen estaba pasando. Sus dedos y pies estaban al borde del colapso, tanto que observamos cómo sus dedos y zapatos comenzaban a temblar. Jadeante, Cornelio trataba de abrir ranuras dónde asirse para ir hacia Jochen.

La voz ahogada de Jochen decía.
      -No resisto más, de prisa Cornelio-.
Luis, desde la cima observaba también, lamentando no haber llevado una soga para tirarle un cabo. Miró al rededor, pero sólo encontró unos pastizales y pequeños arbustos, no había rama larga que alcanzara hasta donde Jochen se encontraba. Llenos de asombro, observamos su cuerpo desprendiendose de la pared de piedra y comenzaba a descender y a descender, y a descender... gritando, ¡Mamaaá!
Cayó pesadamente al agua, para su suerte, porque si llega a caer sobre el duro cemento del canal la historia hubiera sido otra. Vimos que estaba aturdido y que no podría salir por sí mismo, corrimos a sacarlo del canal, la fuerte corriente lo iba llevando hasta el tubo. Una reja más o menos a un metro de profundidad le impediría pasar al otro lado y la fuerte corriente no le permitiría nadar hacia atrás. Significaba morir ahogado, atrapado dentro del tubo. Tuvimos que actuar muy rápido. Corriendo nos aproximamos al cuerpo inanimado y casi cuando comenzaba a tragárselo, nosotros, luchando contra la fuerza de la corriente pudimos sujetarlo por los pies, y con gran esfuerzo cuán largo era logramos ponerlo a salvo sobre la orilla del canal. Le dimos un poco de Manzana Postobón para reanimarlo. Minutos después, aunque un poco pálido por la adrenalina que había quemado, nuestro amigo estaba bien.
Salvo por el accidente de Jochen, todo había ido a las mil maravillas, la excursión estuvo llena de agradables experiencias, hizo un día maravilloso que fue como un regalo de la naturaleza para nosotros. Ni remotamente pensamos en la pesadilla que nos esperaba al llegar a la planta del agua.

Captura de presuntos guerrilleros.

Cansados, las botas llenas de barro y con Jochen empapado y tiritando de frío, llegamos a las inmediaciones de la planta, desde donde se divisaba la ciudad.

De pronto, un grupo de individuos se lanzó sobre nosotros. Nos rodearon y amenazándonos con ametralladoras nos ordenaron dejar las armas en el suelo y levantar las manos. No sabíamos en ese momento si este grupo estaba constituido por guerrilleros, puesto que ellos se visten lo mismo que el ejército o eran de la Policía Militar. En cualquier caso, se veía claramente que no la ibamos a pasar muy bien.

Nos hicieron poner en fila. Nos requisaron y decomisaron algunas navajas y cuchillos de cacería. Rodeados por el pelotón y con sus amenazantes metralletas apuntándonos, un hombre delgado, alto, trigueño, de unos treinta años se acercó preguntando con autoridad.

¿Quiénes son ustedes?
Cornelio dijo,
-Somos estudiantes-.
Nos miró uno a uno con incredulidad moviendo los ojos, como gallo inquisidor y dijo.
¿Conque estudiantes no? Y estas armas, ¿qué significan?
¡Ustedes son guerrilleros!
Inmediatamente gritó,
¡Cabo Jiménez, venga aquí!
Un individuo del grupo se adelantó haciendo un saludo militar y poniéndose firme dijo,
¡Presente mi Sargento!

El cabo Jiménez, un personaje bajito, también trigueño, no parecía tener más de 45 años, sacó una libreta y comenzó a escribir lo que dicho Sargento le dictaba. Cornelio trató de aproximarse al Sargento para explicarle, pero un soldado apuntándole con su ametralladora se lo impidió.

¿Tienen ustedes licencia para portar estas armas?
¿De quién es ese fusil? Dijo el Sargento señalando el arma de Cornelio.
-Es mío-. Dijo Cornelio.
-Cabo traiga esa arma-.
El Cabo se acercó con ella diciendo.
-Sargento, es una escopeta, pero parece un fusil-.
Cornelio le advierte al Sargento.
-La manigueta se maneja hacia atrás, no la levante porque la daña-.
El Sargento con cara de sabiondo le dice,
-No me venga a enseñar a mí que yo sé de esto hombre.

No había acabado de decirlo cuando el Sargento toma súbitamente el arma, le levanta la manigueta e inmediatamente saltaron resortes, tornillos y pedazos de metal. El sargento se quedó con la manigueta en una mano y en la otra mano con la culata de la escopeta.
Cornelio al ver su arma hecha pedazos le dijo malhumorado,

¡Ufff...! Ya la echó a perder hombre, ya no quedó sirviendo ni para un c...Bueno... Para nada pues.

¿Usted hizo esta arma, verdad? Apunte Cabo, fabricación y porte ilegal de armas.
-Sargento, esto no mata ni un calagüingo-, dijo el Cabo en tono burlón.
Cornelio, al verse aludido por el menosprecio de su arma dijo enfadado.
¡Que esto no mata ni un calagüingo! Sepa usted que yo he matado jaguares, osos y tigrillos con esta escopeta.
¿Ah Sí? -Apunte Cabo, uso de armas letales para matar animales en peligro de extinción-.
Erhard codeó a Cornelio, susurrándole.
-Callate que nos estás acabando de hundir-.
-Esta es un arma muy bien fabricada- Replicó.
-Lo único que sé es que ustedes están en tremendo lío-.

Advirtió el sargento. Y continuó,
-Apunte Cabo, presuntos guerrilleros.

El Cabo con un poco de sentido común le explicaba al Sargento que nosotros no éramos guerrilleros, sino estudiantes.
-Mi Sargento, son solamente unos muchachos que han salido a un día de excursión. Mire, dijo señalándome,
-El monito ese, no tiene más de 15 años.

El Sargento le responde fastidiado.
¿Qué trata de insinuar Cabo? ¿Cree que yo no sé lo que hemos encontrado? Son guerrilleros disfrazados de estudiantes. En este momento hemos frustrado un artero ataque a una institución del gobierno a donde lo más probable es que iban a poner una bomba, a robar... o a envenenar el agua del acueducto. Sí, a envenenar el acueducto, ¡eso es! No sea ingenuo Cabo. Yo vengo del Tolima y me he visto con gente muy engañosa. No crea que estos guerrilleros sean simples palomitas. Ya verá usted que esto me va a merecer un ascenso-.

No dejaba yo de reírme en mi interior ante la situación tan absurda en la que nos encontrábamos. El diálogo que Sargento y Cabo sostenían me trajo a la memoria la escena de Sancho y Don Quijote, cuando el hidalgo caballero creía ver gigantes en los molinos de viento.

-Os repito mi señor, son unos molinos de viento, no gigantes-.
¿Osas decirme Sancho, que lo que veo es sólo fruto de mi imaginación? Tu mente obtusa no te permite ver la realidad. ¡Estos son gigantes y entraré en fiera batalla con ellos!

El cabo enumeraba los cargos que el Sargento nos imputaba.
-Porte de munición con intenciones terroristas.
Exterminio de animales en peligro de extinción. Resistencia e insulto a la autoridad. Intenciones de envenenamiento de las aguas del acueducto.

-Todo está claro, a ustedes la justicia los va a hundir en la cárcel por muchos años y bien merecido se los tienen. ¿No les da vergüenza meterse a terroristas?

-Mi Sargento-, dice el Cabo, le repito, estos muchachos...

El Sargento interrumpió al Cabo.

-Y estas dos armas, ¿de quien son?

-Mi Sargento, son de los dos monos flacos, los altos-.

El Sargento las analizó como todo un experto diciendo,

-Estas armas claramente se ve que son de fabricación alemana. Mire el acabado Cabo, no hay dudas.

Quizás todos pensamos que fue lo único en que acertó.

-Apunte, importación y porte ilegal de armas. Por lo menos diez años de cárcel para los monos estos.

El cabo insistía en que estaba equivocado, diciendo que nosotros no éramos nada de lo que él pensaba. Pero el sargento estaba convencido de que éramos guerrilleros, todos tratamos de hacerlo entrar en razón, pero al cabo de un rato lo único que logramos fue más agravantes.

Apunte cabo.

-Desacato a la autoridad-.

Y, ¿qué hay en esas bolsas?

-Unos chocolates y paquetes con pólvora, tres chorizos alemanes, municiones, medio banano envuelto en papel y una cauchera.

¿Cuántos paquetes de pólvora hay?

-Hay cinco mi Sargento-.

-Eso es suficiente para volar una casa. Apunte cabo, posesión ilegal de explosivos-.

Dígame cabo, ¿cuántos son los cargos que se les imputan a estos individuos?

-Fabricación y tráfico ilegal de armas letales. Exterminio de

animales en peligro de extinción. Posesión de explosivos...
 -Sargento, ellos no son nada de eso-.
 ¿Que no? ¡Espósenlos!
 -No alcanzan las esposas para todos-
 -Entonces, átenlos con lazos o con lo que tengan a la mano, pero, átenlos-.

Los soldados comenzaron a atarnos. Vamos a llevarlos al cuartel a responder ante la justicia por todos estos cargos en que han incurrido. Cornelio, más agresivo no se dejaba atar diciendo que su padre era Coronel del ejercito y que lo que le estaban haciendo era una afrenta y una humillación a un hijo de tan famoso padre y que ellos iban a pagar por lo que les estaban haciendo.
Jochen y Luis le rogaban entre dientes que permaneciera callado, cada vez que abría la boca agravaba la situación. Ante nuestra docilidad, protestaba con más fuerza, pero nosotros, conscientes de la ventaja de los policías al estar armados no teníamos más alternativa que quedarnos callados.

Al ver su agresividad el sargento le puso un cargo más.
 -Apunte cabo, resistencia e insulto a la autoridad, ¿se va a callar? Le gritó altanero.

Yo susurraba.
 -Lo único que nos falta es que este torvo funcionario nos fusile aquí mismo-.

El otro amigo, y el Toronjito que había estado tan parlanchín durante el paseo, no decían ni pío. Estaban pálidos y con la boca seca pensando cómo iría a ser su vida entre rejas. ¡Oh! Triste y turbio destino, en la flor de su juventud, tirados en una mazmorra mal oliente, como parias del destino, sin saber hasta cuando.
Nos acabaron de amarrar y comenzó la marcha colinas abajo hacia las calles de la ciudad. Los demás soldados tomaron las armas y se las colocaron al hombro junto a sus reglamentarias. Pusieron en una jigra lo que quedaba de la escopeta de Cornelio, la hubieran dejado tirada si no fuera porque constituía una evidencia legal.

Extraña caravana.

En extraña caravana desfilamos por la calle cuarta camino del Cuartel de Policía. La gente comenzó a amontonarse alrededor y a preguntarle al Sargento la causa de nuestra detención. Los policías con sus ametralladoras a la altura de la cintura nos apuntaban en actitud amenazante.

El Sargento, dándose ínfulas de grandeza les decía que nos habían capturado en una redada en las colinas del acueducto, que éramos guerrilleros con posibles intenciones de envenenar el agua. El Sargento, haciendo reales las hipótesis fantásticas que su propia mente elucubraba, comentaba.

¿Se imaginan ustedes el genocidio tan grande que hemos evitado? Eso y otros cargos igualmente graves, se le imputan a estos facinerosos-.

Unas ancianas dando por cierto lo que el Sargento decía, con credibilidad supersticiosa, las mismas que van a rezar a un cuadro de la virgen porque alguien dijo que llora lágrimas de sangre, se santiguaban y murmuraban.

-Esos muchachos... El monito y el gordo trigueño, ¿no son los sobrinos de la señorita Bertilde?
¡Las cosas que tenemos que ver Inés! Son guerrilleros.

Mi nieto me dice que ése, el tercero de la fila, el sobrino de la señora que mencionaste, se llama Luis Afranio o algo así, va al Colegio Champagnat con cuchillos, arcos y flechas, es un truhán ese muchacho. No sé cómo los Hermanos Maristas lo permiten.

-Yo conozco a esos dos monos flacos, decía la otra, viven por el Barrio Mosquera. Son hijos de unos alemanes. Y el cejón que va atrás, ese es el hijo del Coronel González. Las cosas que se ven hoy día hija, ya no se puede confiar en nadie-.
-El trigueñito que va con el alto, el de las gafas que parece un búho, es de la familia de Toronjo.

-Qué barbaridad, delincuentes, terroristas. Qué bueno que los hayan capturado, son una lacra para nuestra sociedad. Ojala les pongan cadena perpetua. ¡Qué horror!

-Sí María, debían matarlos a pellizcos para que sufran bastante. Dizque envenenar el acueducto, ¿dónde se había visto tanta maldad?

-Gracias Sargento. ¡Virgen del perpetuo socorro! ¡De la que nos ha librado!

Pero, alcancé a ver otras más jóvenes mirando el espectáculo, diciendo...

¡Ay! Pero qué buenos mozos son Enriqueta, ¿No te parece?

-Como mozos serán muy buenos, pero acordate que son guerrilleros-.

¡Huy! Con esos guerrilleros me voy yo también de guerrillera, ¡humm, papacitos! Los seguiría por tierra y por mar, como la Adelita.

¡Ay, Gloria, las cosas que decís! Le dijo la amiga tapándose la boca, reprimiendo una sonrisa maliciosa.

-Pero, tenés razón. Yo me quedaría con el mono alto, ese que parece gringo. ¿Y vos?

-Yo, con el trigueño, el tercero de la fila, ese que tiene como huequitos en las mejillas. ¡Qué ojos más lindos tiene! Debe ser un amante maravilloso-. Susurró cerrando los ojos. ¡Pasar una noche con él y morir!, y aspirando aire decía,

-No, no nononó. Ave María, ¡no hay nada más...!

En medio de las murmuraciones gratas e ingratas, caminamos por la calle cuarta hacia el Cuartel de Policía. Un trayecto usualmente recorrido en menos de una hora nos pareció eterno ante las miradas curiosas de la gente amontonándose a nuestro rededor.

Los payaneses son tan curiosos que cuando oyen la sirena del camión de bomberos se van corriendo detrás de él para ir a ver el incendio y no perderse ni un segundo de la acción.

Escuchábamos también algunos resentidos sociales arengando a los policías a que nos fusilaran. Pero también nos encontramos con personas sensatas ofreciéndose a ayudarnos, como los hermanos Daniel y Jaime Vejarano, y el Dr. Zúñiga, de El Tambo, Profesor de Derecho de la Universidad, quien bajaba acompañado del Magistrado Jesús Hernando Segura, hasta Ratón de Iglesia y Miel de Abeja estaban presentes entre la multitud de personas que nos conocían y poco creían de los cargos imputados por el Sargento, pero él no permitía que habláramos con nadie.

Llegamos a la Plazoleta de San Francisco, en las proximidades del Cuartel de Policía que antes había sido la sede del Batallón Junín, con sus perennes guardias a cada lado de la gran puerta de entrada. Ya se divisaba la torre militar medieval en la esquina, al lado de una de las calles de El Cacho. Me recordaba las torres de marfil de mi juego de ajedrez. Estaban en plena ceremonia de relevo de guardia y bajada de bandera. Nos pusieron contra la pared hasta que la ceremonia terminó. Nos dieron orden de continuar la marcha y así entramos al cuartel unos segundos después. Esperaba ver al Capitán José Vicente Vivas Castrillón, casado con Isabel, una prima nuestra, por parte de los Gómez Guzmán, pero, mala suerte para nosotros porque el Capitán no estaba. Nos encerraron en un calabozo aledaño a la entrada principal, en una mazmorra mal oliente a excremento y a orines emanados de un inodoro situado en una esquina, donde los detenidos hacían sus necesidades a la vista de todos. Las paredes estaban llenas de escrituras con maldiciones, dibujos y palabras obscenas. Nunca antes habíamos pisado un lugar como ese. El olor a orines y a humedad me trajo el recuerdo de la cárcel de El Tambo.

Cornelio pedía le permitieran comunicarse con su padre, pero los policías no se lo permitían. Debían esperar a que llegara el Capitán. Sin querer habíamos venido a ser protagonistas de un bolero de Daniel Santos que cantaba Don Pedro Bolaños,

31 - Capitán José Vicente Vivas Castrillón, con Isabel, e hijas. Fotografía de 1950, aproximadamente.

*"Qué lentas pasan las horas en esta cautividad,
aquí se sufre y se llora, que triste es la soledad.
Las horas parecen días, los días parecen más,
cada minuto que pasa se hunde en la oscuridad".*

Las horas pasaron lentas y llenas de tensión. En la semi oscuridad varios delincuentes comunes trataban de confraternizar con nosotros al pensar que de verdad éramos temibles guerrilleros. También nos rodeaban borrachos sin hogar, que se hacían arrestar mentándoles la madre a los policías, y así tener un sitio bajo techo donde pasar las frías noches payanesas.

Transcurrieron las horas y el Capitán Vivas Castrillón no llegaba. El Sargento se había reportado fuera de servicio y posiblemente ya estaba en su casa contándole a su mujer las hazañas del día, pero el Cabo todavía de turno esperaba la llegada del Capitán. Eran las once, comenzábamos a perder las esperanzas de que nos rescataran. Seguramente tendríamos que pasar la noche en la celda en medio de esa gente hasta que, súbitamente, en la otra sala se oyó la voz autoritaria del Capitán. Desde el calabozo alcanzamos a oír al Cabo explicándole lo sucedido y acto seguido apareció ante las rejas del calabozo. El Capitán no sabía que pensar cuando nos vio a Luis y a mí emergiendo de entre los detenidos. El saludo fue simple y confirmamos todo lo que el sensato Cabo le había referido.

-Ustedes se pueden ir, pero las armas no se las puedo dar, no está permitido andar con armas que no estén registradas-, dijo el Capitán.

Todos protestamos aduciendo que eran escopetas de cacería. Queríamos llevárnoslas con nosotros. Muchas horas les habíamos dedicado a su construcción y no queríamos perderlas. El Capitán nos recomendó.
-Por ahora váyanse, salgan inmediatamente de aquí. Este no es lugar para ustedes, ya veremos-.
La reja se abrió, dos policías nos escoltaron hasta la salida y mientras atravesábamos el largo pasillo, escuchamos la voz del Capitán, diciendo.
-El Sargento Molina, ¿dónde está? Cómo es posible que Molina les haya puesto todos estos cargos a esos muchachos, ¿está loco?
-El Sargento ya se fue, dijo el Cabo, y agregó.
-El Sargento tiene gadejo-.
-Gadejo. ¿Eso qué es? Preguntó el Capitán.
-Ganas de joder Capitán, ganas de joder...
-Avísenle a Molina que lo quiero ver aquí mañana, a primera hora-.
¡Sí mi Capitán!
Un momento después estábamos en la calle, respirando aires de libertad.

La Delegación Departamental.

32 - Rafael Bolaños y Joaquín Arboleda - Delegados Departamentales del Registrador Nacional. 1962

La Delegación Departamental de La Registraduría Nacional del Estado Civil, me dio la oportunidad de conocer parte del territorio caucano. En la primera etapa, por la Cordillera Occidental de Los Andes, en la segunda, por la costa del Océano Pacífico y en la tercera por la Cordillera Central.

Fue una experiencia maravillosa. Tomé innumerables fotografías y conocí las costumbres de los habitantes indígenas, criollos y negros de esas regiones. También, algunas gentes con dialectos y costumbres extrañas.

Se estaba llevando a cabo una intensa campaña para cedular a las personas que hubieran llegado a la mayoría de edad. Fui llamado para trabajar como Foto-identificador, en comisión ambulante. Tenía 21 años y estaba ávido por conocer nuevos lugares. Esta ocupación me daba la oportunidad de explorar el Departamento del Cauca.

Para entender el cómo y el por qué de mi trabajo con la Delegación es necesario explicar cómo era la situación política que había dejado el régimen de Gustavo Rojas Pinilla que gobernó desde 1953 a 1957. Existía el temor de que los hechos pudieran culminar en una dictadura y en un tercer partido que desplazara a los dos partidos tradicionales, el Liberal y el Conservador, (equivalentes al partido demócrata y al republicano). El deseo de terminar con la violencia generada por el bipartidismo unió a dirigentes de los dos partidos tradicionales a buscar una solución que resolviera estos problemas.

Alberto Lleras Camargo, dirigente liberal y Laureano Gómez, figura del partido conservador, se reunieron en la ciudad de Benidorm (Esp.) y firmaron el pacto así llamado, de Benidorm, el 24 de Julio de 1956, para comenzar el Frente Nacional, en el cual los partidos se turnarían la presidencia y se repartirían la dirección a los diferentes niveles de gobierno en partes iguales, desde 1958 hasta 1974, en cuatro períodos presidenciales: dos liberales y dos conservadores.

La paridad en los cargos públicos implantada por el gobierno bipartidista, resultado de este pacto, exigía que debía haber un empleado conservador y otro liberal en el personal de todo cargo público.

Uno de mis jefes, Joaquín Arboleda, representaba al partido Conservador y Rafael Bolaños al partido Liberal. Como este empleo me lo habían ofrecido por intermedio de una amiga de filiación conservadora y amiga de la tía Bertilde, conservadora también, que trabajaba en el Tribunal Superior, como secretaria del Magistrado Jesús Hernando Segura, en la Delegación Departamental, asumieron que yo estaba afiliado al partido conservador. Ignoraban que en 1957, yo había sido cofundador del periódico "Nosotros", de inclinación socialista, en una época en que mis inquietudes filosóficas y políticas me llevaron a estudiar a Marx, a Engels, y a Nietzsche entre otros, considerando que un socialismo, no el comunismo sería bueno para nuestro país.

Pertenecía a un grupo de jóvenes idealistas con ánimos de mejorar nuestra sociedad y trabajar por un país próspero. A una edad en que se quiere cambiar el mundo y se buscan las maneras de hacerlo realidad, con ese idealismo que trae la juventud se creó el periódico, como una tribuna que recogía el descontento de las masas ante la ineptitud de las instituciones para resolver los problemas básicos del ser humano.

Lo irónico del caso es que en pleno siglo 21, los progresos son muy escasos y hoy se continúa luchando por las mismas causas. La explosión demográfica, que cada día se acelera más y los medios de producción insuficientes hacen que cualquier cálculo realizado en un momento dado, ya no sea válido para el siguiente, lo que convierte la política y la sociología en un problema de cálculo diferencial.

La sorpresa de los delegados fue grande e inesperada al leer mis señas particulares, en donde expresaba mi filiación con el Partido Liberal, planteándoles un problema de índole político. Los Delegados se miraron desconsolados y me explicaron el problema.

-¿No te puedes volver conservador solamente por unos meses nada más? Me sugirió el Dr. Bolaños con una sonrisa.

Mientras Bolaños hablaba el Dr. Arboleda lo miró reprochándole con los ojos lo que acababa de decir.

-Si fuera tan fácil cambiar de convicciones este país sería un paraíso-. Le comenté.

En ese momento comencé a conocer la vena humorística de Rafael Bolaños, el Delegado Liberal.

Sin saber qué hacer en ese momento, de todas maneras aceptaron mi solicitud diciéndome que llenara con su secretaria, Socorro Montero, los papeles de aceptación al cargo de Foto-identificador. Mientras resolvían el problema trabajé en La Registraduría de Popayán, junto a Manuel Antonio Parra y a Rosita Balcázar, su secretaria, quienes me ilustraron sobre mis deberes en la oficina.

Militante socialista.

Milité en el socialismo durante un tiempo, pero luego me di cuenta que la mayoría de los miembros tenían más tendencias comunistas que socialistas y terminé decidiendo que esa no era la solución para Colombia.

Mantenía largas pláticas con Maruja Castrillón, que trabajaba como secretaria del Padre Vivas en una oficina situada en el Colegio del Pilar, al lado del Templo de San José. Militaba en el Movimiento Social Cristiano, que no era igual al Movimiento Socialista al que yo pertenecía. Evaluábamos los pros y los contras de cada uno y luego extraíamos nuestras propias conclusiones. El movimiento cuyo jefe en Popayán era Jaime Carrillo, fundador del periódico "Nosotros", se deshizo poco tiempo después, por falta de seguidores.

Ya tenía mis dudas sobre la validez del movimiento y bastó asistir a una convención en la vecina ciudad de Jamundí, al norte de Popayán, en donde me presentaron al jefe del partido comunista, precisamente a Gilberto Vieira, hermano de Maruja la poetisa y a otros personajes bien conocidos del partido para darme cuenta que el movimiento estaba infiltrado, que Servio Tulio y otros amigos habíamos entrado al movimiento, de buena fe, y ahora nos encontrábamos de buenas a primeras haciendo el papel de tontos útiles, ayudando a una organización que utilizaba personas como nosotros para crear adeptos, bajo un falso estandarte ético y moral, con las prácticas bien conocidas de la utilización de la calumnia y la ridiculización de los actos de los funcionarios elegidos por el pueblo con el fin de crear desconfianza. Eso bastó para terminar con mi entusiasmo por ese movimiento que era la antítesis de nuestros ideales juveniles y regresé, como hijo pródigo, al ceno del oficialista Partido Liberal.

Hasta Maruja Vieira tuvo problemas por las acciones de su hermano por llevar un apellido que, al decir de los editores, era muy comunista y le sugirieron que se lo cambiara. Ella no quiso, pero como su verdadero nombre era María Vieira White, Pablo Neruda le señaló que había muchas vocales en su nombre y le sugirió cambiarlo por el de Maruja.

En 1960, Jaime, al que también llamábamos, *"Agüitecoco"*, pero nunca delante de él, sacaba a la calle unos parlantes inmensos que ponía a todo volumen con los discursos de Fidel Castro, su padre putativo. Entusiasmado hizo un viaje a Rusia, no sé si a Cuba también, pero esto es muy curioso, cuando regresó no quiso volver a hablar de socialismo, ni de comunismo, ni de Fidel, ni de nada que se le pareciera. Tampoco nos dio su opinión sobre su viaje. Nunca más volvió a sacar a la calle los inmensos parlantes para que todo Popayán escuchara los tediosos e interminables discursos de Fidel.

-No quiero hablar de ese tema-.

Era la personificación de la decepción y no lo ocultaba. ¿Qué pasó? Nunca lo sabremos con exactitud. Puede ser que el llamado "paraíso del proletariado" no era lo que él esperaba. Después de haber vivido en un país de plena libertad como Los Estados Unidos, es de suponer que la Unión Soviética dejara mucho que desear, donde todos se sentían vigilados, no se permitía a los ciudadanos movilizarse donde les viniera en gana, la comida se expendía mostrando una tarjeta de racionamiento y los derechos ciudadanos se veían ahorcados por la mano de hierro del gobierno, era de esperar que no quedara satisfecho con lo que ellos llamaban logros del proletariado. El comunismo, probado está, no es la solución para los problemas que aquejan a las sociedades del mundo, tampoco el capitalismo rampante es una solución a las necesidades básicas del ser humano, pero éste último sí es susceptible de cambios, ajustes y mejoras.

Jaime se dio cuenta, pero nunca tuvo el valor de aceptarlo en público.

Aunque hay escuelas de expresión vocal aquí no se necesita ninguna licencia oficial para ser locutor o para hablar a través de cualquier medio. La libertad de expresión está amparada por la primera enmienda de la Constitución. Aquí a nadie se lleva a la cárcel por protestar públicamente por lo que le venga en gana, como en los países totalitarios. Al contrario, yo considero que hay exceso de libertades y ese exceso hizo posible el cruel desenlace de las Torres Gemelas. El mundo está lleno de tontos útiles que gozan de la tecnología de los Estados Unidos o de los países democráticos y se vuelven locos por el Ipod, el Blue Ray, el Laptop, utilizan el invento americano del Facebook y el Messenger y todo lo que llegue de los Estados Unidos, y por otro lado aman y dan tratamiento de héroes a los tiranos radicales y totalitarios, y simpatizan con todos los movimientos que intentan destruir la democracia. Y ni qué hablar de los llamados intelectuales, los escritores y filósofos soñadores de utopías, que ponen su pluma al servicio de esas ideologías, por eso el mundo los llama, "tontos útiles".

La Comisión a la Cordillera Occidental.

El futuro compañero de trabajo cuya filiación liberal no permitía me enviaran con él por el problema de la paridad partidista, hizo pensar a los Delegados cómo resolver el problema. Pasaron varios días, hicieron los arreglos necesarios y determinaron enviarme a Ortega, en comisión ambulante, bajo el cargo de Delegado Fotógrafo, desde el 7 de Octubre de 1961, hasta el 31 de diciembre

del mismo año, una pequeña aldea cercana a Popayán donde debería reunirme con un empleado de filiación conservadora llamado, Ismael Girón, que fungía como Registrador Municipal en la jurisdicción del Municipio de Cajibío.
Colombia entera se hallaba bajo una fuerte tensión de orden público, las elecciones se iban a efectuar muy pronto. Había varias regiones de peligro en Colombia, tomadas por los guerrilleros. La zona en donde iba a trabajar era una de ellas. El territorio estaba dominado por la guerrilla del Capitán Rayo. Había conquistado territorios en las montañas del Corregimiento de Ortega con una caterva de forajidos, sembrando la destrucción y el terror a lo largo y ancho del Municipio de Cajibío.

-Un chofer te recogerá mañana en tu casa. Deberás ir a San Antonio, un poco más allá de Uribe, en San Antonio pasarás la noche y en la mañana irás a la población de Ortega, allí te encontrarás con Ismael Girón y con el fotógrafo conservador que vas a reemplazar, en cuanto tú llegues, el debe irse para Cajibío-. Dijo Rafael Bolaños, el Delegado Liberal.
Ah, y me señaló que llevara todo mi equipo fotográfico.
Debíamos regresar a Popayán cada mes, al llamado, Seminario de Cedulación, al cual acudían todos los empleados, a rendir cuentas ante los Delegados. Por lo tanto no iba a ser necesario llevar implementos de revelado. Estando en Popayán, aprovecharía la oportunidad para revelar en casa todos los rollos que hubiera tomado en la misión. Así lo hice.

No comprendía muy bien las funciones de los dos personajes que acababa de conocer.

¿Delegados de qué, o ante quién? Me preguntaba.

Era la hora de almorzar, salí acompañado por un fotógrafo veterano, que casualmente iba también a almorzar. La Delegación ocupaba la segunda planta de un edificio en la calle cuarta con la carrera novena, la planta baja la ocupaba la Imprenta del Departamento. Al frente, la Plazoleta de San Francisco y al fondo el templo del mismo

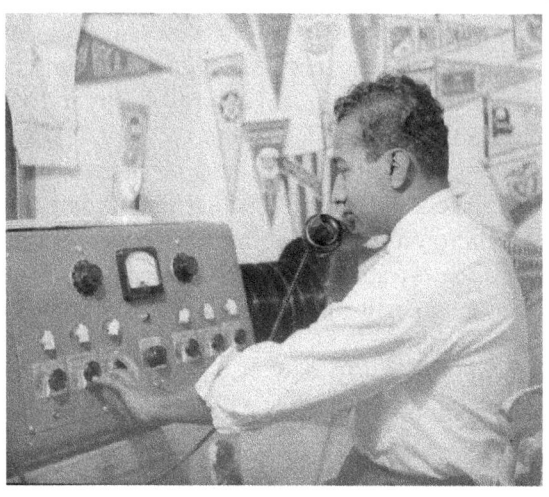

33 – Puchini, el Control de Cabina en "La Voz del Cauca" 1956.

nombre, una construcción barroca con un Museo en su interior que, entre otras reliquias, guarda los restos momificados de Fray Serafín Barbetti, el fraile que diseñara el Puente del Humilladero, museo de exhibición obligada en tiempos de Semana Santa. Mientras caminábamos frente al Banco de la República y por el Teatro Popayán hacia el este, el fotógrafo me dio a conocer algunos pormenores de las labores realizadas por un registrador. Nos detuvimos un rato a conversar en la esquina de la Imprenta Castillo. Me dio datos claves del trabajo de un fotógrafo de cedulación, quiénes eran y qué papel desempeñaban los Delegados que acababa de conocer. Por él supe que eran Delegados del Registrador Nacional del Estado Civil, coordinadores de las campañas de cedulación en el Departamento del Cauca y encargados de dirigir las elecciones.

Llegamos al Centro Social, lugar de reunión de estudiantes y empleados del gobierno. Había permanecido allí innumerables noches de fin de semana ensayando serenatas entre músicos y estudiantes, y con mis buenos amigos los locutores de La Voz del Cauca, emisora que frecuentaba muy a menudo, ubicada a unos pasos de la imprenta Castillo, por la Carrera Octava con la Calle

Cuarta, al voltear del salón donde nos encontrábamos.

Allí conocí personas que con el tiempo llegaron a ser entrañables amigos, como Luis Burkhardt el dueño de la emisora, Puchini el control de cabina y Carlos Muñoz uno de los locutores, estudiante de derecho en ese entonces. También conocí a Hernán, (No recuerdo su apellido, no era de Popayán), con quien realicé algunas obras de teatro con libretos de "Grandes hombres de las Américas". Pero, resultó que el director, Hernán, no sabía nada de novelas radiales, decía que había dirigido una radionovela para RCN (Radio Cadena Nacional), llamada "Los que nacieron pobres", haciendo parangón para salir del paso con, "Los que nacieron ricos", novela radial presentándose por ese entonces. Poco a poco fuimos descubriendo que el hombre maravilla que había hecho fantásticas novelas era un mentiroso consuetudinario. Después, al ver que los compañeros respondían mejor a mis consejos, él mismo me cedió la dirección. Era como un camaleón, apenas comencé con mi personaje él colocó la misma entonación para el suyo.

Alguien me regaló unos libretos teatrales, si no recuerdo mal, los escribía Gabriel Cuartas Franco, para la Radio Nacional de Colombia. Con esos libretos comenzamos nuestro teatro experimental, con el que hicimos, Edgar Alan Poe, Tomás Alba Edison, Tupac Amaru y San Martín, entre otros. En ocasiones, tenía que hacer dos personajes a la vez e inventábamos cientos de artilugios para hacer los efectos de sonido.

Todos estos experimentos de teatro me sirvieron años después en Estados Unidos, cuando escribía cortometrajes. Uno de ellos tuvo una historia increíble y vale la pena contarla. Ocurrió así.

Historia de un Corto Metraje.

Para participar en un concurso cinematográfico en la categoría de cortometrajes, se le ocurrió al autor realizar uno con el nombre de, "Gaviota". Terminada la película, la dio a guardar a un amigo brasilero. Con tanta gente que frecuentaba el estudio de grabación, pensó que sería prudente salvarla de todo mal y peligro. Meses después llegó el momento de enviar la cinta, trató de comunicarse con él, pero había desaparecido sin dejar rastro alguno.

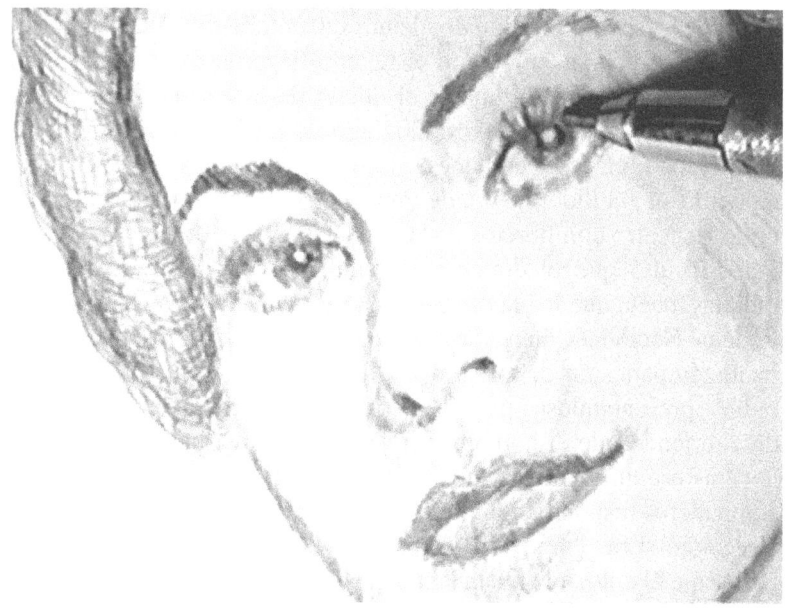

34 - Ilustración para el cuento de, "Gaviota". 1980.

Pasaron los años, lentos, llenos de misterio sobre el paradero del film al que Rafael, en ocasiones, daba por irremediablemente perdido, aunque siempre guardando una recóndita esperanza de encontrarlo. En 1999, Rafael se mudó a otra residencia, perdiendo así la esperanza de que el brasilero lo encontrara.

Una noche, paseando por la playa, después de haber asistido a una exposición de arte, se encontró con un profesor de piano, de nacionalidad Argentina, de apellido, Mignorance, al que había conocido cuando asistía a la casa del brasilero. Ambos habían estado allí en innumerables veladas musicales los fines de semana.
Se preguntaron casi al unísono por el amigo común, dándose cuenta que ni el uno ni el otro sabía nada de él. Se intercambiaron números de teléfono y direcciones con la promesa de comunicarse si alguno tuviera conocimiento del paradero de su común amigo.
Llegó el año 2004, cuando Mignorance llamó a Rafael, para decirle

que lo había encontrado. Por Mignorance, supo que se había ido para el Brasil con toda la familia y por varios motivos le había sido imposible regresar.
Habían pasado casi veinte años, Rafael daba por perdida la película, pero ahora renacía la esperanza de encontrarla. Sin embargo, esas esperanzas no eran muchas. Además, pensaba que, considerando los avances de la tecnología, una película hecha en VHS no podría rivalizar con la tecnología digital en claridad y nitidez, sujeto a tener en cuenta en esta clase de concursos. Por eso pensó que la oportunidad de concursar se había perdido.

-Ni se sabe cuántas mudanzas de casa habrían tenido que soportar en estos largos años. Cuántas cosas habrán echado a la basura en cada trasteo, entre ellas deben haber botado la película-. Se preguntaba. Con el número de teléfono en su mano, Rafael lo llamó ese mismo día. Y a pesar de su ansiedad no quiso preguntarle a Rubén Darío, en primera instancia por la película.
Darío lo invito a cenar a su casa. Esa noche brindaron con su esposa e hijas, por la amistad y por la oportunidad que la vida les daba de volver a reunirse. Mignorance, quien también estaba invitado se había excusado a última hora lamentando no poder asistir. En medio del postre, Rafael trajo a la conversación el asunto del film, explicándole que no había podido participar en el concurso porque la cinta que se había llevado era la original.

-La hemos guardado como un tesoro porque sabemos lo que significa para ti-. Dijo Rubén Darío. Quiero pedirte mil disculpas por los inconvenientes causados, pero nunca pensé que esa cinta fuera la original, durante todos estos años hemos vivido bajo el convencimiento de que era una copia.

-Yanet, trae el video de la Gaviota, por favor-.
Yanet fue hacia una habitación y en unos momentos regresaba con él en sus manos. Esa noche lo volvimos a ver.

-Pero lo vi diferente.- Dijo Rafael.

Lo vio, no con el tecnicismo crítico con que siempre lo había visto, lamentando sus imperfecciones y haciendo análisis para rehacerlo en algunas secciones.

No, esa vez lo vio exclusivamente con los ojos del alma, dejando trasladar a su espíritu todo el sentimiento que los versos y las escenas le producían, como cualquier parroquiano que va al cine a ver un corto metraje.

¿Que piensas de tu película después de 22 años? Preguntó.

-No está del todo mal-.

El argumento es el siguiente:
Carlos de La Fuente, un pintor, decide escribir las memorias de su extraña relación con una distinguida y enigmática dama, a quien llamaría Gaviota.

Carlos describe en su libro cómo la conoce en la antesala de un Centro Nocturno en donde coinciden por casualidad.
Era una mujer delgada de mediana estatura y piel acanelada, su esbelto cuello la hacía parecer alta; de ojos pardos, inquisitivos y vibrantes y cejas arqueadas, el perfil de sus labios se dibujaba en un rojo carmesí y su abundante cabello negro arreglado en forma de corona acentuaba su natural elegancia, hacía juego con su traje sastre azabache que seguía el contorno de su femenina silueta. Sus senos, como sensual promesa, se abultaban detrás de una blusa blanca bordada en hilo negro. La tenue luz del salón de descanso se reflejaba en un juego de perlas que adornaba su cuello.
Algo misterioso había en ella que despertaba su curiosidad. Su sola presencia llenaba la antesala casi vacía, como si un aura emanada de su cuerpo se esparciera en todas direcciones.
La música del salón nocturno vibraba a todo volumen detrás del pesado portón de la entrada.
El deseo irresistible por conocer quién era esa enigmática mujer lo inquietaba. Desde su mesa, Carlos le hizo un saludo con la cabeza adornándolo con una pequeña sonrisa.
Ella lo contestó de la misma forma e inmediatamente miró hacia

otro lado como deseando cortar cualquier intento de acercamiento.
La voz de Carlos le volvió a llamar la atención.
¿Desea entrar conmigo? Le preguntó, haciendo una rápida seña con sus ojos hacia la puerta del salón.
-No, el ruido de esa música me pone nerviosa-. Le respondió.
-Yo estoy solo como usted-,
¿Quiere tomar una copa de coñac?
Ella le responde,
-Estoy esperando a mis hijos. Están bailando adentro-.
Él insiste y finalmente ella acepta iniciando así una relación llena de incidentes y tragedias. Le comenta de su reciente divorcio de un magnate de la industria de los seguros. Días después Carlos comienza a frecuentar su casa, una lujosa mansión al norte de la ciudad.
Le impresiona ver un enigmático retrato al óleo colgado en la pared de su lujoso salón, mostrándola como una mujer dura y sin sentimientos ataviada con un traje negro que acentuaba su aspecto tenebroso. Artísticamente no era una obra de mucho valor, era evidente que a su creador le faltaba experiencia para llegar a ser un artista de verdad, aunque la obra definía inequívocamente su figura. Conociéndola a fondo Carlos percibe que la dama padece de inestabilidad emocional. Había días que no quería salir de su alcoba en donde permanecía en la oscuridad sin probar bocado. Sus hijos, dos mujeres, una de 14 y otra de 16 años y un varón de 19, no sabían cómo manejar la situación. Le habían pedido ayuda profesional, pero cambiaba de psiquiatra sin permitir dar término a ningún tratamiento. Al cabo de unos días salía desaliñada y pálida atendiendo finalmente a los afanosos ruegos de sus hijos. Estas crisis ocurrían a menudo. Pasaron los meses, Carlos parecía ejercer cierto dominio sobre ella. Los muchachos comenzaron a llamarlo cuando ella caía en crisis, la sola presencia de su voz por el teléfono la tranquilizaba.
En los meses siguientes de La Fuente logra con paciencia y amor rescatarla de las sombras de la depresión, y con el correr de los meses juntos van construyendo un idílico mundo, como un escape de la realidad, en donde la felicidad les sonríe a cada momento

convirtiéndose en una mujer dulce y amorosa, sin rastros de su enfermedad.

Su familia, a quien él denomina, "Los pavos reales", se opone a esa relación esperando que ella regrese con el magnate, no por ella, sino por los beneficios económicos que les favorecerán. Usando varios ardides tratan de separarlos, pero son en vano todos sus empeños, al contrario, con todas estas adversidades y obstáculos la unión parece reforzarse más.

La familia le inventa viajes urdiendo los motivos más variados, realizando reuniones sociales entre su círculo de amistades con el fin de mantenerla lejos del artista.

Ella, consciente de la manipulación estalla en una crisis emocional, después de haber tenido una agria discusión con uno de sus hermanos, que la lleva a ingerir una sobredosis de barbitúricos. La internan en un hospital en donde los médicos luchan por traerla a la vida y lo logran. Permanece ingresada bajo tratamiento psiquiátrico, pero sin resultados positivos.

Mientras esto sucedía, Carlos regresaba de una gira por varias ciudades en donde realizaba exposiciones de arte. Inútilmente había intentado comunicarse con ella desde distintos lugares. Extrañado por no recibir noticias suyas va a su casa, pero el ama de llaves no puede o no quiere responderle nada. Comienza a indagar y descubre que está internada en un hospital, trata de comunicarse con ella, pero le han restringido el acceso. Todos los intentos por restablecerla resultan inútiles, cada día la depresión la va conduciendo a la enajenación mental, hasta que uno de sus hijos, el mayor de 19 años, en contra de la voluntad de sus ambiciosos tíos se atreve a hablar con Carlos y le concreta una visita en el hospital en un último esfuerzo por traer a su madre de vuelta a la realidad.

El encuentro no es muy agradable, ella no lo reconoce y llama a los guardias de seguridad para que lo expulsen de su habitación. El hijo le hace entender que es Carlos que ha regresado. Poco a poco comienza a recordar, pero lo primero que hace es reprocharle el haberla abandonado en una selva de monstruos que querían devorarla; se sume en llantos y, temerosa, se refugia en sus brazos como una niña asustada.

Después de varias semanas, increíblemente se va recuperando, y pocas semanas después Carlos la lleva de vuelta al hogar casi totalmente restablecida, pero pronto él se da cuenta de que ella ha desarrollado una necesidad constante de él y que ambos están prisioneros de una situación dañina.

Ella no podrá curarse si necesita la presencia de él como una muleta para poder vivir. No es eso lo que él desea para ella. Al considerar que los psiquiatras poco han logrado, Carlos comienza una terapia por su cuenta conducente a que pueda valerse por sí misma y volar libre como una gaviota; lo hace llevándola a visitar espacios abiertos, playas, parques, viendo volar las aves marinas sobre la bahía, tomando fotografías de la naturaleza, visitando galerías de arte y... sobretodo, haciéndole entender que vivir es un privilegio que el destino nos otorga para enriquecernos con nuestras experiencias y que son las actitudes mentales y nuestra incapacidad para encarar los problemas que diariamente se presentan lo que nos hace desdichados.

Al cabo de unos meses, cuando él cree que Gaviota está completamente curada y en control de sí misma, renace la esperanza de alcanzar la felicidad. Pero, dueña ya de sí misma, Gaviota comienza a llevar una vida frívola, vacía y sin contenido, llena de diversiones y fiestas, con personas superficiales con las que Carlos no muy de su agrado participa. Él es un hombre culto y no se siente bien en ese clima de frivolidad, donde ella parece encontrarse a sus anchas. Su actitud poco a poco los vuelve a separar, pero ella demuestra que poco o nada le importa.

Un día Carlos se da cuenta de que su presencia no es necesaria, cada día que pasa tiene la impresión de hablar con una total desconocida cuyos intereses son diametralmente opuestos y toma la decisión de desaparecer de ese frívolo mundo.

En escenas que evocan los atardeceres que ella captaba con su cámara, Carlos de La Fuente canta su decepción, escondiendo su dolor en un rincón de su alma. Mientras toma el camino de regreso a su casa, revive en efímeras escenas los gratos momentos vividos a su lado, en una poética remembranza llena de emotividad.

Recorre el camino de regreso como si hubiera asistido a un funeral. Ha tomado la decisión de no verla nunca más. Un momento de su vida ha sido malgastado en alguien que solamente le dejó un sabor amargo en su espíritu. Sin embargo, piensa que fue feliz cuando ella era la otra, la que él había forjado. Cree que el destino del ser humano es ir en pos del sueño imposible, pero ese sueño es esquivo. Crees verlo, corres a alcanzarlo en una carrera infinita, pero él siempre está más adelante.

Piensa que, de todas maneras él significó mucho en su vida y que aunque no quiera, ella lo llevará consigo en el recuerdo de sus pinturas, en su trabajo y en las huellas que sus vidas dejaron cuando caminaban juntos en su idílico y efímero universo.

Y en una íntima reflexión pregunta para sí... ¿Habrá existido de verdad esa dulce y amorosa mujer? O ha sido fruto de su imaginación idealista y quijotesca.

Quizás la verdadera era la otra, la frívola mujer sin sentimientos, con un vestido negro que acentuaba su aspecto tenebroso, cuya enigmática figura se retrataba en el cuadro que colgaba en la pared de su lujoso salón...

Las últimas escenas concluyen en las páginas del libro ya terminado. Dos copas de vino aparecen después, el artista toma una, mientras la otra copa permanece en primer plano, un momento después su copa regresa a escena, vacía, y la coloca al lado de la otra, la cual quedará llena, indicando que la Gaviota se ha alejado de su vida para siempre... Fin.

Colegio Champagnat.

Pocos años antes, cuando estudiaba en el Colegio Champagnat, hice mis primeras grabaciones acompañándome con la guitarra en una grabadora del colegio. Con ella también grabamos varias obras teatrales en vía de experimentación, con compañeros del colegio dirigidos por el Rector, el Hermano Marcelo.

Las primeras escenas fueron un desastre completo, dimos gala de una falta de profesionalismo de altura, pero, poco a poco fuimos refinando nuestras actuaciones, hasta que el grupo supo hacer algo que valiera la pena. Por eso, cuando Hernán creó el grupo, yo ya iba con experiencia sobre radio teatro.

En esa misma emisora radial conocí a dos muchachas españolas que cantaban maravillosamente, Elia y Paloma Fleta, hijas del famoso tenor español Miguel Fleta.

Carlos Muñoz, hijo de un legendario periodista payanés, hombre creativo, inventaba programas para concursar y espacios dominicales dedicados a los niños. Como jefe de programación, debía escribir a máquina todas las noches, la programación del día siguiente. Toda la música que se tocaba debía registrase en la lista de programación. En ocasiones yo le ayudaba a escoger los discos que se iban a tocar al día siguiente. Estas listas se envían mensualmente a las organizaciones que recogen regalías, al mismo tiempo las emisoras deben pagar una cuota por trasmitir por el aire toda la música que se oye. La organización se llama, Sayco, Sociedad de autores y compositores de Colombia, afiliada a las organizaciones internacionales como, Ascap, BMI, SESAC, (Society of European Stage Authors and Composers), esta última representante oficial de mi música y de la cual soy miembro activo desde 1979.

El arrullo de las voces de Elia y Paloma Fleta, me ha acompañado desde entonces como un bálsamo tranquilizante en los momentos angustiosos de mi vida. Ellas alimentaron mi nostalgia años después, recordándome constantemente la inolvidable época de mis primeros años en Popayán. Es una historia que relataré en otra ocasión porque merece un capítulo aparte. Después de saludar varias caras conocidas, pedimos *"sándwiches"* con Coca Cola y nos sentamos a una mesa ubicada entre las dos puertas del salón. Un rato después entró Rafael Bolaños, el Delegado Liberal. Se acercó a nosotros y dirigiéndose a mí, dijo.

-Al fin te nombramos, mono, ya eres parte de la Delegación-.
En Colombia acostumbran llamar, "mono" a las personas de cabello

rubio. Por cierto a mí me llamaban, el mono Rafael.
Había también una buena cantidad de monas en el barrio: la mona Isabel de Vivas Castrillón mi prima, la mona Camacho, la mona Satizabal, la mona Gerardina Peña, las monas Clelia y Nelly Garcés, la mona Cabanillas, las monas de La Valvanera y las monas Janet y Evelyn Carrillo.

El fotógrafo, del que no recuerdo su nombre, dijo, apartando un asiento.
 -Siéntese aquí con nosotros Doctor-.
El Delegado se sentó y pidió un tinto. Estaba satisfecho de haber resuelto el problema de la paridad y por haberme nombrado, Foto-identificador de La Registraduría.
 ¿Sabes que eres el empleado más joven que tenemos?
Cierto y lo pude constatar en el Seminario, en la primera reunión plena de funcionarios. Tuve la impresión de que fue más cordial conmigo desde que supo que era de filiación liberal. El partidismo trabajaba. Técnicamente, él era mi jefe directo, no Joaquín Arboleda, aunque el ejecutivo parecía ser este último.
 -Yo conozco parte de tu familia, los Gómez Guzmán, tu familia y la mía están emparentadas-.
Se refería a la familia de mi madre, oriunda de la población de Bolívar en el mismo Departamento del Cauca.
-Mi abuelo se llama, Milciades Gómez Guzmán-, le contesté. – En otra ocasión hablaremos sobre nuestros parentescos-.
La conversación se enfocó en los temas inherentes a la cedulación. Pero, nos hemos desviado un poco de los tempranos años que venía relatandoles.

Entre Carreño y Astete. El Tambo, 1947.

Hacía dos años había terminado la segunda guerra mundial. Había sido educado con mucho respeto hacia los mayores, siguiendo todas las normas del Manual de Urbanidad de Carreño, un librito redactado en forma de código, con preceptos breves, "... susceptible de encomendarse a la memoria y de grabarse perpetuamente en el

ánimo de los niños", según decía.
Manuel Antonio Carreño, un educador y músico venezolano, tuvo un gran éxito con este librito, un *"Best Seller"*. Lo adoptaron como libro de etiqueta y buenas maneras en toda Ibero América y todavía hoy se enseña en las academias de etiqueta, con algunas modificaciones y adiciones acordes con los tiempos que vivimos. Si este libro se enseñara en las escuelas, los profesionales no tendrían que hacer costosos cursos de etiqueta y buenos modales al terminar sus carreras.
Manuel Antonio fue el padre de Teresa Carreño, compositora y pianista, por quien lleva su nombre el Teatro más importante de Caracas, en donde se presentaba en noches de gala, Alfredo Sadel y en la actualidad en las temporadas de ópera, José Antonio García, "Grell".

El librito, decía, contenía sentencias de buenos modales y etiqueta, como mandamientos para ser obedecidos sin objeción alguna, nos lo enseñaban como se enseñaban las letras del alfabeto o el padrenuestro y el avemaría, repitiendo en voz alta y en coro hasta que las aprendíamos de memoria en la hora de lectura.

El profesor Grijalva, a quien conocía desde la escuela de El Tambo, era un verdadero maestro de la enseñanza con este método. Años después volvió a ser mi maestro en Popayán, en cuarto año de primaria. Seguía enseñando con el mismo método y con una regla en la mano que nosotros la llamábamos, la regla mágica, porque en manos del profesor se convertía en garrote. Esta situación nos tenía muy mortificados, hasta que una tarde, haciendo acopio de valor Emelio Gaona, dos compañeros más y yo, fuimos donde el rector y nos atrevimos a decirle que no nos gustaba el método de enseñanza de dicho maestro. El director de la escuela nos miró estupefacto, nunca antes los niños habían tomado esta clase de decisiones, parecía una especie de conspiración para remover a un profesor que gozaba de tanto prestigio. Pero al explicarle los motivos de nuestro desagrado y ver la seriedad y la vehemencia con que exponíamos nuestros argumentos prefirió tomarnos en serio. Nosotros no éramos párvulos de primer año de escuela para continuar aprendiendo de ese modo y a punta de reglazos. El asunto dio pie para una reunión de maestros en los que seguramente discutieron a puertas cerradas nuestra queja. Aunque nunca nos comunicaron las decisiones tomadas, para no rebajar su dignidad y autoridad ante nosotros, sí pudimos ver los resultados.

Poco tiempo después, discretamente cambiaban a Grijalva por el profesor Burbano, menos dado a poner en práctica la máxima, "La letra con sangre entra", tan de moda en esos años, pero él, más cercano a nosotros por ser más joven e inclinado a escuchar nuestros problemas fue el profesor que hoy recordamos con más cariño.

El profesor Grijalva era un ente inalcanzable, su palabra era la única ley y debía ser obedecida ciegamente, mientras que en Burbano ya se vislumbraba el nuevo método pedagógico que estimulaba el aprendizaje de las materias de manera que más que memorizarlas las entendiéramos.

Fuera de eso lo admirábamos porque descubrimos que tenía una novia muy bella; trabajaba al frente del almacén Saavedra por la calle sexta en una tienda de artículos femeninos, más bien frente a la residencia de mis tías abuelas Gómez Guzmán, muchacha de quien casi todos los de cuarto año de primaria estábamos perdidamente enamorados y lo envidiábamos por tener la suerte de ser el dueño de tanta hermosura que, centímetro a centímetro, era bella por los cuatro costados de su deseado cuerpo.

Tendríamos más o menos once o doce años y ella era una diosa de veinticinco, comparable solamente con las que veíamos en las películas de la MGM en el Teatro Valencia y ya nuestras hormonas daban muestra de revolverse dentro de nosotros. Un contorno femenino voluptuoso, un escote atrevido, raro en esos tiempos, sólo concebible en las meseras de los bares y en las películas italianas, una cintura pequeña, unas caderas amplias, unas piernas bien formadas, despertaban la fuerza del instinto que comenzaba a apoderarse de nosotros.

Es probable que en realidad no fuera tan bella y sólo se pareciera a una voluptuosa actriz bien conocida, pero nuestra mente, a una edad en que el erotismo nos brotaba por todas partes, la elevaba a las alturas, la idealizaba, haciéndola poseedora de todas las cualidades corporales de la verdadera estrella.

En ese tiempo construí un proyector de diapositivas con varios lentes de aumento dando un tamaño de proyección de un metro por metro y medio. Las diapositivas o vistas, como les llamábamos, las conseguíamos con los operarios de los proyectores de cine. Las vistas para todo público eran las de El Ratón Mickey, Super Ratón, El Zorro, Tarzán, El Capitán Marvel, Flash Gordon, Batman, etc., cobraba cinco centavos por ver la función. Pero había funciones especiales que no eran para todos los públicos, sino para amigos escogidos: Las vistas para adultos, a diez centavos la función. Allí se podían ver las vedettes de las películas mexicanas, los besos y varios desnudos femeninos de las películas francesas. Entre las vistas de bailarinas, las favoritas eran las de la Tongolele, nacida en Estados Unidos y Rosa Carmina, mexicana, dos popularísimas bailarinas.
Ebert Castro contaba una anécdota sobre la primera; decía que una vez la vedette no salió a la última actuación de baile. Al presentarse el empresario ante el camerino de la actriz su secretaria salió diciendo que *"La Tongolele ya no baila más porque le lele el tongo"*.

Por pasatiempo, cambiábamos vistas, como los muchachos de hoy intercambian tarjetas de los deportistas y de sus héroes favoritos. También, habíamos inventado un juego: se colocaban cinco vistas en posición de los puntos del dominó y desde cierta distancia se lanzaba otra vista con los dedos, si la vista lanzada caía sobre una de las cinco del contrincante se ganaba la vista.

Había competencias de trompos y baleros. Se jugaba al zumbo, un juego parecido al béisbol, pero con pelota de trapo y sin bate, cosa que poco jugaba por temor a los dolores de cabeza, más bien me divertía igual animando a mis amigos. También practicábamos juegos de mesa como el ping pong, el ajedrez y el parqués.

El Catecismo.

Otro librito que también decía ser la verdad absoluta era el Catecismo Astete, con preceptos menos mundanos que la Cartilla de Urbanidad de Carreño, pero que todo buen cristiano debía seguir al pie de la letra si no quería irse al fuego eterno.

Crecí en una época en que la religión invadía todos los rincones de nuestra existencia, el mundo era bueno o era malo, el resultado de la falta era el pecado y había que pagarlo en el infierno o en el purgatorio y la recompensa por ser bueno era el cielo. Parecía que La Santa Inquisición no había terminado. El que no iba a misa o no era devoto se miraba mal, la comidilla callejera decía,

-El marido de fulana no va a misa-

Se le juzgaba como persona mala o que debía mirarse con cierto recelo, era casi una herejía. La única diferencia era que ya a nadie quemaban en la hoguera, pero en cierta forma sí, lo enviaban a la hoguera de la segregación, como si fuera un leproso, en medio de la gente devota que acudía a la misa y al sermón. Los que acudían, por lo general, eran los conservadores porque pocos liberales iban a misa.-

La religión ha perdido su importancia, en parte, por la conducta de sus propios ministros, que predican para los fieles una vida llena de ética y moral, que ellos están muy lejos de practicar y por el avance de la ciencia que muestra la verdad inequívoca que, somos parte integrante de una evolución y que la vida no es sino una manifestación más de la materia.

Pero, la doctrina sigue allí, las tablas de la ley que rigieron al pueblo judio y después de tantos siglos siguen mostrándonos un camino de honestidad y rectitud y la palabra de Jesús, sin fanatismos y sin dogmas sigue iluminando la vida de millares de personas en el mundo entero.

La religión de Dios.

Si se pudiera preguntar a Dios a qué religión pertenece, diría.

-No pertenezco a ninguna religión, no soy ni católico, ni islámico, ni luterano, ni Testigo de Jehová, son los seres humanos los que se adueñan de mi nombre y en mi nombre cometen las peores atrocidades. Y en último caso creo que soy judío de ascendencia griega, porque fueron ellos los que comenzaron a pensar que no podía haber varios dioses y me concibieron como su única deidad, atribuyendo todos los hechos de su existencia como obra mía. Dicen que los hice a mi imagen y semejanza, pero fue al contrario: los seres humanos me hicieron con sentimientos humanos y crearon una ética y una moral alrededor de mi nombre para regirse y para buscar tranquilidad de espíritu ante las incógnitas de la existencia-.

Los dioses han sido concebidos por la imaginación como una respuesta al anhelo del ser humano de sentirse protegido y encontrar calma ante lo desconocido. En ese sentido la religión cumple una función tranquilizadora. Sin embargo hoy poco se cree en sus mitos ni en sus dogmas. Al liberar la conciencia de la muralla de contención religiosa y al ampliarse los conocimientos de nuestro mundo físico y biológico se han perdido valores que no han sido remplazados por principios de conducta éticos, creando personas irresponsables, con el dañino resultado, especialmente en el ámbito sexual de la proliferación de las enfermedades venéreas que están a la orden del día causadas por el libertinaje sin límites que hoy se practica, pretendiendo demostrar que es muy elegante ser promiscuo y se admira a la persona que haya hecho más conquistas, sea hombre o mujer. A los niños les está faltando la enseñanza moral y ética que los guíe a ser personas responsables, a tener autodominio y a aprender a estimarse a sí mismos. La palabra "pudor" parece haber sido borrada de todos los diccionarios. Se necesitan nuevas directrices de formación porque, el saber comportarse en sociedad cada día depende menos de la disciplina religiosa, admirable en todos los sentidos, pero llena de amenazas y temores a castigos eternos, por lo tanto la sociología debe encontrar nuevos caminos para formar hombres sin mitos, ni dogmas, sino con la premisa racional y simple de *no hacer a otro lo que no quieras que hagan contigo,* (Confucio, Jesús, Kant.) y con la convicción firme de que *el respeto al derecho ajeno es la paz.* (Benito Juárez).

A mis siete años era un rebelde que no seguía las directrices marcadas por la tradición y mis preguntas capciosas mortificaban a los adultos. Mis familiares mayores subestimaban mi capacidad de entendimiento. Ante mi insistencia me callaban diciendo que no fuera necio. Yo me mordía de la rabia al escuchar esa palabra, observando que los necios eran ellos, apretaba los labios y cerraba los puños en gesto de impotencia.

Quería saberlo todo, investigarlo todo, averiguar qué tan ciertos eran los preceptos de los dos famosos libritos y tomar mis propias conclusiones. Por eso, cuando años después leyendo a Descartes me di cuenta de que él había pasado por situaciones similares comulgué con él en casi todas sus aseveraciones filosóficas, con el entusiasmo juvenil de quien encuentra un amigo que lo comprende.

Después de estos comentarios y reflexiones de niñez y juventud, regresemos al Centro Social:

Rafael Bolaños terminó de tomarse su café y se despidió de nosotros. El jefe liberal era un caballero lleno de donaire y galanura, matizaba su charla con dichos, refranes y equívocos, pero se tornaba serio cuando las cosas eran importantes. De buen carácter, mostraba un optimismo que invitaba a imitarlo. Le encantaba hacer malabares con las palabras, dando muestras de un dominio lingüístico ingenioso y sin par. Más adelante entraré a fondo en el carácter de este inolvidable personaje.

Preparativos de viaje.

Marché a casa, a prepararme para el viaje. No recuerdo el nombre del fotógrafo que me dio tan oportunos consejos, trabajaba en otra división al norte del departamento. Si mi memoria no me falla, creo recordar un comentario sobre Santander de Quilichao. Aunque a menudo nos saludábamos en los seminarios realizados para reportar nuestras actividades.

Arreglé el equipo fotográfico, cubetas, papel, rollos... eché en la maleta un radio Zenit de bolsillo, tan pequeño como una cajetilla de cigarrillos. Mi esposa me lo había regalado para distraerme en las solitarias horas montañeras que me esperaban. En aquella época era lo último en miniaturización, con el nuevo invento de los transistores que hicieron obsoletos los tubos al vacío. Coloqué también una libreta de apuntes, un libro de dibujo de Andrew Looms y uno de Filosofía y la revista Selecciones de Noviembre de 1961. Y, bien me sirvió todo esto, porque siempre tuve tiempo para dedicarme a leer o a dibujar.

Utilizaba varias clases de rollos. Un día encontré en un almacén de fotografía, creo que fue en la Foto Ortiz, el del aviso famoso, "Soy feliz porque me retrata Ortiz", un rollo marca Perutz, fabricado en Alemania. Tenía una magnífica tolerancia a los cambios de luz, era el más similar al imbatible Kodak, pero, por ser una marca desconocida su precio era menor. En cambio, con AGFA, la velocidad y apertura del diafragma, debían ser muy precisos para que la fotografía saliera buena. AGFA era un negativo difícil a mi modo de ver, nunca pude hacer buena fotografía con él. Mi tío Jorge siempre utilizaba, AGFA, sus fotos eran opacas. Ahora pienso que no era el rollo, sino la mezcla del revelador que no era apropiada para él. Utilicé también rollos Ferrania, italianos, de grano más ordinario pero bien tolerante a poca luz. Otro fue Gevaert, de los primeros con base de poliéster, esta compañía la compró tiempo después la 3M., Perutz, fue adquirida por AGFA años más tarde. Ferrania y Gevaert se podían conseguir a través de la misma Delegación, la que había hecho algún arreglo con la distribuidora para dárnoslo más barato. De todas maneras mis

caballos de batalla fueron, Perutz y Kodak. Todos estos rollos eran de formato medio, es decir, de 120 mm, excelente medio para ampliaciones, hoy todavía se usa por los profesionales en el estudio. Las cámaras digitales todavía no alcanzan este tamaño, las mejores cámaras digitales andan por los 40 megapíxeles, pero se necesitan más megapíxeles para igualar una cámara con negativo de formato medio. Sé que pronto llegaremos, porque la tecnología busca su manera y la encontrará.
Organicé los productos químicos de revelado, la copiadora que había hecho a mano valiéndome de una caja de batería vacía. Puse alguna ropa y quedé listo para el viaje.

Al día siguiente fui a la Delegación Departamental creyendo que me embarcaría en la mañana, pero no tenían transporte sino a las 4 de la tarde. Regresé a mi casa a esperar a la persona que iba a llevarme. Un tiempo después, Ukiro, un japonés en un Jeep, me recogía a la puerta de mi casa. Era un personaje trigueño de mediana estatura, me pareció haberlo conocido antes, pero no recordaba en dónde.
Tomamos la calle quinta hacia occidente, como quien va para El Tambo y pasamos la conocida Avenida del Cementerio, escenario de varios de los cuentos de Margarita, con los mismos eucaliptos centenarios a lado y lado del camino, dieciséis años más viejos que cuando los miraba con ojos de niño y recogía sus hojas para olerlas. Una media hora después la carretera se bifurca, la izquierda se dirije a El Tambo y la derecha a Uribe.

La Delegación Departamental, base principal de las Registradurías, no tiene automotores, los empleados se movilizan individualmente en vehículos del servicio público.

¿De que entidad viene usted?   Pregunté a Ukiro.
-Soy del Departamento de Agricultura-. Me dijo.
-Aquí no hay muchos japoneses-. Le comenté.
-Mis padres llegaron aquí a Popayán para aprender español, en Japón se dice que aquí se habla el mejor español de América-.
-Aquí vienen muchos estudiantes extranjeros a aprender

español-.
 ¿Sus padres también viven aquí? Pregunté.
-No, ellos se fueron para Palmira, tenemos allá plantaciones de Tomate.
 -Y, usted se quedó-, ¿por qué?
 -Estudio Agronomía-.
 ¿Cuántos hermanos tiene?
 -Soy el mayor de 4 hermanos, llegué aquí a los 8 años.

Ukiro estaba haciendo unos años de práctica de Agronomía para su graduación.
¿Quién hubiera imaginado que años después estos japoneses llegarían a ser los mayores productores de tomate en el Departamento del Valle?

El Cartero y mi primera modelo.

Recuerdo que fue en el verano de 1954, tenía 14 años. Bertilde trabajaba para ese mismo Departamento de Agricultura en donde ahora trabajaba Ukiro. Era la secretaria del Dr. Otoya, jefe de ese Departamento.
Me comentó que necesitaban un cartero, con bicicleta y todo. Días más tarde fui nombrado, Cartero del Departamento de Agricultura. Trabajé durante los tres meses de las vacaciones. Pero no siempre ocupaba mi tiempo en esa actividad. Imprimía copias en mimeógrafo, con circulares oficiales para enviar a las alcaldías e inspecciones del Departamento.

En ocasiones no tenía nada que hacer, y me iba a una de las oficinas de los agrónomos a charlar con una amiga que hice allí, Cecilia Idrobo, fina y delgada como una gacela, de piel canela, delicada y femenina, no tendría más de 25 años. Le llamábamos, Chila. Casi siempre estaba sola, porque los agrónomos trabajaban en el campo y sólo regresaban por la tarde, con sus botas llenas de barro, oliendo a sudor y a campo llano. Cuando iban siendo las 4 de la tarde me decía,

-Vete porque ya llegan los agrónomos-.

A menudo tomaba papel y lápiz y me dedicaba a dibujarla. Un día, su jefe el Dr. Jorge Beckett, vio uno de mis dibujos. Cecilia me refirió que le había preguntado,

¿Quién le hizo este retrato?
-Rafael-. Respondió Chila.
-Rafael, ¿qué Rafael?
-Rafael, el cartero-.
-No lo creo-, dijo intrigado observando el dibujo.

Me mandó llamar. Yo no sabía de qué se trataba, pensé que me iba a reprender por pasar tanto tiempo en su oficina charlando con su secretaria. Pero cuando observé su amable sonrisa se disiparon mis temores. Me condujo al departamento de mapas donde me mostró varios bocetos hechos a lápiz, y preguntó,

¿Puedes pasar estos borradores a buen papel, con tinta china? Estos bocetos los enviamos a Bogotá, pero se demoran meses en elaborarlos. Si se pudieran dibujar aquí...
-Claro que sí-. Le respondí.

Me indicó someramente lo que debía hacer. Eran análisis de terreno, codificados con los cortes exactamente iguales a los que había observado en el diccionario Larousse.

-Vamos a ver al Dr. Otoya, ven conmigo-.
En su mano llevaba el retrato de Cecilia.
Mi tía Bertilde me vio entrando a la oficina con el Dr. Beckett.

-Doctor, ya tengo el dibujante de mapas que necesitamos. Si este muchacho puede hacer esto-. Dijo Beckett, mostrándole el retrato.
-Puede perfectamente hacer los mapas para las revistas-.
El Doctor Otoya, se quedó observando el dibujo y dijo con una sonrisa comprensiva,
-Cecilia-.

Mi tía en su escritorio, un poco retirada de la jefatura miraba nerviosa sin saber qué sucedía. Ella siempre temía que yo pudiera hacer alguna travesura.
El Doctor Otoya le dijo al Doctor Beckett
-De todas maneras hágale una prueba y me avisa-.

-Su sobrino es un artista-. Dijo el Dr. Otoya mirando a mi tía. Creo que puede trabajar en el departamento de mapas ayudando a los agrónomos-.

Mi tía sonrió mostrando cara de tranquilidad contestándole afirmativamente.

-Sí, lo es. Él puede hacerlo.

Me guiñó un ojo, yo le sonreí y salí de la jefatura con el Doctor Beckett.
Comencé esa misma tarde diseñando el primer mapa. En la oficina había toda clase de mapas con análisis de terrenos. El dibujante se utilizaba esporádicamente, en concordancia con las investigaciones que los agrónomos efectuaban sobre el terreno. Yo hacía las modificaciones pertinentes y los dejaba listos para su publicación.
Pero, el Dr. Otoya no permitió que Cartografía le quitara su cartero. Se hizo un arreglo para trabajar en la mañana como cartero y en la tarde como cartógrafo. Me aumentaron el sueldo de acuerdo con mi nueva categoría.

En contaduría había una mujer rubia, blanca, grandota, parecía alemana, era tan rubia como fuerte su carácter. De su boca salía humo como de una chimenea, a todas horas. Por cierto nadie la podía soportar, no sólo por su carácter sino por el olor a nicotina que despedía por todo su cuerpo. El día de pago, se paraba en la puerta del Departamento de Contabilidad y comenzaba a llamar gente para darle su cheque a cada uno. La mujer gritó,

¡Francisco García!

¡Rafael Tobar!

Me acerqué a la oficina acompañado de Paquito, un cariñoso viejito dedicado a la limpieza de las oficinas. Le dio a Paquito su cheque y después miró el mío.
Cuando la rubia vio la cantidad, dijo,
    -Aquí hay un error-.

Dirigiéndose a su jefe, desde la puerta, le preguntó.
    ¿Por qué le han dado tanto dinero a este muchacho?
    -Porque Rafael es nuestro cartero y cartógrafo al mismo tiempo, orden del Doctor Otoya-. Le respondió el jefe de contaduría desde el interior de la oficina.
Ella, conociendo el visto bueno de su jefe, pero intrigada, sin saber ni el cómo ni el por qué, endulzó un poco su cara con una mueca que parecía sonrisa y estirando la mano con el cheque dijo,

    -Jum... ellos sabrán lo que hacen-.

Si no fuera porque era así de déspota con los demás, menos con su jefe y el Doctor Otoya, pensaría que me tenía inquina.

Ahora, Chila era la que iba a visitarme a mi Departamento. En ese momento parecía una mujer muy saludable, aunque muy delgada, sin embargo no podría decir que estaba flaca, se veía bien. Murió de cáncer ocho años después, a los 32 años. Tengo los mejores recuerdos de ésa dulce muchacha, me demostró un cariño sincero que yo siempre le correspondí y fue la primera modelo de mi vida.

Cine en las veredas.

Por la misma época y mientras trabajaba en esta institución conocí a otro personaje interesante, Hernando Algara. Trabajaba en el Departamento de Divulgación Agrícola, dando cine cultural y científico en las veredas y pueblos cercanos a Popayán.
Su vehículo, un Van marca Chevrolet, estaba acondicionado con un

proyector de 16 milímetros y una planta eléctrica portátil, de gasolina. Unos estantes a un lado de la pared permitían almacenar las películas metidas en cajas de metal. El vehículo llevaba un altavoz en el techo para llamar a la gente a ver la presentación y por el mismo altavoz se reproducía el sonido de las películas.
Aprendí a manejar el proyector y a hablar por el micrófono, imitando a Hernando:

-Invitamos a todos los habitantes de la vereda a la gran presentación de cine. Hoy, a las 8 de la noche en el atrio de la Iglesia, el Departamento de Agricultura les trae estas fascinantes películas completamente gratis. No se las pierdan. Todos están invitados-.
En un tiempo en que la televisión todavía no existía en esas aldeas, ni videos, ni nada de esas cosas que hoy nos son tan familiares la gente concurría a maravillarse del cine que les presentábamos. Había personas que jamás habían visto una proyección de cine. En aldeas en las que generalmente nada ocurría al anochecer, hacían del acontecimiento todo un festival, aprovechaban para vender empanadas, tamales, colas y raspado de hielo al rededor de la plaza y la muchachada salía a recorrer el pequeño parque junto a la iglesia, todo era jolgorio y alegría.

Hernando tenía un ayudante japonés, muy serio, hablaba muy poco y...
-Oh, ¡Dios! Ese japonés no puede ser sino Ukiro, seis o siete años antes que me llevara en su vehículo a Uribe.
Con razón su cara me parecía conocida, pero no lograba ubicarlo.

¿Cómo no lo pude reconocer?

Claro, Hernando y él casi nunca estaban en las oficinas del Departamento, permanecían siempre trabajando fuera de la ciudad. Viajamos los tres en una sola ocasión una noche a Yanaconas, una aldea cercana a Popayán.
Hernando le pidió permiso a Bertilde para llevarme a dar cine a las veredas. Lo más probable es que Ukiro por cualquier motivo no

estaba trabajando porque no lo volví a ver. Seguramente estaba en Palmira, de vacaciones con su familia.

Al lado derecho del techo el vehículo llevaba un tubo de aproximadamente 15 centímetros de diámetro. Guardaba enrollada una pantalla con superficie reflectiva, de 3 metros de largo.

Pero no proyectaba solamente programas de agricultura. Presentaba además programas de salud. Eran documentales muy bien realizados sobre la constitución y el cuidado del cuerpo humano, las enfermedades por virus y bacterias, algunos, traducciones de documentales producidos en Estados Unidos.

Se terminaron las vacaciones de verano, dejé el empleo temporal y regresé a estudiar. Pero continué dibujando los mapas a comisión, cada vez que se necesitaba.

Sayonara.

Estaba relatando mi viaje a Uribe con el japonés, pues bien, el oriental tomó por una angosta carretera de balasto y piedra entre barrancos y matorrales. Era la hora del crepúsculo, el sol había pintado de anaranjado las nubes cercanas a la montaña haciendo contraste con el cielo azul y el perfil gris de la cordillera; unos minutos más tarde llegábamos a la población de Uribe.

Ukiro sin decir palabra bajó del vehículo, tomó las maletas, las dejó al pie del camino y palmeando las manos para deshacerse del polvo de la carretera, dijo.

-Bien, aquí termina mi trabajo-.
Exclamé intrigado. -Cómo así... éste no es San Antonio-.

Yo había estado antes en esa aldea y sabía perfectamente que era Uribe.

-Es cierto-. ¿No le dijeron que a San Antonio no entra carro? Usted sabrá como llegar. Buena suerte, sayonara-.
-Sayonara... Le contesté maquinalmente y con dudas ante el

destino que me esperaba.

El lacónico oriental dio la vuelta, montó en el vehículo y dejando un polvero por la carretera se fue alejando hasta convertirse en un minúsculo punto en la perspectiva del paisaje.
-Esto es insólito-, pensé, -y ahora, ¿qué hago aquí solo en este lugar, con dos maletas y a las seis de la tarde?
Miré al caserío buscando algún ser humano que pudiera auxiliarme. Parecía un pueblo fantasma, no había un alma en las dos hileras de casas de paja pintadas de cal a lado y lado de la calle, había pocas casas con techo de teja, a mi izquierda vi dos jamelgos grises pastando dentro de un establo, hasta las gallinas se habían ido a dormir. Pequeños remolinos de viento recogían polvo y pasto de la calle y se deshacían unos metros más allá.
El viento frío proveniente de la cordillera de los Andes Occidentales me azotaba la cara. Detrás de estas montañas se ve el Océano Pacífico y un territorio llamado, *La Tierra Caliente*. En ese momento ni siquiera imaginaba que meses más tarde el destino me llevaría a explorar esa enigmática y desconocida región llena de extrañas comunidades aisladas de la civilización, y que mi futuro iba a ser puesto a prueba de una manera dramática.

Los días en estos parajes son fríos, no importa la estación del año en que uno se encuentre debido a la altura, 1684 metros sobre el nivel del mar, en las coordenadas, 2.43 grados de latitud norte, y 76.74 grados de longitud oeste.
La negra capa de la noche comenzaba a cubrir la aldea. Tuve la sensación de estar completamente abandonado a mi suerte.
En fin, ya anocheciendo, lleno de frío y con una maleta en cada mano me aproximé a la casa más cercana.

-Tocaré puertas, a ver cómo llegamos a San Antonio-.

Como primera medida necesitaba dos caballos. Toqué en una puerta de la casa más próxima, me abrieron dos niñitas rubias de unos diez y once años. Parecían gemelas... al fondo, alcancé a ver un señor de complexión robusta apoltronado en una silla, fumando tabaco.

Se extrañó al ver mi porte frente a la puerta. Denotaba, sin lugar a dudas, a través de la vespertina y agonizante luz del día la figura de un forastero con indiscutible atuendo de la ciudad, colgando de un hombro una cámara fotográfica, anteojos, saco de paño, bluyines y botas de vaquero. Se incorporó de la silla con cara de saber quién era yo, pues, probablemente estaba pensando,

-Debe ser uno de tantos evangélicos que andan por aquí, tratando de robarnos nuestra fe católica. Si por la facha se los conoce. Voy a decirle que nosotros somos católicos y que se vaya.

-En qué puedo servirlo-, dijo respetuosamente.
-Soy empleado de La Registraduría del Estado Civil-. Le dije.

Las niñas completamente en silencio se quedaron al lado de la puerta tomadas de la mano, no me quitaban la vista de encima.

-Necesito alquilar dos caballos para ir a San Antonio-.
¡Ah! Usted busca a Neponuceno-, dijo.
-Supongo que sí-. Le respondí asumiendo que ese hombre alquilaba caballos.
-El no vive aquí-. Me dijo pensando que me había equivocado de casa. Salió a la calle señalando hacia la hilera de casas al lado derecho de la suya, yo le seguí.
¿Ve usted la casa blanca con una banca larga en el frente?
¿La de techo de tejas coloradas? Pregunté.
-Sí, esa misma. Es el granero de Neponuceno Jaramillo, él le puede ayudar.

Le agradecí cortésmente sus indicaciones.

-Tiene usted unas hijas muy lindas-. Comenté.
-Son mis nietas, sus padres murieron hace tres años en un ataque de la guerrilla-.
-Lo siento mucho-. Le dije.
Las miré haciéndoles un gesto de adiós con la mano, ellas

inmediatamente sonrieron y me devolvieron el adiós con sus manitas.
Me fui pensando,

-Dios, ¿cuando terminará esta pesadilla?

La violencia en Colombia había comenzado en 1948 a raíz del asesinato de Jorge Eliécer Gaitán, candidato liberal a la presidencia. Al principio la violencia fue partidista entre liberales y conservadores, pero poco tiempo después las organizaciones internacionales de izquierda, con Cuba a la cabeza, comenzaron a apoyarlos creando ejércitos de liberación, degeneró en vandalismo usando el secuestro, la extorsión y el asesinato. Años después el floreciente narcotráfico se alió con los guerrilleros para formar una fuerza que desde entonces ha sido casi imposible de erradicar, afectando la vida de todos los colombianos. Cuánta sangre derramada, cuánta barbarie, ¿para qué?

Don Nepo y los caballos.

Me dirigí a casa de Neponuceno con una maleta en cada mano.
Una joven muchacha atendía el granero. Recostados sobre unos bultos de café, charlando, se encontraban dos mozalbetes tan jóvenes como ella, tomando Cola Ducal y comiendo pambazo, un pan integral hecho de trigo con afrecho, (cáscara de trigo), antes se daba como alimento para engordar cerdos, aquí lo llamamos, *"bran"*, y dicen los expertos que es mejor alimento que el pan blanco. Detrás del mostrador había unos estantes con gran variedad de comestibles enlatados, colas y cervezas. En otro anaquel, pero cubierto con unas puertas de vidrio, encerrado con candado se alcanzaban a divisar frascos de aceite de hígado de bacalao, Pulmozono, ruibarbo, alcohol, implementos de primeros auxilios, jeringuillas y remedios veterinarios.
Pregunté por Neponuceno. La joven caminó hasta la puerta que daba al interior de la casa, apoyó sus manos a los extremos de esta e inclinándose hacia adentro dijo,

-Don Nepo, un señor lo necesita-.

Una voz apagada se oyó desde el interior, diciendo,

-Hágalo pasar-.
-Señor, por aquí-. Dijo la muchacha señalándome el camino.

Don Nepo se hallaba solo, sentado junto a una mesa disfrutando de su comida. Era un hombre de unos cincuenta y cinco años, de constitución asténica, unas cuantas canas se vislumbraban por sus sienes, parecía hiperactivo, como un hombre acostumbrado a hacer muchas cosas a la vez y a tratar con mucha gente.
Me miró y dijo,

-Ah, usted es forastero-. ¿Quiere un poco de café?
Al momento noté su acento antioqueño.
-Sí-, contesté a secas.

Ofelia, traiga una taza de café para el joven-. Ordenó, mirando hacia la cocina en donde laboraba una señora de mediana edad.
La señora volteó a mirar rápidamente y contestó, -Sí Don Nepo.
Enseguida pasé a decirle quien era y lo que necesitaba.
Le dije también.

-Voy a necesitar un guía, porque no conozco nada de estos parajes.
-No hay necesidad de guía- respondió - el mismo caballo lo llevará hasta la casa de Antonio Calambás, en San Antonio, déjelos con él, es el dueño. Son cuarenta y cinco pesos por cada caballo-, y agregó,
-Los necesitará para llegar a Ortega. Haga nuevos arreglos de alquiler con él. San Antonio está a tres horas de aquí, si va a buen paso-.

Eran ya las ocho de la noche, significaba llegar más o menos a las once o doce si no hubiera contratiempos.

Extraje los noventa pesos de la cartera y le pedí un recibo.
-Es para eso de los viáticos, de lo contrario no podré recuperar el dinero-. Le expliqué.
-Lo entiendo, con gusto se lo hago-. Y continuó.
-Debería irse mañana madrugado. Por esta montaña andan los guerrilleros del Capitán Rayo-.
Le agradecí la advertencia, dándole cuenta de los peligros a los que estaba sometido, pero era necesario llegar a San Antonio lo más pronto posible. El día siguiente era sábado, día de mercado en Ortega, cuando se reúne la gente de la sierra y sus alrededores a comprar en la plaza, ocasión para expedir la Cédula de Ciudadanía a los que hayan cumplido los 21 años de edad.
La cedulación estaba anunciada para ese día desde hacía varias semanas por medio de bandos y se habían enviado circulares a las aldeas vecinas invitando a asistir el día de mañana. Sin el fotógrafo, el Registrador no podrá hacer nada. No podemos esperar al próximo mercado. El sábado siguiente después de éste estaríamos en la población de Dinde.
Conociendo la emergencia de la situación, Don Neponuceno mandó preparar los caballos. Un poco escéptico por mi futuro viaje en manos de un caballo no tuve otra alternativa que confiar en los conocimientos y experiencias del animal. Si Don Nepo daba fe de que así era y no le veía cara de decir mentiras, por lo menos en este asunto yo tendría que darle cierto crédito a su aseveración.
Me prepararon los caballos, uno color café oscuro para las maletas y otro blanco, de buena estampa como se suele decir, lo miré bien porque íbamos a ser compañeros de viaje por varios días, tal vez semanas. Daba muestras de ser inteligente, me miró de pies a cabeza, pregunté al peón que los había traído cómo se llamaba, el peón, alzando los hombros dijo con una mueca de incertidumbre en la cara,
-Sabrá Dios-. Y procedió a ponerle la montura.

Pensé que debía ponerle un nombre, era necesario darle una identidad.

¿Babieca? No, es un nombre muy bobo, no sé cómo el Cid

le puso ese nombre a su caballo.

¿Rocinante? No. El rocín que tenía Don Quijote estaba muy flaco y maltrecho, en cambio la condición de este caballo es excelente, definitivamente no.

¿Palomo? Como el caballo de Bolívar, le queda bien por lo blanco que es, pero, necesito un significado más a tono con mi misión.

-Hola, Bucéfalo-, le dije acariciándole el cuello. El caballo movió las patas un poco inquieto. Mi inconsciente escogió "Bucéfalo", posiblemente porque mi misión era conquistar la montaña y apoderarme de ella con la cámara, no por el color, porque el caballo de Alejandro era negro, según tengo entendido. Traté de calmarlo, le dije,

-Tranquilo, nadie te ha llamado así, ¿verdad? Pues tú serás mi Bucéfalo de hoy en adelante-. Resopló, le acaricié la frente y poco a poco se fue calmando.

Me quedó sonando eso de que el caballo conocedor del camino iría derecho a la casa de Calambás. Con un caballo de mirada tan inteligente no dudé un segundo en que así sería.

Difícil de creer, pero días después, cuando me bajaba a tomar fotografías, me seguía con la mirada lleno de curiosidad para ver hasta el último detalle todas mis acciones, en cambio Viernes, el caballo de las maletas, permanecía tranquilo como si nada le importara. Era un despreocupado total. Pero Bucéfalo era como yo, tenía unas ansias inmensas de aprender y una curiosidad innata, todo lo observaba, las fotografías que tomé en el tope del mundo son fieles testigos, así "me dañó" varias con su terca manía de mirarme, y si le llamaba la atención intentaba ir donde yo estaba, e Ismael tenía que sujetarlo por el cabestro.

Cinché la rienda, arreglé los estribos a mi tamaño, coloqué comida en las alforjas y miré que las argollas de las correas estuvieran sobre las enjalmas y no sobre la panza de los animales para que no se hicieran daño. Revisé el freno de Bucéfalo y aseguré las maletas en el otro caballo, al que llamé, Viernes. Si me preguntan por qué, es probable que mi inconsciente lo haya escogido por dos razones: primero, el día era viernes y segundo, Viernes era el nombre que

Robinsón Crusoe le puso al indígena que encontró en la isla. A veces, es difícil descifrar las determinaciones que toma el subconsciente y trae a la superficie de nuestro cerebro nombres y decisiones que uno no sabe por qué lo hace, las entrega para que uno las acepte o las rechace, simplemente, porque es el subconsciente el que en realidad dirije nuestras vidas.

Iba a amarrar el cabestro de Viernes a una argolla de mi montura para que este nos siguiera detrás, pero pensé, si el caballo por cualquier motivo inesperado se detiene o se cae, me tirará al suelo con montura y todo. Mejor lo llevo con mi propia mano. Inicié la marcha cuando la noche ya se había apoderado del camino.

Era una noche sin luna, inmensamente limpia, ella incipiente subiría más tarde, las estrellas brillaban tanto que la tenue luz recibida evitaba que estuviéramos en la más absoluta oscuridad.

Acostumbrado a leer libros y artículos de ciencia y astronomía bajo el consejo sabio del Dr. Ante, mi vecino, me extasié mirando el firmamento. La maravilla de nuestra galaxia se alzaba en todo su esplendor; la Vía Láctea se dibujaba como una procesión de veladoras en Semana Santa. Pensé que ver este espectáculo que la naturaleza me regalaba era como leer un poema escrito en el firmamento, y es que todo en la naturaleza está lleno de poesía, solamente espera que una persona sensitiva llegue y la extraiga. El poeta no es más que un sutil intérprete de la naturaleza.

-No es posible que estemos completamente solos entre esta miríada de estrellas y planetas-. Pensé.

-Allá debe haber muchos seres pensando lo mismo en este momento, y... ¿cuántos de ellos nos estarán mirando y tratando de comunicarse con nosotros?

Pero, las distancias entre las estrellas son tan abrumadoras que el sólo preguntarse parece un atrevimiento.

Astronomía Amateur.

Años después acompañaba a mi hijo Juan Carlos, por las noches al Parque Nacional de los Everglades en La Florida, a unas dos horas de Miami, en donde la oscuridad es casi absoluta, a observar las estrellas con su telescopio Schmidt-Cassegrain modelo Celestron; un espejo esférico primario enfocaba la luz entrante en un espejo secundario convexo, que a su vez devolvía la luz a través de una apertura en el espejo primario, localizado en la parte trasera del tubo. Todos los telescopios construidos recientemente, desde Hubble hasta Keck, en órbita sobre el planeta están basados en el diseño del Cassegrain.

Tomábamos fotografías de planetas y galaxias con la Mamiya RB 67 sujetada con un adaptador especialmente construido para esta cámara. Tenía un motor de precisión que seguía el movimiento de las estrellas para asegurar fotografías muy nítidas a obturador abierto. Revelábamos los negativos y hacíamos ampliaciones para analizarlas.

El lugar en medio de Los Everglades era un terraplén de 200 metros de diámetro, servía también de estacionamiento para los vehículos. Varios puentes de madera se comunicaban con otros islotes construidos en medio de la ciénaga a metro y medio por encima del agua y con barandas de madera alrededor para proteger al público de los ataques de los cocodrilos.

Teníamos que echarnos repelente de mosquito por todo el cuerpo y cubrir los brazos con camisas de manga larga para que no nos devoraran.

A una distancia de unos 200 metros del lugar apagábamos las luces altas del automóvil y dejábamos las luces pequeñas, las ambar, hasta llegar al terraplén, para no mortificar a los demás aficionados a la astronomía allí congregados.

En plena oscuridad las pupilas se dilatan, las luces de los automóviles hacen que se cierren dejándonos ciegos por unos instantes, es una sensación muy molesta que se debe evitar. Usábamos linternas con filtros rojos para ver las coordenadas y hacer los ajustes al telescopio y a la cámara. Este lugar era un santuario destinado a los aficionados a la astronomía.

Nos gustaba fotografiar Las Pléyades en la constelación de Tauro. ¿Han observado, en el logo de los autos Subarú unas estrellitas? Son Las Pléyades, los japoneses las llaman, Subarú.

Fuimos miembros del Museo de Ciencias de Miami y no nos perdíamos las conferencias que astrofísicos y científicos invitados impartían semanalmente en El Planetario.

La pescadera.

35 - La pescadera - Rafael y Juan Carlos - Cayos de la Florida. 1970

Desde muy temprana edad mi hijo mayor se interesó por la naturaleza, por conocer nuestro planeta, su fauna, su flora. Hacía que le leyera libros de ciencia y me interrumpía a menudo haciéndome preguntas referentes al tema que estábamos tratando.

Un día me pidió que lo llevara a la pescadera, así le llamaba a la pesca. Yo no era aficionado a pescar, pero por él salimos a comprar cañas y todos los utensilios propios para esta actividad y nos fuimos a los cayos de La Florida. Contábamos con un día espléndido, aunque siempre húmedo y caluroso característico del clima del Estado floridano. Nos situamos a un lado del puente de Maratón. Tiramos los anzuelos y con paciencia de pescador nos dedicamos a esperar que mordieran el anzuelo.

Muchos mordían y se llevaban el camarón que habíamos utilizado como carnada. El niño estaba feliz a pesar de la frustración de ver que se nos llevaban todos los camarones. Parecía que estos peces llegaban, comían y se iban muertos, pero de la risa viendo nuestra frustración. Le dije, esta burla no la vamos a tolerar ni un minuto más, no sé cómo pensé en poner un anzuelo más grande, como el cazador que cambia su arma por una de mayor calibre.

-Papi, con estos anzuelos sí van a morder-. Me dijo lleno de emoción.

Volvimos a tirar los anzuelos y un momento después Juan Carlos sintió un fuerte tirón en su caña. Con las pocas instrucciones que le había dado, recuerdo de las veces que había observado a los pescadores en los puentes de Miami, le dije que aflojara y enrollara y cada vez enrollara más para ir acercando el anzuelo más y más. Así lo hizo hasta que apareció un hermoso y saludable ejemplar con visos plateados y anaranjados, como de unos 18 centímetros de largo. Le ayudé a enrollar la cuerda para acercarlo hacia nosotros. El no cabía de la felicidad por haberlo atrapado. Pero al ver cómo el pez luchaba para deshacerse del anzuelo que le atravesaba la boca, me dijo angustiado.

¡Papi, suéltalo, le duele, le duele!
Al darme cuenta de su sufrimiento por el dolor que el pez estaba padeciendo, le dije.
-Está bien, como tú quieras-. Lo solté del anzuelo,
-Dámelo, me dijo.

Lo sujetó con ambas manos, se acercó a la orilla y lo tiró al agua. Nos quedamos mirando cómo el animal desaparecía en su universo marino moviendo vigorosamente la cola. Observé cómo su cara se iluminaba con una sonrisa de satisfacción. Me miró, como buscando la aprobación de lo que había acabado de hacer. Yo le sonreí diciéndole.

-Vamos a tirar los camarones que quedaron-. Nos divertimos un buen rato dándoles de comer a los peces.

Creo que este incidente determinó muchas cosas en su vida y fue el final de nuestra súbita afición por la pesca. Yo, confraternizando con él, metí las cañas de pescar en un tanque de basura. Pensé que nunca más las utilizaríamos. Nos miramos sonrientes, como cómplices acabando de hacer una travesura, le eché el brazo al hombro y nos fuimos a ver cómo el sol del anaranjado atardecer parecía hundirse lentamente en el mar.

Años después lo veríamos con gran orgullo convertido en geólogo. Hoy, Juan Carlos es un defensor activo del medio ambiente, y trabaja en importantes proyectos del gobierno estadounidense para la conservación de la fauna, la flora y los recursos naturales del planeta, utilizando satélites que trasmiten fotografías tomadas con instrumentos sofisticados, los cuales permiten ver dentro del terreno. Juan Carlos con su grupo de científicos y técnicos interpreta, analiza, cataloga y explora personalmente el terreno. Es una labor que ama y le produce enorme satisfacción.

Pero, volvamos al tema que les iba contando sobre mi viaje a Ortega con Bucéfalo y Viernes.

Los guerrilleros.

Me dije, -Tenía razón el japonés. Por aquí no puede pasar ningún vehículo de cuatro ruedas-.

Matorrales a cada lado en algunas ocasiones y barrancos en otras, sendas angostas en varios trechos y una vegetación intrincada y exuberante se extendían por el camino. Estaba seco, era evidente que hacía días no llovía.

Ya había andado un buen trecho, algo así como una hora de viaje, cuando de pronto, escuché el trote de caballos que venían por el mismo camino. El inesperado acontecimiento me dio a pensar muchas cosas.

-Si son los guerrilleros del Capitán Rayo, podré estar en aprietos muy serios-.

Detrás de sí, este criminal dejaba una ola de desolación y muerte asaltando caminos y robando los almacenes y graneros de las aldeas. No dudo que esta misma guerrilla haya arrancado la vida de los padres de las niñas que me encontré en Uribe. Les caracterizaba un odio intenso hacia todo lo que representara el gobierno, sus funcionarios e instituciones, queriendo implantar, no un gobierno mejor sino el terror para su propio beneficio.
No quería convertirme en una estadística más de la página roja, con titulares como, "Empleado de La Registraduría del Estado Civil, es encontrado decapitado en un camino cerca de la población de Uribe".
Si tuve el coraje de hacer el viaje en estas condiciones, también debía tener la prudencia de ocultarme en la espesura. Desmonté rápidamente conduciendo los caballos dentro de los matorrales, los sujeté por el cabestro lo más cerca y firme posible y esperé a que pasaran, confiando en que los caballos no me fueran a delatar.

Vi aproximarse las sombras ecuestres, eran unos quince jinetes cabalgando a paso ligero. En la semi oscuridad pude vislumbrar que la mayoría llevaba fusiles al hombro. En un estruendo de pisadas de caballos pasaron frente a mí dejando un rastro de polvo, vi pasar también cuatro mulas con carga y dos jinetes más detrás de ellas.

Mis caballos se portaron ejemplarmente, como fieles cómplices, sin pestañear siquiera. Me atrevo a asegurar que sabían que estábamos escondiéndonos.
Comprendo claramente la simbiosis existente entre el jinete y su caballo, compañero inseparable del hombre a través de la historia. El caballo no es un ser extraño para mí, a los siete años ya tenía mi propio caballo. Andaba por todo el pueblo.

Mi padre nos lo había regalado a Luis y a mí. Pero quien disfrutó de él fui yo. No recuerdo ver a Luis ni a Saúl montándolo, no los veo en ninguna de mis actividades a mis siete años.

El caballo se convirtió en mi compañero inseparable por espacio de dos años, hasta 1948, cuando nos mudamos de El Tambo a Popayán. Sin ser un pony, era pequeño, de color blanco. Me gustaba apartar los terneros por la mañana, por eso me levantaba con el cacareo de las gallinas. El negro José, un criado, se encargaba de ir a la manga de Guazabarita a traerlo y a dejarlo, él me lo presentaba a las seis de la mañana listo para montarlo. Después de 1948, seguimos encontrándonos los fines de semana, cuando iba al pueblo con la tía Bertilde. Los sábados iba a la plaza de mercado frente a la iglesia, a comprar las granadillas suaves de Cuchanao y a tomar Forcha, una bebida fuerte llena de espuma muy ácida que me gustaba mucho, a hacerme tomar choques eléctricos y a comer chontaduros. También por 50 centavos te permitían ver cómo una mujer se iba trasformando en un esqueleto. Y había periquitos que te adivinaban la suerte y el organillero hacía sonar una canción como de carrusel de caballitos de madera.

En una ocasión, caballo y yo íbamos calle arriba para la finca de Don Salomón Hurtado, padre de Adelaida la esposa del tío Jorge, donde tenían la industria de la miel. Era una gran extensión de jardines maravillosamente bien conservados y entre la plantación había colocado innumerables colmenas de abejas.

Momentos antes de llegar a la curva donde el camino se bifurca, entre la vía para La Cuchilla de El Tambo y la de Patio Bonito, súbitamente advertí que bajaba una recua de mulas, cada una con cargas a los lados de sus lomos; seis mulas conectadas por lazos, una detrás de la otra, pero la última se había emparejado con la penúltima y por allí precisamente era por donde yo iba a pasar; sin darme tiempo para nada, el lazo pasó por encima de la cabeza de mi caballo y súbitamente me llegó hasta el cuello. En segundos fui a dar al suelo. Enseguida me levanté limpiándome el polvo anaranjado de la carretera, sentí que me quemaba la garganta, estaba sangrando, el lazo me la había cercenado y se habían roto algunos vasos por donde sangraba profusamente. Todo sucedió tan súbitamente que los jinetes que llevaban las mulas ni siquiera se percataron. Cuando me levanté ya la recua había avanzado media cuadra dejando un polvero. Monté el caballo y enseguida fui para mi casa, donde me dieron los primeros auxilios. A causa de este accidente mi padre me puso restricciones para montar el caballo. No se me permitió más cabalgar por la calle principal en día sábado, cuando bajaban de la montaña los arrieros con sus mulas de carga.

El noble caballo, mi compañero de andanzas infantiles se quedó en El Tambo cuando el tío Jorge se mudó también a Popayán con su familia, debió haberlo vendido y no me lo dijo por evitarme una pena. Quedo con la creencia de que lo hayan tratado bien y que el resto de su vida haya tenido cuidados propios de su especie y abundancia de comida.

Saúl Tovar. Semblanza de un padre ejemplar.

Mi papá se emocionaba cuando nos arriesgábamos, era como el león que enseñaba a sus cachorros a ser capaces de luchar por la vida y nos dejaba hacer, siempre con un ojo vigilante.

Una noche estaba muy comunicativo y quiso relatarnos su historia, Luis, Saúl y yo nos acomodamos alrededor de él y evocativo se marchó a su pasado, diciendo.

-Eran los años del presidente Rafael Reyes, los solteros estaban muy enfadados con él por el impuesto a la soltería que había decretado, especialmente los solteros que por vivir en concubinato, no se beneficiaban por la reducción de impuestos, a pesar de tener hijos.

Hasta una tonada corrió por ahí,

> *Están los amancebados*
> *muy disgustados con Reyes,*
> *porque sus rígidas leyes*
> *los obliga a ser casados.*

> *Y si desde el 10 de mayo*
> *no arreglan su vida todos*
> *sean liberales o godos*
> *los llevan al Putumayo.*

En el Putumayo había una prisión de máxima seguridad donde iban a parar los presos de la peor calaña. En realidad eran bromas de la gente porque nunca enviaron a nadie por convivir con su pareja en unión libre.

-Papá Ismael acababa de morir y los hermanos mayores nos dedicamos a trabajar para llevar adelante a mamá y a nuestras hermanas y hermanos menores. Éramos doce. Con quienes más relación tuve fue con Arquímedes, Antonio, Guillermo, Francisca y Dolores.

Trabajé en varios oficios artesanales hasta que don Agustín, amigo de papá y telegrafista en Corinto me ofreció el empleo de cartero, le pedí que me enseñara a escribir en Clave Morse. Yo siempre he tenido buen oído, por eso me fue fácil aprender a leer y a escribir en clave.

Meses después ya estaba entrenado para trabajar en cualquier oficina de correos del país. Aunque Corinto estaba más cerca a Cali, pertenece al Departamento del Cauca, por lo tanto escribí a la oficina principal de correos en Popayán. Veinte días después recibí la contestación esperada donde me señalaban que debería venir a esta ciudad y pasar un examen práctico. Quería que me dieran una plaza en Santander de Quilichao.

Mamá murió y la familia, sin el lazo de conexión maternal se desintegró, cada uno comenzó a buscar su camino, las hermanas se casaron y la casa familiar en donde hubo risas y llantos se fue

36 - Saúl Tovar Padre (derecha), con su hijo Luis Afranio. La Cumbre, Valle. 1956

quedando en silencio, sola, ocupada solamente por los recuerdos que nuestra memoria evoca.

Don Agustín, el viejo telegrafista amigo de papá, que había sido como un segundo padre para mí, a quien siempre recordaré con cariño y agradecimiento, me despidió en el terminal de buses.
    -Vete a hacer tu vida muchacho, pero, no olvides que acá hay gente que te quiere. Has gala de las buenas cualidades que te adornan y anda siempre por el camino recto, adiós-.

Me fui con la alegría de ver cosas nuevas, de conocer nuevos lugares y al mismo tiempo con el pesar de dejar todo lo que hasta ese momento había sido mi mundo, pero era la hora de romper lazos con la tierra natal.

La casa quedó a cargo de Don Agustín, autorizado para venderla.
Las oficinas ejecutivas de correo de Popayán, se encontraban en el Palacio Nacional, esa moderna construcción en donde también están situados los tribunales de justicia. Allí me hicieron el examen del cual salí bien calificado.

Corinto, Florida, Miranda y Santander de Quilichao habían sido el centro de mi vida hasta entonces. En algunas ocasiones había ido a Cali, en el Departamento del Valle, pero la mayoría de mis actividades ocurrieron en el Departamento del Cauca.
Tenía que desatar cabos e irme a hacer mi vida en otras latitudes. Mis hermanos tomaron el rumbo que su destino les había preparado, Arquímedes se fue para la ciudad de Cali, Antonio se ubicó en Florida, trabajando en una compañía de Tabaco. Guillermo se fue para Barranquilla, nos escribía de vez en cuando, pero con el pasar de los meses dejó de hacerlo, enviamos cartas a la última dirección que nos había indicado pero nunca recibimos contestación. Dolores contrajo matrimonio con un comerciante de Miranda y Francisca se casó en Cali.

En Corinto residía mi primo Nicolás, hijo del tío Marcial hermano de papá. Parte de la familia de mamá era de La Paila, algunos de mis tíos maternos trabajaban en el ingenio de azúcar. Con la familia Peña, la familia de mamá, casi no hubo relación por motivos geográficos, en cambio con la familia de papá estábamos más cerca y a menudo nos visitábamos.

Por Don Agustín supe que el telegrafista de Santander estaba a punto de retirarse y pedí esa plaza. Siempre me gustó Santander, más porque allí vivía Clementina, una muchacha que conocí en un paseo, iba a menudo a visitarla, vivía a media cuadra de la Oficina de Telégrafos, pero, ¡qué vaina hombre!, me destinaron a Cajibío, aquí cerca, al norte de Popayán, pero al poco tiempo la relación con

Clementina terminó, era muy difícil ir a visitarla y los lazos en realidad no se habían estrechado hasta el punto de pensar en casarme.

Pero papá no nos relató que en Cajibío había tenido una relación con una muchacha de allí y que producto de esa unión nació una niña, a quien pusieron por nombre, Oliva. Por razones que ignoro la relación no prosperó y se separaron. Es posible que él mismo haya pedido traslado a otro lugar para mantener distancia entre su malogrado amor y fue enviado a El Tambo.

Con la llegada de papá a esta población parecía que al fin la familia Tobar Gómez tomaba forma. Aunque antes habría que pasar por una última prueba.

Los futuros que la vida ofrece son incontables, pero solamente se puede escoger uno. Uno de estos futuros tuvo un nombre: Enelia Polindara.
Un apellido raro de origen indígena, nombre de unas tribus que una vez habitaron las montañas. En El Tambo existe esta familia Polindara, era un apellido por el que mi madre sentía una cierta aversión.
Parece que papá tuvo algo que ver con una de las dos hermanas, precisamente con Enelia. Las hermanas poseían un almacén de abarrotes y un hotel en una gran casona.
Enelia, mujer de piel acanelada, a los 37 años cuando la conocí se conservaba bien. Tenía una hermosa cabellera negra y una silueta bien provocativa. Permanecía detrás de las vitrinas de su granero atendiendo la clientela. Según dicen, nunca se casó porque el amor de su vida fue Saúl Tobar y lo perdió en la batalla librada con Ruth Elisa Gómez, mi madre. Enelia me observaba cuando me desviaba de la ruta a la escuela y pasaba frente a su almacén. Pero en aquel tiempo era yo un niño que no comprendía por qué esa señora no me quitaba los ojos de encima.

Pensaría que aquel jovencito bien hubiera podido ser su hijo, si el destino no hubiera cambiado su futuro. Pero, estaba equivocada porque si hubiera sido hijo de mi padre con ella, mi figura nunca hubiera sido la misma. Pero en esos tiempos no había mucha gente que supiera como se comporta la genética.

Creo que tienen curiosidad por saber cómo era el pueblo mencionado muchas veces en el curso de estas páginas.

El Tambo.

Una geografía accidentada y una configuración insólita deben haber conspirado contra la construcción de El Tambo, pero si consideramos que su desarrollo no fue la culminación de un plan preconcebido sino obra de la necesidad, como a todas luces su misma geografía lo atestigua, entonces tendremos otra idea del pueblo imposible. Mirémoslo más de cerca, por medio de una descripción más detallada de su idiosincrasia.
Corría el año de 1713, cuando el pueblo fue declarado oficialmente El Tambo, pueblito tan querido, de casas pequeñitas, en donde felizmente yo pasé mi niñez, es una población construida en el tope de una colina. Curiosamente, la mayoría de las casas tienen varios pisos, pero en la parte de atrás, hacia abajo. Así era la casa de zinc, la del tío Jorge. Es decir, sobre la calle está el primer piso, pero, en el interior los demás pisos se escalonan hacia abajo, siguiendo el perfil de la loma.
Comienza con la plaza de mercado, la cual parece haber sido cortada de tajo tirando el filo de la montaña; a la mano izquierda vemos la casa cural y la iglesia. Un poco más allá se alza el convento de las monjas. Siguiendo el recorrido, de izquierda a derecha nos encontramos con el granero de Tobías Rebolledo, un hotel y otros almacenes. A la mano derecha esta la casa de Octaviano Pérez, a donde llegan la mayoría de los campesinos con sus mulas cargadas de café seco, es un intermediario entre los agricultores y la Federación de Cafeteros.

Quita Sombrero es una sección del camino que une la parte baja con la alta. Es el único lugar ausente de casas a ambos lados, por

37 - El Tambo. 1975

eso el viento azota más fuerte en ese lugar. Cómo habrán gozado el viejo Patiño, nuestro zapatero y las gatas Solarte, que viven exactamente al comenzar Quita Sombrero, viendo a los

parroquianos correr inútilmente tras sus sombreros y observar que al final, se vayan monte abajo. Desde este punto hacia adelante comienza la cuesta y por ese motivo en la Semana Santa la procesión no se prolonga más. La calle principal es una línea alargándose por varios kilómetros hasta morir en Guazabarita, unas lomas que fueron testigos de duras batallas libradas contra los españoles en días de la independencia.

Seguramente la plaza es artificial. A ambos lados no hay sino barrancos y en el escaso filo disponible se construyeron las primeras casas. El Tambo era paso obligado por ser la vía más fácil hacia otras regiones del municipio. Por costumbre los viajeros de a pie o de a caballo aprovechaban las simas de las colinas para viajar de un lado a otro, y poco a poco, por el uso continuado se convierten en caminos. Esta es la razón por la que existen varios pueblos con esas mismas características, porque a lado y lado de la montaña sólo había selva. Otra característica es la carretera en zigzag para vencer cualquier colina empinada, como en Dinde o en

Coconuco, donde se puede bajar o subir todo el día, siempre observando la población que se agranda o se empequeñece según se suba o se baje.

Al frente la casa de Felipe Fajuri, a quien llamaban "El Turco", aunque dicen que era libanés. En tiempos de grandes migraciones europeas y asiáticas a tierras americanas esos territorios estaban dominados por el imperio otomano, es decir, por Turquía y las visas y salvoconductos los emitía este gobierno. Judíos, sirios, iraníes, libaneses y árabes emigraban de sus tierras con pasaportes del gobierno turco, por eso eran catalogados como originarios de Turquía. Dicen que don Felipe exclamaba muy orgulloso.

-Yo no soy torgo, majito guerido, soy libanés-.

Hay también varios cafés, (salones de billar), por la misma calle de la casa de Octaviano, hasta llegar a la esquina, en la cantina de Zenón, donde comienza la larga hilera de cuadras que forman la principal calle comercial. Hoy son pocas las personas que recuerdan ese maravilloso Tambo de entonces; recordar esa época y escribir sobre ella es un deber, para que no se olvide.

Olga Tenorio - El Tambo.

Olga, una de las bellas hijas del señor Tenorio, ganadora de uno de los concursos de belleza que se realizaba todos los años al comenzar el verano, despertó el corazón de un gitano que solía llegar cada año con las caravanas a vender caballos, sedas y bálsamos de oriente. Por la noche la gente se reunía en la plaza de mercado a escuchar los conciertos que daba la banda de música y coros del Padre Solarte que, gracias a Segundo Pavón, el organista de la iglesia, subsistía después de once años de haberse marchado de este mundo.

El gitano aprovechaba cada ocasión para pasar por la plaza por donde las muchachas daban vueltas escuchando las canciones que tocaba la banda. Hermosa como ninguna, de bellas facciones orientales, como una sultana, no fue desdeñosa con el gitano enamorado porque ella también sintió algo por él, y cuando la caravana levantó carpas la muchacha desapareció. Se fue con el gitano sin que nadie supiera para dónde. El dolor del padre por haber perdido a su hija en manos del gitano fue tan hondo que poco tiempo después moría, rodeado de todas sus hijas, menos una, Olga, la más agraciada, envidia de las mujeres y pasión y deseo de los hombres del pueblo, la que un día fuera Reina de Belleza en esos certámenes realizados todos los años.

¿Qué fue de Olga? Parece que alguien la vio ataviada con pañueleta sobre la cabeza, anchas polleras, brazaletes, collares y aretes a la usanza gitana. Su marido, años después dejó la caravana incorporándose a la vida ciudadana, como muchos otros gitanos a los que la fuerza de la civilización detuvo su ancestral y andariego modo de vivir y formaron su residencia en la ciudad de Cali.

El gitano murió, pero Olga vive en esa ciudad ya muy viejita, como Malena la del tango, rodeada de sus hijos y recordando su novelesca vida junto al gitano. Lo importante es que haya encontrado lo que todo ser humano busca en la vida: Ser feliz y a fe que lo lograron, contra todo pronóstico, porque sólo la muerte los pudo separar.

La chorrera de El Tambo.

Un balneario en medio de los cañaverales, nutrido por un riachuelo de clarísimas aguas, con casetas donde los bañistas se cambiaban de ropa, era paseo obligado los fines de semana.

Una pared de piedra de cuatro metros de alto daba soporte a tres tubos de diferente diámetro por donde se encaminaba el agua en tres estruendosas cascadas que iban a estrellarse contra el piso de cemento. Nosotros nos bañábamos en las bocas más pequeñas, pero en ocasiones mi padre nos levantaba y nos metía en el torrente mayor, allí sí sentíamos el tremendo peso del agua que parecía aplastarnos con su poder. En ocasiones me trepaba a los tubos a tratar de detener el agua con mis manos. Notaba que allí el agua no era muy fuerte, pero abajo el chorro caía con una fuerza mucho mayor. Estaba experimentando la aceleración de los cuerpos por el efecto de la gravedad y ese por qué lo vine a aclarar años después cuando estudiaba Mecánica Celeste.

Nos jabonábamos con unas barras largas llamadas, "Jabón de la tierra", una clase de jabón con piedra pómez machacada, típico de un territorio denominado, "Lo Caliente", al otro lado de la cordillera de Los Andes.

Allí mismo, en las mangas aledañas crecían los árboles de guaba. Contenían unas vainas como las del fríjol, pero de medio metro de largo, los atacábamos con ansiedad hasta alcanzar sus ramas de vainas colgantes llenas de dulce como osos frente a un panal de miel, al abrir las vainas aparecían unas semillas negras de pellejo blanco, como de terciopelo, dulce como la miel. Han pasado más de 50 años y todavía mi paladar recuerda inequívocamente su grato sabor.

Las figuras religiosas de El Tambo.

Es muy probable que las figuras religiosas del templo hayan sido esculpidas por la familia Reyes, unos artistas ecuatorianos que sentaron sus bases en Popayán, y a quienes les debemos una gran cantidad de las figuras religiosas que se exhiben en la Semana Santa.

En 1952, en Popayán fuimos a visitarlos con Luis Bustamante y dos de mis primos, Rafael y Diego, a su taller situado a un lado de la gallera municipal. Estaba el viejo Reyes concentrado en la elaboración de un San José con el niño Jesús. Había varias tallas en madera, unas terminadas, otras por terminar. Mientras nos hablaba de su profesión, de su estilo escultórico, de las herramientas propias para su trabajo, de sus orígenes y muchas otras curiosidades y anécdotas, nos sentamos cómodamente sobre un tronco de madera.

El señor de Los Reyes nos comentó que el tronco en donde estábamos sentados, sería en el futuro María Magdalena.

Inmediatamente me levanté diciendo, -Perdón, ¡señora!

Mis primos hicieron lo mismo, presentando disculpas por la incomodidad que hubiésemos podido provocar a la bíblica dama.
El viejo Reyes rió a carcajadas con nuestra ocurrencia y nos dijo.

-No se preocupen, todavía es un tronco de madera-.

Dicen por allí que cansada de estar inerte la figura del soldado a quien llamaron, El Judío, que se admira en el paso del señor de los azotes, quiso cobrar vida y escogió a Hernán, el herrero del pueblo.
Lo más significativo es que el Judío de los azotes de Popayán es idéntico al de El Tambo, por eso pienso que el señor Reyes utilizó el mismo modelo para ambas imágenes.

Hernán el herrero, se quedó para siempre con el sobrenombre de "El Judío". ¿Habrá posado Hernán para uno de los hermanos Reyes, inmortalizándolo para siempre en el recuerdo de los que lo ven por las calles de El Tambo o de Popayán cada Semana Santa?
Hernán vivía frente a la casa de mi tío Jorge, en la casa del barranco junto a la de los Ramírez.
Hernán era buen conversador, su elocuencia salpicada de anécdotas y curiosidades daba sabor a las reuniones que se realizaban en la casa de Zinc. Fue una temporada en la que se frecuentaba la casa por varias personas del mundo político local y yo iba de Popayán a pasar los fines de semana a montar mi caballo. Hernán el judío ya no me atemorizaba como cuando tenía cinco años.

¿Vivirá Hernán, el judío todavía? Hasta hoy, sí. Pero ha quedado ciego. Dicen que todavía tiene chispa para contar anécdotas de las gentes del pueblo con la misma lucidez de antes, pero ahora vive en Popayán.

Fui el único niño de la familia que mantuvo contacto con la gente del pueblo, después de nuestro traslado a Popayán en 1948, iba a menudo a visitar a mi tío Jorge. Años después vendieron todas las propiedades y se trasladaron a Popayán. Yo, sin tener donde llegar dejé de ir, y los caballos se vendieron. El Tambo sigue allí, pero de todo aquello sólo queda lo que les relato. El negro José Suárez, nuestro fiel criado, el que iba y traía mi caballo, se convirtió en chofer de bus haciendo la ruta de Popayán a El Tambo.

José andaba a pie descalzo, qué trabajo le costó a mi tío Jorge enseñarle a usar zapatos, no le gustaba, decía que eso era cosa de blancos. En ocasiones nos visitaba en Popayán, nunca llegaba con las manos vacías, traía una jigra llena de naranjas o alfandoque de las paneleras de Munchique, o con las famosas granadillas suaves de Cuchanao. Nosotros a cambio lo invitábamos a comer y no queríamos que se fuera, el buen negro, que con Margarita nos vio crecer.

Iba al jardín a buscar mojojoyes, una especie de gusano blanco que extraía de la tierra, se los introducía en la boca y les chupaba la grasa, decía que era el manjar más exquisito.

La vida quiso que Joaquín y Rafael me enviaran a El Tambo por unos meses a trabajar como Registrador y tuve al grato placer de mostrarle a mi nobel esposa los mismos lugares en donde vivimos. La llevé a la casa cural; el joven cura que atendía la parroquia, poco sabía del pasado del pueblo, pero al explicarle el motivo de nuestra visita y mostrarle mis credenciales nos dejó pasear por todas partes; lo mismo en el convento de las monjas. Habían pasado quince años y las monjas de más edad recordaban al "monito Rafael", el sobrino del Padre Solarte.

Fuimos juntos a visitar a las familias que papá y mamá frecuentaron, las mismas gentes amables y cariñosas, un poco más arrugadas a causa del inclemente paso del tiempo, pero en fin, las mismas personas llenas de bondad y sencillez.

Precisamente, en uno de tantos viajes de Popayán a El Tambo, a mitad de camino fuimos atacados por una fuerte tormenta que pudo tener funestas consecuencias.

Atacados por la Naturaleza. El Tambo.

En un viaje más de Popayán a El Tambo se desató un temporal que había ennegrecido todo el firmamento. Estábamos viajando en medio de barriales casi intransitables, fue necesario ponerle cadenas a las ruedas del camión, la tormenta había convertido la carretera en un río, el viento no dejaba de azotar y los rayos y truenos nos indicaban que prácticamente estábamos debajo de la tormenta.

Gentil Hoyos, el conductor dijo,

-No podemos continuar, vamos a parar en la población de El Zarzal-. Diciendo y haciendo, aparecieron las primeras casas. El caserío se prolongaba por un kilómetro a lado y lado de la carretera.

Todos se bajaron frente a una fonda donde vendían colas, pandebono y café. Eran las 3 de la tarde, pero el día se había oscurecido de tal manera que parecía de noche. Gentil, el conductor, debía llamar por teléfono a El Tambo, para explicar el por qué del retraso que estábamos teniendo ya que entre las personas que viajaban había autoridades del gobierno que iban a El Tambo a sostener una importante reunión cívica.
Más o menos 50 personas ocupaban el bus, pero este bus no era uno de esos convencionales que hoy conocemos. Eran camiones de seis ruedas, acondicionados para llevar pasajeros, típica construcción colombiana.
Gentil se aproximó al teléfono, yo estaba a su lado y comencé a darle vuelta a la manivela para llamar al conmutador central que nos diera comunicación. Gentil con el auricular cerca del oído esperaba la señal de comunicado cuando un estruendo ensordecedor llenó la habitación y fuimos lanzados al suelo cayendo sin sentido. No sé cuánto tiempo permanecí inconsciente, cuando desperté me vi sin camisa y una mujer a mi lado estaba dándome fricciones de alcohol en el brazo derecho y en el pecho.

-Ya vuelve, ¡Ya vuelve! Decía con gesto de triunfo, cuando la vi.

Me dolía el pecho, sentía náuseas, respiraba con dificultad y mi brazo derecho no lo sentía, llevé la mano izquierda para tocarlo pero parecía como si ese brazo no fuera mío, la señora trataba de hacerle recuperar la circulación.

Gentil yacía inconsciente, personal alrededor de él le daba los primeros auxilios, otras personas que estaban más alejadas en el momento del rayo también sufrieron algunas lesiones, unas sangraban por la nariz, otras, simplemente estaban asustadas contando el cuento. Los que casi no contamos el cuento fuimos Gentil y yo, pero definitivamente no era nuestro momento. Gentil se recuperó, pero fue su ayudante quien condujo el camión hacia El Tambo, puesto que las condiciones físicas no le permitían conducir. Por mi parte, tuve dolores musculares que con el tiempo desaparecieron.

Ser atacado por la naturaleza es una experiencia que no le deseo a nadie, la naturaleza es bella pero es implacable. A la naturaleza no le importa lo que el hombre haya construido con tanto esfuerzo, simplemente tiembla y todo se viene abajo, se forma un huracán y todo se destruye, pero el hombre es tenaz y cabeciduro; la Falla de San Andrés, en California, amenaza con destruir la región, pero mientras ello no ocurra la gente seguirá viviendo y construyendo sobre ella, a pesar de todo.

El Paraíso.

En Popayán y en pleno apogeo de mis experiencias musicales íbamos a menudo al Paraíso, un bar situado al Sur de Popayán por el área denominada Los Dos Brazos, en una finca donde se comía lechona asada y, ¡qué clase de lechona! Se pasaba bien allí.

"Se pasaba bien allí", recuerdo una escena en una película de Carlos Gardel, de 1927, en donde él invita a unos compañeros a ir a casa de un amigo y de las cosas maravillosas de la vida moderna que el amigo posee,

"-Miren, muchachos, vamos a casa de fulano. ¡Qué clase de personaje! Se pasa bien allí. ¡Hasta radio tiene!"

En una ocasión nos encontrábamos comiendo un buen plato de lechona con envuelto y menudo, rellena, etc., es decir, un plato de comida típica pero, como Dios manda, de pronto se acercó a nuestra mesa un caballero alto, rubio, delgado, muy cortés, diciendo,

-Señores, buenas tardes-.

Guillermo lo miró y saltando de su asiento, todavía con el requinto en la mano, lo pasó por la espalda del forastero y se estrecharon en un emocionado abrazo.
El señor exclamó,
¡Hijo querido!
-Papá, ¡qué sorpresa! Le dijo Guillermo. ¿Qué lo trae por aquí?
Guillermo volteó hacia nosotros y nos dijo lleno de alegría.
Muchachos, este es Nereo, mi papá.
Nos saludó a cada uno dándonos la mano y preguntando por nuestros nombres completos, como buscando apellidos familiares.
Él había vivido años antes, en El Tambo, el querido pueblito de nuestra niñez. Es lo más probable que hubiera conocido a mi padre, y a toda la familia Tobar Gómez y a la familia de Rosita Medina, la madre de Guillermo. Se pidió cerveza y ron antioqueño y se brindó por el encuentro familiar.
Nereo vivía en Cali, había llegado a Popayán a hacer una transacción comercial.

Yo conocí aquí en Miami a Myriam Torres. Fuimos muy buenos amigos con ella y su esposo. Por esas casualidades de la vida Myriam se casó con Gerardo Rengifo uno de los tíos de mi esposa. Gerardo y Myriam se habían conocido en Cali, se enamoraron y emigraron a los Estados Unidos. Vinieron desde Nueva York a la boda de una de las hijas de una prima de mi esposa.

En ese momento no sabía quien era ella porque su apellido era Rengifo, apellido de su marido. Pero, después, en una conversación sostenida acerca de nuestros orígenes, creyendo que era hija de Nereo me enteré que en realidad era hija de Pompilio, su hermano. Pero fue muchos años antes cuando tuve noción de su existencia; por 1959, Bertilde acogió una niñita de Coconuco, sus padres la habían dejado con ella, hasta poder ubicarla en alguna casa, para que realizara labores domésticas. Rubia, hermosos ojos, prometía convertirse en una mujer muy linda y delicada.

En una ocasión llegó a mi casa Adelaida Hurtado, la esposa del tío Jorge. Cuando la vio se quedó mirándola diciendo pensativa.

¿A quién se me parece esta niñita? Tiene un parecido con alguien que conozco... Un rato después, chasqueó los dedos diciendo,

-A Myriam Torres, ¡eso es! La hija de Nereo Torres.

Es muy posible que hubiera dicho, la hija de Pompilio Torres, pero al estar ocupado en la carpintería no escuché la conversación completa, tuvieron que pasar 20 años para sacarme del error. Pero ese no es el punto del tema. Esto demuestra qué tupida es la madeja de la vida, cómo todos estamos incrustados en ella y cómo, las vidas de las personas se entrelazan unas a otras, de modos impredecibles, y que no valen países ni distancias cuando el destino quiere unirlas.

Esa noche hubo festival de canciones, saqué mi mejor voz y Guillermo hizo gala de todo su saber guitarrístico, muy orgulloso de tocar frente a su querido padre, a quien las flaquezas de la vida lo habían separado de su madre cuando él era un niño todavía. Nereo Torres, no sabía que su hijo era un consumado artista de la guitarra y posiblemente nunca se imaginó compartir unas noches de copas a su lado.

Su padre le hizo mucha falta en su niñez. Esos pocos días que permanecieron juntos fueron para ellos una oportunidad para descubrir mutuamente sus sentimientos y sacar a la luz ese cúmulo de amor paternal y filial reprimido por tantos años. Ambos descubrieron sus verdaderas personalidades, se dieron cuenta de

que en ambos se albergaban unas almas grandes y nobles, pero la compulsión del padre por el alcohol, que no pasó de ser un bebedor social en los límites del alcoholismo, separó a su madre de él.
Habían pasado varios años desde entonces y ya era imposible un retorno de Nereo al seno del hogar, circunstancia que Guillermo siempre lamentó calladamente.

Y en una de esas inspiraciones que sólo aparecen entre abrazos y copas de licor, escuchamos al hijo diciéndole al padre,

-Papá, usted salió clavadito a mí.
-Sí, mijo. ¡clavadito a usted!

Ya casi llegaba el fin de semana y la juerga continuaba. Mi cuerpo no resistió más y esa noche me escapé a dormir a mi casa. No puedo olvidar la cara de tristeza de mi tía al verme llegar en esas fachas, todo desaliñado, unas ojeras profundas por la falta de sueño y la nariz tan roja como la luz de un semáforo, por todo el alcohol que había ingerido. El semblante de mi tía, a quien conocía perfectamente, cambiaba del enojo y la incredulidad a la conmiseración, de la amargura al amor y de la tristeza a la alegría de verme de nuevo sano y salvo. Cuánto me quería y cuánto sufrió por mis andanzas de guitarrista y serenatero.
Hoy, humildemente y baja la cerviz, pido perdón por lo mucho que la hice sufrir, a ella y a mis familiares, en esos días de bohemia licenciosa, llena de agradables irresponsabilidades.
Yo, un poco descreído de los dogmas religiosos, tengo que imaginarme un cielo para ponerlos a todos allí, por lo buenos que siempre fueron.
Dos días después de haberme escapado de, El Paraíso, un domingo por la noche oigo unos casi imperceptibles golpecitos en la ventana de mi cuarto, la entreabro y me encuentro con Guillermo, quien con su alegría característica me dice,

-Rafael, ¡hoy estarás conmigo en El Paraíso!

Ante tan bíblica exclamación, rápidamente me di un baño de gato, me vestí, tomé la guitarra y salí furtivamente, sin que la tía se diera cuenta, a seguir la juerga.

¡Ah! Guillermo. Por dónde andarás con tu guitarra, querido e inolvidable amigo de andanzas juveniles. Tú, que fuiste el estudiante de noble corazón y gran cabeza, como dijera tu tocayo, Guillermo Aguirre y Fierro. La vida nos dio a cada uno su turno para brindar por lo que más deseáramos.
Se haya cumplido o no es otro asunto, pero lo cierto es que fue maravillosa esa época bohemia que vivimos... ¡Qué diera porque esos días de deliciosa irresponsabilidad se repitieran!

La condenación de los libros.

En la casa sobraban habitaciones. La relación que la tía tenía con el Colegio de Marinita Otero hacía que llegaran estudiantes y personas de otras ciudades preguntando donde alojarse.
La tía Bertilde había arrendado la habitación de la esquina y la del lado sur para sus hermanas a un escritor ya entrado en años. Presentaba un cuadro de persona de mal carácter, siempre molesto por todo lo que le rodeaba, no permitía que hiciéramos ningún ruido para no disturbar su "maravillosa" mente creadora.
Lleno de resabios, se deshacía de sus iras reprimidas regañando por las cosas más simples a sus dos hermanas solteronas, Rosa e Isolina, parecían la versión femenina del gordo y el flaco, mujeres que no les adornaba ninguna gracia excepto su bondad, vivían atemorizadas ante la presencia de este sultán oriental que su mala suerte les había deparado como hermano. Las tenía como sus fieles esclavas. Por el trato que les daba comenzó a crecer mi antipatía y desprecio por el individuo. En general me disgustaban las injusticias de la gente, y ante estas escenas de lágrimas de sus desdichadas hermanas repitiéndose con tanta frecuencia, hice votos porque el diablo se lo llevara.
Un día, el diablo escuchó mis ruegos. El escritor les anunció que se iba para Chile, pues estaba escribiendo una novela en que la narración situaba al protagonista conviviendo con los indios Aymará, de la región norte de ese país. El escritor hizo sus maletas

y partió a su aventura, pero pasaron los meses y no daba señales de vida, ni una carta, ni una sola comunicación. Transcurrió un año entero sin saber de su paradero. Posiblemente dio con una tribu de caníbales, quiso esclavizarlos como había hecho con sus hermanas, ellos no lo soportaron y pensaron que era conveniente meterlo en una olla de barro, con papas y sal y se lo sirvieron en el almuerzo. El vinagre ya iba incluido en el cuerpo del escritor.

Sin ninguna señal del individuo, Bertilde decidió entrar al aposento y tomar posesión de él. Las hermanas comenzaron a desocuparlo y le notificaron a la tía que dispusiera de los libros como ella quisiera; el escritor los había colocado en estantes a lo largo y ancho de la pared. Era el mismo cuarto de la esquina que años antes había sido convertido en capilla, para que el anciano tío padre celebrara la misa. Al verse desamparadas las desdichadas mujeres, sin el dinero que les enviaba el hermano, tuvieron que comenzar a trabajar en algo más para poder subsistir, porque lo que hacían ayudando en el colegio no era suficiente. Se orientaron en la costura y otras labores domésticas y finalmente salieron a flote sin el soporte del sultán. La ausencia de su hermano fue para ellas motivo de un increíble descubrimiento, un momento grandioso que nunca habían experimentado en sus vidas, porque por primera vez saboreaban la dulce miel de la libertad. Siempre habían abrigado temores de toda clase y ahora estaban comprobando que eran mujeres útiles que podían valerse por sí mismas. Pero, ya no eran mujeres jóvenes, consideraban que habían perdido lo mejor de sus vidas atendiendo a su hermano, que en el colmo del egoísmo nunca les permitió tener un enamorado, pero, si algún día regresara ya no sería lo mismo, ya no dependían de él, porque se habían convertido en dos células completamente independientes, probando que así se vive mejor, y adquiriendo conciencia de su valor personal, no estaban dispuestas a ceder ni uno sólo de sus derechos por nada del mundo. Bertilde, al ver en la biblioteca del escritor muchos libros de autores y temas desconocidos llamó a un Sacerdote para que hiciera las del Bachiller Carrasco, mientras ella hacía las de la sobrina del señor Quijano, para separar los libros buenos de los malos y estos últimos condenarlos a la hoguera por ser peligrosamente destructivos para las inocentes mentes de sus jóvenes sobrinos que ya bordeaban los quince y dieciséis.

Bertilde mantenía el cuarto con llave, pero nosotros, como hábiles discípulos del famoso Arsenio Lupín, el elegante y aristocrático bandido, libro que habíamos leído de la misma biblioteca, nos fue fácil usar nuestras manos y una ganzúa para abrirla, sin que la tía lo notara.

Lo cierto es que ya Luis y yo habíamos leído casi todos los libros malos, la mayoría de carácter erótico, que eran los buenos, y una cantidad de novelas de las cuales estábamos ávidos por extraer el conocimiento de la vida. Otros decididamente antirreligiosos fueron objeto de escrutinio por parte del clérigo, pero esos no nos interesaron. Por lo tanto el rito de la condenación de los libros no nos afectó en lo más mínimo. Yo me quedé con la colección de Benito Pérez Galdós, que es, según la opinión general, el segundo novelista español después de Cervantes. Sus novelas de carácter histórico y otras me fascinaron, como, Trafalgar, Nazarín, Doña perfecta, y la serie de Episodios Nacionales, en donde se luce como un maestro de la narración.

Los libros catalogados como malos y perniciosos desaparecieron. No puedo afirmar si el clérigo se los llevó para quemarlos, si fue así, antes de hacerlo el respetable Sacerdote debe haber pasado horas muy agradables leyéndolos en la privacidad de su habitación, para calmar su curiosidad de saber por qué estos libros eran tan malos y perniciosos.

De la biblioteca del Padre tío las únicas obras que a menudo consultabamos eran, la Historia Universal de César Cantú y la Biblia. Los demás libros eran tratados de Derecho Canónico e infinidad de libros en latín, idioma al que poco le jalábamos, a excepción de las definiciones que buscábamos en el diccionario de raíces latinas y griegas para conocer el origen y el significado de algunos bocablos.

La colección de las obras de Pérez Galdós reposa en la biblioteca de Diego Muñoz, a quien se la vendí, cuando viajé a Estados Unidos.

Otro libro que debe reposar en la biblioteca de mi amigo Diego Muñoz B., es uno de Pushkin, creo que se llamaba, "Tratado del Arte", o algo así. Libro que me había prestado Vicente Garcés.

Cuando realicé la exposición de cuadros al óleo en el Museo Valencia, comisioné a Diego para que leyera el discurso de apertura, al notificarme que él no sabía qué decir sobre arte en mala hora se lo presté con el fin de que se inspirara e hiciera el discurso. Le pedía el libro cada vez que me encontraba con él, pero siempre se olvidaba de traerlo, pues, él residía por el barrio de La Pamba, por otro lado, Vicente mi vecino también, cada vez que me veía me preguntaba por él. Y yo pensaba: lo que se presta no se presta, no debí hacerlo. Un tiempo después viajé a Estados Unidos y perdí todo contacto con Diego y con Vicente. Mi buen amigo debe haber fallecido con la idea de que yo me quise quedar con su libro y sus hijas deben tener la misma impresión. Qué vergüenza.

De San Antonio a Ortega.

Saliendo de ese cúmulo de recuerdos y reflexiones regresé al momento en que el ruido de los caballos de los guerrilleros iba muriendo poco a poco en el silencio de la noche, interrumpido sólo por el rumor de las hojas movidas por el viento y el croar de las ranas. Pasado el peligro consideré que era preciso continuar el viaje. Las luciérnagas, como pequeños diamantes brillaban aquí y allá a lo largo del camino. Más adelante encontré varios jinetes solitarios. Pregunté si cabalgaba en la dirección correcta a San Antonio. Efectivamente, estaba en la vía correcta. Otros jinetes me sobrepasaron, eran comerciantes en ruana rumbo al mercado de San Antonio, llevaban varias mulas de carga, entre ellos había mujeres y niños. San Antonio es una aldea pequeña enclavada en la Cordillera Occidental, (latitud norte, 2.46. longitud oeste 76.40). En las noches frías una nube de niebla lo invade todo y a veces la temperatura baja casi a 10 grados centígrados. No es excesivo, pero a veces nos da por tiritar.
Llegué al caserío alrededor de las 12 de la noche. Cabalgué por un camino central con casitas de paja a cada lado, un caserío parecido a Uribe, pero en menor escala. Aflojé el freno del caballo para que se dirigiese a donde quisiera. Bucéfalo aceleró la marcha ansioso

38 - Aldea de San Antonio. 1961

por llegar a su destino. Varios perros salieron a recibirnos con algunos latidos inofensivos que interpreté como de bienvenida. Recordé un episodio de Don Quijote y Sancho cabalgando por los caminos de La Mancha cuando se aproximaban a un mesón.

    -Señor, los perros ladran-.
    -Señal que cabalgamos, Sancho, señal que cabalgamos-.

Atravesamos casi toda la aldea, pensé que Bucéfalo iba a pasar derecho. Comenzó a trotar, y finalmente paró frente a la puerta de una casa pequeña, cuya parte baja del techo de paja me daba casi en los ojos, era como la casa de los siete enanitos. Todo el mundo parecía dormir. Bucéfalo paró frente a la puerta y resopló, como queriéndome decir,

    -Ya llegamos-.

El caballo comenzó a raspar la puerta con una de sus patas delanteras, tocando para que le abrieran.

¿Quién es? Dijo una voz desde el interior de la casa.
Le quise hacer una broma y decirle,

-Soy su caballo, señor-. Pero, desconociendo la idiosincrasia de mi interlocutor me refrené tratando de poner cara de serio. Presentando mis credenciales a través de la puerta, la voz respondió,
-Aguarde un momento-.

La intermitente luz de una vela se filtró por las rendijas de la puerta y poco después ésta se abrió, dando paso a un anciano abrigándose con una ruana y con un candelero en sus manos. El anciano levantó el candelero a un lado de su cabeza para poder mirar mejor. Era Calambás. Hice nuevos arreglos de alquiler y le recomendé que me tuviera los caballos para las 7 de la mañana. Un rato después me llevaba a la casa del inspector, él sabía de mi llegada porque Ismael le había notificado sobre mi paso por la aldea. Abrió la oficina de la inspección en donde pasaría la noche.
El radio era la única conexión con el mundo exterior, escuché varias noticias por la Voz del río Cauca, de la Cadena Caracol, la emisora que mejor entraba por esas latitudes. Me instalé y cansado como estaba al poco tiempo me quedé dormido.

Las horas pasaron en un abrir y cerrar de ojos. A la siete de la mañana llegaron el Inspector y Calambás con Bucéfalo y Viernes. El Inspector me invitó a tomar café con arepas de maíz para que no me fuera vacío del estómago. Me ayudaron a subir las maletas al caballo, hice la inspección de rutina y partí con las instrucciones de camino dadas por ellos.

Ahora, de día, sí pude admirar el paisaje de la montaña y los matorrales llenos del rocío mañanero; el Corregimiento de Ortega, perteneciente al Municipio de Cajibío estaba a 4 o 5 horas, a buen paso de caballo.

-Bueno pues, andando, me dije, el camino me espera-.

En el curso del viaje adelanté y me adelantaron varios jinetes; no había manera de perderse. Llegué sin contratiempos un poco más allá del medio día. No fue necesario ni siquiera buscar la oficina del Registrador. Cuando llegué observé una fila de postulados que terminaba en una mesa donde un hombre trigueño, de cabello ondulado, de 35 años seguramente, estaba sentado frente a una máquina de escribir fuera de la oficina. Al lado, prendida a la pared una sábana blanca y un caballero bajito y rechoncho, con cámara en mano tomaba retratos a los prospectos ciudadanos.
-Usted es...
-Rafael Tobar-. Le dije.

El fotógrafo, al verme dejó su trabajo, me saludó rápidamente y le dijo a Ismael,
-Entonces, ya me voy-.
-Mire, me dijo. He gastado dos rollos, casi tres en su nombre, si me los devuelve se lo agradecería. Yo le contesté.
-Desde luego, no hay ningún inconveniente.
Recibió los rollos y se despidió a toda prisa. Estaba ansioso por partir, posiblemente para que no le sorprendiera la noche en el camino.
¿Ha trabajado antes en esto? Me preguntó Ismael.
-Sí-.
-De todas maneras le repito el procedimiento: debe poner el número del rollo y el del negativo correspondiente en cada tarjeta dactilar que yo llene.
Amarré los caballos a una baranda al frente de la oficina y comencé a tomar retratos. No tuve tiempo ni para quitarle las maletas a Viernes.

Ismael dijo, mirando a los muchachos que estaban haciendo fila.
¿Hay alguien que quiera ir a llamarme a Rodolfo Guerrero? Allí en la fonda-
Varios jovenes se ofrecieron presurosos. Minutos después venían

con él. Ismael le pidió que desatara las maletas del caballo, las dejara dentro de la oficina y se llevara los caballos al potrero a descansar. Rodolfo ejecutó lo ordenado. Seguimos la rutina hasta casi las seis de la tarde cuando era imposible tomar más retratos. Comenzamos a meter todo en la oficina. Fue el momento para presentarnos.

Ismael, de unos 35 años de edad, trigueño y de complexión fuerte, tenía el sentido del humor a flor de piel; tocaba guitarra. No fue difícil llegar a congeniar con este personaje. Enfrentaba los problemas con inteligencia y trataba de buscarles la mejor solución posible con serenidad y entereza. Advertí un colmillo de oro detrás de su espontánea sonrisa.

-De verdad, ¿eres mayor de edad? Me preguntó en forma de broma.

-Veintiuno, acabados de cumplir-. Le dije.

-Vamos a ver si todavía nos tienen comida.

¿Tienes hambre?

-Sí, de verdad-.

-La fonda es de Rodolfo, el señor que atendió los caballos.

Mientras comíamos hablamos de varios temas relacionados con el trabajo, entre ellos, el asunto de la guerrilla.

La guerrilla y los menores de veintiuno.

Ismael me puso al tanto de ciertas particularidades de la cedulación, advirtiéndome que la gente del Capitán Rayo estaba trayendo menores a cedular. Pocos años antes en un furtivo ataque a Cajibío, la cabecera municipal, los guerrilleros habían incendiado la Casa Cural, donde se guardaban los archivos de las partidas de bautismo, por tanto, sólo con llevar dos testigos mayores que dieran fe en declaración juramentada de que el muchacho era mayor de edad, se procedía a cedularlo, no se requería nada más. Pero a menudo cometían perjurio, porque la guerrilla necesitaba los votos para el partido que apoyaban y por eso trataba de llevar muchachos, que claramente se veía eran menores de 21. Los jefes de la guerrilla deambulaban mezclados entre los campesinos trayendo menores a cedular. Debíamos tener mucho cuidado para no dejarnos embaucar. Las tarjetas se enviaban a Bogotá para una elaboración que duraba tres meses, porque el departamento de procesamiento recibía los originales de toda la nación y en una época de campañas como esta el trabajo era casi abrumador.

Se podría pensar que la tarjeta donde se imprimían las huellas dactilares era copia de la del Departamento de Seguridad de los Estados Unidos, pero no, era copia de la que usaba el Departamento de Identificación de Canadá, como no conocía la estadounidense, no tenía punto de comparación para juzgar qué diseño era mejor.

Hoy, con los avances de la ciencia, que una cédula tarde en procesarse 90 días sería imposible, porque la fotografía digital está lista en unos segundos y la computadora procesa, lamina y archiva los datos en menos de un minuto.

-Los delegados te envían una carta-, le dije.
-Mañana la vemos-. Respondió.

Terminamos la comida y salimos a dar una vuelta por el pequeño parque, en el centro del pueblo.
-La oficina es muy pequeña, es mejor pasar la noche en la capilla-. Dijo Ismael.

Salimos a ver al sacristán a unos pasos de la fonda. Él nos abrió y mientras fabricábamos dos rudimentarias camas juntando las bancas de la capilla, comenzamos a hablar de varios temas, en una especie de tanteo de personalidades.

Este trabajo no era nuevo para él, había sido Registrador en varias poblaciones. Dejó este empleo para poner una florería en compañía de su mujer. Pero la campaña de cedulación estaba en su apogeo y aceptó el llamado del Delegado Departamental a trabajar de nuevo.

Por mi parte estaba dedicado a la publicidad y a la fotografía como profesión y la pintura artística como afición. También acepté el llamado de La Registraduría, porque me daba la oportunidad de conocer algo nuevo.

Mientras hablábamos de varios temas me señaló mis labores, las cuales incluían el tomar las fotografías, la impresión de las huellas digitales de los cedulados y el trabajo de revelado y copiado de las fotos. Ismael se encargaría del trabajo de inscripción, clasificación y envió del material a Bogotá y todo lo relacionado con el manejo de la oficina, en su cargo de Registrador Municipal. Con el correr de los días le ayudaba en sus trabajos, porque descubrimos que yo podía escribir a máquina más rápido que él, de manera que él dictaba y yo escribía.
No era que yo supiera mecanografía. Mi tía siempre trató de enseñarme a colocar los dedos en el teclado como se debe hacer, pero, como dice el refrán, "la cabra siempre tira pa'l monte", yo ya había aprendido la "chuzo grafía", y lo hacía a una velocidad tan grande que ni la propia tía me superaba. Por lo tanto, este es el sistema que siempre he practicado hasta el día de hoy.

Me cubrí la cabeza con una gorra de lana con tapa orejas, regalo de mi madre, similar a las que usan los habitantes del Perú. En mi maleta llevaba un colchón de aire. Lo compré por recomendación de uno de mis colegas de la Delegación. El colchón parecía un témpano, no había cuerpo humano que calentara el aire que contenía, debido a la baja temperatura del ambiente.

-Tendré que estudiar una manera mejor de resolver el problema-. Pensé.
Sin embargo, Ismael dormía plácidamente sobre las mismas bancas, sólo cubiertas por una delgada cobija de lana.
-Es cuestión de costumbre-, me dije.

Las capillas y las sacristías.

Varias veces había estado en capillas y sacristías, en especial en la de El Tambo, pero nunca había pasado la noche en una de ellas. Las iglesias me infunden cierto respeto, son como puntos de contacto con una conciencia superior, con un ente que está fuera de nuestra total comprensión, las sacristías en cambio me daban temor. En la sacristía guardaban las imágenes que se exhiben en procesión en la Semana Santa.

Encontrarme con todas esas imágenes mirando al infinito, con sus ojos de vidrio, como presencias de un pasado remoto queriendo existir de nuevo en sus actitudes estáticas, realizando una acción congelada en el tiempo, como el caso del Judío en el paso de Los Azotes, el cual látigo en mano, con el brazo levantado está listo para azotar la frágil y doliente figura del Galileo; o con la figura del Señor Caído lleno de sangre y de llagas; o encontrarme con la cara envuelta en lágrimas de La Verónica, vivo retrato de dolor, frustración e impotencia para cambiar los hechos que la hacen padecer, extendiendo el rostro de Jesús, grabado en el trapo que usara para secar su sudor y su sangre, revueltos del polvo de las calles de Jerusalén, son escenas que no he olvidado.

En la capilla parece resonar la algarabía del populacho efervescente, vociferando palabras soeces al paso del hombre, que lleva su propia cruz y en la que momentos después morirá, en medio de dos vulgares ladrones.

Los templos y las sacristías tienen un olor particular; huelen a incienso, a viejo, a sudor humano confundido con el olor de la cera de los candeleros. Están llenas de misterio, parece emanar una conciencia sagrada, una energía mental acumulada de todos los seres que van a rezar, a expresar sus desgracias, o a dar gracias por sus bienaventuranzas. La conciencia del cristianismo está viva en ese recinto misterioso. Allí esta la síntesis humana del espíritu, de la vida y la muerte. El renacimiento del pasado está en el altar, en el atrio, en el púlpito, en el pequeño armonio que lo mismo da la bienvenida a los recién casados o despide a los que se van para siempre.

Entre las andas que me impresionaban cuando era niño, decía, se encuentra una talla de madera que representa al Ecce Homo sentado, coronado de espinas, con las manos atadas, el rostro ensangrentado y frente a él, dos figuras, una de ellas tiene en la mano un azote de cuero que, en actitud amenazante, esgrime sobre la cabeza de Jesús. La gente la conoce como "El Judío de los azotes". Nombre erróneamente puesto porque en realidad son soldados romanos con sus uniformes militares, al servicio de Poncio Pilatos.

El Judío de los azotes.

El Tambo, 1947. Casa del tío Jorge.
Me hallaba en casa del tío Jorge, en la llamada casa de zinc, porque en vez de tejas tenía unas láminas de este metal cubriendo el techo. De pronto, vi que se aproximaba por la calle, nada menos que el judío de los azotes. No podía creer que esa figura se hubiera bajado de su anda y viniera hacia mí. Un sudor frío me sobrecogió.
El mismo cabello rizado, los mismos ojos saltones, las cejas pobladas, la nariz aguileña..., venía vestido de parroquiano, se acercó a mí diciéndome.

-¿Está don Jorge?

Yo estaba tan asombrado que, por un momento no supe que decir. Pero reaccioné diciéndole.

-Creo que sí, voy a buscarlo-.

Salí corriendo para el taller de carpintería, más para poner distancia entre esa figura fantasmal salida de un pasado milenario y mis temores.
¡Jorge, Jorge!-, grité.
¡En la sala está el judío de los azotes!
¿Qué? Preguntó intrigado.
-El judío de los azotes lo busca en la sala. Ese que le está dando latigazos a Jesucristo-.

Extrañado, Jorge se quitó el delantal y salió conmigo para la sala, pero al voltear la cabeza el judío estaba ya a unos pasos de nosotros, me había seguido.
Yo me resguardé atemorizado, detrás de mi tío, señalando con un

dedo esa figura fantasmal.
Jorge al verlo se echó a reír a carcajadas diciéndole.

-Es verdad, la cara de judío no te la quita nadie-.
Mi tío tranquilizándome dijo,
-No tenga miedo mono, este es Hernán, el herrero-.

En las iglesias de El Tambo o Popayán, nunca he visto esculturas de demonios, y al parecer no se acostumbran en América, sin embargo, en las iglesias de Francia me llamó la atención encontrar estatuas representándolos, como figuras del mal entre los ángeles, supongo, como representaciónes del bien y del mal, especialmente la imagen del demonio Asmodeo, de acuerdo con la leyenda, el Guardián del Templo de Salomón. La imagen está a la entrada de la misteriosa iglesia de La Magdalena, en Rennes le Chateau, soportando con su espalda una pesada pila bautismal, también la vi en Aviñón, y en Notre Dame, en París.

Amanecer en Ortega.

El encargado de la capilla llegó a despertarnos a las 7 de la mañana, anunciando que el cura párroco de Cajibío, había llegado a realizar varios bautizos y una boda. Deshicimos las improvisadas camas, llevamos nuestros enseres a la sacristía y salimos a desayunar. Dormí poco, el colchón de plástico estaba tan frío como el hielo, me levanté con el cuerpo adolorido. El sol mañanero fue un regalo para mis músculos entumecidos. Los comerciantes ya habían preparado sus toldas. Jinetes iban y venían, todo era movimiento en la plaza. Las toldas despedían diferentes olores de las comidas recién preparadas. Nos dirigimos hacia una fonda ubicada a la izquierda de la capilla. Allí nos encontramos con el cura y su coadjutor, eran españoles. Fue la primera vez que nos vimos, pero no sería la última, porque más adelante trabajaría en la población de Cajibío, dirigiendo las elecciones.

39 - Rafael e Ismael, en plena actividad ceduladora. 1961.

Ese día trabajamos hasta que fue imposible tomar una fotografía más. Al día siguiente iríamos rumbo a la población de Dinde.

Muy temprano, cuando el sol apenas se estaba levantando comenzamos a bajar la montaña por un camino lleno de accidentes, con piedras inmensas a cada lado y pasadizos angostos e irregulares más propios para los cascos de las mulas que para los caballos. El paso de la mula es más firme andando por estos pedregales. Por esa razón los exploradores que viajan por los angostos caminos del Cañón del Colorado prefieren las mulas. En algunos lugares nos detuvimos a recoger conchas. ¿Conchas a 1700 metros sobre el nivel del mar? Con seguridad en épocas pasadas debe haber sido fondo de mar y el deslizamiento de las placas tectónicas levantó el terreno para formar las cordilleras de los Andes; piedras blancas

40 - Camino a Dinde.

hechas de calcita y de desechos orgánicos marinos lo indicaban, después, el agua a través de millones de años cavó estos caminos. Cabalgábamos por el cauce de un río seco, que en algunos lugares tenía los cortes naturales de un cañón esculpido por el paso del agua, en donde pude observar el corte de antiquísimas edades geológicas, capas de material que podrían albergar tesoros orgánicos fosilizados. Se me antojaban monumentales hojas de un libro mostrando las edades geológicas hacia un pasado que tenía millones de años. Quise detenerme a investigar una de esas pizarras geológicas, pero el tiempo estaba sobre nosotros urgiéndonos a llegar cuanto antes a Dinde.

A diferencia de Uribe o San Antonio, como refería, que son calles largas con casas a ambos lados del camino, Dinde es un perfecto cuadrado de casas, no hay nada más, con el dato curioso de que hay una casita en el centro. Mientras bajábamos a paso de caballo, haciendo mil curvas, mirábamos la aldea desde lo alto de la

41 - Aldea de Dinde. 1961.

montaña, la observábamos cercana, pero estuvimos bajando durante horas y no parecía que progresáramos. Llegamos casi al anochecer.

La vida en esta región es primitiva, no hay indios, ni negros, solamente mestizos y criollos blancos. Los habitantes todavía conservan palabras del español antiguo, degeneradas hasta cierto punto, las cuales se han ido trasmitiendo de generación en generación. El difícil acceso y la falta de comunicación han hecho que sus costumbres coloniales se conserven casi intactas.

Es usual encontrar en su conversación castellana palabras y frases como, Vengo a que me cedulés, por ceduléis, a que me retratés, por retratéis, ¿Querés tomar café?, por queréis. Usan la expresión "vos" por tú: A vos te va a gustar mi comida. Dejáme aquí, por dejadme.

Su educación es completamente castellana y cristiana, sin fetichismos ni supersticiones. No hay por estos lugares reservas indígenas como en Silvia o Puracé, ni población negra como en la

42 - Cedulación en Dinde. En el centro, el Inspector y sus hijas. 1961

costa colombiana, solamente mestizos y criollos. De vez en cuando se ven campesinas con rasgos indiscutibles de ancestro español.
Al fin, después de bajar por varias horas en zig-zag llegamos al caserío que nunca perdimos de vista.

Dinde. Don Este y Don Mono.

Nos presentamos ante el Inspector, un mestizo alto y robusto, personaje de tez prieta pero un poco tirando hacia lo blanco, nariz ñata, aplastada hacia los lados de la cara, los labios abundantes, como de moreno, alto y fornido; su rostro me recordó esas enormes caras de piedra Olmecas encontradas en México. Nos recibió con una jarra de aloja, una bebida ligeramente fermentada hecha de maíz. Sedientos y cansados, nunca una bebida me pudo saber mejor, me la tomé de un solo golpe y le alargué el vaso para que me diera más.

Le dijimos nuestros nombres una y otra vez, pero no se le grababan

43 - Rafael con Bucéfalo - Cordillera de Los Andes Occidentales. 1961

en la memoria y por fin resolvió llamarnos, a Ismael, Don Este y a mí, Don Mono, y así nos identificó por los días que estuvimos en su aldea. Dos hijas que no se separaban a ninguna hora andaban con él para arriba y para abajo, la más pequeña era el vivo retrato de su padre. La otra hija, bajita como la hermana, gozaba de mejores formas y era dueña de unos ojos hermosos, tenía a lo que pude calcular, unos cuatro o cinco meses de embarazo.

Un generador de gasolina producía la luz para las casas que conformaban el pueblo. El servicio estaba limitado a ciertas horas de la noche. Me pregunto, ¿cómo pudieron traer ese inmenso generador hasta este lugar? Si no hay camino que pueda permitir el paso de un camión. Deben haber utilizado un helicóptero del ejército. Los ríos de esta región no son nada navegables.

A la mañana siguiente la gente comenzó a llenar la plaza donde los mercaderes erigían toldos y desempacaban mercancía. El pueblo entero despertó con el murmullo de marchantes y vendedores, y los variados olores a comida recién hecha llenaban el ambiente; arepas por un lado, tamales por otro, empanadas acá, carne asada por allá. Estos olores tan familiares me recordaban los años de mi niñez en El Tambo y las andanzas con mi caballo por la plaza de mercado.

Los desayunos no eran solamente el café con leche, pan y mantequilla que usualmente tomábamos en las mañanas. El café con leche venía acompañado de dos arepas de maíz, arroz, fríjoles colorados y carne, a veces pandebono recién horneado. Eran desayunos propios para los peones que madrugaban a las duras faenas campesinas para aguantar el día, bajo el inclemente sol montañero.

Y yo pensaba.

-Nosotros lo que más hacemos es trabajo de oficina y nuestro único ejercicio es teclear la máquina de escribir y hacer clic con la cámara, andar a caballo es un ejercicio para las bestias no para nosotros, debemos continuar con el café y el pan, de lo contrario nos convertiremos en toneles de grasa-.

El inspector llamó a bando. Un mozalbete salió no sé de dónde con un tambor que comenzó a tocar frenéticamente, la gente se aproximó presurosa y el Inspector con elocuencia campechana informó a través de un cuerno de metal el motivo de nuestra visita.

En una mesa colocamos la máquina de escribir, papeles y cartones de dactiloscopia. Situamos un asiento frente a una pared en donde se colgó una sábana blanca y comenzamos a trabajar.

La gente se fue amontonando alrededor de nuestro puesto de trabajo, el inspector y otros ciudadanos contribuyeron al éxito de nuestra misión trayendo gente desde los cuatro puntos cardinales.

No recuerdo cuántos alcanzamos a procesar entre las nueve de la mañana y las cinco de la tarde, hora en que el sol ya se había ocultado detrás de las montañas de la cordillera, la luz del día le cedía el paso a la oscuridad y ya no era posible tomar más fotografías.

Noté caras conocidas que había visto en el camino a San Antonio y uno que otro citadino trabajando como agente viajero; era que ya nos habíamos convertido en parte de las caravanas de comerciantes que van de mercado en mercado llevando las bestias cargadas de mercancía.

Éramos trashumantes como ellos, pero con distintos objetivos, compañeros ocasionales del camino; con plena seguridad nos volveríamos a ver camino de El Rosario, nuestro próximo destino en el altiplano. Viendo estas caravanas de mulas llenas de carga trepando la cuesta, pensé que había un mundo de romanticismo que moriría cuando construyeran la carretera. Estaba observando un sistema arcaico de transporte que desaparecería en pocos años. No dejaban de tener su encanto. Eran parte de nuestro folclor con atuendos campesinos tan característicos como la ruana, el poncho y las alpargatas, el carriel cruzado al hombro, la peinilla en la cintura y el sombrero de paja de los arrieros. Era el campesino de los poemas y bambucos que el pueblo cantaba, comenzando a desvanecerse al embate de los bluyines, las chaquetas, las botas de cuero, los zapatos tenis y las camisas a cuadros.

Tenían mucho de romanticismo, olor de arrayanes, a sensual muchacha campesina rebosante de juventud y belleza, a guitarras y a bandolas. ¿Qué fuera de nosotros sin esos embelecos que forman parte tan íntima de nuestra nacionalidad?

Por otra parte, no le veo ningún romanticismo poético a una caravana de camiones mercantiles. Por lo menos ahora no lo veo, talvez en un futuro, cuando estos camiones sean parte tambien del pasado, nuestros nietos y bisnietos lo mirarán con un poco de romantisismo.

Los dindeños eran seres amables, siempre dispuestos a colaborar, a suministrarnos todo lo que necesitáramos, a hacernos sentir cómodos de una manera similar a como nos habían atendido en otras aldeas, porque, en general el campesino colombiano es generoso, desprendido y noble.

Nos fuimos a bañar casi anocheciendo a un remanso del río Dinde. Las hijas del inspector y su mujer nos guiaron hasta el improvisado balneario, varias mujeres regresaban de su labor con canastos de ropa lavada colocados sobre sus cabezas. Fue agradable el paseo vespertino y el baño un alivio para nuestros cuerpos adoloridos después de horas de cabalgar por la montaña.

Al regresar, el Inspector nos sorprendió con la agradable noticia de que nos había preparado una habitación en su propia casa, atención que agradecimos encantados, porque ya estábamos pensando en dormir en la oficina de La Inspección. Hacía varios días que no dormía en una cama, las noches anteriores habíamos dormido en las bancas de las capillas, en las mesas de las oficinas, o en cualquier lugar donde la noche nos sorprendiera.

Nuestra habitación contenía los servicios básicos dentro de un humilde marco: un aguamanil a un lado de la cama, y colocado sobre una mesita, jabón de coco, toallas y un espejuelo colgado en la pared. Bajo la cama vi una bacinilla para no tener que salir por la noche hasta el excusado usualmente separado de la casa por razones higiénicas. Sobre la cabecera, una escultura de Cristo crucificado parecía mirar la almohada.

En la pared del frente, colgaba el famoso cuadro de doncellas, diosas del Olimpo y querubines en un estanque lleno de cisnes, parecía no faltar en ninguna de las casas campesinas. Y en un rincón, sobre una mesita esquinera, una curvilínea y sensual muñeca española con un blanco traje de lunares y con castañuelas en las manos le daba un toque festivo al aposento.

Al extremo izquierdo de la habitación otra cama junto a una ventanita, y al lado, sobre una piel de tigre que adornaba la pared, se hallaban dos escopetas de cacería.

Era peligroso salir a media noche hasta el excusado, porque los perros no nos conocían y lo más seguro era que nos devoraran. Por cierto, esas salidas por la noche en busca de un excusado era lo más aterrador, había que acudir a la ayuda de alguna persona de la casa que alejara los perros.

Yo le comentaba a Ismael.

-Qué tal nosotros con mal de estómago por estos lados, compañero. No me lo quiero imaginar, con esos excusados en las huertas y en los jardines llenos de perros de instintos asesinos, en esas tenebrosas noches sin luna, cuya quietud sólo es interrumpida por sus espeluznantes aullidos. Quién que no sea de aquí mismo osaría salir a encontrar una muerte segura en sus aterradoras y malolientes fauces-. Por suerte, Ismael y yo teníamos unos estómagos de acero.

¿Quiere que le relate algo verdaderamente aterrador? - dijo Ismael - Yo tenía una novia por allá, por El Ejido, cerca del Matadero Municipal. Estábamos muy enamorados. Un día me invitó a su fiesta de cumpleaños. Yo tenía una descomposición de estómago causada por algo que había comido el día anterior. No asistí de buen grado por esta causa, pero tenía que complacer a mi novia, por lo menos haciendo acto de presencia por un rato.

En plena fiesta y cuando más llena estaba la casa de invitados, tuve que ir al baño. Se me desató una tremenda diarrea que desocupó mi estomago por completo. Me sentí aliviado, pero cuando puse la llave para limpiar el inodoro vi con espanto que en vez de bajar el agua subía... subía... y subía... y ese excremento verde y hediondo se iba derramando lentamente por el borde de la taza, he iba empapando el piso de baldosa tomando su rumbo hacia la sala. Salí dando saltos para no pisarlo, disimulando el horror que me había producido el espectáculo y desaparecí para nunca más volver. ¿Cómo le parece, compa?

-Debe haber sido una experiencia muy aterradora. ¿Perdió la novia?

-Con ese regalo de cumpleaños que le dejé, no creo que

hubiera vuelto conmigo. ¿Se la imagina a ella y a los invitados limpiando esa porquería? No volví a verla nunca más, ni ella me buscó. Se me ponen los pelos de punta cada vez que lo recuerdo-.

Viaje a El Mesón.

44 – Ismael con Aquimichú, La Perezosa y La Rucia. 1961

El inspector de Dinde nos prestó un mapa de la región con el camino a El Mesón. Pero no nos lo podíamos llevar porque no tenía más. Le pedí un poco de petróleo o aguarrás. Me trajo aguarrás, para el fin era lo mismo. Humedecí un trapo y lo froté a un papel blanco para hacerlo un poco transparente, lo puse sobre el mapa y lo calqué a lápiz. El gentil Inspector nos despidió frente a la baranda de amarrar las bestias.

-Adiós Don Mono, adiós Don Este. Les deseamos un buen viaje-. El viaje sería de un día entero. Nos dirigimos hacia el este a lomo de mula. Los caballos los dejamos con el Inspector.

45 – Foto de Rafael que Ismael tituló, "Frito Bandido". Donde Rafael aparecía como un bandido mexicano. 1961.

Una hora después llegamos al pie de la montaña frente a un puente colgante, lo cruzamos. Un pequeño templete de La Virgen del Perpetuo Socorro, apareció más allá del puente. Ismael se apeó y entró a prender una vela frente al altar.

-Para que La Virgen nos ampare en el camino-, dijo.

A la derecha se encontraba la entrada a un túnel del que ya el Inspector nos había hablado. El túnel era tan estrecho que sólo cabía una mula con su carga y no había forma de darle vuelta a la bestia para retroceder, fuera de eso era tan empinado que las mulas comenzaron el ascenso con mucha dificultad, estaba un poco resbaladizo, pero confiamos en el paso seguro de las bestias.

Habíamos recorrido más o menos la mitad del túnel cuando vimos varios jinetes en la otra entrada esperando nuestra llegada. Apenas salimos nos encañonaron con ametralladoras y fusiles. Ante la sorpresa no atiné a decir sino,

-Señores, ¿nos pueden decir cual es el camino a El Mesón?

Mientras tanto, Ismael ya había terminado de salir con la mula de carga.

-Son los ceduladores que estaban en Ortega-. Dijo uno de

los hombres.

Ismael confirmó.
-Sí, somos los de la cedulación.
-Así que van para El Mesón. ¡Bajen las armas! Gritó el que parecía ser el Jefe de ese grupo. Eran guerrilleros del Capitán Rayo, pero a él no lo vimos entre ellos. Había caras conocidas que había visto en Ortega, algunos de ellos llevaron muchachos a cedular. Iban vestidos de paisano, así mismo como aparecieron en Ortega. La fuerte vigilancia del ejército los había hecho disfrazar de parroquianos para poder realizar su misión de llevar menores a cedular.
-Apenas están comenzando, sigan por este camino hacia la izquierda, sobre el filo de la montaña, después el camino va hacia el norte, síganlo, no se pueden perder-.

Los demás guerrilleros empezaban a entrar al túnel, Ismael se despidió, yo hice lo mismo y comenzamos la marcha como nos habían indicado. Era lo correcto y afín con las indicaciones del mapa.

Ismael me advirtió,
-Compa, no mire hacia atrás en ningún momento, sigamos derecho, tranquilos. ¿Sí?
Yo le contesté.
-De acuerdo, no se preocupe-. Un sudor frío me recorrió la espalda pensando en qué momento íbamos a oír una ráfaga de ametralladora que terminara con nuestras vidas, pues, así de impredecibles eran esos sujetos.
Me refirió que otro Registrador que había trabajado por estas montañas llamado Jesús Antonio Pérez, le contó que una vez, cuando comía en la fonda llegó el Capitán Rayo borracho y sin más se dedicó a hacer tiros al cielo raso, diciendo de su pistola.
¡Esta es Dios y la Virgen Santísima!"
-El truhán obligaba a todo el mundo a beber con él. Debía andar uno con pies de plomo y celebrarle todas sus estupideces.

46 - El Mesón. 1961

¿Y, estos son los que quieren derrocar al Gobierno para conducir el país?

El camino era muy parecido al de San Antonio a Ortega en algunos trechos. Me pregunté, ¿por qué teníamos que ir a lomo de mula, si el sendero no presentaba ninguna novedad?

Llegamos a una casa en un cruce de caminos. Nos bajamos a descansar por unos minutos, compramos bebidas y pan.

En el andén de la casa nos encontramos a un hombre tendido sobre una camilla envuelto en una sábana blanca. Tres personas lo acompañaban. Esperaban un transporte que los llevara a El Rosario. Tenía un corte de peinilla desde el pómulo izquierdo atravesando la mejilla, hasta el mentón, la sangre se había secado dejando el surco de la cortada. Tenía otra cortada en el pecho, a la que habían puesto un vendaje de gasa y esparadrapo.

Pensé, cómo se sentiría de mal, lleno de heridas y con ese guayabo tan espantoso de todo el aguardiente que habría ingerido. Pregunté a los hombres que lo acompañaban cómo se había hecho esas heridas.

-Anoche se puso a pelear borracho, con el compadre Alejandro, el compadre sacó la peinilla y lo agarró a planazos, Don Luis se cayó y el compadre le dio con el filo de la peinilla y ahí lo tiene, ahora no se sabe si sobrevivirá, porque la herida del pecho es grave. Ismael preguntó.

-Y, ¿qué pasó con el compadre?

-Lo van a llevar a Popayán detenido donde le van a realizar el juicio-.

¿Por qué fue la pelea? Pregunté.

-Por política, lo de siempre, se puso a echarle abajos al Doctor Guillermo León Valencia, a insultar al compadre de todas las formas posibles, y él, paciente, lo escuchaba, pero cuando le dijo que él no era más que un "trozo de endeviduo", el compadre se enfureció diciéndole,

–¿Qué decís? ¿Que yo soy un trozo de endevíduo? Ahora verás pa'que aprendás a respetarme-.
Y fíjese cómo terminó, el compadre le dio peinilla como para matarlo.

-Cuando están borrachos no miden las consecuencias-. Afirmé.

-Supongo que ambos, la víctima y el atacante tienen familia, ¿Cierto? Preguntó Ismael.

-Un montón de hijos. El uno para la cárcel y el compadre puede ser que vaya pa'l cementerio, porque con esas heridas... imagínese. El viaje de aquí a Popayán es muy largo.

-No se desanimen-. Les dijo Ismael, tratando de darles una palmadita de aliento. Pero, en realidad el pronóstico era bastante turbio para ese pobre hombre.

Continuamos nuestra marcha sin inconvenientes de ninguna clase, pero más adelante el paisaje cambió drásticamente, enormes precipicios se nos ofrecían a cada paso. Entonces me di cuenta del por qué de las mulas. Caminos muy estrechos que subían y bajaban, cuestas empinadas se repetían a lo largo de la espesura al lado de precipicios espeluznantes.

Eran las siete de la noche cuando salimos a una pequeña planicie donde comenzamos a ver cruces a lado y lado del camino. Cabalgábamos en medio del cementerio de El Mesón, esto nos animó un poco el peligroso camino, era un aviso de que la aldea estaba cerca. Eran las siete de la noche, estábamos en la más completa oscuridad, tuvimos que prender las linternas, pero poco tiempo después divisamos una tenue luz emanada de una de las casas de la pequeña aldea. Nos aproximamos a ella. Una música de

los Trovadores del Cuyo triste y quejumbrosa se alcanzaba a oír. Llegamos, nos apeamos y amarramos las mulas a una baranda. Ismael caminó hacia la puerta haciendo rechinar las espuelas y con ademán peliculero abrió ambas puertas. Adentro, detrás de un mostrador, estaba el cantinero, gordo y bigotudo, pantalón caqui y camiseta blanca. Una niña de no más de 13 años atendía a unos individuos que sentados alrededor de una mesa tomaban aguardiente. Todos voltearon a mirar a esa figura trigueña con sombrero de fieltro, saco oscuro y zamarros de cuero, sonoras espuelas y a un muchacho que parecía gringo, a su lado. Era la cantina del pueblo que hacía también las veces de restaurante. La música de los Cuyos brotaba de una grafonola de cuerda "Victor".
En aquellos tiempos era corriente encontrar en el campo turistas estadounidenses comprando toda clase de antigüedades. Ya se habían llevado miles de artefactos. Pero, posiblemente nunca habían llegado a este apartado lugar. También, el temor a ser secuestrados por la guerrilla los refrenaba de andar por estos lugares.
Ismael le explicó al cantinero quienes éramos, preguntó por el Inspector de la aldea, enseguida nos comunicó que su casa estaba en la esquina de la cuadra siguiente. Montamos las mulas y las dirigimos hacia la casa del Inspector. Salió un hombre de perfil aguileño, flaco y alto, diciendo que él era el Inspector.

La oficina de La Inspección estaba precisamente al frente de su casa. Nos dirigió hacia allá, dejamos las maletas.
  -Yo me encargo de las mulas. Dijo. ¿De dónde vienen?
  -Venimos de Dinde-.
  -Señores, es un largo viaje, deben estar hambrientos. Don Federico, el dueño de la cantina les puede mandar a preparar algo-.

Don Federico mandó a preparar arroz con carne, huevos y tazas de café con leche. La muchachita extendió un mantel sobre una mesa pelada y comenzó a colocar los cubiertos. El Inspector nos ofreció un trago de aguardiente. No nos pareció mal como aperitivo. Estábamos terminando de comer, cuando de pronto se oyeron rápidas pisadas de una bestia aproximándose a la fonda, paró en

47 - ¿Vendrá otro individuo a hacerse cedular? 1961

seco frente a la cantina, resopló e inmediatamente entró un hombre medio borracho envuelto en una ruana, acompañado del bao sudoroso del caballo, usando zamarros de cuero y esgrimiendo un bastón forrado en piel de vaca. Pidió un trago de aguardiente. En medio de su borrachera se dedicó a mirar con ojos lujuriosos y una sonrisa maliciosa a la muchachita, a la que apenas le comenzaban a brotar los senos, pero la que en unos tres años más prometía convertirse en una hermosa hembra.
El cantinero se dio cuenta de la actitud lasciva del hombre. Pregunté al Inspector quién era el personaje que se daba ínfulas de ser el grande de la aldea.
El Inspector nos dijo que era como el cacique del pueblo. Tenía muchas propiedades e influencias. El cantinero no podía disimular

su enojo y le dijo que era mejor que se fuera para su casa porque estaba muy borracho. El hombre comenzó a vociferar palabras soeces y a amenazar al cantinero.
Le dije a Ismael.
	-Compa, termine rápido la comida que de un momento a otro comienza la balacera-.
	-Es cierto compañero-.
Cómo detesto yo a estos terratenientes que creen ser los dueños hasta de las personas, viven a costa de los pobres campesinos
que pagan con sueldos miserables, mientras ellos se enriquecen cada día más aplicando la ley del más fuerte. Quisiera tener poderes mágicos para hacerlos desaparecer de la faz de la tierra. Terminamos y salimos de allí con el Inspector, dejando al hombre vociferando insultos.

Al día siguiente nos levantamos temprano, colocamos nuestra oficina en la plaza de mercado y comenzamos nuestra labor hasta las tres de la tarde, hora en la que cedulamos el último ciudadano.

Estuvimos todo el domingo recorriendo la aldea y sus alrededores conociendo el territorio; el día lunes emprendimos el camino de regreso en "Aquimichú", la mula negra que me había tocado en suerte, e Ismael en "La Rucia" y a la de las maletas la nombramos, "La Perezosa" porque siempre estaba rezagada. Con las maletas que contenían una cantidad de hojas de inscripción y la máquina de escribir la pobre andaba que no podía más.

	-Arre mulita, arre, que ya pronto llegaremos-. Le decía para animarla. Ismael se dedicó a hacer comentarios sobre la naturaleza de las mulas.
-Conducir una mula no es como conducir un caballo, compa. Su psiquis es totalmente diferente, el caballo obedece. La psicología de las mulas es muy parecida a la de las mujeres, son más lentas en seguir las órdenes, son tercas y voluntariosas, lo digo sin ningún ánimo de ofender ni de ser zalamero-. dijo.

	-Es cierto, lo he podido constatar, no responden con la

docilidad del caballo. No hay manera de hacerlas trotar, siempre van al paso que se les antoja. Pero, eso sí, tienen un paso muy firme, son lentas pero seguras-. Aquimichú rebuznó, moviendo la cabeza como diciéndome,

    -Tienes toda la razón-.

Las mulas y nosotros habíamos descansado el domingo entero, ya frescos y repuestos, los cinco, emprendimos el regreso a Dinde por el mismo camino. Tuvimos muy buen tiempo, en ningún momento usamos los impermeables, si bien cayó un poco de lluvia , no fue nada importante porque se disipó en seguida.
Horas después divisamos la aldea desde el pico de la montaña y comenzamos el descenso lentamente hasta llegar al túnel, cruzamos el puente colgante llenos de alegría, significaba que en minutos estaríamos en la aldea.

Fin de la misión.

El día del viaje nos tenían preparados los caballos, Bucéfalo se alegró al verme de nuevo. Cargamos a Viernes. El Negro, el caballo de Ismael también se alegró de ver a su jinete, pero Ismael no conversaba con su caballo, como yo.

A él le parecían absurdas las charlas llenas de frases cariñosas que yo les decía. Pero, yo sabía que mi actitud les agradaba mucho. Meneaban las orejas hacia el frente como para no perder una sola de las palabras cariñosas que les decía. Yo sé que me entendían, especialmente Bucéfalo, un caballo al que animaba un espíritu avanzado, prisionero dentro de la configuración de su cuerpo, que no le permitía expresarse como quisiera. Observen las fotografías, Bucéfalo posaba para la cámara, era un ser muy inteligente que no merecía estar atrapado en el cuerpo de un caballo.

Nos despedimos del Inspector, su mujer y sus hijas que tan bien nos habían atendido en su casa, y emprendimos el viaje por el mismo puente y túnel.

Estuvimos otra vez subiendo en círculos, observando cómo a medida que avanzábamos la aldea de Dinde se iba haciendo más pequeña, los vecinos se daban mensajes de última hora alzando la voz. Al llegar a la cima de la montaña en vez de ir hacia el norte tomamos el camino del este. Horas después llegábamos al altiplano sin contratiempo alguno.

Rapanui andino.

Cuando llegamos a la cima observamos llenos de asombro uno de los más bellos y emocionantes paisajes de la naturaleza.
Los habitantes de la Isla de Pascua le llaman Rapanui a un volcán apagado, desde el filo del cráter, a cualquier punto donde se mire sólo se encontrará el mar, por eso los nativos lo llaman, "Rapanui" que en su idioma significa "El ombligo del mundo".

Lo que observamos era lo mismo, pero en vez de mar sólo había montañas a los cuatro puntos cardinales, sólo montañas diluyéndose en el horizonte, en un mar verde oscuro, como si estuviéramos en el centro del mundo, como en un Rapanui Andino.
Nos sentimos muy pequeños en la cima de la montaña observando abajo miles y miles de kilómetros a la redonda, donde parece no haber un ser humano, ni una casa ni nada, allá, donde la sensación de soledad y desamparo son absolutos. Se siente uno prisionero en un punto del espacio infinito. Es un poco angustioso, lo confieso y nos preguntamos. ¿Qué hacemos aquí?

Pero al mismo tiempo nos embriaga la sensación de ser unos privilegiados de la vida que nos ha permitido ver tanta grandeza.
Me bajé del caballo a tomar una fotografía que captó a Ismael con la guitarra y a Bucéfalo que no perdía ni un solo detalle de lo que yo hacía, se le notaban las ansias de aprender, en cambio Viernes permanecía tranquilo sin siquiera mirar. Podría acabarse el mundo y

48 - En el tope del mundo. 1961

él no se inmutaba. Si bucéfalo hubiera tenido manos habría sido un buen fotógrafo.
El camino mejoraba, ya llegaríamos a una altiplanicie donde los caballos podían ir descansados, pocas horas después de trote continuado vimos las primeras casas de EL Rosario.

Me pareció una población grande, con las comodidades urbanas de la luz eléctrica y servicios de agua y alcantarillado. Fuimos a dejar los caballos donde el Alcalde. Con él dejé una nota para Calambás, el dueño de los caballos en San Antonio, agradeciéndole por sus servicios, con recomendaciones de que llamara en adelante, Bucéfalo al caballo blanco y al pardo Viernes. Ellos ya respondían a esos nombres y le presentaba disculpas por haber reacondicionado sus memorias.

Triste despedida.

Emocionado por la despedida abracé a Bucéfalo y a Viernes, les pasé la mano por sus crines, acaricié sus cuellos y me despedí para siempre de ellos. Con su actitud serena e inteligente me ayudaron a salvar la vida camino a San Antonio cuando nos escondimos de los guerrilleros y cómo llegamos al tope de la montaña para apreciar ese panorama que parecía poner el mundo a nuestros pies. Le dije al Inspector que de ahora en adelante al caballo blanco debía llamarlo Bucéfalo y al pardo, Viernes. Esos eran sus nombres verdaderos.

Todas las despedidas son tristes cuando se tienen que dejar seres queridos, y estos animales, con su mansedumbre e increíble capacidad de servicio se habían ganado silenciosamente todo mi cariño. Yo les hablaba y ellos al oír mi voz movían sus orejas hacia delante tratando de entenderme.
Había convivido con dos seres maravillosos, recordé con nostalgia mi caballo de El Tambo, compañero de aventuras desde mis seis años, y la dolorosa despedida, cuando partimos para Popayán, con la incertidumbre de saber si lo volvería a ver. Di la vuelta y me fui, Bucéfalo pretendió seguirme, pero el Alcalde se lo impidió.

De aquí en adelante nuestros medios de transporte serían el camión de pasajeros y el tren. Fuimos a dejar las maletas a La Registraduría y luego, a buscar un hotel dónde bañarnos y a cambiar de ropa.
Me parecía increíble que horas antes habíamos estado casi en la selva careciendo hasta de lo más elemental y lamentaba no haber tomado más fotografías de esos lugares que tal vez nunca volvería a visitar. Faltaba un poco más de un mes para que terminara esta comisión, sólo quedaban Morales y Suárez. Recordaba cómo Ukiro me había dejado casi abandonado aquella tarde fría en Uribe sin saber qué camino tomar. Era mi primera comisión por la cordillera.
Haciendo un resumen de los hechos todo había ido bastante bien. La cedulación fue un éxito y nuestro equipo felicitado por La

49 -Última fotografía con Bucéfalo y Viernes.

Delegación, no hubo ni caramelos, ni medallas de plata, ni nada, sólo felicitaciones y por nuestra parte la satisfacción del deber cumplido con nuestro país. Fue fascinante haber estado en el tope del mundo, como me pareció al llegar al altiplano. Son vivencias difíciles de olvidar.

La comisión a Morales.

De El Rosario tomamos un bus para Morales, esta población sería la base de nuestras próximas correrías, también gozaba de comodidades urbanas, luz eléctrica, ¿Acueducto? No estoy seguro. Había hoteles y varios restaurantes, cafeterías y billares. La carretera hacía un largo recorrido para llegar desde la estación del tren al pueblo, por eso los parroquianos preferían ir colinas arriba por un camino bastante empinado para ganar tiempo. Esta fue la vía que siempre caminamos, llena de barro en el invierno y llena de polvo en el verano. En realidad la temporada en Morales pasó sin acontecimientos dignos de anotarse, después del trabajo íbamos a los billares, a oír música de estas regiones montañeras, con artistas como Olimpo Cárdenas, Las Gaviotas y Las Camanduleras, también a Oscar Agudelo el cantante del despecho, nombrado así por el pueblo y Los Trovadores del Cuyo, a los que yo tenía cierta aversión, porque me parecía una música pueblerina muy elemental, mis favoritos eran, como ya saben, los tenores.

Me preguntaba, por qué había calado tan hondo esa música de Los Trovadores, originaria del norte de Argentina, de la región del Cuyo, hasta hacerse parte de nuestro folclor, pero a fuerza de escucharlos me dejaron un cierto sentimiento de nostalgia, las letras eran pequeños versos de amor y me di cuenta de que poseían un fondo poético que cautivaba al campesino. Pero mi desprecio era tal que no me preocupé por saber quienes eran. Años después, en Miami, conocimos a una familia antioqueña, con quien vinimos a ser compadres por el bautizo de nuestra hija, María del Mar. Una tarde en su casa, le pedí a Fanny la comadre, me mostrara su colección de discos de larga duración.

Entre tantas lindezas encontré a Peronet e Izurieta, a José A. Bedoya, a Olimpo Cárdenas, a Oscar Agudelo, al Dueto de Antaño y a Los Trovadores del Cuyo. A medida que escuchaba, su música fue como un disparo de nostalgia, esa música quejumbrosa, la que yo escuchaba en mis viajes por la montaña estaba allí, en los discos de la comadre, que era más antioqueña que un geranio sembrado en bacinilla, según me comentaba. Viendo las carátulas y las referencias en la contratapa de los álbumes conocí de verdad quienes eran. La tarea de grabar la colección en un aparato de cinta magnética de carretes de diez y ocho centímetros, me llevó varios meses, colección que hoy conservo como un tesoro. Los países de habla hispana en general guardan el recuerdo del pasado musical popular con gran cariño, pero ninguno con tanto fervor como Colombia y Puerto Rico, donde la música de los cincuentas y sesentas se escucha como si fuera música de hoy. Las casas disqueras han regrabado esas mismas canciones con cantantes de hoy, pero el público prefiere los originales. Nadie supera a esos colosos de nuestra música popular de ayer.

Cuando deseo irme a la montaña con la imaginación, basta escuchar

50 - Estación de Morales. 1962

una canción de Los Trovadores, para recordar esos bellos e inolvidables años y vuelvo a entrar a la bodega de El Mesón o a los billares de El Tambo, de Suárez o de Morales. Son ejercicios de relajamiento espiritual de donde salgo renovado, como si esos recuerdos me llenaran de energía. Y están allí, en el momento en que yo los quiera, solamente con un gesto mental de evocación, porque, ¡cuán diferente es la vida en Norteamérica!

Creo que si no hubiera emigrado, nunca habría tenido tan presentes esas inolvidables vivencias juveniles que plasmé en infinidad de dibujos, como en las arrugas de un campesino de Cajibío, prematuramente envejecido debido a la dureza de las labores del campo. Campesinos a los que quiero y admiro porque son ellos los que humildemente cultivan y cosechan los alimentos que servimos en nuestras mesas y el café que tomamos todas las mañanas, en Colombia, en Estados Unidos o en cualquier país.

51 - La dureza de las faenas campesinas se refleja en el rostro de este ciudadano, captado por Rafael, en Cajibío. 1964

Con cuánto orgullo miro en los mercados los paquetes de los mejores cafés con la etiqueta, "Colombian Coffee". Debe ser un motivo de orgullo para todos que nuestro café tenga tanto prestigio.

La comisión a Suárez.

Nuestra próxima comisión: la población de Suárez, integrada en general por gente de la raza negra, en la vía del tren hacia la ciudad de Cali.

Recuerdo que el 22 de Noviembre de 1963, iba en el tren rumbo a esta población, (2°59'19", norte.76°41'36", oeste), a noventa kilómetros de Popayán, cuando a la una de la tarde escuché en el pequeño radio de transistores, la noticia del asesinato del presidente Kennedy, en la ciudad de Dallas, Texas. Acababa de suceder a las 12 y 30 de la tarde. La noticia voló como pólvora y los pasajeros del vagón se agruparon alrededor de mi radio para oír los pormenores del infausto hecho.

El viejo tren salía de Popayán, algunos días a las 9 y treinta de la mañana. Mi compañero de trabajo en esta comisión fue Ismael, el mismo empleado de la comisión a La Cordillera Occidental.

Compañías extranjeras habían dragado el Río Cauca por espacio de varios años, bajo un contrato hecho con el gobierno. En parte para darle más profundidad al río, como decían los comentarios de la gente, para hacerlo navegable por barcos de mayor calado y para filtrar los sedimentos en busca de oro y otros metales preciosos.

En esa época, 1963, ya La Compañía había abandonado el lugar, dejando varias casas de madera bien construidas; daban muestra de la elegancia y buen gusto de los empleados que las habían ocupado, constituida por suecos y estadounidenses. Sin embargo, yo recordaba haber visto las dragas años antes, cuando viajaba con mis padres a Cali en el Autoferro, un vehículo de un solo vagón, a veces dos, activado por medio de combustible Diesel, con las famosas sillas Pulman, más rápido y limpio que el tren.

Pocos ciudadanos de Suárez se beneficiaron con la presencia de La Compañía, porque casi todos los trabajadores eran hombres calificados, extranjeros también y en verdad no eran muchos. Una sola draga substituía a cien empleados. Los empleados nativos de Suárez se redujeron a los volqueteros que iban a botar la arena cernida a otro lugar alejado del río y a varias morenas y morenos utilizados en labores domésticas y mantenimiento.

En Suárez, leyendo el periódico, vi la noticia de que el Capitán Rayo había sido muerto en Ortega, junto a varios de sus secuaces. Fueron sorprendidos cuando trataban de pasar por debajo de unos alambrados. Al parecer se enredó entre las púas y el ejército dio cuenta de este vándalo que por varios años azoló el Municipio de Cajibío. Era el hombre que junto a sus matones trató de cometer fraude llevando a cedular adolescentes en Ortega.

Regresamos a Popayán, Ismael fue asignado a otro lugar y yo quedé en La Registraduría. Cuando no había mucho que hacer en la oficina hacía cedulación a domicilio. Todavía quedaban muchos mayores de edad sin su cédula de ciudadanía. Nosotros cubríamos todas las áreas de población, tratando por todos los medios que la gente cumpliera con este requisito.

Estrategias efectivas para dejar de fumar.
Me comentaban que nunca me habían visto fumar. Pues, bien.
El tío Jorge Tulio, instaló el taller de carpintería, en casa de la tía Bertilde, en él, yo realizaba algunos trabajos en madera Y, ¿qué tiene que ver esto con el cigarrillo?

Hacía ya varios años había caído en el vicio de fumar. Mis dedos con los que sostenía el cigarrillo se habían tornado amarillos por la nicotina, lo mismo mis dientes y toda mi ropa, olían a nicotina por todas partes.

Mi hábito llegó hasta el punto de encender las colillas que había dejado en el cenicero, si me encontraba por la mañana sin un cigarrillo para encender. Era una desesperación insoportable, el cuerpo me lo pedía; sin querer había creado un monstruo a todas horas sediento de tabaco, parecía decirme, quiero nicotina, dame nicotina, quiero más nicotina.

Había tratado de dejarlo, pero todos los intentos habían sido en vano. Probaba recetas de toda índole adquiridas de novias y amigos, sin resultados positivos. Llegó un momento en que comencé a odiarme por la falta de voluntad para dejarlo, sabiendo que estaba dañándome la salud.

Mi tío era un fino ebanista. De vez en cuando le pedían uno que otro ataúd. No era su especialidad, pero los hacía para complacer el pedido de sus vecinos ante el deceso de algún familiar.
Una vez, en El Tambo vi que mi tío estaba haciendo uno, cuando lo terminó pensé que iban a venir por él, pero pasaron los meses y el ataúd permanecía recostado en una esquina llenándose de polvo.
Le pregunté,

-Jorge, ese ataúd, ¿por qué no han venido por él?
Mi tío, con cara de perjudicado me dice.

-Era para el vecino, el viejo estaba muy grave, tan grave que las hijas me dieron el 50 por ciento de adelanto para que les fabricara el féretro, porque ya lo veían estirando la pata; ellas con el hombre ya en las últimas llamaron al cura para que le diera la extrema unción, en artículo mortis, pero ese viejo sinvergüenza no se murió, allí está sentado en su mecedora rebosante de salud, ahora estoy encartado con esa caja, esperando pacientemente que se lo lleve el patas, para cobrarles el otro 50 por ciento.

Pensando en acabar con el vicio del cigarrillo comencé a atar los siguientes silogismos: Los ataúdes son cajas en donde entierran a los muertos. Los muertos se van para siempre y no regresan jamás.

¿Qué tal si construyo un ataúd a la medida de un cigarrillo?

Deberá ser una miniatura de madera muy bien hecha, encierro al monstruo allí y lo entierro en una fosa bien profunda, entre más profunda mejor.

Mi tío llegó esa mañana y me encontró cortando unas tablas. Me preguntó curioso,
-Para qué es esa caja, ¿para grillos?

Le respondí con otra pregunta.
¿Para qué cree que estoy haciendo esta caja?
-Ah. ¿No es para grillos? Los chinos capturan los grillos y los guardan en cajitas preciosas, como símbolo de buena suerte-.
-No sabía-.
-Este es un ataúd como los que usted hace, pero no es para ningún ser viviente, es para un cigarrillo. Quiero enterrar el vicio del tabaco-.
-Haces bien. ¿Trabajará tu idea?
-Depende de mí-.
-Tengo que salir a hacer unas vueltas-. Me dijo, saliendo hacia la calle.

Yo quedé en la tarea que me había propuesto. Encolé las pequeñas tablas que había cortado y pulido con una lija. Las ensamblé sujetándolas con puntillas, pinté la caja y la tapa con laca y las puse a secar.
Al día siguiente la cajita, estaba seca. La dejé en la mesa y me fui a la huerta. Tomé una pala y abrí una fosa, hasta una profundidad de un metro. Al principio fue fácil, me encontré con tierra blanda negra, pero a medida que profundizaba apareció roca de feldespato, muy dura. La ataqué con una barra, que me hizo sudar y finalmente la volví pedazos.
Regresé a la carpintería y clavé dos tablas pequeñas en forma de cruz y una tabla más y le coloqué esta inscripción:
"Aquí yace mi último cigarrillo, fumado el día 15 de abril de 1960. Descanse en paz".

Regresé a la carpintería. Encendí un cigarrillo y en una íntima ceremonia lo fumé lentamente hasta la mitad, lo apagué y lo deposité en la cajita, lo cubrí con la tapa y la clavé con puntillas. Acto seguido, caminé hacia el jardín con él y lo deposité en la fosa. Cubrí la fosa con la misma tierra que había extraído. Finalmente coloqué la pequeña cruz con la inscripción y me fui a dar un baño. Nada más, el funeral había terminado.
La prueba de fuego llegó por la noche cuando me reuní con mis amigos, uno de ellos me ofreció un cigarrillo, le dije,

-No, gracias-.
Se miraron extrañados, porque era habitual no rechazar ninguno, y especialmente el llamado cigarrillo fino, el importado. (Cuando emigré me di cuenta de que todos esos cigarrillos que llamábamos finos, aquí son ordinarios.) Y durante toda la noche y las siguientes no probé uno solo. La tentación era muy grande, realmente estaba sufriendo, era tan fácil decir que sí y seguir fumando, pero estaba librando una feroz lucha interior con el monstruo que encerrado en su féretro quería salirse de su fosa para continuar dominándome. Mi conciencia me recriminaba ante mi supuesta debilidad:

-¿Eres tan pusilánime, tan falto de carácter, que después de todo lo que has hecho, regreses de nuevo al vicio?

¡No, con seguridad, no!

Todo el trabajo realizado había formado una coraza moral y ética imposible de traspasar.

Con el correr de los días mis amigos y yo nos convencimos de que mi amistad con el vicio había llegado a su fin para siempre. Hasta ese momento mi constitución había sido la de un muchacho muy delgado, pero en los meses siguientes comencé a ganar peso, se me aclaró la voz y el olor a nicotina desapareció como por arte de magia, hasta el punto de sentirme molesto ante la compañía de los fumadores.

El olor y el sabor de la comida me parecieron más agradables, comencé a levantarme en las mañanas con más brío para enfrentarme a las faenas del día y a ver las cosas con una novedosa alegría de vivir. Cuando llovía sentía el agradable olor de la hierba mojada. Saboreaba con más gusto la comida exquisita que mi madre preparaba. Todos mis sentidos habían mejorado, la nicotina los había ido apagando poco a poco hasta el punto de oler diferente y gustar diferente, y me dije,

¡Caramba! Todo lo que me he estado perdiendo en estos años de fumador empedernido. Es como si me hubieran puesto anteojos para ver la vida con más nitidez y claridad.

Cuando iba a El Sotareño, un bar situado en la esquina de la carrera octava con la calle sexta, lugar de reunión de estudiantes y tríos musicales, el humo del cigarrillo me molestaba. En esos tiempos fumar era muy *"Chic"*, muy de moda. En casi todas las películas de esos años se mostraba que fumar era elegante. Me costaba trabajo estar allí o en cualquier otro lugar donde hubiera un fumador, hasta el punto de dejar de frecuentarlos. Después de haber estado en esos lugares, mi ropa no la podía soportar.

Ahora sabía yo con qué paciencia mi familia y mis amistades habían tolerado mi perenne olor a tabaco. Mi novia de ese entonces tuvo que soportar mis besos llenos de nicotina, debe haberme querido de verdad. Comencé a formarme el rostro de mi futura esposa y una de las condiciones para nuestra convivencia debería ser que no fuera fumadora, antes no me hubiera importado. Me imagino que si me hubiera casado con una fumadora y posteriormente hubiera decidido no fumar más, el matrimonio seguramente habría fracasado. Parecía, como si una pesada mano invisible hubiera estado sobre mis hombros durante esos años de fumador y ahora me sentía totalmente liberado de su opresión. Yo creo que cualquier persona que se atreva a llevar a cabo un rito similar y tenga estimación por sí misma, no volverá a tener contacto con un cigarrillo. Han pasado 48 años de ese extraño rito funerario, que me hizo probar mi fuerza de carácter. El monstruo que dirigió mi vida durante cinco años sigue enterrado en el mismo espacio que construí como panteón para él.

Ha sido una lección ejemplar, porque en momentos de duda, ante cualquier proyecto. Me digo,
     ¿Recuerdas lo del cigarrillo?
Si venciste ese problema, este también lo puedes vencer. Entonces, ¡Adelante!

La comisión a la costa del Pacífico. Guapi.

Después de la comisión a la Cordillera Occidental, los delegados nos avisaron del próximo territorio por cedular.
La misión abarcaba la Costa del Pacífico caucano y nuestra base, la población de Guapi, (Latitud: 2° 33' norte, Longitud: 77° 51 oeste), **habitada**

en un 99 % por criollos de origen africano.

Esta vez el compañero de trabajo fue, Jesús Antonio Pérez, Registrador Municipal en Comisión. Yo iba con el título de, Foto-identificador.

Salimos de Popayán a las 6 de la mañana en el hoy añorado tren que nos llevaba para Cali. Un reflector de luz rompe niebla en el centro de la locomotora iluminaba el trayecto. La bocina de vapor comprimido soltó un estruendo avisando el comienzo del viaje. El negro tren se movió pesadamente rompiendo la densa niebla de la mañana, rechinando las ruedas contra la carrilera y echando humo negro por la chimenea.

Las mañanas payanesas del mes de noviembre son frías, pero a medida que el sol asciende la temperatura también. Lentamente abandonamos las inmediaciones de la ciudad y una vez en campo abierto la máquina de acero comenzó a tomar velocidad.

Ante nuestra vista el paisaje salvaje de los acantilados e inmensos precipicios, túneles, puentes y de vez en cuando pequeñas estaciones en donde el tren hacía efímeras paradas. Luego, desde la estación de Timba, comenzamos a bajar al inmenso Valle del Cauca. Desde allí, se alcanzaba a ver la estación de Suárez, pero, todavía faltaba mucho para llegar. El calor húmedo era desesperante y los sacos un fastidio que guardamos en los maletines.

Después de recorrer noventa kilómetros desde Popayán, llegamos a dicha estación, la primera parada para reabastecerse de combustible y agua. Las vendedoras inundaban los vagones ofreciendo frutas, caramelos, pandebono, (Un delicioso pan al horno, elaborado con harina de maiz y queso, hecho en forma de rosquillas) y café.

Pedimos café negro con pandebono y compramos algo para el camino. El pito del tren anuncia su partida y las vendedoras tratan de hacer las ventas de última hora. La mujer que nos acababa de atender, sale corriendo tratando de alcanzar la puerta de salida cuando el tren inicia la marcha, pero al mismo tiempo se le van cayendo los calzones y cuando estaban ya en el suelo, se los acaba de quitar a una velocidad sorprendente, los coloca en la canasta con los pandebonos y como una flecha sale del vagón y pega un salto hacia la calle.

Nosotros, que habíamos mirado la escena desde nuestros asientos,

estábamos sorprendidos. Eso sucedió en un segundo.
En ese momento Pérez me pregunta.
-Compañero, ¿Quiere seguir comiendo pandebono?
Ambos reímos de buena gana. El incidente no daba para más.
Llegamos a Cali a las doce del día. El tren para Buenaventura salía a la una de la tarde, el tiempo justo para tomar algo y subir al tren.
La ropa que llevábamos era totalmente diferente a la de la montaña. Prevalecían los pantalones de género y las camisas de algodón de manga larga, por eso de los mosquitos. Desde Cali, comenzamos a tomar quinina para evitar un ataque de paludismo.
El tren comenzó a subir pesadamente la cordillera por espacio de unas horas, pasamos por increíbles acantilados hasta que llegamos a La Cumbre, mi madre y hermanos salieron a recibirnos, fueron escasos 15 minutos los que el tren se detuvo. Fue una gran alegría vernos de nuevo, mamá me despidió con un abrazo, un beso, me dio la bendición y partí con la promesa de escribirles. No pude ver a mi padre porque no podía dejar la oficina sin atención. Yo, su hijo, me dirigía al mismo lugar donde tuvo su problema técnico con la copia de los negativos once años antes, tenía que ir a redimir al viejo y experimentar por mí mismo y en el mismo lugar cual fue su problema.
Desde La Cumbre, la parte más alta y fría del trayecto ferroviario, comenzamos a bajar, pasamos por la estación de Dagua y de allí hasta Buenaventura. (Latitud norte, 3º. 50', 77º. ' Longitud oeste), y a una altura de siete metros sobre el nivel del mar. Habíamos recorrido 174 kilómetros desde la ciudad de Cali.
Eran las 7 de la noche cuando comenzamos a mirar las primeras casas de la ciudad, la mayoría de madera. Las calles estaban llenas de turistas estadounidenses, alemanes y suecos. Unos extranjeros tomaban fotografías a su barco anclado a un kilómetro de la costa, desde una callejuela que se proyectaba hacia el mar en una vista en perspectiva muy sugestiva.
Se sentía en el ambiente un calor húmedo, una insistente llovizna, pequeña y fastidiosa pretendía mojarnos, escampaba y volvía a empezar. Pregunté a Pérez si esto era así a menudo y me respondió.
         -Recuerde compa, que estamos en la costa, es muy lluvioso, así como llega se va y vuelve a llover. No se preocupe, se

irá acostumbrando a esta llovizna-.

Nos dirigimos a una casa de madera de dos pisos al lado del puerto para instalarnos en una habitación con vista al mar. Desde la baranda de la sala lo único que pude ver fue una negra extensión de agua donde no se distinguía ningún detalle. Tenía mucha curiosidad, porque era la primera vez en mi vida que sentía, olía, y escuchaba el rumor de las olas estrellándose contra la muralla de cemento del puerto. Y reflexionaba que en ese vasto laboratorio de pruebas, lleno de casualidades, de intentos exitosos y de fracasos hace miles de millones de años, en un planeta plagado de volcanes en erupción y abatido por tempestades indescriptibles la naturaleza comenzó a preparar el caldo de aminoácidos que condujo a formar el primero y más simple organismo de materia viva: la bacteria, de la cual todos los seres vivientes evolucionamos en las formas más diversas, hasta llegar a una de las más avanzadas, por el método de la selección natural: los mamíferos y entre ellos nosotros los seres humanos, uno de los más exitosos exponentes de esa evolución.

Ojala tengamos la inteligencia para no destruir todo lo que la Naturaleza ha logrado por sí sola. Hoy podemos ayudarle a acelerar esa selección natural mejorando lo ya creado. Pero la ciencia con todo su poder sólo dice lo que se puede hacer, no si se debe o no hacer. Eso nos corresponde a nosotros, juzgar a través de nuestros valores éticos qué hacer y qué no hacer, para no destruir el balance ecológico que la sabia Naturaleza ha creado con tanta paciencia.

El recalentamiento global muestra los efectos dañinos de esa explotación sin límites de la riqueza forestal, mineral y animal que se lleva a cabo en todos los rincones del planeta. Es necesario detener esa explotación, buscar nuevas fuentes energéticas. Nuestra existencia no le importa nada al planeta. Estaría mucho mejor sin nuestra presencia. No hagamos que el planeta comience a tratarnos como seres indeseables por el daño que le hemos infligido. Pensémoslo muy bien y tomemos medidas para calmarlo. El planeta sabe deshacerse de lo que le es dañino.

52 - Primera escuela de secundaria en Miami, construída en 1905 y convertida hoy en museo, similar a las casas de Buenaventura.

Tomamos un baño de agua de lluvia y esa misma noche nos fuimos a recorrer el centro de Buenaventura. Las casas eran todas de madera muy parecidas a las que encontré en Miami, a finales del año 1965, por la zona de Brickell, la sección más vieja. Hoy quedan muy pocas casas de madera, curiosamente rodeadas por rascacielos impresionantes, porque sus dueños no han querido vender. Una de esas casitas cumplió más de cien años. La han restaurado y convertido en un museo porque fue la primera escuela de secundaria que hubo aquí en Miami. Desde la baranda de un edificio cercano a mi residencia de Brickell, he visto la preocupación de los miamenses por conservar su herencia cultural, especialmente a través de donaciones de particulares y de los mismos maestros del Condado de Miami-Dade.

Concepción.

Al día siguiente nos levantamos a las ocho de la mañana y salimos a averiguar cuándo saldría la motonave para Guapi.
Pérez mencionó una amiga llamada Concepción. Residía a escasas

cuadras del hotel, cerca del embarcadero. Me sugirió fuéramos a visitarla. Caminamos por una calle hacia el oriente, mostrando al lado izquierdo una hilera de humildes casas de madera no muy bien conservadas. Al lado derecho el mar estaba separado de tierra firme por una muralla de cemento de unos dos metros de alto donde las olas iban a estrellarse. Unas cuadras más adelante, llegamos a una casa de madera pintada de blanco, con una sola puerta, al lado izquierdo tenía una ventana de rejas. La puerta estaba abierta y daba a una salita con cuatro mesas de madera con sus correspondientes asientos, un mostrador con frente de vidrio y detrás del mostrador, estantes llenos de botellas de cerveza y canecas de aguardiente, gaseosas y paquetes de cajetillas de cigarrillos Pierrot y Pielroja. Dentro del mostrador vi una gran cantidad de cacharros.

La pieza tenía dos puertas, la de la izquierda conducía al pequeño cuarto de la ventana, la del fondo a un corredor empedrado comunicándose con el solar. Pérez la llamó y segundos después sentimos unos pasos fuertes y rápidos acercándose por el corredor interior.

Concepción debe haber hecho un tremendo esfuerzo para llegar, porque, para describirla mejor, era algo así como la famosa gorda Esther de Popayán, pero hecha de ébano, extremadamente abundante en carnes, difícilmente cabía por la puerta de su misma casa, lucía una bata floreada semitransparente, que si no fuera por la ropa interior, dejaría traslucir toda su humanidad. Hubiera sido la perfecta modelo negra que Botero siempre soñó.

Los tatarabuelos de Concepción Mosquera, habían sido esclavos de las minas, propiedad de esta rancia familia de Popayán, a quien debía su apellido en América. En estos territorios había morenos con apellido Valencia, Arboleda, Mosquera, etc. Estos apellidos indicaban la compra de sus antecesores por estas familias, para utilizarlos en las minas y plantaciones del litoral Pacífico y automáticamente adquirían el apellido de sus amos, de lo contrario se hubieran apellidado: Tomé, Tumbuctú, Aleguá o cualquier otro nombre africano. Copia fiel de ese ancestro genético era Concepción, que por comentarios del mismo Pérez viajaba a menudo a Guapi y a Timbiquí, llevando a vender artículos de toda clase.

Los datos que ella nos diera sobre la situación de orden público en esa región eran de vital importancia para nosotros, según afirmaba. Pero, yo pensé que por alguna razón no me estaba diciendo la verdad, porque en Guapi no había problemas de orden público, ni de guerrilla, ni nada. Creo que su propósito era otro y pronto lo sabría. Teníamos dos días, hasta el viernes por la noche para comprar vituallas, equipos de primeros auxilios y atuendos de exploración. Nos internaríamos en la selva tropical y por los esteros llenos de mangle.

Si en la montaña anduvimos por los más variados caminos terrenales y utilizamos caballos para transportarnos, aquí, el mar y los ríos serían nuestros caminos y las canoas de tronco de árbol serían nuestros caballos.
La voluminosa negra invitó a Pérez a la otra habitación, y mientras entraban me señaló que tomara una cerveza del estante.

-Al clima, porque no tengo nevera-. Me expresó.

Le hice una seña afirmativa, destapé una Pilsen y me fui a sentar al lado de una de las mesas.
Parece que Jesús Antonio y Concepción se conocían desde hacía tiempos y llevaban algo más que una simple amistad, porque se demoraban cuchicheando en la otra habitación, donde una sábana de cuadros colgada de dos clavos hacía de puerta. El radio, colocado sobre el estante, detrás del mostrador, entonaba paseos vallenatos entre las botellas de cerveza y los paquetes de cigarrillos.
De pronto, entró un moreno alto y corpulento, vestía unos raídos bluyines y una camiseta blanca a rayas azules horizontales, muy ceñida, dejándole ver el pecho y los brazos musculosos, similares a los de los braceros de los muelles.
Me preguntó por Concepción, yo le dije que estaba adentro, ocupada. Al escuchar que alguien la llamaba, la morena preguntó desde la habitación.

¿Quién es? El moreno le contestó.
-Soy Efigenio-.

La morena, casi gritándole, exclamó sin dejarse ver.
-Largate de aquí negro, que yo estoy atendiendo a gente importante-.
-Vengo a hablarte un asunto Concepción-.
La negra se dejó ver la cara tapándose el cuerpo detrás de la improvisada cortina de la puerta y repitió enojada,

-Largate, negro. Lo que tengo aquí es cosa fina-. Y con voz de reproche continuó.
-Qué me vas a venir a interrumpir-.

Efigenio insistía en hablar con ella, pero Concepción no daba su brazo a torcer. Yo observaba en silencio el desarrollo de los acontecimientos. La morena asomó de nuevo, esta vez tapándose con su enorme bata floreada, que sin las enaguas dejaba traslucir toda su humanidad, abrió la cortina con su mano izquierda y señalando la cama donde Pérez estaba, me imagino, acostado, le dijo.

-Lo que yo tengo aquí es cosa fina, mirá, blanco ve, p'a que te enterés. Largate de una vez, no te quiero ver aquí-.

Miraba como si toda ella pretendiera demostrar que no era una negra común. Una cierta altivez ancestral de princesa watusi traslucía toda su humanidad. Y en cierta forma era cautivante hasta el punto de olvidar su extrema obesidad, que parecía ser para ella sello de realeza. Hacía recordar las reinas de algunos estados matriarcales que aun existen regados por el África tropical. Toda ella era una exageración de los atributos femeninos, parecidos a las estatuillas de las diosas de la fecundidad encontradas por antropólogos y arqueólogos. Esas tremendas glándulas mamarias, esos enormes glúteos, esas anchas caderas soportadas por sus inmensas piernas, a través de su manto floreado traslucía una "V", terminando en su sexo carnoso y exuberante.
Efigenio sentía que en un momento había perdido todos los derechos sobre Concepción, que posiblemente, antes era de su posesión y ante un blanco, más humillante todavía, sin embargo

mostraba una dignidad y estoicismo para soportar esa humillación, también de watusi real.

La morena señalaba a Pérez orgullosa, exhibiéndolo como un trofeo. El moreno y yo, no pudimos evitar imaginarnos a Pérez allí tendido en la cama cuan largo era, boca arriba y desnudo, convertido en todo un "homo erectus", por obra y gracia de la abundante y voluptuosa dama de ébano.

El corpulento moreno que podría haber levantado en vilo a Pérez como si fuera un muñeco, muy digno y serio en todo momento, prefirió no mirar el bochornoso espectáculo que Concepción le ofrecía y desde la puerta que daba a la calle donde había permanecido, dijo, sin insultos ni reproches.

-Está bien-.

Hizo un gesto con la mano en señal de dejar las cosas así, me hizo una venia, dio una vuelta y desapareció por la puerta.

Rato después emergía Pérez disculpándose por su proceder.

-Perdóneme compañero, pero, ¿qué se puede hacer? La carne es débil.

Yo le murmuré,

-Sí, la carne es débil, pero, ¡qué clase de carne compañero! No friegue hombre.

Concepción quería irse con Pérez.

-Menudo problema se ha echado usted encima, por su glotonería-. Y cantando le dije,

> *-Ratoncito Pérez*
> *se cayó en la olla,*
> *por la golosina*
> *de una cebolla...*
> *o mejor, de un cebollón-.*

Con dificultad Pérez convenció a Concepción de la inconveniencia de llevarla consigo, pero le hizo mil promesas de escribirle e invitarla a que fuera a Guapi unas semanas después.

Concepción estaba triste, pero resignada. Parecía una niñita de ocho años a quien le hubieran quitado su juguete. No llegaba a los treinta años. A pesar de su extrema obesidad, su cara era agradable, muy pintoresca y sus ojos dos pepas blancas y en medio de cada una brillaban los negros diamantes de sus pupilas, saltonas, inquisidoras y juguetonas.

Pérez decía que cinco años atrás, cuando la había conocido, era delgada con una hermosa y provocativa silueta. Decía la verdad, porque detrás del mostrador, dos fotografías colgadas en la pared mostraban a una morena curvilínea y agraciada. Pienso, que si no era porque comía demasiado, alguna mala función glandular la había hecho engordar de esa manera. Nos despedimos de la morena, bien alimentada en todo sentido, y salimos a continuar nuestros preparativos para viajar al, para mí, desconocido Guapi... al territorio del Micay.

Mientras caminábamos de regreso hacia el hotel le dije.

-Hubiera visto a ese moreno, compa, si lo agarra lo vuelve puré. Tenía casi dos veces mi tamaño. De un estornudo solamente lo hubiera tirado al suelo. Por fortuna el moreno es pacífico porque, si hubiera sido atlántico usted no estuviera vivo, de verdad se lo digo.

Pérez sonreía, aguantando impasible las bromas que le hacía.

-Diviértase a mis costillas compañero, ya me llegará una oportunidad para retribuírsela-.

Viaje a Guapi.

El viernes por la noche hacíamos compras de última hora por una calle comercial de Buenaventura y cuando menos pensamos nos dieron las ocho y diez. Fuimos corriendo al hotel a hacer las maletas porque el barco zarpaba precisamente a las nueve. Ya habíamos averiguado que no se hacían reservaciones, era necesario subirse y preguntar por algún camarote vacío, a la buena de Dios, de lo contrario habría que hacer la travesía en cualquier rincón.

El barco, una motonave Diesel con casco de madera, daba muestras de haber viajado mucho. A los costados de su proa decía, "San Francisco de Guapi", era el único barco de pasajeros haciendo la ruta de Buenaventura a Guapi. Viajaba semanalmente a esa ciudad. También había transporte aéreo con dos viajes semanales, usado por personas de mejores medios económicos que la mayoría de los habitantes de la región. Pero era caro comparado con el pasaje del barco.

En Buenaventura compré pastillas para el mareo, ya suponía el bamboleo al que íbamos a enfrentarnos en un barco que no reunía las cualidades para designarlo de gran calado. Le ofrecí una pastilla a Pérez, pero la rechazó diciendo con aire de suficiencia.

-Gracias compañero, soy un veterano curtido y lleno de experiencias en el mar, he viajado en muchas ocasiones en esta clase de barcos y no necesito de pastillas para el mareo, ni nada de esas cosas.-
-Está bien-. Le dije al viejo lobo de mar.

Guardé la pastilla en el frasco y nos fuimos a ver nuestro camarote. Nos asignaron uno con cuatro camas, una encima de la otra. Las nuestras serían las de abajo. Pero no se imaginen que el San Francisco de Guapi era similar a los barcos descritos por Ágata Christie en sus novelas: llenos de lujo, damas elegantes y caballeros ingleses perfectamente ataviados, salones de baile, y comedores llenos de los platos y manjares más apetitosos. No había lugar para ser elegante, porque el rudo y primitivo ambiente eran contrarios hasta para los buenos modales. En cierta forma era una humillación a la decencia humana. Una tenue luz amarillenta emanaba de una bombilla situada en la pared del fondo del camarote. Pude observar unos colchones pelados y sucios. Era prácticamente una litera. Escogí la cama del lado derecho, hubiera escogido cualquiera, porque todas estaban igualmente sucias. Le puse el hule que llevábamos para la lluvia, con la parte de la tela hacia arriba, abandoné mis escrúpulos y me recosté a descansar.
El calor y el ruido eran insoportables y el tejemaneje iba a ser así

durante toda la noche. Para ser precisos, el viaje duraría diez horas, si teníamos la suerte de no sufrir ningún percance. Pérez hizo lo mismo, pero alto de estatura como era, tuvo que acostarse encogido porque la cama era muy corta. Las camas eran del tamaño del camarote, de pared a pared, a duras penas cabía un hombre de mediana estatura.

En vez de viajar en esta clase de barcos, se podía alquilar un yate deportivo, que nos llevaría a gran velocidad con todas las comodidades que pudiera uno imaginar, pero costaba una fortuna, Esta clase de naves no estaban al alcance de nosotros, humildes trabajadores de oficina.

Pero, yo creo que a esa altura no hubiera habido mucho que contar. Era fascinante estar en todo esto y ser parte de los riesgos que los demás debían enfrentar, empaparse de verdad en la vida de la mayoría de los habitantes del Pacífico, convivir con ellos, personas que no gozaban de la bonanza económica para darse el lujo de viajar en un yate.

Mi hijo menor tiene un juego donde monta un enorme pájaro dorado. Viaja por una isla llena de peligros y misterios, pero no puede estar volando siempre, comienza a tener hambre y sed y el animal también. Bajan a buscar alimentos y allí es cuando el juego se hace interesante, porque debe enfrentarse a fieros enemigos que acechan por todas partes, él debe acumular créditos luchando contra los enemigos para poder sobrevivir. En la vida real es igual, si no luchamos para acumular créditos, ya sean materiales, espirituales o intelectuales, es muy difícil nuestra supervivencia. Por eso, este viaje nos estaba sirviendo para acumular experiencias y valiosos conocimientos que un día servirían. Y bien que sí. Vinieron a servir, ¿quién lo diría? cuarenta y ocho años después, para escribir parte de este libro.

Dormir es un decir porque en esas condiciones no se podía conciliar el sueño. Dormía por minutos y despertaba nuevamente con el fragor del motor y el sube y baja del barco rompiendo las olas, en un mar cada vez más picado. Observé que la cama de Pérez estaba vacía. Salí a ver que pasaba, recorrí el barco y cuando me aproximé a la proa vislumbré la silueta del viejo lobo de mar en medio de unos tanques de combustible.

Estaba agachado teniéndose de la baranda, vomitando. Subía y bajaba al compás de las olas que chocaban contra la embarcación. Él no advirtió mi presencia, discretamente di la vuelta alejándome para dejar que resolviera su problema y me encaminé hacia el camarote. Eran las dos de la mañana y la nave se bamboleaba cada vez más. El ruido del motor era casi ensordecedor. Me aproximé al cuarto de mando, decidí subir las escaleras y cuando llegué a la cabina el Capitán me vio a través de la ventanilla de la puerta y me hizo una seña dando permiso para entrar.
Había tres operarios. Un moreno joven, delgado, vestido de blanco con los galones propios del Capitán de Marina conducía el navío. Hombre muy amable, con una sonrisa que dejaba ver una dentadura blanca y perfecta. Los demás morenos también vestían blancos atuendos, pero sus camisas no tenían galones. Nos dedicamos a charlar casi a gritos, el embate de las olas, el viento y el motor de la nave producían un ruido casi ensordecedor.
El Capitán me preguntó,

¿Ha estado antes por acá?
-No, es la primera vez que viajo a Guapi-. Le respondí.
-Estamos navegando por el Estrecho del Cuerval. Estas corrientes son muy severas y traicioneras. Aquí se han hundido varias naves, pero no hay que preocuparse, este barco responde bien, ya casi salimos a aguas más tranquilas.

Me preguntaron por la razón de nuestro viaje.
¿Vienen en viaje de turismo?
-No, somos empleados del gobierno. Trabajamos para La Registraduría del Estado Civil.
-Ah. ¿Lo de la cédula de ciudadanía?
-Sí.

-Yo la saqué en Cartagena, cuando estudiaba en la Escuela Naval Almirante Padilla. Nos aproximamos a unas olas muy grandes, téngase de las barras para que no se caiga.

Los cuatro comenzamos una interesante conversación sobre la Isla

Gorgona y la Isla de Pascua, esta última, tierra de los Moais y sus misterios. Por ellos me enteré de que esos inmensos monolitos, con muy pocas excepciones, no miran hacia el mar, como había pensado, sino hacia adentro. Un misterio más de los muchos que la isla ostenta.

Gorgona había sido una prisión y la estaban convirtiendo en una isla de recreación turística. Eso sí lo sabía por mi amiga Tania, una de mis vecinas, porque su padre era arquitecto en ese proyecto de restauración. Pero, mantener una conversación casi a gritos era muy aburrido.

-Voy para el camarote a ver si puedo dormir un poco-, les dije. Me hicieron una venia y salí.

Cuando bajaba por las escaleras el barco dio un súbito viraje golpeado por una gigantesca ola, en la oscuridad me sujeté a un tubo negro para no caer, con tan mala suerte que el tubo era la chimenea del barco y me quemé la palma de la mano izquierda. Fui al camarote a sacar el botiquín de primeros auxilios, desinfecté la mano y la envolví en gasa.

Ya casi amanecía cuando el temporal amainó. Las primeras luces del sol se asomaron en el horizonte. Media hora después entrábamos a la boca del Río Guapi.

En contraste con el embravecido mar de la noche anterior el río parecía un espejo, los árboles a ambos lados de la orilla gozaban de una quietud mágica, nada parecía perturbar la paz del litoral.

Pérez, trasnochado, ya repuesto de su mal, charlaba en la proa con dos marineros disfrutando del fantástico y dorado amanecer.
Mi subconsciente me trajo a la memoria la música de Mussorgsky,

53 - El río parecía un espejo. Nada perturbaba la paz del litoral. 1963

"Una noche en la montaña pelada", pensando en la pesadilla de viaje de la noche anterior, lo cual me pareció un aquelarre de brujas, en contraste con la calma celestial de la que ahora disfrutabamos, cuando las sombras malignas poco a poco abandonan el lugar y los primeros rayos del sol aparecen en el horizonte, mientras las campanas tañen en la distancia, llamando al Ángelus.

Pero todavía faltaban varios kilómetros para llegar a Guapi. Fuimos navegando lentamente río arriba por espacio de cuarenta y cinco minutos cuando comenzamos a divisar las primeras casas de un pueblo típico de la costa colombiana. Una larga hilera de casas de madera asomaba en perspectiva en un claro de la selva tropical. Me imaginé a los primeros colonos arrancando la verde y tupida epidermis de la tierra, para construir en 1770, la población pesquera que hoy contemplaba. Pero todo eso era sólo el remanente de un riquísimo esplendor que tuvo suntuosas casas adornadas con calados de madera estilo francés, de los ricos dueños de las minas regadas por la inmensa Provincia del Micay.

Los incendios a lo largo de los años acabaron con esas magníficas muestras arquitectónicas de las épocas de abundancia, donde todo resplandecía a la luz del oro y la plata.

Hoy, sólo quedaba el recuerdo en las memorias de sus habitantes que, a fuerza de esclavitud ayudaron a construir ese esplendor, pero aun así, cuántas sorpresas me esperaban en cada calle, en cada rincón de este Guapi, hermoso en su humildad, con unas personas en su mayoría sencillas, trabajadoras y honestas, exentas de maldad, que llegué a querer y a comprender como a ninguna otra comunidad étnica.

Semanas después, nos causaba risa ver cómo sacaban a los presos a la calle para que tomaran sol, mientras los policías dentro de la cárcel, jugaban a las cartas. Pero ninguno osaba escaparse, el índice de criminalidad era muy bajo.

Lo nuevo me llenaba de emoción, estaba ansioso por pisar suelo guapiano o guapireño, como dicen los lugareños, recorrer sus calles, conocer su gente y saborear la comida costeña.

El barco debía anclar en algún muelle, pero no fue así, no había muelle, ancló en medio del río a varios metros de la orilla; nos hicieron pasar a una canoa y en segundos pisamos tierra firme, el viaje había terminado, aunque para mí no, porque esa noche al dormir en el hotel sentí otra vez el bamboleo del barco y el ensordecedor ruido de los motores y estas sensaciones se repitieron por varios días.

Se nos acercaron unos muchachos ofreciéndose a llevarnos las maletas. Otros morenitos me miraban asombrados y uno de ellos se acercó lleno de curiosidad, me tocó el dorso de la mano con el dedo, inmediatamente se lo miró y les dijo a sus compañeros,

54 - El barco ancló a varios metros de la orilla. - R. Tobar. 1963

¡No, no se despinta!

Me preguntaron, por qué tenía la mano izquierda vendada, les dije que me había quemado con la chimenea del barco.

¡Huy! ¿De verdad?
¿Le dolió mucho?
-Un poco, ya no me duele-.
Caminamos por esa misma calle hasta un hotel, a tres cuadras del desembarcadero, seguidos por los niños a quienes les habíamos dado las maletas para que se ganaran unos pesos.
El hotel estaba precisamente en el segundo piso de La Registraduría ubicada en la misma esquina, en lo que podríamos llamar el centro del pueblo. Diagonalmente, a la mano izquierda se alzaban la Alcaldía y la Iglesia, en edificios de cemento. Frente a la oficina había un espacio vacío, esperando ser convertido en parque.
El dueño del hotel, un moreno jacarandoso nos recibió acompañado por sus tres hijas, bordeando entre los 12 y los 15 años. Llamó a su

55 - Atardecer en el Río Guapi. - R. Tobar. 1963

Señora, una mujer blanca, probablemente mestiza, por eso me pareció extraño ver el cabello liso de sus hijas y su piel de un precioso color canela. Nos anunció que ellos constituían una familia bien cristiana y que sus hijas estaban estudiando en el Colegio de La Providencia. Se sentía muy orgulloso de ellas, educadas con singular finura.

Nos dieron dos cuartos contiguos, sólo separados por tablas de madera. El mío tuve que acondicionarlo para cuarto oscuro tapando huecos y rendijas. Dormiríamos en los colchones de aire que usualmente llevábamos como parte del equipo.

Una de las incomodidades que no pude nunca superar fue dormir en medio del calor húmedo, no había ni siquiera un ventilador para disiparlo, problema que solucionamos días después con un par de ventiladores que conseguimos en un almacén. De clima frío, siempre me sentí a mis anchas en los 20 grados centígrados, la temperatura casi constante de Popayán. En el verano, Miami alcanza los 40 grados, pero aquí tenemos la ventaja del acondicionador de aire que nos hace la vida bien placentera a cualquier temperatura exterior. Los mejores meses de Miami son los de fines y comienzos del año, cuando el sol en el Trópico de Capricornio alcanza su cenit. En cambio en Guapi la proximidad con el centro del mundo hace que esta región no tenga sino dos estaciones: El invierno lluvioso y el verano seco.

Fuimos a abrir la oficina. Encontramos dos escritorios, archivos de cedulados, urnas de votación, unos cuantos asientos y en un rincón un bote con motor fuera de borda, eso era todo. El motor de la embarcación estaba averiado, en Guapi no había nadie que lo arreglara, era necesario llevarlo a Buenaventura, pero nosotros no tuvimos tiempo para enviarlo a arreglar, además, había que pedir dinero a Popayán y este debía ser aprobado por Bogotá. En fin, los problemas de la burocracia que atrasa todos los proyectos hicieron que se quedara así, como lo vimos. De cuánto nos hubiera servido en la próxima expedición a Timbiquí, pensé, pero estaba equivocado, en el mar sí nos hubiera servido, no en el río.

Noche de currulao.

Yo estaba encantado con la novedad. Esa tarde fuimos a dar una vuelta por los alrededores. Pérez estaba muy contento mostrándome a Guapi y yo más feliz tomando fotografías. Fuimos a ver los joyeros y orfebres trabajando en la talla de adornos de oro y el montaje de esmeraldas en los anillos.

Esa misma noche, el dueño del hotel, el moreno amable y

conversador, nos invitó a "La fiesta del Currulao". Se podía ir por un camino a través de la selva, o en canoa. Escogimos la vía del río hacia el este para conocer el territorio.

Era casi la bocana ensanchándose río abajo para unirse más adelante con el Océano Pacífico. Noche cálida, pero hermosa, las estrellas refulgían y la luna se asomaba inmensa dando visos plateados al agua del río.

Pérez era un veterano, años antes había recorrido estos territorios, no llegaba a los cincuenta, muy diferente a Ismael, que, por ser más joven teníamos un mejor entendimiento, si se quiere más loco e irreflexivo. Pérez ya mostraba la placidez del hombre maduro. El trato que él me daba era paternal, respetuoso, pero cordial.

Manejaba bien la canoa, se paraba sobre ella llevando su compás con los pies. Yo era un novato que nunca había tomado un remo en mi vida. Dos morenos conducían en zig zag la canoa río arriba. Pérez quiso enseñarme a remar y les pidió nos dejaran conducir.
No me fue difícil coordinar los remos para trabajar en equipo, la corriente no era fuerte dada la anchura del río y se podía remar hacia arriba sin mucha dificultad. Después de unas cuántas paradas sobre la canoa en movimiento aprendí a mantener el equilibrio, es como aprender a manejar la bicicleta, una vez aprendido no se olvida jamás.
Pasamos frente a una casa de madera muy bonita, con un inmenso muelle. Una mansión similar a las que se ven sólo en las películas de James Bond, los remeros nos señalaron que era la casa de Nicolás Martán Góngora, hermano del poeta Helcías, a quien llamaban, *"El poeta del mar"*.

Helcías trabajaba en La Gobernación del Departamento en Popayán. Sin embargo, no llegué a conocerlo personalmente, pero, supongo que la tía Bertilde sí lo conoció, porque ella fue secretaria del Gobernador en el mismo edificio donde trabajaba el poeta. Días después conocí a su hermano Nicolás, Ingeniero Naval. Administraba un astillero al lado de su casa, con el espectacular muelle mencionado. En varias ocasiones navegamos con él probando sus naves en mar abierto.

Yo recitaba uno de los más bellos versos de Helcías, "Declaración de amor". Decía Martán,

> *Las algas marineras y los peces,*
> *testigos son de que escribí en la arena*
> *tu bien amado nombre muchas veces.*
>
> *Testigos, las palmeras litorales,*
> *porque en sus verdes troncos melodiosos*
> *grabó mi amor tus claras iniciales.*
>
> *Testigos la luna y los luceros*
> *que me enseñaron a escribir tu nombre*
> *sobre la proa azul de los veleros.*
>
> *Sabe mi amor la página de altura*
> *de la gaviota en cuyas blancas alas*
> *definí con suspiros tu hermosura.*
>
> *Y los cielos del sur que fueron míos,*
> *y las islas del sur, cuando a buscarte*
> *arribaba mi voz en los navíos.*
>
> *Y la diestra fatal del vendaval,*
> *y todas las criaturas del océano,*
> *y el paisaje total del litoral,*
>
> *Tú, sólo de la mar, niña a quien amo;*
> *ola para el naufragio de los besos,*
> *puerto del amor, no sabes que te amo.*
>
> *Para que lo sepas te lo digo,*
> *y pongo al mar inmenso por testigo.*

Un verso que vibra con la expresión y el alma de este hermoso territorio del cual es muy fácil enamorarse, porque la misma naturaleza, el mar y sus gentes te abrazan y acogen con unos lazos de los cuales no quisieras desprenderte. Así como yo también lo sintió Hecías y lo dejó escrito para siempre.

A unos quince minutos de viaje fluvial divisamos un caserío a la orilla derecha del río. Escuchamos a lo lejos el golpeteo de la marimba y los tambores acompañando coros femeninos cantando un sonsonete interminable. Noté al momento que el currulao y el bambuco compartían el mismo compás.

Antes había hecho un estudio sobre el tema y concluí que el merengue colombiano también compartía el mismo compás. Me asombré de encontrar que tres modalidades tan diferentes del folclor pudieran tener el mismo ritmo. Hice un popurrí con tres canciones, cada una representativa de su modalidad. Fueron el currulao Mi Buenaventura, el merengue Las golondrinas y el bambuco Los sauces. Sin cambiar de ritmo pasé de canción a canción confirmando mi teoría. Eso me llevó a pensar que debía haber otros ritmos de América y del mundo con una raíz común y que de acuerdo con cada región se llaman diferente, y luego, en los Estados Unidos hice un método de guitarra en el que explico las raíces madres de todos los ritmos existentes catalogados por grupos, de la misma manera como el ADN mitocondrial nos indica el origen de las diferentes etnias regadas por el mundo. Conociendo la raíz de cada grupo se hace más fácil el aprendizaje y ejecución de cualquier ritmo, pues, como en el ejemplo indicado, con el

ejercicio, digamos, del bambuco ya estás aprendiendo a tocar currulao y merengue. (No confundir el merengue colombiano con el de la República Dominicana; el ritmo madre del merengue dominicano es la marcha).

Desembarcamos cerca del salón de baile, una especie de bohío, si se puede llamar bohío a un techo de paja, rectangular, sin paredes, con una baranda de madera de un metro de alto bordeando la rústica

56 - Tardes musicales en Guapi.- R. Tobar. 1963.

construcción. Varias bancas de madera contra las barandas que hacían de espaldar permitían a los asistentes sentarse a descansar del baile. A un extremo estaban los músicos con marimbas de madera y tambores. En el otro extremo una larga mesa y detrás de ella estantes de madera con botellas de aguardiente y paquetes de cigarrillos. Pero, fuera del aguardiente legal vendían, *por debajo de la mesa,* una bebida llamada Biche, otro aguardiente fabricado por destiladores clandestinos. En la cordillera de los Andes se le llama, Aguardiente Chiquito o Tapetuza.

57 - Alrededores de Guapi - 1963.

Un coro de cantantes, todas mujeres, contestaba a un hombre de voz ronca unas frases que no entendía, posiblemente suahili, mezclado con español, siguiendo la costumbre de mezclar sus leyendas y mitos con los de la religión católica. Los coros eran monofónicos. Con mi atuendo de explorador y mi joven imaginación aventurera y novelesca, cerré los ojos y me transporté con esos sonidos al África ecuatorial y pensé por un momento que escucharía el grito de Tarzán aproximándose hacia nosotros. En medio del tumulto y la semioscuridad, alguien me tocó el hombro; pensé que iba a oír el conocidísimo, "Yo, Tarzán", estaba pronto a decirle, "Yo, Rafael", pero no era Tarzán, sino el veterano con una caneca de aguardiente y una copa.

-Compa, ¿quiere un trago? Es Biche, le va a gustar, tómese un traguito, vamos-.
-Ya que insiste, vamos a probarlo-. Le dije, alargando el brazo. Lo saboreé con gusto. Era más suave que el aguardiente legítimo y con un ligero sabor a anís.

Las bailarinas, ataviadas con trajes típicos de la región del Pacífico, luciendo largas polleras de colores, blusas blancas bordadas y pañueletas, también de variados colores colocadas sobre la cabeza hacían contraste con su tez morena. Los hombres vestían de blanco, algunos llevaban alpargatas. Varios asistentes habían terminado su ciclo de baile y daban muestras de estar embriagados bailando solos, con los ojos cerrados.

No éramos los únicos personajes blancos en el recinto, varios turistas tomaban fotografías y filmaban el espectáculo.
Las fiestas duran, según nos comentaba el dueño del hotel, hasta el atardecer del día siguiente. Las marimbas y tambores no cesaban de sonar con el mismo sonsonete monótono que escuchamos cuando llegamos.
Alrededor de las doce de la noche regresamos los tres en la misma canoa, y haciendo de taxi para una morena de mediana edad un poco tomada que nos pidió el favor de que la dejáramos unas chozas antes de llegar a Guapi. Las marimbas y tambores se fueron apagando poco a poco a medida que nos aproximábamos a la población. Lamenté no haber tomado fotografías, no llevé la cámara porque no tenía flash.

Grethel.

Unos días después de nuestra llegada a Guapi conocí a Grethel, una linda muchacha, hija de inmigrantes alemanes. Caminaba todos los días frente a La Registraduría rumbo a una Escuela Politécnica situada a unas cuadras de la oficina. Ella observó que había nuevos empleados en La Registraduría: un hombre de cuarenta y cinco años y un muchacho de veintitrés tan joven como ella. Llena de curiosidad comenzó a saludarnos, días después hablaba en la puerta, especialmente con Pérez. Yo no participaba mucho de la conversación, permanecía adentro haciendo mis labores de oficina, hasta que una vez se atrevió a entrar a saludarnos. Pronto se convirtió en una fiel visitante. Llegaba todas las tardes después de terminar las clases, al punto que cuando no se detenía a saludarnos la extrañábamos. A veces yo intervenía en la conversación para no pasar por antipático y su rostro se iluminaba con cualquier tontería que yo decía, era evidente el interés que mostraba por mí, Pérez y yo sabíamos del propósito de sus visitas, por eso una vez me advirtió.

-Tenga cuidado compañero porque Grethel le puede hacer tambalear su matrimonio, mujeres como ella no se encuentran fácilmente, es linda, joven y educada-.

-No he pensado en hacerle ni la más mínima insinuación-. Le dije.
¿No ve que me he mantenido al margen de todo? No quiero ni debo ilusionarla. Además, mi esposa también es joven, linda y educada-.

Mi inconsciente estaba lleno de infinidad de impresiones, sensaciones e intereses creados con mi esposa, de los que carecía de Grethel, los cuales formaban una barrera que me impedía tener alguna clase de relación con ella, que no fuera de amistad.
Me había casado hacía unos meses, con el beneplácito de mi familia que suponía era la única manera de que "el muchacho sentara cabeza", porque la guitarra y el canto me habían llevado por el camino de las serenatas y las bebederas los fines de semana, andando por esos antros de perdición, al decir de mi querida tía Bertilde.

Pérez notó que su comentario no me había gustado, porque consideró que sonaba a menosprecio por mi esposa.

Por eso me respondió.

-No se enoje compañero, se lo digo porque, usted ya sabe que...

-La carne es débil-, interrumpí sabiendo que me iba a decir la misma frase cuando el episodio de Concepción. -La carne es débil, repetí...

Pensé que si hubiera tenido algún interés por ella, hubiera buscado en los archivos de la oficina sus datos personales, pero nunca se me ocurrió hacerlo. Hoy lo lamento, porque hubiera conocido más acerca de ella, sobretodo su número de cédula de ciudadanía.

A escasas cuatro semanas de nuestra llegada, Grethel o la hija del alemán, como los morenos se referían a ella, estaba entusiasmada. Un día se acercó diciendo que sus padres nos enviaban una invitación a conocerlos y a un almuerzo con la familia. Pérez quería ir a conocer al alemán, un industrial maderero y me rogó que fuéramos. Pareció muy rudo negarme, también sentía curiosidad por conocer su casa, que según le comentaba a Pérez, era un palacio en medio de la selva. Grethel siempre hablaba en plural, no quería hacer evidente su interés por mí. También, pensé que la invitación carecería de interés ante mi ausencia y que la muchacha iba a estar muy incómoda por mi negativa.

En una tarde linda y soleada tomamos una canoa y nos fuimos río arriba hacia la mansión del industrial maderero, que si estos fueran los tiempos medievales se llamaría simplemente, el leñador.

La casa era un palacio, fabricado para su hija, la hermosa leñadora, con una madera llamada Chachajo, que puede llegar a durar doscientos años en el agua. Estaba situado en un terraplén artificial, al frente había unas gradas de seis escalones para subir a un porche donde vi dos mecedoras y varios taburetes de cuero. Subimos a la sala, al lado derecho divisamos el comedor con una puerta que llevaba a la cocina y detrás de la cocina había otra puerta gradas abajo, que conducían a un sembrado de hortalizas.

En una perrera dos inquietantes pastores alemanes daban vueltas y gruñían desesperados tratando de escaparse ante la presencia de los forasteros. Dos fornidos morenos vestidos de blanco trabajaban removiendo la tierra.

Su padre, un hombre de aproximadamente cincuenta años, de tez blanca, pero curtida y oscurecida por el sol del Pacífico, daba muestra de ser una persona de fuerte carácter, pero al mismo tiempo no dejaba de demostrar su cariño y orgullo por su hija. Hablaba con acento, en cambio ella hablaba perfecto español.

Nos recibieron con una copa de vino. La muchacha se había educado en el Colegio de la Providencia con las monjas belgas, en donde ejercía la docencia. Después de la comida me llevó alrededor de la casa y por último fuimos a conocer el interior, Pérez se quedó en el porche con el alemán y su señora.

Su cuarto, el más cercano al comedor al lado de las gradas que daban acceso al segundo piso donde había dos habitaciones más, albergaba una cama hecha de madera rústica. En la cabecera colgando de la pared relucía un cuadrito dorado con la imagen de la Virgen María. Frente a la cama, una cómoda de cuatro cajones ostentaba encima un mantelito blanco bordado y sobre él varios libros. A un lado de su cama un nochero con la foto de su madre, en un marquito plateado y un devocionario con varias estampas que hacían de separación entre capítulos.
Todo el cuarto retrataba el vivo ejemplo de la sencillez. Allí no había nada superfluo, la limpieza y el buen gusto andaban de la mano. Me sentí muy cómodo porque demostraba el carácter de su dueña, ordenada, pulcra, sencilla y sin complicaciones.
Su voz era la de una mujer muy segura de sí misma, así me pareció desde el primer día que la oí charlando con Pérez en la puerta de la oficina.
Me mostró varios poemas escritos por ella, me habló del colegio y de sus amistades, de la hermana superiora, Sor Catherine, su guía espiritual. Estudiaba pedagogía y daba clases en el politécnico acabado de construir por las monjas de La Providencia.
Desde nuestra llegada noté que la mujer con la que vivía su padre era su madrastra porque no se daban el trato normal de madre a hija. Su madre había muerto, pero no supe ni cuándo, ni dónde, ni

cómo.

Sentados al borde de su cama, en donde mirábamos los cuadernos de poemas y fotografías familiares, me expresó su inclinación a escribir.

-Sus poemas son muy bonitos, reflejan la vida del ambiente que la rodea. ¿Los publicará un día?

Ella sonrió, diciendo.

¿Cree que vale la pena?

¡Oh sí! Son muy bonitos, de veras.

-Lo voy a pensar...

-A mí me gusta escribir mis sueños, algunos son bien interesantes, son cuentos entre la realidad y la fantasía, cuentos raros, un poco surrealistas-. Le dije.

¿Me los presta? Preguntó curiosa.

-Por supuesto. Cuando haya otra oportunidad-.

Su madre le hacía falta. En su conversación traía a menudo el tema de su progenitora. Criada por el alemán, un hombre un poco rudo que contrastaba con la naturaleza delicada y dulce de su hija, tuve la impresión de que cuando ella falleció, desapareció también su mejor amiga y parecía haber encontrado una sustituta en Catherine, la madre superiora del Colegio, donde debía encontrarse como en su segundo hogar, como si las monjas al saber de su orfandad la hubieran acogido entre todas para darle el cariño de la madre que le faltaba.

Un criado la llevaba en su canoa todas las mañanas y la desembarcaba frente a la calle principal, al lado de la Oficina de Correos. Usaba una sombrilla con estampado de flores, que siempre colocaba a su derecha para cubrirse del sol mañanero y el del atardecer. Al llegar a la esquina de La Registraduría cruzaba hacia el sur, rumbo al colegio. Por la tarde el criado regresaba a llevarla de vuelta a su casa.

Creí oportuno hablarle sobre mi estado civil, comprendí que sería doloroso para ella, pero estaba decidido a hacerlo, antes de que las cosas se tornaran más difíciles.

-Debo decirle algo-. Le expresé.

Ella me miró sonriente, sus ojos azules despedían un brillo maravilloso ante la luz que brotaba por la ventana situada a lo largo de su cama. Su cabello lacio derramaba destellos dorados. Fue una ocasión para observarla muy de cerca. En realidad era bella y delicada. Me recordaba a dos preciosas muchachas lituanas, hijas de una familia de refugiados que vivieron por un tiempo en casa de Daniel Peña, frente a mi residencia. ¡Qué bellas eran! Grethel estaba radiante dentro de su vestido de seda, de una blancura azulosa, al parecer reservado para esta ocasión, porque lucía nuevo. Me disculpé por mi facha tan informal.

-Nunca imaginé que aquí, en este apartado lugar iba a tener compromisos sociales-. Le expresé.
Ella sonrió diciendo.
-Eso no tiene importancia, lo importante es que ustedes han venido a visitarnos-.

Le agradecí su cortesía. Me di cuenta de que el habernos traído a su casa constituía una victoria ya que ella me observaba retraído, poco comunicativo y renuente a entablar alguna conversación. Yo no era el tipo parlanchín y entrador como varios de mis amigos. Tanto más, cuanto que yo trataba de evadirla cuando iba a la oficina.

Con la cara inclinada, juntas las manos sobre la blanca falda, esperaba que yo comenzara a decir lo que ella pensaba, sería una declaración de amor, pero... esa cara tan hermosa llena de ilusiones yo no pude matar con una noticia tan cruel y no fui capaz de decir una sola palabra. Parecía tan sencillo decir esas dos palabras, "Soy casado". Pero, esas simples palabras llegarían a tener una connotación tan profunda, tan significativa, que cambiaría para siempre el concepto de su universo, de su vida y sobretodo de sus sentimientos.
Me impresionó la mirada de esos hipnóticos ojos azul celeste que dejaban traslucir la sinceridad de sus sentimientos, y en un impulso salido no sé de dónde, tomé sus manos cálidas y tersas y les di un

beso, por ese inmerecido amor cercano a la veneración que sentía por mí, y... si yo sentí algo por ella en ese instante, debía callarlo. Ella se estremeció, sus ojos brillaron al contacto de mis labios con el dorso de sus manos; sin dejar de sonreír sus ojos me rogaban que comenzara a hablar. Casi podía escuchar los latidos de su corazón que parecía se iba a salir del pecho; sin soltar sus manos la ayudé a levantarse y por decir algo le susurré tratando de disimular ese momento de gran intensidad emocional para ambos.

   -Hace calor aquí, ¿verdad?
   -Sí, un poco. ¿Salimos? Sugirió.

Esperaba oírle decir eso para escapar de la situación. Ella lo tomó muy natural, suponía que si no era ahora sería después. Pensaba que nuestra juventud nos daba todo el tiempo del mundo para otro encuentro y muchos más. Se veía feliz, en parte porque había hollado esa barrera de indiferencia creada por mí. Suponía que desde ese día en adelante, la persona seria y reservada tendría que desaparecer para dar paso a la personalidad sencilla y asequible que yo había demostrado esa tarde.

Noté que el alemán fue más simpático conmigo al final del encuentro que cuando llegamos, al parecer había pasado la prueba, porque en el almuerzo cuando yo hablaba, Grethel miraba a su padre buscando la aprobación a mis comentarios. Obviamente, el almuerzo no era sino un motivo para que su padre me conociera.

Nos incorporamos a la reunión, pero ya casi daban las seis de la tarde. El día se nos había ido volando. Era prudente regresar a Guapi antes de que anocheciera.

Nos despedimos, agradeciéndoles su hospitalidad y emprendimos el viaje de regreso. Nos dieron el adiós desde el porche agitando las manos e invitándonos a volver pronto.

Remando de pie sobre la canoa, Pérez preguntó.
   -Qué hubo compa. ¿Se lo dijo?

-Usted va a pensar que soy un cobarde o que estoy jugando con esa muchacha, pero cuando me miró, tan bella y con esa cara que reflejaba todo su cariño hacia mí, no pude pronunciar una sola palabra. No fui capaz de matarle la ilusión. Cuando le dije que necesitaba hablarle seguramente pensó que le iba a confesar mi amor. Fue una situación muy difícil. Ha sido tan duro para mí, que pensé, era mejor que me tragara el mar, se lo digo de verdad-.

El veterano reflexionó diciéndome,

-Pensándolo bien... Este no era el momento de decirle nada... Nos han invitado y una noticia así es... como echarle agua a la fiesta-.
-Ese punto no lo habíamos considerado. Le respondí, -es verdad, agasajarnos con un almuerzo... ¿Se fijó en la mesa cómo estaba de bien servida? Creo que habían sacado su mejor vajilla. Ese mantel bordado a crochet debe valer una fortuna. Mi tía hace manteles así para banquetes. Y ella, vestida con su mejor traje... ¿La vio cómo estaba de bien arreglada? Para tirarle un balde de agua. No es justo.

-Ustedes dos se veían como los protagonistas de una película que, si fuera yo el director la titularía, La bella y el explorador-. Dijo Pérez sonriendo. Qué linda pareja hacían.

-A usted le gusta atizar la leña. ¿Verdad? Le dije.
-No, compa. Al César lo que es del César. Harían una bonita pareja, de verdad. ¿Usted vio, Las Minas del Rey Salomón? Me preguntó.
-Si, la vi hace unos años-.
-Creo que Grethel tiene un cierto parecido con Deborah Kerr...
-Se parece, pero yo no me parezco a Stewart Granger ni de espaldas-. Le dije riendo.
-Rememos para la orilla, que nos estamos alejando compañero-. Exclamo Pérez
-Bueno, coincido plenamente con usted, no era el momento

de hablarle-. Le dije.
Acostumbrados a hacer bromas hasta de las situaciones menos afortunadas, Pérez continuó.

-Figúrese compa, si le dice a la hija que usted es casado, el alemán sería capaz de llamar a esos jardineros y echarnos de su palacio con los pastores alemanes que tienen en la perrera. Comentó en tono burlón.
Yo le dije en el mismo talante.

-Padre e hija nos hubieran sacado de allí a tiro limpio o hubieran llamado dos soldados nazis, para vendarnos los ojos y fusilarnos de inmediato, Jajajaa-.

-No sea exagerado compañero-. Replicó Pérez. -A lo mejor solamente nos hubieran tiroteado la canoa, para que nos ahogáramos en el río. Por fortuna aquí no hay pirañas.

Reí de buen gusto y le dije.

-¿Ve usted lo prudente que es no abrir la boca en ciertas ocasiones?

-Bueno, ya pare las conjeturas y reme que nos estamos yendo otra vez para el centro del río-.

Ambos reímos de nuestras propias tonterías. Era un buen ejercicio para relajar la tensión en lo que a mí se refería, porque el veterano estuvo muy alegre toda la tarde tomando Johnny Walker, hablando con el alemán y su señora.

Pero, eso fue unos días antes de conocer mi estado civil gracias a su amiga, la empleada de la estación de correos, quien adelantándose le comentó sobre unas cartas dirigidas a mí, cuyas remitentes eran dos señoras con apellido "de Tobar".
Grethel no volvió a pasar por la oficina. Días después llevé unas cartas al correo y aproveché la oportunidad para preguntar a su amiga, la causa por la que Grethel no había vuelto a presentarse en La Registraduría.
Al principio estaba reticente para informarme sobre cualquier tema referente a Grethel, pero después de crearle cierto ambiente de complicidad comenzó a hablar.

-Grethel se dio cuenta que usted es casado.

-Sí... Soy casado-. Le respondí. –Y, ¿qué tiene que ver eso?
-Tuvimos una charla sobre la identidad de su esposa-. Dijo la muchacha, una agraciada morena de veinticinco años, cuyo nombre no recuerdo.
-Pregúntale-. Le dije a Grethel.

-No, yo no tengo derecho-, me contestó, -apenas lo conozco-. Va a pensar que hemos estado viendo sus cartas-.
¿Será que tiene dos esposas? Preguntó angustiada.
-No lo creo-, le contesté.

Observé que la inteligente morena estaba haciéndose la Sherlock Holmes, o la Hércules Poirot guapireña. Seguramente estaba leyendo a Connan Doyle o a Agatha Christie. Yo, con cierta curiosidad por saber como desarrollaba la historia, la dejé explayarse en sus propias deducciones, y comenzó a relatar la charla sostenida con Grethel.

Dice que le explicó.
-Lo que puedo decirte es que una de las cartas está escrita con caligrafía inglesa, debe ser la de la madre y la otra está escrita en Palmer, esa es la de la esposa-.
¿De verdad? ¿Cómo lo sabes?
-Es lo más seguro, él también escribe con caligrafía inglesa muy parecida a la letra de la madre. Ella puede haberle enseñado. Porque, tú lo sabes, hoy en los colegios, lo que se enseña es la caligrafía Palmer-.
-Tiene usted razón-, le dije. -Mi madre me enseñó a escribir con caligrafía inglesa.
-No sé que hacer-. Dijo Grethel, pensativa.
-Sólo abriendo una se podrá saber-. Dijo la morena.
¡No! Por favor, ¡Ni lo pienses! Me muero de vergüenza, no podría verlo a la cara si hiciera eso.
-Estoy bromeando, Grethel, te conozco y no lo permitirías-.
-El destino que me había forjado ha sido sólo una ilusión, porque nada de lo que soñé podrá hacerse realidad. ¡Que tonta he sido! Dijo con su cara trasformada por la desilusión y la pena. Ya

otra princesa había tomado el corazón de su príncipe soñado.

Me dijo que no tenía derecho ni a pensar en usted, se fue muy triste a hablar con Sor Katerine.
Yo le dije a la muchacha.
-Pero, el que yo sea casado no quiere decir que Grethel no pueda volver a visitarnos, dígale que ella es nuestra amiga y que la extrañamos.
-No volverá-.
¿Por qué?
-Porque ella está profundamente enamorada de usted-.

En ese momento comprendí que esto era más serio de lo que había pensado. Saber que yo era casado con sólo 23 años debe haber sido una decepción muy grande, lo profundo que había llegado a ser su interés o su amor por mí y lo que estaba sufriendo. Sentí una combinación de lástima y admiración. Una mujer que reía con esa alegría que nos había regalado se había vuelto taciturna y fría, la sonrisa había huido de sus hermosos labios y sólo la tristeza, difícilmente disimulada asomaba a su rostro. Ella se había convertido en una víctima del destino sin yo quererlo ni proponerlo. Me sentía culpable y al mismo tiempo estaba consciente de que no lo era. Tal vez el tiempo y la distancia llegarían a calmar su dolor. Me daba tristeza ver ese cambio tan drástico en ella. Cuando pasaba por la calle, bajaba la cabeza haciendo un esfuerzo para no mirarme. En varias ocasiones traté de entablar alguna clase de comunicación, pero tuve la sensación de que ella se sentía engañada y muy insegura luchando entre su amor y sus convicciones, se sentía incapaz de manejar sus sentimientos y prefirió el mutismo total.
Toda la vida lamenté su actitud que cerró toda esperanza sin prever lo que el futuro nos pudiera deparar. Si en todas sus actitudes demostró tener madurez, fue precisamente en esta vez donde careció de la lucidez requerida para manejar la situación. Se encasquilló en un presente imposible y cerró todas las probabilidades al futuro.
Mientras tanto, también mi alegría cotidiana había desaparecido

hasta el punto de notarlo el veterano. Tuve la sensación de que Guapi de pronto se había vuelto demasiado pequeño para nosotros. Era una situación fastidiosa que no me dejaba ver con claridad, el Guapi que había considerado mi amigo, me parecía hostil, como si todos me hicieran culpable de la tristeza de su princesa. Grethel y yo no cabíamos en nuestro propio espacio y resolví que uno de los dos debía marcharse. Y sería yo, el que había llegado a conmover los cimientos de su existencia quien se fuera. Yo, que llegó sin querer a usurpar su tranquilidad.

¿Qué le pasa compa? Usted ya ni silba-. Me preguntó el veterano.

A mi pesar le confesé que Grethel me hacía falta como amiga, porque, mientras estaba frecuentando la oficina todo parecía normal.

-Tengo pocas herramientas para manejar el concepto de la ausencia. Pero, lo que puedo deducir y espero no estar equivocado, es que, cuando alguien se va, ya sea un hermano, una amiga, como en el caso de Grethel o inclusive un caballo o un perro, al que uno está acostumbrado a ver, cuando se va deja un vacío de nostalgia a veces difícil de llenar. La nostalgia produce tristeza, es como un mecanismo de defensa.

-Mecanismo de defensa. ¿Por qué, compañero?

-Le voy a explicar mejor, mire: un animal ha perdido su cachorro, siente tristeza por no verlo, ¿verdad? y lo busca hasta encontrarlo. Si no fuera por ese sentimiento de nostalgia por el animal, no lo buscaría. Es un instinto más, que todos poseemos.

Pero, ¿qué pasa cuando las circunstancias humanas hacen que una persona se vaya afectivamente? Grethel, está ahí, la veo pasar, pero es inaccesible. Es una pena mucho más grande. Yo lo veo así, me hace falta, sinceramente-.

El veterano me contestó.

¿Que le hace falta? Es natural, ella era ya una figura familiar entre nosotros y duele no volverla a ver. A mí también me hace falta, es una niña tan agradable... Mire, al decirle la muchacha del correo que Grethel lo ama, simplemente le hizo evidente su responsabilidad de decirle que es casado. Yo creo que debió desengañarla al otro día de su llegada a la oficina, así no hubiera habido tiempo para que ella se enamorara y las cosas no hubieran sido tan difíciles como ahora.

-Lo que usted dice es cierto, pero su error ha sido enamorarse a primera vista. Yo pensé que con mantenerme al margen de todo era suficiente para que comprendiera que yo no quería nada con ella-.

Pérez preguntó.

¿No será que usted se está enamorando?

Yo le respondí, imaginando su femenino contorno.

-Es difícil no enamorarse de una mujer como ella. Pero yo no debo, ni quiero hacerlo. Le haría un daño intencional que ella no se merece y además, esa no es mi naturaleza. Respeto a mi esposa tanto como la respeto a ella. Sin embargo, creo que no volveré a ver en una mujer la transparencia y el brillo de su espíritu a través de sus ojos como lo vi en los de Grethel. Viviré con ese hermoso recuerdo durante toda la vida.

-Ella nunca se imaginó que usted con sólo 23 años estuviera casado. Ni remotamente le pasó por su cabeza-. Afirmó Pérez.

Yo le dije.

-El asunto que me molesta es que no soporto verla tan indiferente, su actitud me duele. Sé que todos estos hechos pueden marcarme emocionalmente para el resto de mi vida, porque cualquier desavenencia con mi esposa me hará pensar que todo hubiera sido mejor con Grethel, ¿se da cuenta?

El veterano respondió. -Usted es muy joven y a pesar de tener conceptos muy maduros para su edad, le falta la experiencia de la relación con otro ser humano. Sepa que cuando uno discute con la esposa siempre se piensa que es mejor la esposa del vecino, pero basta convivir con ella para darse cuenta que con la una o con la otra el matrimonio es igual, son humanas con sus propios defectos y virtudes. Más defectos que virtudes y hay que ser muy tolerante de

58 - Rafael - Orillas del Río Guapi.- R. Tobar. 1963

parte y parte. Grethel, con el idealismo de las personas jóvenes había forjado todas sus ilusiones en usted, pero cuando supo que era casado se le cayeron todos sus castillos. Yo creo que a los 23 o 25 años que ella tenga, porque ella parece de más edad que usted. Será porque demuestra la autoridad de la maestra que tiene que lidiar todos los días con sus alumnos y debe ser firme. También, a su edad es difícil saber si tienen 20 o 25. De lo que sí estoy seguro es que nunca había encontrado persona más compatible con ella que usted. Mírese al espejo, compatible hasta en el semblante. Usted podría pasar por alemán, parece que fueran de la familia. Lo miré incrédulo por su afirmación, haciéndole una sonrisa sarcástica.

-No me mire así compa-.

59 - De vez en cuando la veía pasar...

-Es la verdad, parecen hermanos. Su decepción debe ser

muy grande, la pobre... Y eso que ella no sabe que usted es un artista que ha hecho exposiciones de pintura, un músico que canta, compone y toca guitarra, que si ahora está loca por usted, cómo sería si lo supiera. Usted no le ha mencionado nada de eso, verdad?

-Nó, ella lo único que sabe es que soy fotógrafo y que escribo mis sueños-. El compromiso adquirido con mi esposa constituía una barrera para que tomase alguna acción favorable respecto a Grethel. Si llego a Guapi unos meses antes, es probable que mi futuro hubiera sido puesto en duda, pudiera haber tomado un rumbo muy diferente.

Su decepción es tan enorme, como enormes fueron sus proyectos futuros conmigo. Lamenté habernos conocido en circunstancias tan adversas para ella, nunca tuve la más mínima intención de hacerle daño. Cómo iba a hacerle daño a una mujer cuyo foco de su ilusión era mi propia persona.

La admiro por ser una mujer de principios, nunca hizo nada para quitarle su lugar a mi esposa, al contrario, se envolvió en su concha de donde nunca más salió para mí, como una perla que me negara el placer de contemplar su brillo y hermosura.

De vez en cuando la veía pasar desde la puerta de La Registraduría, pero, era como si yo no existiera. No niego que su indiferencia me doliera y como amiga la extrañaba. Pero, si bien, yo desde el principio puse una barrera, ella cuando supo de mi situación también puso la barrera de la indiferencia total. Ella nunca me preguntó sobre mi estado civil; en realidad no habíamos llegado a conocernos como para profundizar en temas más personales, por lo tanto su indiferencia no estaba ligada a ningún pensamiento negativo hacia mí, porque nunca alimenté esperanzas de ninguna clase, por eso ella consideró que no debía pensar más en lo que no podía ser, aunque dentro de su corazón estuviera librando una tenaz batalla entre su amor y sus principios.

Ni ese tiempo, ni ese espacio se habían hecho para nosotros. Si la amistad hubiera continuado, entre los dos estaría merodeando el diablillo de la tentación cada segundo, pero ella no estaba dispuesta a transgredir sus propios principios y por mi parte no deseaba alimentar ninguna clase de esperanzas, aunque la tentación estaba allí, latente en cada momento.

Falta de carácter social.

Hoy, las parejas se separan con una facilidad tan asombrosa, que indica lo frágiles que son los lazos amorosos y con la misma facilidad se unen a otras personas, sin importar su estatus ni nada, es como si se vendieran al mejor postor, a lo que más las haga felices en su momento, sin importar los conceptos éticos y morales, ni los intereses creados, no existe ningún espíritu de sacrificio, estamos viviendo una época de no compromisos. Pero, el resultado de esta falta de carácter social es la proliferación de los hijos de matrimonios rotos, criados con madrastras y padrastros que nunca cumplirán las funciones de los padres verdaderos, con el indudable perjuicio traducido en la falta de empeño en los estudios, desorientación, promiscuidad, drogadicción, delincuencia y tantos males que aquejan, en mayor grado, a la los hijos de parejas divorciadas.
Las cosas en ese tiempo eran muy diferentes, se reflexionaba más y se sopesaba con más detenimiento cualquier resolución que se tomara. Había más respeto por el ser humano. Esta situación en la que el destino nos había colocado era totalmente extemporánea.

Grethel y el Colegio la Providencia de Guapi.

El colegio dirigido por las Hermanas de la Orden de la Providencia cuya matriz está en Bélgica. Llegaron en los años de 1915 y su labor ha sido tan profunda y de tanto contenido social, que el mayor nivel académico y pedagógico de la Costa del Pacífico es el de Guapi. De allí salieron varias generaciones de estudiantes muy bien preparados y con una gran formación en valores; Grethel fue una de esas alumnas. Por su parte, sé que ella mantuvo largas conversaciones con Sor Catherine, su consejera espiritual y la monja le dijo que, ese hombre era intocable, dados los valores éticos y morales con los que había sido educada y que no sería ella

la que fuera a destruir un hogar acabado de establecer, porque quien pretende construir su felicidad a costa de la infelicidad de otra nunca podrá ser feliz.
Es probable que así como yo, ella haya querido saber qué rumbo tomó mi vida después de abandonar Guapi. Y, yo creo que nunca hemos dejado de pensar en nosotros, porque pudimos cambiar el futuro, pero nuestros principios he intereses creados no lo permitieron.
Hoy, a pesar de los años transcurridos la recuerdo con más intensidad y trato de formarme un retrato actual de su figura, ella constituye para mí una incógnita y aliento la esperanza de establecer contacto, un día, quizás... Un día.
A nuestro regreso de Timbiquí, fletamos un avión bimotor para viajar a Buenaventura. Levantamos vuelo, pasamos por encima de la casa de Grethel; el Capitán dirigió la nave rumbo norte, puso el piloto automático y tranquilamente se dedicó a leer el periódico "El País", sobre la inmensa planicie del Micay. Guapi se fue empequeñeciendo a medida que el avión cobraba altura. Reflexioné en que allí, en esa casa que cada vez se hacía más pequeña, quedaba un universo de sentimientos de amor, de frustración y de llantos que en cierta forma eran míos y los compartía, aunque ella no lo supiera. La población se fue perdiendo en el horizonte, pero allí dejaba un ancla con nombre de mujer: Grethel, la hermosa muchacha que pudo cambiar el curso de mi vida y con ello la propia existencia de mis hijos y la de muchísimas personas que hoy forman parte de mi circunstancia. Hubiera sido un futuro muy diferente, con inferencia para otras personas muy distintas a las que he conocido, posiblemente nunca hubiera emigrado y mis hijos con Grethel no me hubieran impulsado a escribir este libro. Estarían viviendo conmigo las mismas experiencias y tú, amigo lector, hoy no lo tendrías en tus manos, porque como decía, la existencia de cada ser humano es única y no se pueden recorrer dos caminos de una vez; son leyes que nos imponen el espacio-tiempo de este mundo tridimensional en el que estamos atrapados.

60 - Guapi se fue empequeñeciendo a medida que el avión cobraba altura....
(Google Earth)

Cuántas veces sollozante, en el silencio de la noche, en la intimidad de su palacio de madera, las manos de Grethel acariciaron su vientre vacío, con el anhelo de que yo lo llenara, anhelo que no tardó en transformarse en una quimera. Los óvulos que de Grethel brotaron para mí se arrugaron de esperar que yo los fecundara, como flores que se fueran marchitando, una a una cada mes, para desaparecer en la angustiosa inexistencia. La Teoría de Cuerdas, *(The String Theory)*, dice que existe un número infinito de universos paralelos y que lo que no se haya realizado aquí se realizaría en uno de esos universos. Talvez allá se haya realizado lo que aquí no fue posible, con otro yo y otra ella. Si es así, mi único deseo es que su unión conmigo le haya dado la felicidad que siempre soñó y que yo haya sido digno de ese cariño que me ofreció en este universo y no lo pude recibir.

Nota: Rafael, años después se separó de la mujer por quien rechazó a Grethel y comenzó a buscarla tratando de recuperar el pasado, pero su busca no fue fructífera. Nada, ni una sola señal que diera con la hermosa muchacha. Se perdió en el tiempo y la distancia. Solamente encontró vacío y soledad. Sin embargo, él aun la espera. A veces cree oír sus pasos, y piensa que se acerca a su habitación, pero no hay nadie, son fantasmas que crea su imaginación y se desvanecen en la nada.

Día a día, año tras año, la selva se fue apoderando de su lindo palacio de madera. Dicen que la casa sigue intacta, pero la espesura ha invadido los cuartos abandonados. Hay percepciones que impregnan el ambiente donde las personas han vivido por mucho tiempo, pero allí no se siente nada; se podría asegurar que su alma hace tiempo se marchó... Grethel se desvaneció como una princesa de cuentos de hadas a la que un hechizo le hubiera hecho dejar su hermoso palacio de madera. Sin embargo, Rafael siente que existe una conexión espiritual que todavía lo une a ella, desde el más remoto confín donde se encuentre, y conserva la esperanza, a pesar de los años transcurridos, de volver a verla... algún día...

Rafael termina en puntos suspensivos esta sentida y tierna historia de amor, dando pas,o en ese "Algún día..." a la esperanza, como el último recurso para seguir alimentando un amor que no se concretó. Es un círculo de su vida que permanece abierto y que solamente lo puede cerrar la presencia de Grethel, o la certeza de una tumba en algún cementerio, a donde él pudiera ir a meditar y a dejarle un postrero ramo de flores... Fin...

Una dama conocida.

Una bocina anunciaba que el "San Francisco de Guapi", anclaba una vez más en el sereno río, trayendo nuevos pasajeros. Media hora después una dama conocida irrumpía como una tromba en la oficina,

¡Concepción!

La sorpresa de Pérez fue macanuda. La fogosa negra repartió abrazos y besos a diestra y siniestra y nos señaló que nunca fue su intención venir a ponernos problemas, a pesar de que Pérez en Buenaventura le había advertido que su viaje a Guapi no era conveniente por múltiples razones.
Yo sí había pensado que esto iba a suceder. Qué problema más grande para el veterano. Yo creo que desde el primer momento de su entrada a la oficina, él ya estaba pensando en cómo quitársela de encima.
Concepción sabía que ella no era santa de mi devoción, desde el día que trató a su amigo de una manera tan grosera y descortés, pero se esforzaba en ser simpática conmigo. En un momento pensé que la negra no era tan culpable de lo que sucedía, más bien, el veterano era quien la había alborotado, haciendo valer el axioma de que, *El hombre propone y la mujer dispone*. Traté de ser amable. Si se nos engarzara para Timbiquí, con seguridad nos hundiría la canoa. Pero, eso era algo que yo no iba a permitir, de ninguna manera.

-Compañero, vamos a ir a almorzar allí, a dos cuadras, ¿Quiere venir con nosotros? Preguntó el veterano.
Me excusé, les deseé buen provecho, di la vuelta y me dediqué a arreglar las equivocaciones de los funcionarios anteriores, que a veces archivaban mal las tarjetas alfabéticas.
Regresaron una hora más tarde. Pérez le dijo a Concepción que bien podía descansar en su habitación. La simpática negra, trasnochada por el viaje aceptó encantada, Pérez la introdujo en el hotel sin que el dueño se diera cuenta. Pensé que sería como esconder un elefante. De todas maneras no sé cómo lo hizo. Así nosotros pudimos terminar tranquilos nuestro trabajo.
Horas después se apareció en la oficina. Pérez, asombrado, le preguntó cómo había hecho para salir sin ser vista. Le contestó que había un cuarto de desahogo con salida a la parte de atrás del edificio. Pérez pensó que el dueño no iba a permitir que Concepción pasara la noche juntos, dada la fama "non sancta" que la morena tenía y esperó a que llegaran más o menos las 10 de la

noche para introducirla a hurtadillas, cuando el dueño y sus hijas se hubiesen retirado a sus habitaciones. La puerta que daba a la parte de atrás, por la que Concepción había salido, no abría de afuera para adentro, por tanto, Pérez tuvo que buscar el cuarto de desahogo para abrirle.
Alrededor de la una de la mañana, una tremenda explosión cimbró el edificio de madera, todos los residentes del hotel fuimos saliendo a ver qué había pasado, menos Pérez y Concepción. Todos pensamos que había sido un ataque de la guerrilla.
El dueño en calzoncillos y con los pantalones en la mano, salió como un histérico, gritando.
      ¡La guerrilla! ¡Sálvese quien pueda!
Unos decían, vino de allí, otros, vino de allá. Había gran confusión y temor en el hotel. Finalmente, todos concordaron con que la explosión provenía de la habitación del señor Registrador.
A Pérez no le quedó otra alternativa que abrir la puerta. Comenzó a explicarle al dueño que el colchón de aire no había resistido el peso y que había estallado como una bomba. El dueño del hotel entró acompañado de varios curiosos asustados. Fue inevitable ocultar a la inmensa cómplice del estallido. El dueño increpó a Pérez, recordándole sus recomendaciones sobre buena conducta que le había hecho el día de nuestra llegada y le dijo que recogiera sus cosas, que su hotel no era burdel. Estaba bien enojado, pero no hubo escándalo ni gritos. El moreno lo amonestaba enérgico pero comedido, diciéndole que él, como hombre comprendía, pero que tenía hijas y no deseaba que ellas vieran esa clase de espectáculos y que se fuera con la dama a otra parte. Concepción no dijo ni una palabra, miraba alternativamente hacía mi y luego hacia el dueño del hotel y después bajaba la cabeza. Ambos, azorados, tristes y compungidos salieron como Adán y Eva echados del Paraíso y se fueron a acabar la noche no sé dónde. Qué situación más humillante y embarazosa. Al día siguiente me encontré con ellos, llegaban de tomar el desayuno en un comedero cercano. Los saludé normalmente. El veterano me dijo,
      -Compa, Concepción se va a casa de una amiga, hasta que la motonave regrese, voy a salir a dejarla.
      -Está bien.-

61 - Inmediaciones de Santa Bárbara.- R. Tobar. 1963.

Me despedí de Concepción, ella trató de disculparse por todos los inconvenientes que había causado. La escuché pacientemente y al final la tranquilicé diciéndole que todo iba resolviéndose satisfactoriamente. Ella hizo el amago de abrazarme, con cierta incertidumbre por mi reacción, yo feliz de que se fuera la abracé, sinceramente, sin rencor alguno, en un feliz abrazo de despedida y los acompañé hasta la puerta.
Cuántos problemas había dado la voluminosa "dama de ébano"…
Me pareció que el episodio de Concepción estaba terminado, la lección aprendida por el veterano y… a otra cosa.

La comisión a Timbiquí.

El tiempo se nos agotaba en Guapi, con cierta alegría recibí el anuncio de nuestro viaje. Era oportuno cambiar de ambiente, dejar de pensar en mi frustrada amiga, y Pérez a su vez de descansar de la morena. Me esperaba conocer nuevas tierras y me dediqué con empeño a preparar el viaje para Timbiquí, al Noreste de Guapi. Más precisamente a Santa Bárbara, la Capital del Municipio, nuestra primera parada de esta comisión que nos llevaría hasta el pie de la Cordillera Occidental.

Viajaríamos por el mar, por los ríos y por los esteros, caminos líquidos en medio de la selva, formados cuando sube la marea. Los habitantes de la región los utilizan para acortar camino. No podíamos ir por nosotros mismos, porque viajar por los esteros es una empresa para expertos que sepan introducirse entre los manglares y salir de ellos antes de que baje la marea, de lo contrario se corre el riesgo de quedar atrapados en la selva inhóspita y peligrosa a merced de las serpientes, los felinos, los insectos ponzoñosos y los vampiros. Además, por esas ciénagas llenas de raíces de mangle es imposible caminar, por lo tanto, contratamos dos expertos que serían los pilotos de la embarcación: una barca de cuatro metros de largo, fabricada de tronco de árbol, con un viejo motorcito fuera de borda que parecía un juguete.
Le pregunté a Pérez.

¿Con ese motorcito tan pequeño vamos a viajar?
El veterano me contestó.

-Es sólo para viajar por el mar. En los esteros y el río es necesario usar remos y esas varas largas que ve tendidas a lo largo de la canoa-.
Con esos instrumentos de navegación tan precarios encomendé el viaje a los dioses del Olimpo, parecía que sin el recurso extra terrenal no saldríamos de esta.

El estero encantado.

62 - El estero encantado. Foto de Rafael 1963.

Navegamos por el río Guapi hacia occidente, hasta una curva y en el centro de ella nos internamos por los manglares navegando hacia el norte. (2.37.56 norte y 77.52.16 oeste).
Entramos por una avenida de aguas estáticas que, como un espejo, copiaban todo lo que había en la superficie. Un universo partido por la mitad en donde las cosas existían también al revés. El lago reflejaba todos los verdes, amarillos y sepias en conjunto con el cielo azul, dando unas tonalidades de ensueño. Las aves cantaban y miles de ecos reproducían su canto, como si hubiéramos entrado a una inmensa bóveda. A mis jóvenes años ya había visto lindas películas de Disney, con escenarios llenos de colorido, pero lo que yo estaba viendo no era obra de un pintor sino de la naturaleza misma haciendo de artista con la paleta de la luz. Como fotógrafo

63 - Era necesario vivir la emoción del estero.- R. Tobar. 1963

lamenté no haber tenido rollos en colores para captar estas escenas y como ser humano, con un regocijo egoísta de belleza, pensé que eran solamente mías porque no había palabras para describirlas a los demás, era necesario vivirlas. El estero era como un paraíso encantado donde súbitamente aparecerían libélulas con cara de mujer, elfos, juguetones duendecillos del bosque y ninfas traviesas escondidas detrás de los troncos de mangle. La transparencia del agua parecía dejar ver entre sus ondulaciones los espíritus de los manantiales, pequeñísimos seres incorpóreos, casi transparentes, los mismos seres elementales que creía escuchar cuando el torrente de agua de la chorrera de El Tambo caía sobre mi cabeza.

¿Han oído voces cuando se bañan, y hasta parece que los llaman por su nombre?

Es el llamado White Noise, o Ruido Blanco donde todas las

frecuencias del espectro auditivo están presentes y el cerebro imagina voces. Algo similar sucede con el fenómeno del Deja vu, (*Ver de nuevo*) o Paramnesia, por su nombre científico, cuando el cerebro nos engaña creyendo haber estado en ese sitio o haber hecho antes la misma acción.

Allí dentro, donde parecía no haber señales de vida, aparecieron las caravanas de comerciantes cortando camino hacia diferentes caseríos de la región a vender su mercancía. A estas humildes personas el esplendor del estero les era tan familiar que no se detenían a considerar nada más que la utilidad mercantil que les prestaba el lago.

En varios claros del bosque, sorpresivamente, divisé casuchas sobre troncos de árbol diseminadas a lo largo de la acuática avenida en claros de tierra firme. Eran casas distanciadas en la espesura ocupadas por familias de tez morena.

Pensé, cómo era posible que en sitios tan inhóspitos el hombre se atreviera a hacer un hogar, pero no cabía la más mínima duda. Eran maestros de su medio ambiente andando en sus potrillos de mar o recorriendo las ciénagas.

En estos lugares se era dueño de la tierra sólo con ocuparla y más que todo la propiedad se heredaba de padres a hijos y nadie osaba usurpar un territorio que había sido ocupado por generaciones enteras, si eso sucediera significaría la guerra, recurso muy raro en estas familias cuyos ancestros tribales son respetados por encima de todo.

Se habla del choque de las dos culturas, la española y la india, que produjo el mestizaje. Como si esto no fuera suficiente, la cultura india tuvo que sufrir otro choque más, que la obligó a ceder grandes extensiones de su territorio, fue la cultura negra.

Sin embargo, esta última con su versatilidad y facilidad de adaptación rápidamente se incorporó a la blanca, siendo innecesario crear reservas para ella, como sucedió con la india que rechazó nuestra cultura. El mismo carácter de la población negra es muy diferente a la india. La negra es ostentosa, parlanchina y alegre, la india es taciturna, melancólica y atávica. Sin embargo, ha habido muy pocos episodios de enfrentamientos entre las dos culturas, la mayoría de los indios simplemente les dejaron las costas y

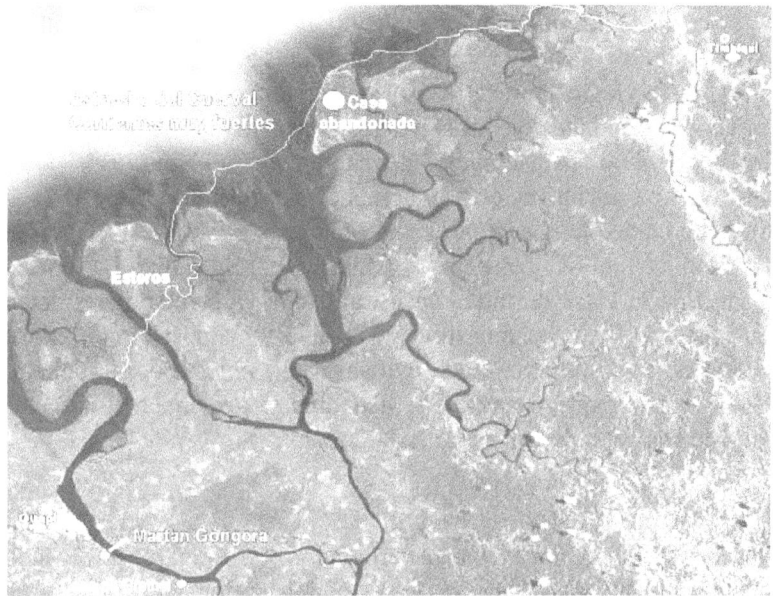

64 - Ruta de la comisión a Timbiquí. (Google Earth).

marcharon a las montañas.

Los esteros del Río Guapi son de una belleza espectacular. Ojala se dieran más a conocer por el mundo turístico e implantaran botes de hélice como los que navegan por El Parque Nacional de Los Everglades, en La Florida.

El Niño.

Era la época de la llegada de "El Niño", al que todos contemplaban con temor supersticioso. Su inminente llegada indicaba desastres, lo decían en voz baja, como si temieran que dicho niño los escuchara y desatara su ira contra ellos.

La corriente de Humboldt, aguas frías provenientes del Ártico, pasan a lo largo del litoral Pacífico y las tibias corrientes del sur que van en dirección norte chocan con las aguas árticas, trayendo disturbios en cielo y mar, pero no todos los años ocurre lo mismo, depende de muchos factores atmosféricos a escala mundial para que esto ocurra. Se hace más evidente en los meses de octubre, noviembre y diciembre, con abundancia de lluvias, tormentas eléctricas y vientos huracanados. Como este fenómeno se desarrolla en las proximidades de La Navidad, el mal tiempo lo atribuyen al advenimiento de la celebración del nacimiento del Niño Jesús, creyéndolo causante de estos fenómenos naturales.

Los habitantes de la región elevan oraciones para que El Niño sea benigno con ellos y pasean su imagen por la calle. La Iglesia fomenta esta clase de mitos ancestrales que ya forman parte de su rico folclor. El mapa muestra la ruta que tomamos; el camino se acortó de 54 kilómetros a 46, evitando salir por la bocana del Río Guapi y tener que navegar por mar abierto a merced de las olas turbulentas de dicha corriente de Humboldt.

Tormenta marina.

Salimos de los esteros a una vertiente del río Guapi, navegando hacia occidente hasta llegar a una boca de mar donde la corriente se hace más fuerte. Salimos de allí y tomamos dirección noroeste, donde tendríamos que pasar un brazo de mar de cinco kilómetros de ancho hasta alcanzar el otro lado. Los remeros utilizaban el motor fuera de borda para mantener el curso de la canoa en medio del inquieto mar.

La lluvia comenzó a caer por torrentes y súbitamente la canoa se fue llenando de agua. Pérez y yo comenzamos a achicarla con mates, pero la lluvia caía tan intensamente que extraerla con suficiente rapidez era una labor casi imposible, porque el movimiento de la canoa nos zarandeaba de un lado para otro. Para colmo de males el motor comenzó a fallar hasta que haciendo un humero se apagó. No hubo manera de hacerlo andar y ante la premura de la situación los morenos decidieron utilizar los remos para estabilizarla.

Llevábamos hules impermeables encima, pero no sirvieron para nada porque el viento y la lluvia nos azotaban casi horizontalmente empapándonos por completo. Cada golpe de ola nos echaba más agua de la que cuatro manos podían extraer. Yo me quité el hule, Pérez me siguió y sin este impedimento pudimos achicar más aprisa en lucha a muerte con la lluvia que, con espíritu maléfico, se empecinaba en hundirnos la frágil canoa. Los hábiles remeros luchaban contra la fuerte corriente que pretendía llevarnos a mar abierto, y contra las olas que nos hacían subir y bajar como si estuviéramos en un loco carrusel, sus brazos remaban vigorosamente tratando de mantener la canoa en su cauce.

Para colmo la temperatura bajó no sé cuántos grados y una neblina fantasmal se apoderó de todo el territorio. Si esto continuaba sería imposible saber a dónde nos encaminábamos. Inútil preguntarles a los morenos por una brújula, ellos no conocen nada de esos instrumentos, se guían más bien por el instinto. Saben de los peligros que corren si se aventuran por mar abierto con tan frágiles embarcaciones, por eso, siempre tratan de ir bordeando el perfil de la playa.

-Sigamos achicando, yo sé que este temporal es pasajero-. Le dije a gritos, porque el viento y la lluvia se llevaban las palabras.

¿Cómo lo sabe, compañero? Preguntó Pérez.

-El viento viene de oriente a occidente, es decir, de la cordillera hacia el mar y viene a tremenda velocidad, lo puede ver por la lluvia que nos cae casi horizontalmente. Verá que de un momento a otro pasa-.

-Ojala sea así compa, porque me estoy muriendo de frío-. Exclamó Pérez.

Yo también estaba aterido, pero no cesaba de sacar agua. Las camisas raídas de los morenos no les cubrían nada, pero con el ejercicio de agitar los remos permanecían con el cuerpo caliente, sin embargo, daban muestras de cansancio. Nos faltaba poco para llegar al otro lado cuando la lluvia comenzó a desaparecer, el viento se calmó y la gran bola negra de agua, rayos y truenos, situada sobre nosotros se metió en el mar rumbo a la Isla Gorgona, hacia occidente. Los extenuados remeros continuaron su travesía más tranquilos.

-Pronto alcanzaremos la otra orilla, vamos a hacer una parada en una choza que hay más adelante-. Dijo uno de los morenos.

Unos minutos después aparecía la choza. Cada cual realizó su

trabajo para proteger al grupo del inminente naufragio que todos temíamos, pero del que ninguno hablaba. No llevábamos salvavidas y la fuerte corriente nos lanzaba mar afuera por un territorio infestado de tiburones.
Al oeste se alzaba la Isla Gorgona. Había sido una prisión, puesta precisamente allí por estar rodeada de estos escualos y de donde nadie había podido escapar.

Todo este territorio del Pacífico hasta Chile es riquísimo en fauna marina. La corriente de Humboldt acarrea extraordinarias cantidades de plancton, motivo por el cual reúne innumerables especies acuáticas y terrestres, pero donde más explotan esta bonanza del océano es desde los litorales del Ecuador hasta Chile.
La isla es hoy un paraíso turístico, a donde llegan diariamente a su aeropuerto varias naves llenas de turistas. Está rodeada de uno de los arrecifes de coral más espectaculares del Pacífico, lugar preferido para los aficionados al buceo.

El padre de Tania mi vecina, llegó con su familia a Popayán y fijaron su residencia en una casa al lado de la de don Luis Dulcey en la calle sexta entre la 10-A, y la 11.
Él fue uno de los arquitectos de la nueva Gorgona. La isla quería olvidar su oscuro pasado de prisión modelo, y convertirse en lo que siempre debió ser: Un paraíso en el Pacífico, extrayendo del olvido las apasionantes historias de piratas, con sus leyendas de tesoros escondidos, piratas que una vez arribaron a sus playas con la esperanza de encontrar un refugio seguro para ellos y para sus botines. Con seguridad dentro de sus cuevas y enterrados entre la arena de las playas, y la selva, hay botines de incalculable valor esperando al intrépido y agudo cazador de tesoros que quiera desentrañar el misterio y volverse multimillonario de la noche a la mañana.

65 - Después de la tormenta continuaron lentamente su marcha.- R. Tobar. 1963.

Historias igualmente tenebrosas son esas de los piratas, pero cautivadoras por la emoción del misterio, la aventura y el romance tan explotados en la literatura de este género.

Tania fue un romance de verano, y no tuvo mayor repercusión en mi vida. Ella permaneció en Popayán estudiando por el tiempo en que su papá estuvo trabajando en Gorgona. Era un proyecto del Departamento del Cauca, en colaboración con la iniciativa privada. Terminada su misión se trasladaron a Cali, de donde procedían y no volví a verla.

Tania me hablaba de Gorgona como de un paraíso y me comentaba que a menudo iba a Guapi, situada a 50 kilómetros de la isla, con su padre y otros empleados a comprar alimentos, esto sucedía en 1958, cinco años antes de que yo llegara como Foto-identificador de La Registraduría; y a punto estuve de viajar con ella y su padre a pasar unas vacaciones a la isla.

También hubo un llamado del pasado invitándome a Guapi, once años antes de mi viaje como Foto-identificador. Tenía yo doce años, papá fue enviado a Guapi con el mismo cargo, en 1952, ocupación que yo desempeñaría once años más adelante.
Papá tuvo un problema técnico en la copia de los positivos, que no lograba solucionar y le escribió a mamá, requiriéndole mi presencia, yo le dije a mamá que quería irme a ayudarlo, pero el viaje era complicado y lleno de peligros, ella determinó que de ninguna manera yo iría, por eso el viaje no se realizó. Pienso que si voy, en esa época hubiera sido imposible pasar por alto una colegiala de once años, rubia y de ojos azules llamada Grethel y ella tampoco hubiera podido pasar por alto a ese muchacho que la contemplaba desde la misma puerta donde la mire por primera vez, once años después, a mis 23 años.
Alcanzamos la choza. Caminamos por la orilla río arriba buscando un lugar en donde se dibujara la diferencia entre las dos aguas, para bañarnos y quitarnos la sal que teníamos encima.
Los morenos recogieron agua del río para beber, nosotros llevábamos algunas botellas de agua potable con el fin de evitar tomar el agua del río, lleno de microorganismos contra los cuales carecíamos de anticuerpos. Después de la tormenta tuve ánimos todavía, para tomar fotos al paisaje lleno de neblina y a las playas empapadas por el chaparrón.

El territorio parecía estar adolorido por todas partes. Las nubes grises ocultaban completamente el sol oscureciendo el día con una pesada neblina.
De entre los manglares apareció un potrillo con varios remeros que habían permanecido en un refugio cercano sin que los hubiésemos advertido, muy cerca de la choza abandonada. Me pareció que después de la miseria como nos había dejado el temporal, por lo menos me encontraba con una bonita escena, folclórica o romántica, no sé cómo catalogarla, de unos pescadores navegando

frente a nosotros. Llevaban dos chiquitines de cuatro y cinco años. El mayor con unos remos que parecían de juguete ayudaba a los pescadores a impulsar la canoa.

Saludo cordial va y saludo cordial viene entre uno de los morenos y ellos. Se preguntan si todo está bien y haciendo gestos de amistad y buena suerte continuaron lentamente su marcha.

La pequeña Venecia.

La temperatura comenzó a subir de nuevo. Continuamos navegando bajo el calor húmedo del territorio, hasta llegar a un puerto de abastecimiento a la entrada de la boca del Río Timbiquí, con casas fabricadas sobre troncos de árbol. En el centro había una plataforma de madera vieja y mal cuidada. Un intenso y acre olor emanado de los peces colgados al sol, a lo largo de una casa de madera, inundaba el lugar.

Atamos el potrillo y subimos por una escalerita a dicho terraplén. La casa era una enorme bodega, que utilizamos para abastecernos de algunos víveres. No sé ni cómo se llamaba este punto. Ni creo que haya mapa que lo registre, pero yo lo titulé, La pequeña Venecia.

Quise comer algo, como galletas y alimentos en lata, pero el olor tan desagradable me hizo perder el apetito.
Proseguimos nuestro viaje. El Río Timbiquí nos llevaría a Santa Bárbara, la capital del municipio. El resto del viaje sobre la plana perspectiva del río, y a los lados exuberantes árboles y palmas dibujándose en una intrincada madeja de verdes, permitía ver casuchas con techo de paja en los claros de la vegetación. Viajamos lentamente y sin contratiempos hasta llegar a nuestro destino, bajo un implacable sol que parecía derretir hasta las piedras.

Santa Bárbara de Timbiquí.

66 - Genio y figura de Isaías.

Horas después, un caserío de techos de paja se nos presentó en la distancia, había muy pocos edificios de cemento. Pude divisar en uno de ellos la insignia de la compañía de teléfonos, la escuela, construcción moderna de ladrillo y otras casas de madera de la misma clase a las encontradas en Guapi. Me sorprendió ver a una mujer blanca bañándose a la orilla del río.

-Estará inmune contra el hongo-, pensé. Porque la primera

recomendación que nos hicieron fue la de no tomar el agua del río ni bañarnos en él. Le pregunté a un moreno muy solícito a atendernos con los maletines, quién era la joven dama.

-Es la Telecona-. Me dijo.
¿La tele qué?
-La señora del señor que trabaja en la Telecom-.
-Ah, ya entendí, y tú, ¿cómo te llamas?
-Isaías-.
¿Por qué tienes vendado el pie?
-Tengo un tumulto-. Me contestó.

Isaías era un mandadero. Se ganaba sus pesos haciendo favores, como llevar las maletas, ir a comprar algo que uno necesitara, era un *"Handyman"*, activo y siempre a la orden. Como el caserío era tan pequeño, sólo con gritar su nombre, al momento aparecía desde algún lugar. Un día me vio dibujando.

-El señor es pinturero-.
¿Puedes dibujar? Le pregunté.
-No. Yo no soy pinturero-.
-No serás pinturero, pero, eres pintoresco Isaías, y además, tienes nombre de profeta, que Dios te acompañe-.

Isaías y los morenos nos ayudaron a llevar las maletas hasta una casa que hacía las veces de hotel, ya conocido por el veterano. Todo estaba a unos pasos de todo. La Registraduría a tres casas del hotel, el almacén de abarrotes en una casa solitaria, casi en el centro de lo que se pudiera llamar una colonia. Era un caserón de techo muy alto de madera cenicienta. Todas las calles estaban empedradas, pero de una piedra suelta que hacía difícil caminar y no había un solo vehículo motorizado.

Isaías era cazador y pescador, se rebuscaba la vida de la manera más diversa; a veces llegaba con ratones de monte, una especie de Tapir o Jabalí pequeño, muy apetecido en esa zona por su carne delicada y jugosa. La dueña del hotel lo preparaba con yerbas y especias.

Las típicas casas elevadas sobre trozos de árbol a uno y otro lado del río conforman una arquitectura única de la zona del Pacífico. Los habitantes de esta región, perfectamente adaptados a su medio, extraen su diario sustento del río, del mar y de la selva, son expertos pescadores con redes, con nasas y con afiladas y largas lanzas diestramente manejadas.

El mismo día de nuestra llegada fuimos a ver al Sacerdote que atendía la parroquia para que anunciara el propósito de nuestra misión, en los sermones de la misa.
El Padre Juan, Sacerdote franciscano, fue arrancado de su tierra gallega en cumplimiento de sus votos de obediencia. Lo enviaron a un pueblito de Antioquia, donde permaneció por unos años, hasta que lo trasladaron al Departamento del Cauca. Asomaban las canas por su cabeza, tal vez tendría unos 58 años. No había dejado su acento bien español, aunque decoraba su plática con dichos y palabras bien colombianas, especialmente las de la jerga antioqueña que suele ser muy pintoresca con infinidad de exageraciones y equívocos, algunos bien ingeniosos. Atendía la misión franciscana de Santa Bárbara, la capital del Municipio de Timbiquí.

Por aquella época de 1962, el Gobierno envió una cantidad considerable de palma africana para su cultivo, pero la mayoría de la gente acostumbrada a vivir de lo que produjera el día, y posiblemente, sin una dirección comunitaria que los impulsara, hicieron caso omiso del envío y las dejaron podrir.
El Padre habló de la cedulación que iba a comenzar el mismo día, aconsejando a sus fieles sobre la importancia de que cada mayor de edad tuviera su cédula de ciudadanía.
Recomendaba también a las indígenas descendientes de los primeros aborígenes que encontraron los españoles que no se aparecieran por La Registraduría sin blusa, porque,

    -No es propio, en nuestra civilización, que las mujeres muestren los senos en público-.

En los siguientes días pude constatar que la voz del franciscano era una voz que clamaba en el desierto, porque poco caso hicieron las indígenas de su advertencia. Pero, hay que comprender su idiosincrasia, para los varones de esas comunidades los senos no son objeto de placer morboso, como en nuestra sociedad, son simplemente unas glándulas mamarías para dar la leche a sus bebés, nada más.

Como todas las personas que iban a cedularse eran de 21 años, se suponía que así fuera, pero muchas no habían sido bautizadas, las que carecían de la Fe de Bautismo llevaban dos testigos, por lo general padres o tíos que daban fe de la veracidad de sus declaraciones basándose en acontecimientos ocurridos en pasadas fechas cercanas a su nacimiento. Lo mismo sucedía en la montaña, pero la falta de datos allá no era causada por no ser bautizados sino porque la guerrilla había destruido los archivos parroquiales, como en el Municipio de Cajibío, sitio de nuestra primera comisión.

En este territorio del Pacífico no había problemas de orden público, en ese sentido era un paraíso lleno de paz, pero los desastres, como el incendio de Guapi que destruyó casi todo el pueblo y varios incendios en Santa Bárbara de Timbiquí, que alcanzaron los archivos parroquiales, habían destruido los datos bautismales.

Los indios denominados Cholos, se han conservado en su forma pura, la mayoría con sus creencias, costumbres e idiomas, a excepción de los que atienden la catequesis católica dada por los misioneros franciscanos. Se ubican en toda la costa del Pacífico y parte de la cordillera occidental. Van a Santa Bárbara a comprar lo que necesiten, pero no hacen amistad ni con negros ni con blancos. Constituyen una sociedad hermética.

Al siguiente día llegó Isaías al hotel con un pez muy grande, con la cabeza cortada, su figura con el pez a cuestas me pareció al pescador de la emulsión de Scott. Le pregunté que clase de pez era ese, me dijo que era toyo y siguió su camino. Cuando sirvieron la comida pregunté a la cocinera que clase de pescado tan sabroso nos había servido. Ella me repitió lo mismo que Isaías.

-Es toyo-. Al ver mi cara de intriga me aclaró.
-Toyo es tiburón tierno. La carne del tiburón viejo no sabe bien.

La bella hija del presidente.

Isaías me refirió que un compañero de trabajo en La Registraduría de Timbiquí anterior a nosotros, se fue a divertir nada menos que a la aldea de los indios Cholos situada a unos minutos del pueblo y se dedicó a enamorar a una muchacha muy bonita, cuya juvenil figura desataba pensamientos lujuriosos en los hombres que la admiraban cuando iba al granero a hacer la compra. Sus turgentes senos bailaban al vaivén de sus caderas, su piel incitaba a la caricia. Era una de las hijas del presidente de la reservación indígena.

Los indios le siguieron la corriente al colega y le celebraban las gracias en lo que parecía ser una reunión muy amigable. Le dieron aguardiente de contrabando y le aplaudían todas las gracias que le decía a la muchacha tratando de enamorarla. Ella se deshacía en sonrisas con él. Súbitamente, se desplomó en el piso a dormir la borrachera, oportunidad que aprovecharon los indios para desnudarlo, lo pintaron de pies a cabeza con una anilina parecida al azul de metileno. No dejaron ni un centímetro de su cuerpo sin cubrir. Cuando acabaron la faena, lo vistieron de nuevo y lo dejaron abandonado en una banca del granero en la aldea de Santa Bárbara.

Isaías lo encontró y fue a avisar a su compañero de trabajo. Lo llevaron al hotel. Cuando el pobre hombre despertó y se dio cuenta que estaba azul por todas partes se fue al río a bañarse, se echó jabón de la tierra, se sobó con estropajo, pero el tinte no salía. Mandó traer aguarrás, gasolina y cuanto detergente pudo encontrar, pero no fue posible remover el tinte.

El hombre se convirtió en el hazmerreír de los habitantes del pueblo, que por los resultados sabían lo que había sucedido, porque conocía muy bien las prácticas de los indios y ahora estaba pagando en carne viva la culpa de su lujuria.

El pobre hombre, traumatizado, se fue para Popayán y renunció a su trabajo. El tinte se le fue cayendo poco a poco en escamas, transformación que, según dicen, duró más de un año. Con la experiencia tan negativa proporcionada por los indios Cholos, no quiso volver a la costa del Pacífico nunca más. Los indígenas le hicieron pagar con su propia piel la osadía de enamorar a una de sus mujeres.

El sermón del franciscano.

Volviendo al sermón en el púlpito, el Padre Juan no dejaba de censurar la pereza y el abandono de su negra grey. Así lo vimos ese domingo triste y lluvioso típico de la costa del Pacífico, pero protestaba con palabras propias de una galería y no de una iglesia, lo cual nos producía cierta risa.

-¿Son ustedes come m...? El gobierno envió una cantidad considerable de palma africana, pero, por pura pereza las dejaron podrir. El Gobierno hace grandes esfuerzos para que progresen y ustedes rascándose las p... Y durmiendo el día entero. ¿No saben que la pereza es uno de los siete pecados capitales? Dios que lo mira todo, no les perdonará la desidia y la falta de iniciativa-.

Cuando terminó la misa, esperamos al padre en el atrio para agradecerle la propaganda no pagada a nuestra campaña de cedulación y cambiar impresiones con uno de los pocos personajes educados de aquella comarca.

Le comentamos al padre que su sermón había estado bastante severo y lleno de folclorismos muy simpáticos, a lo cual nos respondió,

-Ustedes perdonen, pero es la única manera de hacerles entender que estoy enfadado con ellos. No quieren verme malhumorado y reaccionan. Pero, en general es como si el futuro no les importara, tienen pocas motivaciones. Debemos educarlos en las

67 - Impulsando el potrillo hacia aguas profundas del Río Sesé. - R. Tobar. 1963

labores comunitarias, enseñarles a trabajar por un bien común. Crearles una conciencia de trabajo hoy para lograr un futuro mejor. Vamos a ver si se puede rescatar algo de las palmas que quedan.

El radio, un entretenimiento.

En los radios se escuchaba La Voz del río Cauca, de Caracol, la primera cadena radial colombiana, tocando toda clase de música, dando noticias e informaciones deportivas. A cada rato trasmitían un tema que decía,
"Estás escuchando Radio Caracol, más compañía". La emisora entraba con fuerza en todo el territorio, era en verdad nuestra compañía más grata. Parecía acercarnos a nuestra ciudad, no nos sentíamos tan abandonados. Era tiempo navideño y el tema lo

68 - Lavadora de oro. - Río Timbiquí. R. Tobar. 1963.

completaba un dulce coro femenino diciendo,

> *"De Año Nuevo y Navidad,*
> *Caracol por sus oyentes*
> *formula votos fervientes*
> *de paz y prosperidad".*

En la soledad de la noche timbiquiana sentí una emoción ecuménica, comprendiendo que entre estas comunidades tan apartadas, casi olvidadas de la geografía colombiana y nosotros, había un nexo común, pues con la piel negra, blanca o cobriza éramos sobretodo colombianos, y aquí o allá estábamos al tanto de las mismas noticias, escuchábamos la misma música y la lucha por la vida era tan azarosa aquí como allá, pero estábamos hermanados en llevar adelante nuestra propia humanidad, nuestras familias y esa maravillosa y rica tierra llena de posibilidades para todos. Y me sentí orgulloso de ser colombiano, con toda esa idiosincrasia única y característica de nuestra esencia nacional. Reflexioné en que estas personas como quiera y humildemente habían resuelto el problema de su subsistencia y lo único que necesitaban era salubridad y educación para ser más útiles y mejores ciudadanos.

Una tarde salí a caminar por la orilla del río Timbiquí y me encontré con la escena de una anciana morena lavando oro. La morena se sumergía hasta el fondo y regresaba con manotadas de arena vertiéndola en una paila. La arena con la moción iba saliendo de la paila por ser menos pesada que el metal y en el centro quedaban pequeñísimas partículas de oro, las que trasladaba una copita de madera, acuñada con unas piedras. El sol se reflejaba intensamente sobre las pequeñas partículas del dorado metal.
Estuvimos en Santa Bárbara durante quince días, al cabo de ellos salimos de viaje a La María, también en barca de tronco de árbol. Los pilotos, un muchacho joven y otro moreno adulto, tan expertos como los que nos llevaron por las aguas del Pacífico y por el río Timbiquí, estaban preparados con sus largas varas para impulsar la nave río arriba. Nuestra misión nos llevaría a conocer aldeas y comunidades emplazadas en la selva, cuyo acceso nos daba el río y abriendo camino por la espesura.

El Río Sesé, a diferencia del Timbiquí, posee aguas cristalinas y frías, prácticamente están exentas del limo anaranjado de la corriente del Timbiquí o el Río Guapi, parecidos al Río Colorado en Estados Unidos.

Las bendiciones del Altísimo.

69 - Atuendos de misionero, para El Veterano y Rafael. 1963.

El río, navegable en parte debido a su poca profundidad demandaba en ciertos lugares la necesidad de apearse y de llevar maletas al hombro mientras los morenos, llamados también palanqueros, llevaban la embarcación por un cauce caminable en trechos. Otras veces llevaban al hombro la canoa por tierra hasta un lugar navegable. Nuestro equipo contenía lo mínimo requerido para hacer la tarea. Llevábamos cada uno una muda de ropa en nuestros respectivos maletines, la máquina de escribir, lo más pesado, las tarjetas dactilares y los rollos fotográficos con la cámara.

Navegamos río arriba por el escabroso cauce lleno de inmensas piedras todas lisas y de cantos rodados, desgastadas por la acción del agua a través de millones de años.

La tupida selva nos dejaba ver chozas a lado y lado del ancho río. Hombres, mujeres y niños se arrodillaban saludando nuestra presencia, gritando,

¡Padrecitos, la bendición!

Nos confundían con los misioneros franciscanos con atuendos muy parecidos a los nuestros: sombrero de corcho, camisetas blancas, pantalones cortos y zapatos Croydon. Al navegar frente a ellos, para no desairarlos y para ayudar a las misiones católicas, les daba la bendición. Total, conque ellos las creyeran provenientes de las bienaventuradas manos de los misioneros era suficiente para que esas ansiadas bendiciones tuvieran validez ante los ojos de Dios.

Pérez, al otro lado de la canoa hacía otro tanto repartiendo bendiciones a diestra y siniestra, mientras los remeros reían por nuestro atrevimiento. Más mal les hubiéramos hecho a esos parroquianos si pensando que éramos misioneros, les hiciéramos un desaire y los dejáramos sin su anhelada bendición. Lo importante era la fe y el bien que haría en ellos el recibirla.

Era imposible avanzar por los rápidos, porque la canoa se haría pedazos contra las piedras que asomaban por todas partes. En este caso una embarcación de hule, como las de los excursionistas del río Colorado, sería lo más práctico, pero en estos lugares, artefactos como esos eran extraños e impensables. Caminamos por la orilla del río, unas veces abriendo trocha con los machetes para permitir el paso de los morenos con la canoa, hasta unos kilómetros más arriba donde divisamos aguas profundas y tranquilas. El río se ensanchaba, la navegación por estas aguas profundas, limpias y frías, fue muy relajante para todos. Tuve tiempo para dedicarme a apreciar el salvaje paisaje del río y la tupida selva, ofreciéndonos su belleza al paso lento de la canoa, bajo el inclemente sol perdiéndose por momentos detrás de las nubes.

Charlas con Pérez.

Había tiempo para charlar con Pérez y cambiar impresiones sobre muchos temas. En una de esas charlas me comentó.

-Sabe, compañero. Compré una casa muy cerca de usted.
¿Ah, sí? En dónde-.
-Frente a la casa de Celio Guzmán.
-Por allí vivía una pareja de amigos que pueden haber sido sus vecinos. ¿Se llamará Guillermo Torres?
-No, no creo recordar ese nombre.
Guillermo debe haber sido su vecino, nos conocemos desde la infancia. Estudiamos juntos en el Colegio del Pilar. Se fueron para Estados Unidos a vivir.
¿De verdad?
-Compañeros de bohemia y de guitarra. Vivía a dos casas de la mía, se casó con una de las vecinas de la casa de al lado, por la carrera.
Cuando termine esta campaña, yo también pienso irme a trabajar a Estados Unidos-.
-Y, ¿en qué va a trabajar compa?
-Quisiera trabajar en Arte Comercial, Diseño Gráfico, todas esas cosas en las que soy bastante hábil. Precisamente, Guillermo me va a recibir en Miami-.
-Dicen que Miami se está llenando de cubanos refugiados del régimen de Fidel Castro-.
-Sí, ha salido mucha gente, especialmente la clase dirigente huyendo del régimen a todas luces comunista, que ha implantado Fidel-.
¿Qué piensa usted de Fidel Castro, compa?
-Es como un cáncer que le ha salido a América-.

¿Se acuerda del año pasado? Me refiero a la invasión de Bahía de Cochinos.
-Sí. Los estadounidenses les prometieron ayuda y después los dejaron embarcados y la invasión fracasó. Mala acción por parte de los gringos.
-A veces, yo no entiendo la política de los gringos, compa. Si les prometieron ayuda. ¿Por qué los mandaron a morir a esas playas a los cubanos?
-Esa es la política dubitativa que siempre ha mantenido

Estados Unidos hacia la América Latina. Nunca nos han dado la importancia que debemos tener. Somos sus vecinos inmediatos, pero eso no parece importarles.

-Verá que Fidel les va a dar tremendos dolores de cabeza, cuando pudieron acabar con eso de una vez.

-Tiene razón-. Le dije. -No se sabe cuando tendrán los cubanos otra oportunidad de quitar de su país ese oprobioso régimen que ha hecho del paredón una institución.

Los habitantes de labio leporino.

Caminando trechos y navegando otros más, por fin llegamos a una aldea. Fuimos recibidos por varios nativos mestizos y una joven maestra de escuela, nombrada María Filomena, a quien llamaban Marifí. Se había educado como maestra en La Providencia de Guapi.

Cortésmente nos cedió un cuartito de desahogo para descargar el equipaje. Se envió a los demás caseríos la novedad de la cedulación y el día siguiente se comenzaría a expedir la cédula de ciudadanía a los que habían cumplido los 21 años, jóvenes y viejos. Todo el mundo se movilizó y al poco rato llegó un pequeño número de personas curiosas por conocer a los forasteros. Se colocaron alrededor de nosotros y nos observaban de pies a cabeza, los niños sobretodo, nos miraban con extrema curiosidad y con un poco de temor, que se disipó poco a poco.

Pérez le preguntó a Marifí, la maestra, por alguien que nos pudiera preparar la comida. Nos condujo a una casa familiar habitada por mestizos, alejada de la aldea donde comencé a ver varias personas, niños y adultos con malformaciones labiales, es decir, con labio leporino. Todos hablaban como boquinetos, inclusive los que no tenían esta malformación. Descubrí que padre, madre y tíos sufrían del mismo mal. Cuando los cedulamos me di cuenta que todos ostentaban los mismos apellidos.

El cohabitar con personas de la misma familia había aumentado la incidencia de este mal. Al vivir aislados de otras personas, sin un ejemplo mejor para desarrollar su lenguaje, los niños sanos aprendieron a hablar como boquinetos,

En Guapi conocí a un médico, (he luchado inútilmente por recordar su nombre.) dedicado a investigar el cáncer de la nariz, enfermedad que al parecer sólo se da entre los habitantes negros del litoral Pacífico. Hice unas notas sobre la familia de labio leporino, especialmente del parentesco entre ellos, sus edades y el ambiente que les rodeaba. El inmenso caserón que habitaban, daba muestras de ser muy antiguo, en cambio las construcciones de la aldea eran de reciente fabricación, así pude deducir que esta familia menos numerosa hace años vivió alejada de otros seres humanos durante mucho tiempo. Cuando regresé a Guapi pasé a visitar al médico y le dejé las notas y las fotografías de la familia. Pudieran ser de alguna utilidad para él.

Pernoctamos en el salón de la escuela y al día siguiente, allí mismo improvisamos la oficina y empezamos a cedular.
Noté un fuerte olor, indefinido, desagradable, proveniente de unas ciénagas. Se hacía mas fuerte a medida que la tierra se calentaba con el transcurso del día, debía ser un gas, pero nadie supo darme razones sobre su origen o constitución.

Trabajamos hasta las cuatro de la tarde, estuvimos charlando con Marifí por espacio de una hora, esperando a ver si aparecía una persona más, pero no llegó nadie. Dimos por terminada nuestra tarea y nos fuimos a conocer los alrededores de la aldea con Marifí haciendo de Cicerone.
El atuendo de explorador que tan orgullosamente había comprado en Buenaventura no sirvió sino en Guapi porque la chaqueta le aumentaba al cuerpo unos cuantos grados más de temperatura. El atuendo de los misioneros era más adecuado, por lo tanto el pantalón corto, la camisa blanca, los zapatos tenis y el sombrero de corcho fueron nuestra mejor indumentaria.
Al día siguiente nos despedimos de Marifí, una mujer educada, delicada y servicial, por quien por un momento sentí un poco de

70 - El camino de las serpientes - 1963

lástima al contemplarla tirada en esas selváticas soledades de nuestra geografía. Como si me hubiera leído el pensamiento, me dijo.

-Mi misión es enseñarles a estos niños a leer; no solamente tengo alumnos jóvenes, padres y madres también aprenden. Ver su progreso es mi mayor recompensa y me siento feliz.

-Veo que usted es una mujer con una vocación de servicio que pocas personas poseen. La felicito.

¿Si le pido un favor me lo haría? Preguntó.

-Por supuesto, si está a mi alcance, con mucho gusto-. Le contesté.

-Le he escrito una cartica a Berenice Ulloa, la maestra de La María, estudiamos en La Providencia con las monjas belgas, juntas hicimos el curso de pedagogía en Guapi y lo terminamos en Cali-. Marifí me entregó la carta y nos despedimos.

Ya en camino y mientras los morenos llevaban a hombros la canoa hasta encontrar otro lugar navegable, nos dijeron que tomáramos el camino de un cauce seco, paralelo a la orilla, haciendo menos penosa la travesía. Nos recomendaron que nos cuidáramos de pisar las serpientes, que generalmente salen a asolearse.

Le dije al veterano.
-Estos morenos, ¿nos habrán visto cara de fakires, o qué?
-Si ellos lo dicen, debe ser verdad. Hagámosles caso, compañero.
El moreno pareció haber oído mi comentario, porque dijo.
-Son inofensivas, atacan si se las pisa.
Vimos unas cuantas, pero al sentir nuestras pisadas se escondían veloces en sus madrigueras.
-Bueno, pero ojala no nos encontremos con una que se haya levantado de mal genio y le de por atacarnos, le comenté. -Una mordida de una venenosa y estaríamos muertos, sin un antídoto.

La María nos esperaba, (2.36 norte y 77.36 oeste) a 80 metros sobre el nivel del mar. Por medio de un telegrama enviado al Inspector de la aldea, desde Santa Bárbara le notificamos sobre nuestra visita. Habíamos viajado por una gran planicie, sin embargo, ya por estas latitudes comenzaban a haber lomas repitiéndose hacia la cordillera. Habíamos subido 74 metros desde que partimos de Santa Bárbara, a sólo seis metros sobre el nivel del mar. Pero no iríamos más adelante, el último sitio de nuestra misión se alcanzaba a ver arriba en la loma, La María. Desembarcamos.
Un niño blanco puesto de vigía salió corriendo lomas arriba a avisar sobre nuestra presencia. La maestra y el inspector bajaron al muelle a darnos la bienvenida. El pueblo estaba allá arriba, sobre la colina, parecido a las aldeas del medioevo, fabricadas en las alturas para defenderse de sus enemigos. Se había notificado a las veredas vecinas sobre nuestra presencia, por lo tanto los días siguientes iban a ser de trabajo pesado para nosotros encantados de volver a nuestros respectivos deberes. En la hora de la comida le entregué a Berenice la carta de Marifí. Ella estaba muy contenta con la nota y me agradeció el habérsela llevado.

71 - Palanquero en su hábitat. R. Tobar 1963

Las minas de Timbiquí - Regreso a Guapi.

Había vestigios de las compañías mineras anglo-francesas, como *"The New Timbiquí Gold Mines, Ltd."* cuya base de operaciones estuvo ubicada en esta aldea.

El Gobierno les concedió en 1919, una extensión de 20.000 kilómetros cuadrados. Por años dragaron el río Santa María y vertientes aledañas, explotando las minas hasta el agotamiento. Los ancianos recordaban esa época aciaga refiriéndome que les habían quitado su sustento proveniente del lavado de oro. Las compañías sentaron bases y se adueñaron no solamente de esas tierras, sino de sus vidas.

-Si íbamos a lavar oro al río lo consideraban un delito, porque, esos territorios que antes no eran de nadie en ese entonces les pertenecían y nos obligaban a firmar contratos de trabajo en sus minas y si no firmábamos nos echaban de nuestras propias viviendas porque estaban dentro de su territorio.

¿Y, qué hacía el gobierno?
-Los franceses denunciaron que nosotros estábamos robando en sus propiedades, cuando en realidad lo que hacíamos era lavar oro en el río, como siempre lo habíamos hecho-.
-Les quitaron su modo de vida-.
-Usted lo ha dicho, mandaron policías para hacer que su ley se cumpliera. El gobierno nunca vio por nosotros, todas las ventajas las tenían los extranjeros.
Entiendo que había también ingleses, ¿verdad?
-Sí, pero los ingleses se retiraron y la compañía pasó a manos de franceses. Les construimos sus casas como ellos las querían.
-Es por eso que ventanas y puertas de algunas casas conservan adornos de madera estilo francés-.
-Nos enseñaron a hacer estos ornamentos que hoy fabricamos para nuestras casas, es una industria que ha pasado de padres a hijos. Los puede ver desde Guapi hasta el Micay-.

El dragado de estos ríos no benefició para nada a los habitantes de la región, al contrario, los empobreció más.

En La María prevalecían los habitantes mestizos. Estas aldeas pertenecían más a la gente de la cordillera que a la del litoral pacífico. El comercio se realizaba mayormente con la gente del Municipio de El Tambo y Cajibío, no con Guapi, llevando sus productos a lomo de mula hasta Juntas, Fondas o Munchique, el mismo lugar donde terminaba la carretera y dejábamos los vehículos para subir a la montaña en los tiempos de cacerías, y de allí se utilizaban camiones para los mercados de El Tambo y Popayán. Cobra sentido la frase de los campesinos que iban a El Tambo, a la oficina de telégrafos, "Somos de lo caliente, don Anasaúl" y le llevaban de regalo para Misiá Anaruth, la señora del telegrafista, alfandoques, frutas, café en bruto y muestras de los trabajos artesanales que traían al pueblo a vender.

72 - Conduciendo el potrillo a otro lugar navegable. R. Tobar. 1963

¿Recuerdan ustedes que a los siete años escribía sobre la gente de lo caliente, cuando describía la oficina de papá y las gentes que le llevaban productos a regalar? Pues, ahora ya saben quienes eran y cómo estuve conviviendo con ellos en su territorio.

Sea este el momento para rendir un merecido homenaje a todos nuestros compañeros, héroes ignorados, Registradores y Foto-identificadores que cumpliendo con su deber llevaron a pie, a lomo de mula, a caballo, en canoa, en tren... en fin, en todo medio de transporte imaginable, en muchas ocasiones ante las situaciones climáticas más adversas, hasta los lugares mas recónditos de la geografía colombiana la Cédula de Ciudadanía.

De La María regresamos a Santa Bárbara río abajo. La travesía fue más fácil con la corriente a nuestro favor, pero teniendo cuidado de bajar a tierra ante las proximidades de los rápidos llenos de piedras que podrían destrozar la canoa. Estas partes del río no tenían ninguna profundidad, por eso los morenos la arrastraban hasta encontrar otro lugar navegable.

El regreso se hizo sin contratiempos. Llegamos a Santa Bárbara, donde nos detuvimos por varios días haciendo trabajo de oficina y revelando los negativos.

Partimos de allí buscando la bocana del Río Timbiquí. El temido Paso del Cuerval se hizo con un tiempo magnífico, brisa fuerte y corrientes un poco picadas, pero nada más. Volvimos a pasar por los esteros encantados, privilegio concedido para llevarme una última impresión del paraíso, hasta salir al Río Guapi. No bien salimos, vimos a la distancia la silueta de la población donde minutos después desembarcaríamos. Me pareció como llegar a mi casa, pero enriquecido con un acervo de vivencias maravillosas.

-Tenga cuidado compa, no sea que Concepción lo esté esperando sentada en el andén de La Registraduría-. Le advertí al veterano.

-No diga esas cosas, compa. El diablo es puerco y nos puede hacer una marranada. Y ¿que tal usted, si se encuentra con Grethel esperándolo también con los brazos abiertos?

-Eso no lo verá usted nunca, ella es una mujer de principios y está muy herida y desengañada.

Pensando en el viaje de regreso en una nave como el San Francisco de Guapi y en todas las vicisitudes que pasamos en el tormentoso viaje de venida, le dije al veterano.

-Para conocer está bien, pero yo no creo ser capaz de meterme a viajar en ese barco otra vez, eso es peor que un tormento chino-.

-Entonces, ¿cómo cree que vamos a regresar, compa? Me preguntó.

-Estoy pensando en regresar en avión. Mire lo que le pasó a usted. A las dos de la mañana estaba expulsando hasta sus tripas, ¿lo recuerda?

El veterano me miro asombrado; yo le dije,

-Ufff..., eso fue *"vox populi"* en el barco-.

-Y yo, pensando que nadie se había enterado. El viaje en avión no lo reconoce la Delegación-. Me indicó.

-Yo voy a hacer que lo reconozcan, la mitad por lo menos, Podemos irnos la semana entrante, cuando terminemos el trabajo de oficina-.

-No lo sé, compa. ¿Y, si el avechucho se cae? Yo nunca he viajado en esa clase de aparatos.

-No se preocupe, si nos toca, nos toca y ya está, ya se encargarán de llevarnos flores al cementerio-

-Si no terminamos en las bocas de los tiburones-. Dijo.

-Noó! Tenga confianza, no se va a caer. El Micay es una planicie inmensa hasta Buenaventura. Va a ver cuántos problemas nos evitamos. ¿Recuerda el quemón que me hice en la mano?

-Sí, pero usted no es tan tonto como para volver a prenderse de la chimenea-.

No muy convencido, el veterano finalmente accedió. El siguiente lunes por la tarde abordamos la pequeña avioneta, (mencionada en el capítulo de Grethel), hasta Buenaventura y después regresamos en tren a Popayán.

En Suárez pedimos café con leche... con pandebonos, pero tuvimos buen cuidado de no pedírselos a la misma mujer que se quitó los calzones y los guardó en la cesta de los pandebonos...

ೲഐ

La comisión a la Cordillera Central.

De vuelta en Popayán, me asignaron un trabajo temporal en La Registraduría, situada en la esquina del Teatro Municipal. Trabajé al lado de Manuel Antonio Parra y Rosita Balcázar, el Registrador y la Secretaria respectivamente.

Parra me comentó que estábamos emparentados, no por la parte de los Gómez Guzmán, como Rafael Bolaños, sino por la familia de mi padre, los Tobar.

Intrigado de ver que salían familiares desconocidos, le dije.

-Estimado Parra, explíqueme eso del parentesco porque yo no se nada de lo que me está hablando.

73 - La Capilla de Belén - Fotografía del tío, Guillermo Gómez Guzmán - 1930.

-Mi esposa es, Martha Lía Tobar, hija de Nicolás Tobar, primo de tu papá-.

Entonces, recordé que en una ocasión había estado cantando con mis amigos guitarristas en una casa cerca de la piscina municipal, por La Pamba, y una rubia preciosa me dijo que ella y yo éramos primos, me invitó a volver a visitarlos, y prácticamente me regañó diciéndome que no fuera ingrato, recalcándome el parentesco que teníamos, pero el tiempo pasó y nunca se me ocurrió volver a visitarlos. Años después supe que mi hermano Oscar se había casado con Amparo, la hija de Parra y Martha Lía, la rubia preciosa. Como quien dice, todo quedó en la familia.

El trabajo en La Registraduría de Popayán fue temporal, mientras me asignaban otro cargo. Los Delegados Departamentales me comisionaron para dirigir las elecciones en una población cerca de Silvia, llamada Usenda, sobre la Cordillera Central.

74 - Rumbo a Silvia. Foto de Rafael Tobar. 1964

Preparé las maletas, llamé un taxi y me fui al Terminal de Buses. Estacionaban en un área cerca de la Concentración Escolar de Varones.
El bus típico de la zona montañera salió hacia la vía de oriente. En la distancia se alzaba la capilla de Belén con sus dos hermosas torres medievales adornando la loma, culminación de "Los Quingos", unas gradas de piedra evocando la vía dolorosa por

donde caminó Jesús hacia el calvario, con representaciones esculpidas también en piedra, terminando en el bellísimo santuario. Fuimos alejándonos de Popayán, las torres de Belén fueron lo último en esconderse detrás de los montes de la carretera, el motor del vehículo comenzó a rugir mientras subía por la cuesta de balasto. Habíamos recorrido más o menos una hora, cuando, al salir de una curva, vi una cascada a la que llegaríamos en un momento. Le pedí al conductor que parara. Me bajé del bus y tomé esta fotografía, donde se puede apreciar con detalles la clase de buses, *"Made in Colombia"*, más utilizados en todo el territorio nacional.

El prisionero de Usenda.

Esta zona agreste y salvaje de la cordillera central es diferente a la occidental. Es una zona de volcanes, aguas termales y explotación de minas de azufre. Otros pueblos indígenas habitan la región. Es el territorio de los Sebundoyes y de los Guambianos, habitantes de las reservas indígenas asignadas por el gobierno.
Llegamos a Silvia, e inmediatamente fui a buscar un hotel. El viernes debería ir en un camión de pasajeros a la población de Usenda, lugar en donde iba a dirigir las elecciones.
Tomé un bus para esa población, a sólo 20 kilómetros de Silvia. Estaba muy cerca, pero no había transporte sino los martes y los viernes, de otra manera hubiera ido todos los días en vez de quedarme allá.
Llegué a Usenda a convocar a las autoridades del pueblo, a hablar con los concejales que habían trabajado en elecciones anteriores, ver su disponibilidad, nombrar nuevos en reemplazo de los fallecidos o ausentes, publicar las listas de votantes inscritos en esa jurisdicción, reunirme con el inspector de Policía y con los políticos del lugar para concretar una estrategia conducente al buen desenvolvimiento del evento cívico, pero terminado esto, los días se sucedían en Usenda sin ninguna acción que valiera la pena, por lo tanto me estaba aburriendo de lo lindo, sin nada que hacer, a pesar de ocuparlo en mis lecturas y dibujos, hasta el mismo aburrimiento,

porque no había población más desolada que esa.
Decidí escribirle a Rafael y en nombre de la amistad copartidaria que manteníamos y el lejano parentesco familiar, le pedí me trasladara a otra población, expresándole que en Usenda me sentía como un prisionero. No había ninguna posibilidad de escaparme a Silvia, llena de turistas y muchachas bonitas de Cali, que iban a gozar del clima frío de la montaña, era muy distinto. A la semana siguiente tendríamos que volver a Popayán a rendir cuentas de nuestras actividades al seminario, en donde nos reuníamos todos los empleados de las Registradurías del Departamento.

Volví a Popayán a dicho seminario. El salón de conferencias estaba casi completamente lleno, al fondo de la sala, sentados presidiendo la reunión alcancé a ver a Joaquín Arboleda y a Rafael Bolaños, enseguida estaba el Registrador de Popayán, Manuel Antonio Parra, con Rosita Balcázar y Eulalia, la registradora de Silvia. El corregimiento de Usenda formaba parte de la jurisdicción de Silvia, por lo tanto, ella sería mi jefa directa por los meses que yo permaneciera en esa población.

Los Delegados me vieron llegar, y Rafael con una sonrisa dijo a viva voz,

-Señores, de pie, por favor-.

Todo el mundo obedeció. Y mientras yo entraba por el espacioso salón, muy bien vestido, de saco y corbata, gafas deportivas y llevando una papelera de cuero debajo del brazo izquierdo, exclamó,

-Ha llegado ¡El Prisionero de Usenda!

Y comenzó a aplaudir, acto que siguieron maquinalmente todos los de la reunión, varios sin saber por qué. Yo fui el primero en soltar una sonrisa por su ocurrencia, varios delegados me siguieron. Creo que algunos no entendieron la broma porque nunca habían leído el famoso libro de Anthony Hope, de 1894, "El Prisionero de Zenda". Bueno, tampoco era necesario que lo hubieran leído, porque el argumento no tiene nada que ver con lo de Usenda, pero por lo menos que tuvieran conocimiento del título, para comprender la comparación humorística que Rafael había efectuado.

Fui "El prisionero de Usenda", hasta el término de las elecciones, era muy tarde para hacer cambios de personal. Llevado de la mano del deber regresé a continuar los preparativos del acto cívico.

Llegó el día de las elecciones. Todo el mundo despertó con el entusiasmo que producía el evento. Desde las seis de la mañana comenzaron a llegar los concejales. Ellos mismos, previa lista, fueron ocupando las mesas de votación asignadas y, oficialmente a la hora prevista, ciudadanas y ciudadanos comenzaron a votar.

El soleado día transcurrió sin novedades, reinó la cordialidad entre liberales y conservadores, cosa rara, o sería que mis arengas habían dado resultado, no hubo borrachos, ni alborotos partidistas, ni muertos; La Policía no llevó a nadie por perturbar el orden público ese día. Antes del cierre de la votación me trepé a la tribuna y felicité a los usendeños por ser ciudadanos ejemplares y por haberme ayudado a que las elecciones en su pueblo hubieran sido un éxito.
Esa misma noche, cuando se acabó de hacer el conteo de urnas, partí para Silvia en un Land Rover de los delegados presidenciales que habían ido a supervisar la transparencia de los sufragios. Me fui a despedir del Inspector, del jefe de Policía y de Isabel, la doméstica y su hija, que me habían atendido con la comida y el planchado de mi ropa.

En Silvia me esperaba Eulalia con toda la comitiva de políticos ansiosos por conocer los resultados de la votación. Cuando llegué eran casi las doce de la noche; todavía estaban contando los votos y esperando los resultados de los lugares más apartados de la región. La secretaria de Eulalia me recibió y dijo a la concurrencia, que se amontonaba frente a La Registraduría.

-Acaba de llegar el señor Tobar, Delegado del Registrador Municipal en Usenda, dentro de un minuto daremos a conocer los resultados de ese Corregimiento.
Me sumé a la comitiva del escrutinio, saludé a Eulalia, y al Dr.

Hormiga de Popayán, un moreno parecido al cantante cubano Bola de Nieve, quien se presentaba en Bogotá por la televisión nacional. Habían enviado al Dr. Hormiga como Delegado de La Registraduría para supervisar la votación de Silvia. También estaban presentes varios políticos interesados en saber los resultados de Usenda y otras vecindades.

Después de pasar ocho días en Silvia, los cuales tomé como de vacaciones, llegó la orden oficial de mi traslado. Mi "prisión" en Usenda había llegado a su fin.
No puedo negar que cuando se aproximaban las elecciones Usenda se volvió un pueblo agradable. Me siento feliz cuando trabajo bajo cierta presión, cuando tengo cosas que hacer, deberes que cumplir, allí estoy en mi mejor momento. No recuerdo a Usenda como una prisión, al contrario, recuerdo a su gente de una amabilidad sin límites que dio muestra de un espíritu cívico ejemplar y colaboró con desinterés y gran patriotismo al éxito de las elecciones.

El ingenioso hidalgo.

Partí para Popayán con la satisfacción del deber cumplido. Al día siguiente fui a La Delegación a tratar sobre mi próxima comisión. Se respiraba cierta paz en las oficinas después del ajetreo de los comicios. Me encontré con Rafael Bolaños, saludé a Socorro Monteros, la secretaria, con quien comencé a revisar unos papeles.

Desde la ventana de La Delegación se divisaba la plazoleta de San Francisco, sobre la Calle cuarta. Rafael, miraba a través de ella, ve pasar una muchacha y sin dejar de mirar me hace señas con la mano invitándome a ir hacia la ventana, diciendo.

-Mira Rafael, qué portento de mujer pasa por allí.

Me acerqué a la ventana y efectivamente quien pasaba era una belleza de mujer, ni más ni menos.
Mira, ¡Que piernas! Qué caderas... Qué senos... Qué trasero... Hummm... ¡Como para darle una nalgada! Como no se la

puedo dar en la realidad se la voy a dar con la imaginación.
Cerraba los ojos y decía.

¡Saaz! Ya se la di, ¡Qué cosa más rica! ¡Para que sufra la condenada!
Cuando volví a la tarea, Socorro nos miraba incrédula con los brazos cruzados moviendo la cabeza de un lado a otro ante la escena de exquisita vulgaridad que acababa de presenciar.

La placa del Volkswagen de Joaquín tenía el número 039. Por esos años sesenta estaba de moda un paseo de Rafael Escalona, que cantaban Bovea y sus Vallenatos, titulado, 0 39, decía así,

> *"Cuando yo venía viajando*
> *viajaba con mi morena,*
> *y al llegar a la carretera,*
> *Allí me dejó llorando.*
> *Ay, es que me duele,*
> *es que me duele,*
> *y es que me duele,*
> *válgame Dios,*
> *0 39, 0 39, 0 39 se la llevó".*

Había llegado una dama de Bogotá, auditora o visitadora, alguien importante. Sabiendo de la inminente llegada de la señora, pues Joaquín me había llamado para tomar unas fotos con ella en el Hotel Monasterio, llegué a la delegación, miré a todos lados buscándola y no la encontré, tampoco Joaquín se encontraba en ese momento. Sólo estaba Rafael en la oficina; le pregunté intrigado,

¡Cómo! ¿La señora no ha llegado? y me respondió cantando y bailando,
¡0 39, 0 39, 0 39 se la llevó!

Joaquín Arboleda era un hombre serio, pero no antipático, poseía una charla muy amena; muy medido, era buen dirigente y lo hacía bien en su papel de Delegado Departamental. Firme y resuelto, todo lo sometía a un extenso análisis. Ambos personajes se complementaban, formando entre sí un ente generador de decisiones que en la práctica funcionaba bien.

Joaquín poseía el único Volkswagen que había en Popayán, de color azul celeste, el de la placa famosa, 039. Los estudiantes solían jugarle bromas con su auto. Aquí diríamos, *"Practical Jokes"*.

Una noche salíamos de un centro social, situado precisamente al frente del Colegio de Marinita Otero, cerca de su casa, cuando nos dimos cuenta de que el auto no estaba donde él lo había dejado. Empezamos a buscarlo por todas partes hasta que lo encontramos trepado en la puerta principal de La Catedral, escondido entre las dos inmensas columnas. Cuando los estudiantes comenzaron a hacerle las bromas el enfado de Joaquín era de grandes proporciones, pero esto se volvió tan corriente que ya Joaquín no se enfadaba, eran chanzas sin consecuencia, más que la engorrosa tarea de bajarlo por nuestras propias fuerzas; era ya una costumbre de las noches bohemias de Popayán encontrar su auto en los sitios más inverosímiles.

Bar "Catleya".

Frente al Teatro Municipal, al lado derecho de la casa del Doctor Otoya, mi jefe, cuando trabajé para el Departamento de Agricultura habían abierto un salón llamado, Bar Catleya, una cafetería convertida en cantina por la noche. La dueña, una antioqueña delgada y alta, de ondulante cadera cuando iba y de ondulante cadera cuando venía, me daba la mano al saludar y en ese apretón de manos yo sentía a una mujer muy dueña de sí misma, poseía una simpatía desbordante y nos atendía a las mil maravillas. Por meses fuimos asiduos asistentes a ese lugar los fines de semana con Joaquín y Rafael y con varios empleados que se nos adherían al calor del licor y la guitarra. La dueña nos apagaba la radiola, para que pudiéramos cantar y tocar guitarra, digo mal, no era una radiola sino un tocadiscos, con un pequeño sistema de amplificación de alta fidelidad, moda que surgió por esos años en reemplazo de la conocida belladona, o traga níquel de luces de neón usada por los

bares grandes; eran los Ipods de esa época, voluminosos, pesadísimos y nada portátiles.
El sistema musical de alta fidelidad segregaba a estos bares de los convencionales, eran más pequeños, más íntimos y más para la clase estudiantil. Uno se llamó Rincón Social, el del frente del colegio de Marinita por la calle quinta, donde se escuchaba a Antonio Prieto, Katerina Valente y a Connie Francis, cantando boleros en español. Parece que el dueño estaba enamorado de la Connie, porque eran sus discos los que más tocaba.

Uno estaba frente al Gambrinus por la calle cuarta, otro por la misma calle, pero frente a la Alcaldía. Diagonal al Cafetal, uno con cuatro mesas solamente y otro en el primer piso del mismo colegio de Marinita pero por la carrera, con un sistema de amplificación excelente y un salón más grande que los demás. Lucho Gatica alcanzaba su máxima popularidad, allí escuchábamos, Sinceridad, Las muchachas de la Plaza España, El Bardo, Amor secreto y muchas canciones más de la época de oro del bolero. Eran barcitos acogedores por lo pequeños, en donde uno se sentía muy bien atendido.

La minifalda.

Bertilde no distinguía entre uno u otro, para ella todos eran antros de perdición con las meseras exhibiendo sus voluptuosos cuerpos en minifalda y con escotes bien pronunciados, por lo general jóvenes bonitas emigrantes de la violencia del Tolima, del Valle del Cauca o de Antioquia, buscando refugio en ese remanso de paz que era Popayán.
Cómo criticaban a estas pobres muchachas por sus cortas faldas que dejaban ver sus muslos por lo general encantadores y bien proporcionados. ¿No sería envidia?
Cuando la minifalda se puso de moda en Europa y después pasó a Estados Unidos, esto es bien chistoso, todas las muchachas comenzaron a usarla y sin saberlo se pusieron a la par con las meseras de los bares que tanto criticaban las mismas madres y las almas piadosas de Popayán.

Es probable que algún modisto viajero, de esos con nombres rimbombantes como, Jean Bardan, u Oscar de la Rocca o alguna modista francesa, vaya usted a saber, haya pasado por Popayán, quiso tomar un trago en algún *"Night Club"*, pero, como en Popayán no había bares sofisticados como los que se ven en las películas, la llevaron al Cafetal, la cantina de Agustín Sarria, a falta de pan buenas son tortas, a tomarse un aguardiente, bebida típica extraída de la caña de azúcar, más sabroso que el Vodka, la Ginebra o el Scotch y cuando la mesera le trajo el primer trago, observó *"la mini jupe de la fille"*, y dijo, ¡Eureka! Esto es lo que andaba buscando.

Meses después la nueva moda recorría Europa y Estados Unidos. Y como Colombia es un país que imita todas las modas que vienen de afuera por considerarlas lo mejor, a los pocos días las muchachas hacían cola para comprar su minifalda y las modistas no se daban abasto recortando faldas largas de todas la cocacolas payanesas, para beneplácito de los muchachos que por primera vez admiraban a simple vista el esplendor de los muslos de sus novias que preguntaban, no sin cierta picardía,

-Se me notan mucho los *pantys*?

Y los muchachos, con el anhelo de que la moda permaneciera les contestaban.

-Qué va. ¡Si estás espléndida! -Pues, se les alcanzaba a ver hasta el *Topoyiyo*... un muñequito que andaba por la televisión y las tiras cómicas de aquel tiempo, dibujado en sus vaporosos y casi transparentes calzoncitos-.

Podría asegurar que la moda de la minifalda salió de El Cafetal, el bar de Agustín Sarria, en Popayán.

La bonita señora del Catleya, cuando podía, se sentaba con nosotros a compartir, era toda una dama, no de minifalda, ¡No! Vestía con elegancia, era delgada, alta y su traje Chanel caía sobre su cuerpo a las mil maravillas. Nunca hubo en Popayán mesera más bien vestida que ella.

En ocasiones cuando Enrique París, médico de cabecera del

presidente Guillermo León Valencia iba a Popayán, no perdía la oportunidad de compartir charlas y canciones con Los Delegados, en este rinconcito estudiantil.

Jaime Castrillón.

En una de tantas noches musicales con Guillermo Torres, Santiago Muñoz y Gilberto Vivas, apareció otro ingenioso hidalgo de la bohemia payanesa: Jaime Castrillón, alcohólico, pero estimado entre los estudiantes por su inteligencia y don de gentes.

Entró con una vela encendida, pidió al dueño una caneca de aguardiente, la repartió entre los que allí estábamos y por último sirvió su copa. Como el loco hacía cosas raras, no le perdimos el ojo a ver con qué broma iba a salir. Estuvo charlando un rato hablando de la actualidad, siempre con la vela encendida, cuando bebió su trago, pidió la cuenta, sacó del bolsillo el dinero y pagó diciendo,

-Todo esta pagado, ¿verdad?
El cantinero le dijo,
-Si, Jaime, todo está pagado-.
Y él le replicó,
-No, no todo está pagado-.
De un soplo apagó la vela y dijo,
¡Ahora sí! ¡Todo está apagado! Buenas noches.
Salió y se fue...

Jaime deambulaba por las noches de cantina en cantina, llevando su argot de cuentos, anécdotas y dicharachos. Hombre inteligente e ilustrado, les ayudaba a los muchachos universitarios a hacer sus tareas de matemáticas.

Delgado, alto, de amplia frente, Jaime Castrillón estaba enfermo de alcoholismo, en numerosas ocasiones sus hermanos lo habían ingresado en hospitales de recuperación y en otras se escapaba para volver a sus andanzas nocturnales, a su casi eterno recorrido por los bares de la ciudad. A veces se tornaba fastidioso, queriendo hacer bromas a personas que ignoraban quién era, hasta el punto de tratar de echarlo a golpes. Pero, él tenía un ejército de soldados dispuestos a protegerlo, todos los estudiantes de Popayán y hasta los dueños de los bares salían en su defensa. Era una especie de intocable, un consentido de todos.

Las puntadas del Loco.

Una noche, en "El Cafetal", el bar de Agustín, pocos años antes de venderlo para comprar "El Sotareño", otro agradabilísimo centro nocturno, que atendía su dueño Gerardo Portilla, mis compañeros me pidieron recitara "La casada infiel", verso que me pedían a menudo, junto con "El duelo del mayoral" y "El Brindis del Bohemio". Me puse en pie, coloqué el fondo de la guitarra sobre la mesa y tocando música española propia para el verso comencé a recitar...

> *Y que yo me la llevé al río*
> *creyendo que era mozuela,*
> *Pero, tenía marido.*

Otros estudiantes suspendieron su charla para escuchar el emotivo verso. Todo era silencio en el espacioso salón, un silencio como el que se escuchaba en la sala de música de Luis Diago, en esos fines de semana pasilleros y bambuqueros, donde hasta las moscas tenían cuidado de no hacer ruido, cuando Luis se sentaba al piano a tocar "El Sotareño y el tío de 'Chivo", entonaba la bandola tocando su épica musical de "La agonía del Bimbo".

Continué...

Fue la noche de Santiago y casi por compromiso,
se apagaron los faroles y se encendieron los grillos.
En las últimas esquinas toqué sus pechos dormidos,
y se me abrieron de pronto como ramos de jacintos.

Observé que por la puerta de la derecha entraba Jaime Castrillón, quien se acercó al ruedo de entusiastas estudiantes.

El almidón de su enagua me sonaba en el oído,
como una pieza de seda rasgada por diez cuchillos.
Sin luz de plata en sus copas los árboles han crecido,
y un horizonte de perros ladra muy lejos del río.

En eso escucho a Jaime, diciendo,
      ¡Si lo llega a oír García... lo horca!

Lo miré de reojo, traté de continuar el verso, pero sólo avancé unas pocas estrofas.
La ocurrencia de Castrillón fue tan oportuna que no me quedó más remedio que comenzar a reír, todos estábamos pensando en lo mismo, y sólo por respeto a mí trataban de abstenerse de reír, hasta que todos terminamos en carcajadas, le ofrecimos una copa de aguardiente y lo felicitamos por el apunte tan oportuno, incorporándolo a la reunión. Los amigos me pidieron que continuara con el verso, lo empecé de nuevo, ahora sí de principio a fin.

Esta otra de Jaime puede parecer de mal gusto pero no lo es, en absoluto, las apariencias engañan. Un soleado Viernes Santo por la tarde, lo encontramos en la esquina de la calle sexta con sexta, iba en medio de la multitud pidiendo vía con una bocina de un carro de juguete y una pequeña sombrilla amarilla sujetada a la cabeza, venía de la galería, nos vio, quiso acercarse pero un desfile de muchachas vestidas de ángeles con las túnicas oliendo a alcanfor lo interrumpió. Esperó que pasaran las jovencitas y caminó hacia la esquina del almacén Saavedra, donde estábamos parados. Había comprado una bacinilla, le había vertido una cerveza y varios perros calientes y con un tenedor les ofrecía a los transeúntes llenos de asombro. Unos turistas japoneses se acercaron a mirar lo que había en la bacinilla, uno por uno fueron mirando y se cuchicheaban entre sí diciendo en su idioma entre tímidas sonrisas.

    -Yoko Itoは、この紳士にここにある

Que traducido al español dice,
-Yoko Ito, ven a ver lo que este señor tiene aquí-.

Pero se reían de una manera tan cómica, tan tímida, tan oriental, que nosotros terminamos riendo de ellos y ellos del loco Castrillón y cuando menos pensábamos todos aplaudíamos sus hazañas humorísticas.

En otra ocasión, el Padre Arce meditaba sentado en una banca del parque de Caldas, antes de celebrar su misa de las siete de la mañana en La Catedral, cuando vio a Jaime entre nosotros, trasnochado y oliendo a aguardiente. El Sacerdote, viendo la triste y pálida figura que se ofrecía ante sus ojos, quiso hacerlo recapacitar diciéndole,

-Jaime, todos tus hermanos son hombres valiosos para el país y tú como la oveja negra, andas perdiendo tu tiempo en farras todas las noches, debes hacer un esfuerzo para curarte de tu alcoholismo, eres un hombre inteligente que puede dar mucho a esta comunidad. Debes curarte.
-Sí, Padre. -Le contestó-. Su reverencia está en lo cierto. Hay que curarse. Que tenga un buen día su señoría-. Volteó en dirección a nosotros moviendo la cabeza de un lado a otro, diciendo como para sí mismo.
¡Ay! ¡Qué cura Arce!

Les he referido varias de las anécdotas que nos tocó vivir, referentes al loco Castrillón. Son innumerables sus apuntes llenos de ingenio.
A pesar de que, como dicen, Dios cuida a sus borrachitos, el paso del tiempo hace que todo tenga un final, Jaime debe haber fallecido hace años. Un personaje que todos estimamos, quisimos y admiramos por su calibre como ser humano y por su increíble ingenio.

Los ases de la voladora.

Acabábamos Guillermo Torres y yo de dar varias serenatas y Santiago Muñoz, Narciso Ramírez, a quien llamábamos, "Pepe", y el gordo Iván, nos invitaron a cenar a un restaurante llamado, "El Bambi", situado por la Plaza de Caldas, diagonal a la Torre del Reloj. Los gentiles amigos Santiago y Pepe con algunos amigos de ocasión, de esos que a menudo nos seguían, haciendo con nosotros el recorrido serenatero, nos invitaron a cenar chuletas. Ellos sin advertirnos, se habían puesto de acuerdo para "volarse" sin pagar.
A una señal, ya casi cuando estábamos terminando la cena, salieron en estampía hacia la calle. Nosotros al ver que todos corrían hicimos lo mismo. El mesero ya temía le fueran a hacer la llamada, "voladora", salió detrás de nosotros. No era la primera vez que perseguía a los estudiantes que no pagaban y a menudo capturaba uno porque este mesero corría como un profesional, hasta el punto de hacerse acreedor al sobrenombre de *"Triguero"*, el nombre de uno de los caballos más famosos del hipódromo.

(Por cierto, con este caballo, nuestro amigo Pepe Ramírez se ganó un premio hípico llamado cinco y seis, muy popular en esa época, con el cual se marchó para Estados Unidos).

Triguero comenzó a perseguirnos cuando de súbito salió Dólar, el perro del maestro Aranda. Ese que nos cortó el paso cuando salíamos de La última lágrima. En esta ocasión vio la oportunidad para vengarse de la humillación que le hiciéramos años atrás. El gigantesco animal empezó a perseguirnos a los tres. Triguero, lleno de miedo, en segundos pasó por nuestro lado como un bólido huyendo del mastín y cruzó hacia la Iglesia de San José. Nosotros seguimos corriendo derecho hasta el Teatro Popayán; mirando hacia atrás nos dimos cuenta de que el perro había cesado de perseguirnos. Ya no tenía las mismas fuerzas de antes. En ese instante notamos que las guitarras se habían quedado olvidadas en el restaurante.
  -Tenemos que ir por ellas-. Dijo Guillermo.

Cuando llegamos al restaurante la dueña nos hizo deudores del total de lo ingerido por todos. Nosotros, por nuestras guitarras estábamos dispuestos a pagar, pero el dinero que llevábamos en el bolsillo no era suficiente, nos las decomisaron hasta que pagáramos. La dueña le ordenó a Triguero,
-ponelas en la cocina, colgadas en la pared-.
-El calor las va a echar a perder-, les dije.

Triguero, lleno de satisfacción, como si estuviera colgando un trofeo de caza, sonreía maliciosamente, era la misma cara del Doctor Merengue, no cabía de la felicidad al hacer lo ordenado por su patrona.
La mujer, vislumbrando la venganza nos dijo que, de un día para otro no se iban a dañar y que nos apuráramos si queríamos ver las guitarras sanas y salvas, de lo contrario se tostarían y llenarían de humo como carne al pincho. Nosotros nos imaginamos cuánto iban a sufrir nuestras guitarras allí colgadas, como Cristos pagando inocentes las culpas de los demás.

-Eso es maldad pura-. Dijo Guillermo moviendo la cabeza, incrédulo por lo que la dueña decía.
-Cuánta maldad hay en su alma-, comenté. Vengarse así con unas guitarras y con personas como nosotros, inocentes de toda maldad.

-Qué alma más negra la suya, señora-.
-Eso es inconcebible-, exclamó Guillermo.
-Hay que tener conciencia, señora-.

Total, hicimos uso de los más variados argumentos, pero no hubo poder humano que hiciera desistir a la mujer de su propósito de retenernos las guitarras, a pesar de decirle que nosotros no habíamos participado en la conspiración para volarse, porque nosotros éramos los músicos, los invitados.

-Entonces, ¿por qué salieron corriendo? Dijo la señora.

Guillermo le respondió.

-Señora, nosotros lo hicimos por reflejo. ¿No es verdad, Rafael?

-Claro, por reflejo. Es como cuando gritan fuego en un teatro, ¿usted no saldría corriendo como los demás?

-Lo que más duele es que tanta maldad venga de una mujer tan joven, bonita y elegante como usted, no podemos creerlo.

La mujer nos miró diciendo.

-humm..., ya sé para dónde van. Ustedes a mí no me van a ablandar con sus lisonjas.

En conclusión, hicimos todo lo que pudimos imaginar para que nos diera las guitarras, pero sin resultado alguno.

Al día siguiente convocamos a la mayoría de los que habían estado presentes, otros ni siquiera los conocíamos, era esa clase de amigos que aparecían al calor de la música y el licor y no volvíamos a verlos. Tuvimos que acudir al amor propio, a la honorabilidad, a las buenas maneras, al compañerismo y a toda clase de argumentos para sacarles el dinero de la cena. Inclusive, les dijimos que si no pagaban lo comido íbamos a ir a dar serenata en su nombre donde sus novias, con las canciones más horribles de nuestro repertorio, como "Tú ya no soplas" o "Llegó el desinfle" y con rancheras de Las Gaviotas, como "La Cuchilla", esa que dice,

"Si no me querés te corto la cara
con una cuchilla de esas de afeitar."

-No son bromas, si no nos dan el dinero lo haremos, sin lugar a dudas-. Dijo Guillermo enfadado.

¡Ustedes no son capaces de hacernos eso! Dijo uno de los futuros perjudicados.

Al ver nuestra decisión insobornable de ir a darles serenata a sus novias en esos términos, fueron metiendo las manos a sus carteras. Este recurso fue más efectivo que cualquier otro. Al final

recolectamos una cantidad substancial, nosotros tuvimos que pagar nuestra cena y así completamos la suma requerida. Un rato después teníamos nuestras adoradas guitarras con nosotros, dando por terminado el incidente y cuidándonos muy bien de las invitaciones que nuestros queridos amigos, Santiago Muñoz y Pepe Ramírez, pudieran hacernos en una futura ocasión.

Mis modelos.

Una vez, en una población cercana a Popayán vi una muchacha muy bonita, más o menos de 25 años, me acerqué y le dije que esa cara tan hermosa merecía unas fotografías de mi cámara profesional. Ella accedió encantada y nos citamos a una fecha y hora determinada en una dirección que ella me dio.

En el corredor del patio de su casa comenzamos a hacer la sesión de fotos, pero la muchacha poseía un cuerpo tan bien formado que le sugerí unas fotos un poco ligera de ropas. Al principio se negó, pero sin darle importancia a su recato le pregunté si la negativa era porque sabía que vendría alguien, su papá o su mamá. Ella me contestó que ellos estaban trabajando y no llegarían sino a las seis de la tarde. Le dije que cuando tuviera sesenta años adoraría esas fotos recordando como era de bella y que nunca se arrepentiría. Discutimos un rato más sobre el tema y al final mis convincentes argumentos debilitaron su negativa. (Hoy ha de estar disfrutando de la profesía hecha realidad).

Sentada en una mecedora le tomé unas fotos maravillosas y después entusiasmada posó para mi cámara, desnuda, sólo me pedía que nunca las publicara, pedido que le cumplí, porque la finalidad era hacer de esas fotos unos dibujos a lápiz. Recostada en una hamaca la muchacha parecía una reina, terminé el segundo rollo y di por finalizada la sesión.

Quedamos en vernos la próxima semana cuando regresara de Popayán. En Popayán revelé todos los negativos de la correría, entre ellos los dos rollos de la muchacha y los colgué a secar en la tendedera cerca del cuarto oscuro, como usualmente hacía. Mi tío siempre estaba pendiente de mis novedades. Usualmente lo sorprendía con mis ideas e invenciones. Miraba con espíritu crítico

75 – Modelo.

los negativos que traía de cada correría por la montaña y me hacía comentarios y preguntas.
Esa noche, cuando le mostraba a la tía mis últimos versos, algunos de los cuales se convertirían en canciones, pues me había dado por componer, me preguntó.

¿Qué fotos le has mostrado a Jorge? Vino a decirme que en ese empleo con la Delegación has llegado al colmo de la corrupción.

La tía estaba acostumbrada a ver mis dibujos de desnudos, aunque nunca los aceptó de buena gana. Me preguntaba que cuándo dejaría de pintar porquerías, pero al mismo tiempo los admiraba. También, innumerables desnudos había en las láminas de Emilio Freixas, o en las lecciones de dibujo de Paul Calle, que ella misma me compraba en la librería de Climent, así que para ella los desnudos en la casa eran cosa natural. Nunca tomé fotografías morbosas o de mal gusto.

Le dije, -debe ser que vio los negativos de unos desnudos artísticos que le hice a una muchacha. Y como él es un poco estrecho de mente, mejor dicho, mojigato, no distingue entre lo morboso y lo artístico. Y terminé con este versito:

> *¡Caramba, tía por Dios!*
> *¿Cómo puede ser así?*
> *A ese tío maravilloso*
> *yo nunca le conocí*
> *la faceta de envidioso.*

La tía se echó a reír y así terminó el incidente. La muchacha tendrá hoy unos 70 o 75 años. Ha de estar feliz mirándose cómo era de bella en esas fotografías que la retrataron en sus lindos años de mocedad.

En la acera de la esquina de mi casa, Manuel Henao, a quien llamábamos Manuso, Chepe Medina y yo charlábamos de cosas banales; en el radio de la casa de los Peña se alcanzaba a oír a Javier Solís cantando, "Escándalo", un bolero ranchero muy de moda en los sesentas. En eso pasa un perro arrastrando una perrita, en el curso de un inequívoco enlace amoroso. Todos volteamos a mirar y Manuso, viendo el erótico espectáculo dice,

-"Que si eso es escandaloso, es más vergonzoso no saber amar".

Era una filosofía de fe, humor, picardía e hidalguía, mezclada en

76 - Panorámica de Coconuco. Foto, Rafael Tobar. 1964.

una poción de la cual todos bebíamos para continuar siendo payaneses.

La Cordillera Central. Coconuco.

Después de haber realizado elecciones en Usenda, La Delegación me asignó trabajar en poblaciones vecinas de la Cordillera Central. Estuve cedulando en Puracé, al pie del volcán del mismo nombre, en Coconuco y otras poblaciones; viajaba unas veces con mi

77 - Rafael, en las alturas de Coconuco. 1964.

hermano Saúl y otras con Oscar, el menor. Todos estos viajes fueron hechos a lomo de caballo. Era prudente ir con un acompañante que nos auxiliara en el evento de un accidente por esos caminos desolados y desconocidos.

Coconuco, (Latitud norte 2.20 y 76.29 Longitud oeste), a una altura de, 2470 metros sobre el nivel del mar, rodeado de colosales montañas, parece un pueblo extraído de los cuentos de *"Tolkien"*, propio para una película de fantasía. No parece ser de este mundo. Si no fuera por los atuendos de sus habitantes, pensaríamos que nos encontramos ante una aldea del medioevo español. Son tierras muy frías, ubicadas en la Cordillera Central, de una belleza espectacular surrealista, al desplegar unos increíbles tonos de verde por todas partes.

A veces teníamos que cedular en sus alturas, en unos lugares tan agrestes y caminos tan empinados que era preciso darles descanso a las bestias, agotadas de subir las intrincadas cuestas. Ya en las aldeas acudíamos como primera medida a los maestros, si no hubiera Inspector. Cedulábamos en las aulas de las escuelas o en la oficina de La Inspección.

El raro acontecimiento de la cedulación concentraba gentes amables ofreciéndose a hacernos un almuerzo como regalo de bienvenida.

Digo raro, porque en general era necesario ir a Coconuco para obtener la cédula de ciudadanía; los Equipos Unipersonales de Cedulación, una idea de los Delegados Departamentales, dieron resultados positivos. Como eran lugares tan apartados, a los campesinos no les era fácil ir a la oficina más próxima, por eso los Delegados resolvieron el problema llevándoles La Registraduría hasta sus propias aldeas.

Por las noches pedía una guitarra y cantaba rancheras a la luz de una fogata. La gente de la villa comenzaba a repartir aguardiente. Se pasaban veladas muy agradables en la montaña. Gran parte de ese éxito de nuestro equipo con la campaña de cedulación se lo debemos a la guitarra. La música abría muchas puertas, creaba una confianza que se acrecentaba cuando les cantaba los bambucos y las rancheras de moda. Al siguiente día ya éramos amigos y colaboraban con gran entusiasmo con el joven Señor Registrador. Imbuido por las películas de Pedro Infante, me sentía el héroe de la historia, me llenaba de emoción y cantaba las melodías con más sentimiento a la luz de la fogata: Los Sauces, Allá en la montaña, Copito de hierbabuena, etc. Eran canciones de moda para una audiencia que todavía prefería escuchar su música folclórica, tan hermosa, pero poco apreciada hoy día, y también algunas mexicanas como, Guitarras de media noche, Noche de luna o Tú sólo tú, en esos años poco invadidos por la salsa, aunque ya en ese entonces se escuchaba bastante el tango y la ranchera mexicana.

La juventud hoy no aprecia la música del país. Es necesario darle vitalidad. Nuestros padres del bambuco y el pasillo hicieron lo que buenamente pudieron, con unas guitarras elementales y unas voces que dejaban mucho que desear, pero nos abrieron un camino. Así mismo, los poetas dejaron poemas en las canciones, de una belleza

78 - Guambiana - Región de Silvia, Cauca. Óleo de R.Tobar.

literaria extraordinaria. La juventud debía retomar la batuta y con los ejemplos musicales de nuestros países hermanos como, Argentina, Chile y México, con sus voces y guitarras realmente magníficas, son ejemplos para que le demos un nuevo giro a nuestra música. No quiero decir que imitemos su música folclórica, no es esa la idea, sino que adaptemos lo que acá llamamos *"skills"*, la destreza ejecutiva de los instrumentos y las voces en coro, a nuestros bambucos y pasillos. Sé que se puede lograr. También es necesario hacer un llamado a las casas disqueras para que fomenten toda clase de espectáculos en donde se cante y se toque nuestra música y tratar de devolverle a Colombia el orgullo de conservarla viva, como México y Argentina lo hacen con la suya por la televisión, y en cualquier espectáculo público.

79 - La nostalgia del indio. – Lápiz - por Rafael. 1964.

"Los pueblos que olvidan sus tradiciones pierden la consciencia de sus destinos". (Nicolás Avellaneda. Arg.)
Tenemos que aprender a sentirnos orgullosos de nuestra música, de lo contrario, poco a poco perecerá. No debemos permitirlo. Y está en tus manos jovencito colombiano que tocas la guitarra y en tu voz, para que en unión de tus amigos aprendas solfeo y armonía. Tú eres la promesa de nuestra música, rejuvenecida. ¿Te atreves? Yo creo que sí, aun tengo fe en la juventud de mi país que tiene

la voluntad y el tesón para cambiar las cosas y mejorar todos los aspectos de nuestra existencia, como personas y como nación. No hay cosa más bella que escuchar un bambuco o un pasillo "bien jalaos", como se dice, es el alma y la esencia de Colombia la que vibra en esas cuerdas. Vibra tú también con ellos y siéntate orgulloso de ser colombiano.

Cajibío.

Fui enviado después, a Cajibío, donde conduje las elecciones presidenciales. Un poco más complicadas que en Usenda, porque es una cabecera municipal importante, con un enorme conglomerado electoral.
La cantina de Teófilo, lugar de reunión de funcionarios del gobierno de Cajibío, llena casi siempre por su proximidad con la alcaldía y otras dependencias oficiales, sobretodo los viernes por la tarde, cuando terminábamos nuestras labores íbamos allí a charlar y tomar unas cuantas cervezas.
Jesús Llantén era bien popular, especialmente los fines de semana. Sus facciones indias sobresalían en su constitución mestiza; lampiño, el cabello abundante, negro, lacio, rebelde, le caía sobre la frente, mentón de mandíbulas fuertes y pequeño de estatura, tenía una particularidad que lo destacaba sobre los demás: una guitarra en la mano y una voz, si no bonita, digamos, agradable.
Jesús, un nombre inconcebible entre personas de habla inglesa. Hay muchas Marys, o Marías y Josephs, o Josés, pero a ninguna persona de habla inglesa se le antojaría llamar a un hijo *"Jesús"*. No sé si pensar que es porque para ellos es demasiado sagrado, o demasiado ridículo, no ridículo el nombre, si no la actitud de nombrar un hijo así. En inglés se pronuncia, *"Yisos"*. Para ellos significa igualmente Dios. Sin embargo en nuestro idioma Jesús es un nombre común y cuando llamamos por su nombre a un Jesús no nos pasa por la mente la figura de Dios, ni siquiera la de Jesucristo, es como el de cualquier otro nombre del santoral. Quería mencionar esto como algo curioso de la idiosincrasia de la gente de habla inglesa.
Pues bien, Jesús Llantén llenaba el salón con su canto y su guitarra

80 - Calle principal de Cajibío - 1963 Foto de Rafael Tobar.

entonando las canciones campesinas que el pueblo cantaba. Entre ellas "Los Rosales", También llamada "Tu olvido". Letra y música de Victor Espina. Una canción cuyos sentidos versos habían sido hechos para su voz, cuando el calor del licor le tonificaba los pulmones.

*Han brotado otra vez los rosales,
junto al muro del viejo jardín,
donde tu alma selló un juramento,
amor de un momento que hoy lloro su fin.*

*Tierno llanto de amor fuera el tuyo,
que en tus ojos divinos bebí,
ojos falsos que así me engañaron,*

al ver que lloraron los míos por ti.

*Mas, los años al pasar
me hicieron comprender la triste realidad,
que tan solo es ilusión lo que amamos de verdad,*

*Sin embargo cuando en los rosales renacen las flores,
los viejos amores con sus madrigales,
tornan como entonces a mi corazón.*

*Cuando vuelvan las noches de invierno,
y se cubra de nieve el jardín,
si estás triste sabrás acordarte,
de aquel que al amarte no supo mentir.*

*No es mi canto un reproche a tu olvido,
ni un consuelo te vengo a pedir,
sólo al ver el rosal florecido,
el sueño perdido lo vuelvo a vivir.*

En esta población hice amistad con los dos curas españoles que nos habíamos encontrado en Ortega. Los curas eran colaboradores muy efectivos cuando necesitábamos difundir boletines oficiales. Después del trabajo, ellos me permitían ir al templo a tocar bambucos y boleros en un pequeño armonio de pedal. Las vírgenes y los santos parecían aplaudirme la música profana que nunca esperaron escuchar en la casa de Dios. Mirándolos les presentaba excusas, pero Bach, Vivaldi y Rachmaninov, eran para mí muy difíciles de digerir en esa época, más bien yo me sentía todo un Jaime Llano, tocando bambucos y pasillos. La resonancia de la iglesia acrecentaba los sonidos y de un momento a otro el lugar se llenaba de parroquianas, la mayoría muchachas del vecindario uniéndose a las vírgenes y a los santos a ver mis actuaciones. No podía faltar que una me pidiera la "Señora María Rosa", de Efraín Orozco, un cajibiano que dio lustre a la música con su orquesta internacional por los años treinta.

81 - Añoranza. - Rafael Tobar con Jesús Llantén. 1964.

Los sacerdotes presentaban cine en la casa cural con un proyector de 16 milímetros. Verdad es que el negocio era próspero porque se llenaba de gente los fines de semana. Llegué a ser el vocero de sus películas a las que les hacía un resumen que registraba en una grabadora de carrete, anunciando la importancia de los fondos que, a través de esas películas, se iban a recaudar para terminar varias obras en la iglesia y en la casa cural. Ejecutaban repetidamente la grabación durante toda la semana y el pueblo respondía bien a sus llamados. En cuanto a mí, me entretenía de lo lindo en todas esas cosas que tanto me agradaban desde los años de cine en las veredas, con el amigo Hernando Algara.

En Cajibío no hubo motivos para el aburrimiento, porque siempre tuve algo creativo que hacer. Una vez, llegó uno de los funcionarios de la Alcaldía a pedirme consejo con el proyecto de hacer la nomenclatura de las calles de la población.

Yo le sugerí que lo más lógico sería trazar una cruz que partiera del centro comenzando en cero, de sur a norte y de este a oeste. De esa manera no habría problemas cuando el pueblo creciera. No era más que mi innata tendencia a crear sistemas, patrones, para facilitar las cosas. Porque el cerebro del hombre tiene la tendencia a encajonar dentro de las más variadas fórmulas todo lo que ve, de buscar constantes para todo. Cuando llegué a Miami, caí en cuenta que el diseño que había sugerido para Cajibío era exactamente el mismo que tiene la ciudad estadounidense.

Viajé a Buenos Aires, Cauca, (3.01.02 N – 76.38.39 O) donde trabajé otra vez con Jesús Antonio Pérez, el mismo compañero de trabajo de la comisión a Guapi. Buenos Aires fue familiarmente muy importante para mi esposa, porque la llevé en la misión. Desde el día de la boda tuvimos pocas oportunidades de vernos. Con Pérez fuimos también a la población de Inzá. (2.33.00 longitud Norte – 76.03.53 latitud Oeste) Una semana antes los guerrilleros habían asaltado la Caja Agraria, también se habían llevado los alimentos de los graneros más importantes. Quise conocer las ruinas de la cultura precolombina de San Agustín, con sus enigmáticos monolitos y cámaras funerarias situadas relativamente cerca de allí, pero el tiempo apremiaba y cada vez que teníamos la oportunidad algún inconveniente surgía, prohibiéndonos la posibilidad de ir. Fue una comisión de mucho trabajo y poco tiempo para dedicarlo al turismo, o a la investigación arqueológica. Salí de allí con la pesadumbre de no haber podido conocerlas estando tan cerca. Era como el tormento de Tántalo.

El último regreso a El Tambo.

Luego vino el traslado a El Tambo, mi pueblo natal, a encontrarme con personas cariñosas, que habían conocido a las familias Solarte Idrobo, Gómez Guzmán y Tobar Gómez.

Visité el convento de las Vicentinas, donde había sido como "el niño de las monjas", querido y mimado por todas ellas, pues cuando iba, cada una jugaba a ser madre y a desatar esa ternura que no pudieron dar a los hijos que nunca tuvieron, aunque sólo fuera por unas horas. Era a mí a quien más recordaban de los sobrinos del Padre, por llevar el mismo nombre y por frecuentarlas más a menudo, me llenaban de halagos y lo único que yo hacía era dejarme querer.

Después del trabajo visitaba la casa de Miguel Chávez el sastre, situada casi al frente de La Registraduría, cerca de Quita Sombrero, donde tomaba entredía con su madre y hermanas, las que se sabían la vida y milagros de los habitantes del pueblo. De allí salí más informado que ninguno y supe la historia del niño del balcón por boca de testigos oculares.

Los dueños de la casa de Zinc que había sido del tío Jorge me permitieron entrar. Habían pasado casi 15 años desde su traslado a la ciudad, pero la casa estaba igual, diferente sólo por las personas que la habitaban. Por supuesto, el aviso de la Personería había desaparecido, así como la carpintería y la sala de los gusanos de seda. Un poco de nostalgia invadió mi corazón, tan familiar me pareció todo que por un momento pensé que si entraba a la habitación cercana a la sala iba a encontrar a la tía Bertilde escuchando la Radio Nacional, con su música favorita, y al otro lado del patio a mi tío en la carpintería, trabajando y silbando canciones. Pero, cosa curiosa, todo me parecía más pequeño, y es que cuando uno es niño todas las cosas están hechas para gigantes. La huerta de la casa de Jorge Tulio lindaba con la huerta de nuestra casa paterna. Los dueños me acompañaron hasta los linderos, pero la que fuera nuestra casa de adobe había sido derrumbada para hacer una construcción de tejas y ladrillos. El avance inexorable de la modernización iba derrumbando las casas de adobe cambiándolas por construcciones de ladrillo, con las comodidades acordes a la nueva época que se vivía y comprendí que ya nada había allí de mi familia. Sólo el inmenso árbol al que nos trepábamos para colocarnos fuera del alcance de nuestra madre, allí en la huerta, en donde jugaba el niño con sus imanes y se embadurnaba la cara con tierra negra, permanecía como mudo testigo de una época que nunca volvería.

Talvez un poco de atavismo de mi parte me hacía protestar por esos cambios, pero al mismo tiempo pensaba que las cosas no podían durar para siempre y que en cambio estaba la persistencia de nuestra memoria con su capacidad para guardar épocas e imágenes y hacerlas presentes en el momento que quisiéramos. El reloj daba casi las dos de la tarde, debía volver a la oficina. Agradecí a los dueños de la casa el haberme permitido recordar en el mismo escenario de los hechos esos años maravillosos de mi niñez y regresé a mis labores cotidianas.

Pocos meses después viajé a Popayán. Mis aventuras por La Cordillera estaban llegando a su fin, un año antes había solicitado la residencia estadounidense para mí y mi familia, constituida entonces por mi esposa y mi hijo. En Noviembre de 1965, viajé a Estados Unidos dejando atrás familiares y amigos con la certeza de que a muchos nunca los volvería a ver... entre sollozos y abrazos de despedida tomé por última vez el tren que tantas veces me había llevado a los pueblos donde trabajamos: la estación de Morales y Suárez... cuando el tren se detuvo en esta población le compré los últimos pandebonos que comería ni se sabe hasta cuando, a la mujer de los calzones, ¡qué caray! No debía condenarla por algo que nunca hizo intencionalmente, la pobre...
Un año después mi familia se reunió conmigo en Estados Unidos para iniciar la segunda aventura de mi vida, la de Norteamérica, pero... esa es otra historia.

82 - Elia y Paloma Fleta. 1955.

El mejor regalo de Navidad.

No quiero terminar sin relatar un increíble sueño vivido años después en Estados Unidos, un sueño tan real que al despertar mi primer impulso fue escribirlo, como tantos otros cuentos que han surgido cuando dormía. Así nació este relato lleno de sentimientos familiares, atavismos religiosos y nostalgia que todos los emigrantes experimentamos al vivir fuera de la patria.

Era la víspera de un 24 de Diciembre, la familia había aumentado con el advenimiento de una preciosa princesita a quien llamamos María del Mar, por haber nacido cerca a este hermoso Mar Caribe, paraíso del Océano Atlántico, mi esposa y ella habían viajado a Colombia a pasar La Navidad con los abuelos y mi hijo mayor estaba en Nueva York. La familia me hacía falta y la tristeza comenzaba a invadirme. Buscando un paliativo para combatirla y así evitar caer en una depresión, busqué la compañía de las hermanas Fleta, escuchando el único disco de larga duración que poseía.

Algún tiempo después me abrazó el sueño, y mientras en el tocadiscos sonaban las canciones de Elia y Paloma, se abrió la cortina de un teatro y como por arte de magia me vi en escenas familiares bien conocidas. Fue un largo sueño que mi subconsciente me puso delante con impresionantes escenas en una secuencia ordenada, hilvanando la trama de una manera lógica. Fue como un resumen de mi vida, haciendo énfasis en la parte musical.

Las hermanas Fleta tuvieron su época de oro en los años cincuenta. Por el año de 1957, yo frecuentaba La Voz del Cauca, una emisora de Popayán, en Colombia. Buscando en el índice de discos de larga duración encontré uno de Elia y Paloma, de los primeros LP de diez pulgadas. Estos discos fueron el prototipo de los de doce pulgadas que vinieron a ser el tamaño estándar.

La cubierta mostraba a dos jóvenes damas frente a un micrófono. De cabello y ojos castaños, fino cutis como de porcelana, ataviadas con vestidos azules floreados. Sus voces cautivadoras, dulces, sensuales, bien acopladas y con unos armónicos perfectos, los cuales no he escuchado en ninguno de los duetos femeninos que han existido, las envolvían en un halo de misterio y sensualidad.

Quien las escuchaba se refundía en un mar de armonías y deleites musicales a los cuales era difícil sustraerse. Educadas a la sombra de su padre, Miguel Fleta, famoso tenor español, que brilló junto a Caruso a principios de siglo, tuvieron una rígida educación general y musical. Ellas fueron el prototipo de la mujer culta española, representantes con orgullo del arte musical español. Recorrieron toda Europa y América, cantando en italiano, francés, alemán, portugués y español.

Su repertorio fue muy variado en el cual incluyeron canciones de todo el mundo. Excelentes boleristas, grabaron en el sello Montilla con la orquesta del mismo nombre. Habían hecho una triunfal temporada en Cuba, ahora estaban en Colombia de paso para el Brasil. Han transcurrido muchos años después de mi primer encuentro con las Hermanas Fleta. Qué hubiera dado yo por tener la suerte y el privilegio de cantar con ellas.

Sus canciones más famosas por aquellos tiempos de 1955, eran,

"Desvelo de Amor", el bolero de Rafael Hernández, "Una casa portuguesa" y "El cha-ca-chá del tren", de las cuales ellas habían hecho verdaderos éxitos. Así, me encerraba en la discoteca de la emisora a escuchar tenores, tríos y duetos y entre los favoritos, las Hermanas Fleta siempre tuvieron un lugar preferencial.

Daniel Peña mi vecino, me dio las primeras lecciones de guitarra, así cumplí la promesa hecha en 1950, viendo tocar a los tríos famosos en la Pensión Oasis. En mi casa pasaba las tardes ensayando guitarra y cantando a veces solo, otras veces con varios vecinos guitarristas, como Silvio Camayo, Guillermo Torres y otros amigos que frecuentaban mi hogar.

En un tocadiscos de 78 revoluciones conectado a un radio Phillips, tocaba las canciones de Pedro Infante, Juan Arvizu, y Néstor Chayres que tenía un programa por La Voz de América, Ortiz Tirado, Víctor Hugo Ayala, Carlos Gardel y Carlos Julio Ramírez. Me aprendía sus canciones acompañado con mi flamante primera guitarra de clavijas de madera. En un país políticamente convulsionado y con un futuro incierto, escuchar radio era uno de los pasatiempos favoritos. Terminaba el régimen de Gustavo Rojas Pinilla. Los dos partidos tradicionales buscaban una solución que no empapara en un baño de sangre la vida de los colombianos. Las emisoras trataban de brindar entretenimiento con programas de música en donde presentaban los tríos y los cantantes de moda. No existía la facilidad para copiar las canciones. Sólo existían las grabadoras de carrete, que por pesadas y costosas no estaban al alcance del público en general. El maravilloso invento del casete no aparecería sino en los años setenta. Napoleón Dhimes, un cantante dominicano entraba con gran fuerza en nuestros hogares a través de las presentaciones por Radio Cadena Nacional (RCN) con, "La vida castiga". Habría sido un fuerte rival para Alfredo Sadel, si no se hubiese ido a Italia a estudiar en el pináculo de su fama. El mismo Sadel, otro de mis cantantes preferidos, haría lo mismo años después, no había aparecido todavía en ese panorama musical, porque en Colombia no se vendían sus discos. A este tenor venezolano lo descubrió una

83 - Rafael en 1955. Cuando las hermanas Fleta llegaron a América.

vecina mía que escuchaba Radio Nacional Espejo del Ecuador, por la cual tocaban sus canciones algunos años antes de que llegaran a Colombia. Por ese entonces ya Sadel era famoso en Cuba y México, donde realizó varias películas.
El tiempo pasa, es irreversible; los caminos que traza la vida no se pueden volver a caminar, quedan en nuestra memoria como ventanas a donde miramos con nuestro interior para revivir lo que se fue para siempre y solamente existe allí donde nos refugiamos para recordarlo, a veces con alegría, otras con tristeza; tienen su casa en lo más profundo de nuestro corazón.
Por la onda corta también escuchábamos la *XEW de Ciudad de México* y de esta manera estábamos al tanto del movimiento musical mexicano que comenzaba a olvidar la música de los boleros, cambiándolos por baladas y rocks mal traducidos y peor interpretados.
El radio era uno de los mejores pasatiempos en una época en que la televisión y el video todavía no habían invadido el mundo. Había

tiempo para disfrutar de la música, no sólo de la popular, sino también de la música clásica y conocer las obras de los grandes maestros. Y también, disfrutar de la buena lectura juvenil. Fueron mis compañeros inseparables, Julio Verne, Emilio Salgari, Pérez Galdós, Cervantes y mi inolvidable maestro de filosofía, Manuel García Morente. Él me enseñó que hay un mundo fascinante que avanza paralelo al mundo cotidiano en que vivimos y la puerta para pasar a él. Era tiempo de despreocupaciones, tiempo para estudiar y soñar, y también, ser un poco Don Juan y un poco bohemio.

Guitarrista, cantor.

Anhelaba darle serenata a la payanesa de la cual estaba enamorado, y cantarle con mi propia voz, como lo hacían mis amigos cantantes, Julio César Alzate y Alberto Gómez con sus respectivas novias. Quería llevarle a la mujer de mi corazón mi sentir, de la manera musical y poética como sólo se puede hacer a través de una serenata. Fue entonces cuando decidí cantarle con mi propia voz y así me convertí en guitarrista y cantor. Ahí crecí, en ese ambiente poético y romántico del Popayán estudiantil de la década de los cincuentas.

Estados Unidos.

Años después inmigré en los Estados Unidos, y aquí perdí casi todo contacto con mi música, con ese Popayán de serenatas, de estudiantes, de poetas, músicos, cantantes, filósofos y soñadores que quedaron allá, como en un mundo aparte, como en un sueño en el simétrico diagrama de sus calles, pequeño punto geográfico suspendido en el espacio, pero gigante en la calidad de sus gentes y sus hechos.

Sin embargo, de alguna manera me lo traje, en las canciones, en mi guitarra, en el recuerdo... y en mi propia persona, como la síntesis de una época inolvidable. Y no volví a oír a mis queridas hermanas Fleta hasta muchos años después, cuando la casualidad me llevó a un establecimiento de discos.

Un disco de Elia y Paloma.

En un estante, tímidamente, como si no quisiera dejarse ver, apabullado por el rimero de discos de jóvenes cantantes cuyas cubiertas gritaban las estridencias de la música de hoy, cantando en español las más mediocres imitaciones de la música norteamericana, con sus baladas y rocks, se encontraba un disco de larga duración de las mismísimas Elia y Paloma. Me causó enorme alegría, por supuesto, pero al mismo tiempo me pareció una irreverencia de la persona que, sin ningún miramiento, las puso en medio de esa gente.

¡Oh! ¡Malvados que así tratáis a tan distinguidas señoras, mal rayo os parta!

El disco contenía ocho canciones cantadas por ellas y cuatro más con música de Luis Araque, el compositor español. Demás está decir la emoción que sentí al verme de nuevo frente a damas tan queridas.

Las canciones son anclas en donde uno deja parte de su vida y allí, en ese disco había varias, dejadas en cada ocasión, en cada fecha memorable, en cada reunión de amigos, en cada casa en donde tuvimos la suerte y la dicha de compartir risas, charlas y banquetes, en cada persona que formó parte de nuestra circunstancia.

Recuerdos de Popayán.

En ese instante volvieron a resonar las voces de mis amigos y familiares y el ruido de las calles de la ciudad con sus vendedores ambulantes anunciando su pan de leche caliente y las empanadas de carne. Los carreteros voceando, ¡llevo mercados! Los vendedores de periódicos, "El Tiempo", "El Espectador", y "El Liberal", y las voces de las hermanas Fleta cantando en los radios de las casas payanesas; ¡Qué ruido más hermoso! ¡Si es para atraparlo con las manos y meterlo dentro del corazón! Porque ya desaparecieron para siempre, otros sonidos, otros acentos deben haber llenado el espacio payanés, la galería ya no existe y el muchachito que vendía pan de

leche se hizo hombre y el carretero Chancaca, el maestro de la flauta folclórica desapareció, como desapareció el viejo Miel de Abeja, terror de los niños que no se comían la sopa, pues, según sus madres y entre ellas la mía, Miel de abeja se los llevaría en su tenebroso costal.
Se fueron también personajes tan populares como Pateguaba, Frailejón, y Murillo, el hombre de memoria prodigiosa que pronunciaba los discursos de los políticos sin omitir una coma. Y el voceador de periódicos se trasformó en un estanquillo silente y aburrido.
El radio era tan importante como es hoy el televisor. La familia se reunía alrededor del aparato a escuchar las noticias, los partidos de fútbol y por supuesto, las radionovelas. Era el llamado cine del pobre que no tenía medios para ir al teatro. El cine del pobre no tenía límites, el único límite era el de la imaginación de quien escuchaba. El locutor con su voz retrataba la escena y el oyente construía en su imaginación los escenarios más suntuosos, el galán más apuesto y la mujer más bella.
El radio nos dio las horas más agradables al gusto del oyente, había programas dedicados a los niños, programas para adultos, en fin, la cajita mágica nos mantenía siempre al tanto de todo. Nos mantenía con la emoción contenida. Todo el mundo estaba pendiente del día que Don Rafael del Junco, el abuelo de Albertico Limonta pudiera hablar, en la radionovela más famosa de todos los tiempos, "El derecho de nacer". Y sobretodo, la música.

Era curioso ver cómo bajando por la calle sexta se podía escuchar la canción hasta llegar a casa, porque de hogar en hogar se escuchaba la misma emisora y por lo tanto la misma canción, ya fuera por la galería, pasando por la panadería Nueva York, siguiendo por la tienda de las mejores almojábanas y pan de yucas del mundo, o por El Sotareño, o al frente del aviso que rezaba, "Soy feliz porque me retrata Ortiz", pasando por donde las paisas, las hijas del señor de la casa de empeño, luego por la casa de América, bajando por la casa de Francia, o por la casa de Luz. Estos no son nombres de instituciones, sino de muchachas. Llegando a la esquina de las Hurtado, donde se guardaba el Citroen funerario, en la casa de

Daniel Peña, el vecino que me dio las primeras lecciones de guitarra. Él me enseñó las canciones de Gardel, las de Pedro Infante y los primeros bambucos que canté en mi vida. Allí en casa ensayábamos los boleros que después hacían despertar a la muchacha del balcón florecido. A la dulce colegiala que era toda una promesa de amor y de vida, con el clamor enamorado que confiesa en su canción, que la quiere como nunca quiso.

> *Me están consumiendo la pena y el llanto,*
> *cansado me siento de tanto esperar,*
> *y tú no comprendes que si sufro tanto,*
> *es porque te quiero, te quiero en verdad.*

¿Por qué gustaban las hermanas Fleta en Popayán? No lo sé. ¿Sería porque es difícil sustraerse al arrullo de sus voces, o porque el payanés nace con ese sentido especial para captar lo que verdaderamente vale?
Naturalmente me llevé a casa ese disco que para mí tenía tanto valor sentimental, por ellas mismas, por los recuerdos de mi patria, por las gratas horas pasadas en la emisora con mis amigos, Carlos Muñoz, Puchini, Luís Burkhardt, y por papá y mamá que cantaban algunas de las canciones que este disco contenía.

> *Sufro mucho tu ausencia no te lo niego,*
> *ya no puedo vivir si a mi lado no estás.*
> *Dicen que soy cobarde que tengo miedo*
> *de perder tu cariño, de tus besos perder.*
> *Yo comprendo que es mucho lo que te quiero,*
> *No puedo remediarlo qué voy a hacer.*
> *Te juro que dormir casi no puedo,*
> *mi vida es un martirio sin cesar.*
> *Mirando tu retrato me consuelo,*
> *vuelvo a dormir y vuelvo a despertar.*

Navidad.

Mañana es Navidad. Nos preparamos para recibir al Niño Dios. Hay en las calles inusual movimiento de gentes que van y vienen, ataviadas con pesados sobretodos y ropa de invierno para combatir el intenso frío. Andan con paquetes y regalos, para dar en la Noche de Navidad a los niños y a amistades, como gesto de buena voluntad.

Recuerdo que cuando era niño recibía muchos regalos en Navidad y cantábamos villancicos haciendo la ronda vecinal durante los 9 días antes del la conmemoración del natalicio de Jesús. Hoy casi nadie me da regalos, más bien esperan que yo los dé, y los villancicos solamente se escuchan en el radio de vez en cuando. El espíritu de La Navidad se ha ido perdiendo para convertirse en una celebración casi pagana, donde la espiritualidad y el mensaje se pierden en un mundo dedicado al consumismo, que casi no recuerda el verdadero motivo navideño: un aniversario más del nacimiento de Jesús de Nazaret.

¿Te imaginas un cumpleaños, con abundancia de regalos, comida, música y diversión para todos, pero donde brilla por su ausencia el festejado? Ahora se dice, *"Las Navidades"*, como si hubiese habido muchos nacimientos. Navidad significa precisamente eso, nacimiento y sólo hubo uno, el de Jesucristo, por lo tanto creo que debe decirse, "La Navidad". Pensando en todo esto y con mucho pesar de ver los tiempos cambiar de esta manera, y con la dulce voz de las hermanas Fleta como un murmullo revoloteando por mis oídos me quedé dormido.

Camino por una sinuosa calle empedrada. Es una calle típica de un viejo pueblo español. A ambos lados, numerosos edificios de almacenes y negocios cuyos frontales de estilo antiguo cuentan historias de muchos años atrás; al frente, una librería en un edificio de dos pisos, de esos que se encuentran muy a menudo en estos pueblos, en donde el primer piso es negocio y el segundo es el hogar del dueño.

En lo alto, un largo balcón de madera con tendidos de ropa en el centro y a los lados varios tinajones llenos de plantas florecidas.

En la parte baja, una puerta doble de madera pintada de negro con una hoja abierta y una ventana de vidrio que sobresale de la acera. El mostrador exhibe varios libros con diferentes temas, recostados en pequeños atriles. Entro, y me encuentro con un tendero muy bien vestido, de traje azul oscuro inmaculadamente limpio, regordete, casi calvo y con un bigote gris bien poblado; detrás de sus espejuelos victorianos se asoman dos ojos castaños cansados por la vida, pero aún vivaces, por debajo del saco azul se divisaba su chaleco a rayas de donde sobresalía la cadena dorada de un reloj de bolsillo. Me mostró varios libros de villancicos, unos grandes, otros chicos, como si supiera que de eso se trataba, pero al ver que ninguno me interesaba, pues al parecer no era exactamente lo que yo buscaba, me dijo con su característico acento español.

-Por favor, espere un momento-.

Haciendo una seña con la mano se perdió pesadamente entre los viejos estantes llenos de libros. Cuando regresó, traía en la mano un librito pequeño y mostrándomelo dijo sonriente.

-Este sí le va a gustar. Son villancicos cantados por las hermanas Fleta-.

Emocionado por este encuentro, lo tomé en mis manos, lo ojeé, saltando páginas, viendo estrofas y más estrofas sin detenerme a leer nada más que los títulos.

¡Sí! Éste es el que busco-. Le dije, dándole las gracias.

Salí de la tienda caminando despacio, mientras revisaba el libro con detenimiento, leyendo los villancicos, recitando las estrofas, tarareando los más conocidos, hasta llegar a casa.

Mi cuartico español.
Era ya de noche. Llamitas azules y amarillas brotaban de la hoguera

e iluminaban intermitentemente el recinto. En una esquina el árbol de Navidad brillaba con sus decenas de adornitos plateados y dorados sobre el verde manto de las ramas, en su tope se alzaba una Estrella de Belén hecha de papel plateado. Al pié, el nacimiento con José y María arrodillados, mirando hacia un montón de paja dispuesto sobre el comedero de los animales. Para completar la escena del pesebre un burrito y una vaca se hallaban recostados sobre la hierba a cada lado del comedero, sin el niño Jesús, porque Este no había nacido todavía y es costumbre en algunos lugares de España colocarlo a las doce de la noche del 24 de diciembre.

Unos cuantos regalos envueltos en papel con motivos navideños y con cintas rojas y verdes se esparcían por el piso de terracota. Al pie de mi rústico lecho se encontraba un antiguo baúl de madera de pino, lleno de cosas.

A pesar de que la noche era fría el pequeño cuarto permanecía cálido y acogedor; una guitarra colgaba en la pared al lado de un cuadro de doncellas y querubines, varias sillas de madera dispuestas contra la pared, una mesa, sobre la que reposaban dos platos, uno pando con hojaldras y rosquillas, otro hondo con cáscaras de limón verde en almíbar, una botella de cidra, varios vasos de cristal, y un armario, cuya puerta era un espejo, colocado diagonalmente en una de las esquinas, completaba el panorama de mi habitación.

(Nota: Este armario aparece muchas veces en mis sueños. Poseo varios autorretratos frente a su gran espejo incrustado en la puerta. Le doy sentido al armario porque detrás de su espejo guardaba mis más preciados tesoros juveniles, y varios secretos. Allí guardaba también, las conferencias de Manuel García Morente dictadas en la Universidad de Tucumán. Era una caja mágica que me transportaba a mundos fascinantes.

El cuadro de doncellas y querubines es también recurrente, pero ese cuadro no estaba en mi casa, sino en casa de mi maestro de guitarra, Daniel Peña. Cada vez que recibía las clases miraba el cuadro y las doncellas se convertían en Musas. Allí, en medio de esas voluptuosas damas nació Pimuespo, un enano feo y mal hecho, que paradójicamente guardaba los campos de las artes. El significado de su nombre como el de su existencia era un secreto celosamente guardado por las Musas, un secreto que nunca les pude arrancar, pero leyendo antiguos códices encontrados en Avignon, más precisamente en la biblioteca del Monasterio de Santa Catalina, pude averiguar algo más sobre el enigmático personaje, el cual creía producto de mis sueños. Parece que no es así, o si no existió, por lo menos existió literariamente, pero este asunto lo dejo para un segundo libro. Espero que este comentario no haya roto la fluidez de la historia relatada.)

Estaba solo, tenía la certeza de que nadie estaba conmigo. No tenía vecinos con los cuales conviviera, pero no me sentía triste por mi soledad, tampoco esperaba a nadie, pues en mi existencia no había nadie que me acompañara, ni nadie que me visitara. Me sentía bien, acompañado por La Sagrada Familia, representada por las pequeñas imágenes en el pesebre. El espíritu de la Navidad me llenaba de alegría. Avanzaba la noche, las manecillas del reloj se aproximaban a las doce, hora cuando la tradición dice que nació El Salvador. Me disponía a extraer del baúl la imagen del Niño Jesús.

Nostalgia.

En cambio, sentía nostalgia, la nostalgia del emigrante que se perdió de muchas cosas junto a su familia, de crecer y formarse bajo el consejo sabio de sus mayores y que ellos a su vez, hubieran conocido al hombre formado, al padre de familia, al profesional, porque un día tomó sus pocas pertenencias y se embarcó en una nave a "conquistar el mundo", a conocer nuevas gentes, nuevos cielos y nuevas actitudes. Nostalgia al pensar en los familiares que se fueron antes y que nunca volví a ver; mi tía, mi padre, mi madre y Jorge Tulio, ese tío que fue como un segundo padre para mí. Ese que fue carpintero como Jesús, y llenó de alegría mi niñez fabricándome trompos, baleros y carritos de madera. Ése que nos dio tanto cariño como nuestro padre. El mismo que nos dictó muchas clases de arte, al verlo con la sierra y el martillo, en el torno, o dibujando bellas figuras a lápiz o dándonos clases de apicultura, llevándonos a ahuyentar toreadores a los jardines de las colmenas con su rifle calibre 22 o enseñándonos el cultivo de los gusanos de seda. Ese magnífico artista disfrazado de humilde carpintero se fue a descansar a la diestra de Dios, dejándonos un gran vacío. Y por último la tía María, la más joven de las hermanas de mi madre; Dios la hizo dormir plácidamente y en el sueño la tomó en sus brazos y le dijo,

-Ven, ya es suficiente-.

Y se la llevó al lugar de la eterna felicidad, allí donde sólo van los justos.
Triste de pensar en los seres que en ese momento estarían pasando hambre y frío, los que se encontraran en medio de la guerra, causada simplemente porque no todos los seres humanos son de buena voluntad. Especialmente, pensaba en los niños del mundo a quienes la vida les ha dado dolor y sufrimiento a tan temprana edad. Me sentía muy afortunado de tener un techo y un cálido cuarto dónde guarecerme de la nieve y el frío.
Inesperadamente tocan a la puerta, dejo la imagen del Niño sobre el baúl y voy a abrir. Percibo en la semi-oscuridad dos figuras femeninas envueltas en gruesos abrigos, y gorras tejidas cubriéndoles la cabeza adornándose con ocasionales copos de nieve. Muy blancas, de larga cabellera de color castaño la una, la otra de color café, con una blanca sonrisa, franca y sincera, y respirando la hermosura de la juventud. Eran Elia y Paloma, hacía muchos años que las conocía, que escuchaba sus grabaciones, y seguía su trayectoria artística; las recibí con el cariño con que se reciben las buenas amistades. Sus semblantes llenos de cariño y bondad y la forma tan familiar con que me abrazaron me hicieron recordar a una señora que había sido vecina y compañera de colegio de mi madre, cuando niñas, y a quien nunca volvió a ver. Por una casualidad fui a trabajar a esa población, perdida entre las montañas de la Cordillera Central cerca de Silvia, al conocer que yo era hijo de Ruth Elisa, me abrazó tan cálidamente, con un cariño tan sincero y noble, que yo mismo sentí como si, a través de mi persona,

estuviera abrazando una parte de su querida y nunca olvidada amiga de la infancia.

-Venimos a cantar contigo, los villancicos para el Niño que ha nacido-, me dijeron alegres y sonrientes.

Lleno de emoción por la inesperada visita, las hice pasar y las invité a que se pusieran cómodas.

Elia tomó la cajita pequeña con la imagen del Niño, que yo había dejado encima del baúl y lo acomodó en el pesebre, junto a la Virgen María y San José. En ese momento se oyeron las campanas de la iglesia del pueblo, dando las doce de la noche. Paloma destapó la botella de cidra y llenó tres copas de cristal y brindamos por el encuentro de nuestras vidas. Saqué el librito de villancicos y se los di. Ellas lo revisaron, subrayando con un lápiz las canciones preferidas. Tomé la guitarra, di un arpegio para comenzar, y cantando al unísono las dos hermanas alzaron sus voces; el pequeño espacio de mi cuarto se llenó de bellas armonías que brotaban de sus gargantas maravillosas con los más hermosos villancicos que jamás hubiera escuchado, mientras yo las acompañaba con la guitarra y cantaba los estribillos al final de cada estrofa. ¡Qué noche más maravillosa! Mis dedos parecían virtuosos magos desgranando arpegios en la guitarra, mientras nuestras voces en trío daban la bienvenida al Niño Dios. Y yo estaba allí, y no sé cómo, cantando con Elia y Paloma ¡Qué momento más inolvidable!

Así continuamos durante largo tiempo cantando y celebrando el nacimiento del Divino Niño, con la mayor alegría. Les pedí que cantaran algunas de las canciones que tan famosas las habían hecho. Ellas complacientes cantaron varias, me venció el sueño, sus voces se fueron apagando poco a poco con la hermosa melodía *Anema e Core*, y no supe nada más.

El día siguiente desperté mirando alrededor de mi cuarto, impresionado por las vivencias de la noche anterior. Los tenues rayos de sol mañanero se filtraban por la ventana cubierta por una fina cortina de seda, la nieve tras la ventana acentuaba los marcos de cristal. Las voces de las hermanas Fleta todavía resonaban en mis oídos, pero... ellas ya no estaban.

Me levanté y fui presuroso a la librería donde había conseguido el libro de villancicos. Seguramente el librero me podría decir dónde encontrarlas.
Llegué a la librería y me acerqué al anciano.
-Elia y Paloma Fleta estuvieron cantando en mi casa la noche anterior, pero el sueño me venció y no tuve oportunidad de saber nada más de ellas-. Le expresé.
El buen señor me miró por encima de sus anteojos con cara de incredulidad y sosegadamente me preguntó.
¿Está seguro que eran las hermanas Fleta?
-Estoy completamente seguro-, Repliqué.
-Eso no es posible-. Dijo el anciano mientras revisaba los lomos de unos libros. Luego me miró y en tono reflexivo continuó,
-Porque las hermanas Fleta ya no existen, murieron hace varios años. Ese librito de Villancicos fue su última publicación. Sus discos dejaron de venderse hace tiempos-.
-Señor-, le dije confundido e incrédulo por sus afirmaciones.
-Usted debe estar equivocado, eran ellas, tengo la más completa convicción-.

El anciano continuaba hablándome, dándome razones convincentes de lo que decía, pero yo ya no lo escuchaba, parecía que todos mis argumentos carecieran de validez ante las calmadas afirmaciones del anciano. Su voz se fue perdiendo mientras emergía en mi memoria el recuerdo de la noche anterior. Un nudo de tristeza me apretaba la garganta, me confundía sin lograr coordinar el presente con el pasado, la fantasía con lo real. Las impresiones de la noche anterior eran tan vívidas que podría describir hasta el último detalle todo lo que había ocurrido.

Salí de la librería cabizbajo y pensativo, apretando en mis manos el librito de villancicos, mudo testigo de que lo ocurrido la noche anterior era totalmente real. Sus páginas estaban dobladas y ajadas por el uso y los nombres de los villancicos que cantamos estaban subrayados a lápiz, como Paloma lo hiciera.

Extraño fenómeno.

¿Qué clase de asombroso fenómeno había tenido lugar la noche anterior en mi habitación? Había sido una regresión temporal de mi persona a su tiempo o ellas habían sido transportadas al presente.
Con todos estos pensamientos y cavilaciones llegué a mi casa y una vez en la habitación miré alrededor. Sobre la mesa había una botella vacía y ¡tres copas con residuos de cidra! Las rosquillas y las cáscaras de limón en almíbar habían desaparecido. La guitarra estaba recostada sobre la pared, cerca del árbol de navidad. En medio de mi tristeza y confusión maquinalmente la tomé y traté de balbucir algunas estrofas de los villancicos que cantara con las hermanas. Comencé a pulsar las cuerdas de la guitarra, y mientras las notas se esparcían por el recinto sentí la cálida presencia de dos espíritus que me acompañaban... Inexplicablemente se fue la tristeza y me envolvió un ambiente de paz y armonía nunca antes experimentado. La imagen del Niño Jesús, que Elia pusiera en el pesebre, sonreía amablemente. Me miraba dulce e insistentemente...
De pronto, como si de alguna manera Él me hubiera hablado, comprendí que la imaginación traspasa todas las dimensiones, haciendo realidad lo que parece imposible y que ese Niño recién nacido me había traído con la presencia de mis queridas hermanas Fleta... ¡El mejor regalo de Navidad!

Epílogo.

Muchas vivencias más hubiera querido contarles, pero el libro se haría muy voluminoso. Es prudente cerrar estas páginas y los dejo con la esperanza de que hayan disfrutado con su lectura, tanto como yo lo disfruté escribiéndolo.

Creo que no me perdí nada de la acción que mi circunstancia me puso, unas veces protagonista, artesano de mi propio futuro y otras espectador. Después de haber vivido todos estos años quiero agregar el segundo Don más preciado después de la vida que el ser humano puede poseer: el tiempo. El tiempo de nuestra vida, que se nos ha dado sin pedirlo, y que junto a nuestro libre albedrío determinan lo bueno y lo malo de nuestros actos. Algunos lo utilizan para hacer dinero, otros para tener fama y renombre, es lo más natural, pero yo lo he utilizado simplemente para ser feliz en la comprensión de la maravilla de las cosas y en todos los fenómenos de la naturaleza, con una innata curiosidad por desentrañar las incognitas universales, por captar el concepto de todo lo que existe. Intento por todos los medios que los días de mi vida no sean iguales, que haya siempre algo nuevo de qué asombrarme, una experiencia o un nuevo concepto que me haga pensar y engrandecer mi espíritu y soñar, levantar el vuelo con la imaginación a lugares ignotos a los que solo la mente nos puede llevar. Recuerden, la fortaleza está en su cerebro y una actitud positiva y soñadora ante la vida activa neuronas y neurotrasmisores que les ayudarán a fortalecer su sistema inmunológico alejándolos de enfermedades y problemas. He sabido enfrentar con firmeza y resolución los malos momentos que la existencia me ha dado. Considero que el entorno no ha sido del todo hostil. Gracias también, a la persistencia de mi memoria que me ha permitido extraer las incidencias, a menudo con lujo de detalles de todo lo relatado. Miro a mis hijos y creo que de todas las obras que el tiempo me permitió realizar fueron ellos lo mejor. Cuando lean este libro van a conocer finalmente, qué hice por esas desconocidas y exóticas tierras de Sur América durante mis primeros 25 años de existencia.

Por último quiero expresarles que el dejar bienes materiales no nos otorga el privilegio de sobrevivir a la muerte; sobrevivimos únicamente cuando dejamos nuestras ideas escritas para que el mundo las conozca, por tanto, los lugares y personajes mencionados en este libro sobrevivirán conmigo porque cada vez que alguien lo lea volveremos a existir, es la única manera de permanecer, en el cerebro de los demás. Les dejo mi filosofía de vida, una filosofía de principios intemporales, porque pasarán generaciones y mi criterio impreso en este libro siempre tendrá validez.

La Colombia a la que me he referido la llevo muy hondo en el corazón, pero sólo existe en la memoria, porque muchísimas cosas han cambiado. Hace años emigré a los Estados Unidos, son muchos más de los que viví en Colombia, por eso lo considero también mi país, donde he visto crecer a mis hijos y a mis nietos. Es el país que me ha dado todas las oportunidades para ser lo que soy, en el cual he convivido con personas maravillosas. Aquí he realizado todos mis sueños y si no alcancé más no fue porque me lo negara, sino porque no quise tomar todas las oportunidades que me brindó.

Pero, son más de veintiséis años sin caminar por las calles de Popayán. Después del fallecimiento de mis padres, en los ochentas, pienso que no tuve un incentivo fuerte para volver a sentir el aroma del ambiente payanés. Creo que es tiempo de volver a pasear por esas mismas calles, a charlar con las amistades que todavía están, y dejar una flor en memoria de las que ya se fueron. A sentarme en una banca del Parque de Caldas, vivo escenario de la historia de Popayán, verla pasar ante mis ojos, y con mucho cariño evocar los maravillosos años de nuestra primera juventud.

Y por cierto, sería muy agradable ir en el verano… ¡*cuando florezcan los eucaliptos!*

No les digo adiós, quizás nos volvamos a encontrar en un próximo libro. ¡Hasta pronto!

Indice de Temas.

Nota del editor.... 9
PROLOGO.... *11*

PREFACIO. **15**

Barrio Valencia. *19*
La boda de mis padres. *22*
La Segunda Guerra Mundial. *24*
Los tíos Sacerdotes.... *26*
Universo infantil. *31*
El libro mágico. *32*
Diario infantil. *35*
La carretilla. *35*
La familia Collazos y otros asuntos. *36*
El Caballo Corneado. *41*
1947. Bertilde y la música clásica. *42*
1948. La primera comunión. Popayán. *42*
Dibujos a lápiz, Colegio del Pilar... *43*
Charlas con mamá. *46*
El niño del balcón, 1944. .... *47*
La Nana Margarita y los fantasmas de mi niñez. *52*
Los eucaliptos de la Avenida.... *57*

El Niño de Acero. 61
Una juventud de ensueño. 71
Pinturas para una exposición. 75
El 9 de Abril de 1948. 77
Un poco de Historia. 82
Mi circunstancia. 92
"La Cumparsita". 96
Edwin Hubble y las galaxias. 104
La sociedad secreta. 106
Mi circunstancia, segunda parte. 110
El Citroen. 114
Maruja Vieira y las láminas de Emilio Freixas. 116
Don Luis Dulcey y su hermano. 121
La tía Bertilde. 122
El tío Jorge Tulio 131
La Barra del Barrio Valencia. 134
Paniquita y la familia Bustamante. 137
Separación de la familia Tobar Gómez. 141
Maruja y Beatriz. 142
Pensión Oasis. 143
Oliva. 144
La Cumbre, Valle. 147
Fábrica de Porcelana. 148
La ampliadora. 150
Ciro-Flex. 151
El dibujo. 152
El Siglo y El Tiempo. 153
Las tiras de aventuras. 156
Amor a la fotografía. 162
El Club Águila y El Club Misterio. 166
Las cacerías. 174
La cueva del ladrón. 178
Captura de presuntos guerrilleros. 183
Extraña caravana. 188
La Delegación Departamental. 193
Militante socialista. 196
La Comisión a la Cordillera Occidental. 198
Historia de un Corto Metraje. 201
Colegio Champagnat. 208
Entre Carreño y Astete. El Tambo, 1947. 210

El Catecismo. *214*
La religión de Dios. *215*
Preparativos de viaje. *217*
El Cartero y mi primera modelo. *219*
Cine en las veredas. *222*
Sayonara. *224*
Don Nepo y los caballos. *227*
Astronomía Amateur. *231*
La pescadera. *233*
Los guerrilleros. *235*
Saúl Tovar. Semblanza de un padre ejemplar. *238*
El Tambo. *243*
Olga Tenorio - El Tambo. *245*
La chorrera de El Tambo. *246*
Las figuras religiosas de El Tambo. *247*
Atacados por la Naturaleza. El Tambo. *250*
El Paraíso. *251*
La condenación de los libros. *255*
De San Antonio a Ortega. *258*
La guerrilla y los menores de veintiuno. *262*
Las capillas y las sacristías. *264*
El Judío de los azotes. *266*
Dinde. Don Este y Don Mono. *271*
Viaje a El Mesón. *277*
Fin de la misión. *285*
Rapanui andino. *286*
Triste despedida. *288*
La comisión a Morales. *289*
La comisión a Suárez. *293*
Estrategias efectivas para dejar de fumar. *294*
La comisión a la costa del Pacífico. Guapi. *298*
Concepción. *302*
Viaje a Guapi. *307*
Noche de currulao. *316*
Grethel. *322*
Falta de carácter social. *338*
Una dama conocida. *341*
La comisión a Timbiquí. *345*
El estero encantado. *346*
El Niño. *349*

Tormenta marina. *350*
La pequeña Venecia. *355*
Santa Bárbara de Timbiquí. *356*
La bella hija del presidente. *360*
El sermón del franciscano. *361*
El radio, un entretenimiento. *362*
Las bendiciones del Altísimo. *365*
Charlas con Pérez. *366*
Los habitantes de labio leporino. *368*
Las minas de Timbiquí - Regreso a Guapi. *372*
La comisión a la Cordillera Central. *376*
El prisionero de Usenda. *379*
El ingenioso hidalgo. *382*
Bar "Catleya". *384*
La minifalda. *385*
Jaime Castrillón. *387*
Las puntadas del Loco. *388*
Los ases de la voladora. *391*
Mis modelos. *394*
La Cordillera Central. Coconuco. *397*
Cajibío. *402*
El último regreso a El Tambo. *406*
El mejor regalo de Navidad. *409*
Guitarrista, cantor. *413*
Estados Unidos. *413*
Un disco de Elia y Paloma. *414*
Recuerdos de Popayán. *414*
Navidad. *417*
Mi cuartico español. *418*
Nostalgia. *420*
Extraño fenómeno. *424*
Epílogo. *425*

Indice de Fotografías e Ilustraciones.

1 - Barrio Valencia, Popayán, 1960.. 20
2 - Boda de los padres de Rafael - Octubre 20, 1936..................... 23
3 - María Gómez Solarte. 24
4 - Ruth Elisa Gómez Solarte, madre de los Tobar-Gómez............ 27
5 - Acuarela realizada por el tío, Guillermo Gómez Guzmán. 29
6 - Pequeño Larousse Ilustrado – 1939. El Libro Mágico.............. 32
7 - Orquesta de animales - Pintado por Rafael, a los ocho años. ... 45
8 - Oscar Rodriguez, "El Compartidario", con un amigo, y su perro.
   - 1956 64
9 – Alfonso Mosquera, Rafael y Guillermo Torres. 1958 67
10 - Óleos para la exposición de 1965, en el Museo Valencia,
    patrocinada por la Universidad del Cauca. 75
11 - Rafael Tobar – 1958 106
12 –Nelly Garcés, una de las bellas vecinas de Rafael. 110
13 - Carmen Tobar - Dibujo de Rafael. 1962. 111
14 - Estudio de Rafael, en Miami - 2007 112
15 - Bohemia - Óleo de Rafael, años sesenta. 113

16 - Bertilde Gómez Solarte. 123
17 - Bertilde y su asistente con Janet Carrillo e hija. A la izquierda la residencia del Dr. Ante 125
18 - De derecha a izquierda, Guillermo Torres, Juan Carlos Tobar, (Hijo de Rafael) Jorge Alberto González y Rafael. Al fondo dos óleos de los esteros del Río Timbiquí. 126
19 - Bertilde Gómez Solarte 130
20 - Jorge Tulio Gómez Solarte. 131
21 - Calle sexta, hacia oriente. A la derecha la casa de Hurtado hijo, donde se guardaba el Citroen, a la izquierda la residencia del Dr. Ante. 1962 136
22 - Rafael con Fructuoso del Río y dos compañeros, en "Alcora", la fábrica de porcelana. 1960. 148
23 - Rafael decorando jarrones. Detalle. 1960 149
24 - Cámara Ciro-Flex de 120 mm - 1955 152
25 - Mati - Las Trillizas. 1956 162
26 - Mati, en una pose doble. 1956 164
27 - Don Pedro Bolaños, en los potreros del Achiral, luciendo una de las camisas que confeccionaba la madre de Rafael. 1959
.... 170
28 - Aunque usted no lo crea, de Tripley 171
29 - Acuarela realizada por Rafael, en 1957 173
30 - Ilustración a lápiz, para un libro de cuentos, realizada treinta años después, basada en un boceto dibujado en la cacería. 1990 177
31 - Capitán José Vicente Vivas Castrillón, con Isabel, e hijas. Fotografía de 1950, aproximadamente. 191
32 - Rafael Bolaños y Joaquín Arboleda - Delegados Departamentales del Registrador Nacional. 1962 193
33 – Puchini, el Control de Cabina en "La Voz del Cauca" 1956.200
34 - Ilustración para el cuento de, "Gaviota". 1980 202
35 - La pescadera - Rafael y Juan Carlos - Cayos de la Florida. 1970
.... 233
36 - Saúl Tovar Padre (derecha), con su hijo Luis Afranio. La Cumbre, Valle. 1956 240
37 - El Tambo. 1975 244
38 - Aldea de San Antonio. 1961 259

39 - Rafael e Ismael, en plena actividad ceduladora. 1961. 268
40 - Camino a Dinde.. 269
41 - Aldea de Dinde. 1961. 270
42 - Cedulación en Dinde. En el centro, el Inspector y sus hijas. 1961 271
43 - Rafael con Bucéfalo - Cordillera de Los Andes Occidentales. 1961 272
44 – Ismael con Aquimichú, La Perezosa y La Rucia. 1961 277
45 – Foto de Rafael que Ismael tituló, "Frito Bandido". Donde Rafael aparecía como un bandido mexicano. 1961. 278
46 - El Mesón. 1961 280
47 - ¿Vendrá otro individuo a hacerse cedular? 1961 283
48 - En el tope del mundo. 1961 287
49 -Última fotografía con Bucéfalo y Viernes. 289
50 - Estación de Morales. 1962... 291
51 - La dureza de las faenas campesinas se refleja en el rostro de este ciudadano, captado por Rafael, en Cajibío. 1964 292
52 - Primera escuela de secundaria en Miami, construída en 1905 y convertida hoy en museo, similar a las casas de Buenaventura. 302
53 - El río parecía un espejo. Nada perturbaba la paz del litoral. 1963.. 312
54 - El barco ancló a varios metros de la orilla. - R. Tobar. 1963 314
55 - Atardecer en el Río Guapi. - R. Tobar. 1963 315
56 - Tardes musicales en Guapi.- R. Tobar. 1963. 320
57 - Alrededores de Guapi - 1963. 321
58 - Rafael - Orillas del Río Guapi.- R. Tobar. 1963................... 335
59 - De vez en cuando la veía pasar... 336
60 - Guapi se fue empequeñeciendo a medida que el avión cobraba altura.... (Google Earth) 340
61 - Inmediaciones de Santa Bárbara.- R. Tobar. 1963. 344
62 - El estero encantado. Foto de Rafael 1963........................... 346
63 - Era necesario vivir la emoción del estero.- R. Tobar. 1963 .. 347
64 - Ruta de la comisión a Timbiquí. (Google Earth}................ 349
65 - Después de la tormenta continuaron lentamente su marcha.- R. Tobar. 1963. 353
66 - Genio y figura de Isaías... 356

67 - Impulsando el potrillo hacia aguas profundas del Río Sesé. - R. Tobar. 1963 362
68 - Lavadora de oro. - Río Timbiquí. R. Tobar. 1963. 363
69 - Atuendos de misionero, para El Veterano y Rafael. 1963..... 365
70 - El camino de las serpientes - 1963....................................... 370
71 - Palanquero en su hábitat. R. Tobar 1963 372
72 - Conduciendo el potrillo a otro lugar navegable. R. Tobar. 1963 374
73 - La Capilla de Belén - Fotografía del tío, Guillermo Gómez Guzmán - 1930. 377
74 - Rumbo a Silvia. Foto de Rafael Tobar. 1964 378
75 – Modelo.. 395
76 - Panorámica de Coconuco. Foto, Rafael Tobar. 1964. 397
77 - Rafael, en las alturas de Coconuco. 1964. 398
78 - Guambiana - Región de Silvia, Cauca. Óleo de R.Tobar. 400
79 - La nostalgia del indio. – Lápiz - por Rafael. 1964................ 401
80 - Calle principal de Cajibío - 1963 Foto de Rafael Tobar. 403
81 - Añoranza. - Rafael Tobar con Jesús Llantén. 1964. 405
82 - Elia y Paloma Fleta. 1955. 409
83 - Rafael en 1955. Cuando las hermanas Fleta llegaron a América. 412

Bibliografía y Referencias.

Wikipedia en español e inglés, (http://www.wikipedia.org/)
Biblioteca Luis Ángel Arango, (http://www.lablaa.org/
Google Earth, (http://earth.google.com/)
Quinientos años. Una historia de familias, Por Oscar Tobar Gómez.
Archivos Fotográficos de Oscar y Rafael Tobar.

Agradecimientos por su información a, Maruja Idrobo de Hoyos, Alba Doris Orozco, Clelia Garcés de Torres y a Jochen Gerstner. A Gloria Segura y Giovanni Castrillón, los mapas enviados de la región caucana fueron de gran utilidad para recordar los nombres de las aldeas a lo largo de nuestro recorrido por la montaña.
Especial gratitud a Walter Fonseca, sociólogo y diplomático costarricense, que descubre "un sorprendente universo de gentes y hechos en un diminuto punto de la geografía americana", y por sus enaltecedores e inmerecidos adjetivos referentes a mi aporte literario.
A Guillermo Torres Medina, María Stella Ordóñez, Mario Pachajoa Burbano, a mi hermano Oscar y a Jaime Vejarano Varona, mi gratitud sincera por su paciencia en escucharme o leer los borradores y por sus oportunas sugerencias y comentarios.

Rafael Tobar.

Cuando florezcan los eucaliptos *Rafael Tobar*

"Cuando florezcan los eucaliptos" ante el público lector.
http://rtspecialties.com/blog1/

Alfonso Durán Restrepo
Cali, Colombia.
"Cuando florezcan los eucaliptos", espejo de la realidad.
¡Qué librito señor Tobar!
Es el libro de aventuras juveniles más ameno que haya leído en mi vida.
¡Qué sencillez! Qué dominio del idioma castellano y qué memoria para describir los distintos lugares de su historia.
Su prosa sitúa al lector en el mismo escenario de los hechos con tal fuerza y realidad que es uno mismo quien esta con usted viviendo sus experiencias. Sus relatos son el espejo de mi realidad.
Gracias por hacerme recordar y soñar de nuevo. Uno de sus lectores, el Dr. Bustamante, escribió una frase en su blog, que antes de leer su libro no entendí, pero después de leerlo, pienso que el mundo no es tan malo como parece, que libros como este nos hacen descubrir el verdadero sentido de la vida y *"se vuelve uno a reconciliar con la humanidad"*.

Dr. Rafael Bustamante.
Catedrático de la
Universidad del Valle, Colombia.
Otros mejor capacitados que yo tendrán la oportunidad de realizar la apología literaria de este libro; lo que sí puedo expresar es la calidad humana exquisita y bondadosa que se trasluce en cada una de sus reflexiones, no hay amargura, ni críticas, ni complejos de ninguna índole, ni superficialidad, ni vulgaridad, ni ramplonería, sólo anhelo de agradar y agradecer a esta misteriosa humanidad en que nos ha tocado vivir. Excelente su estilo tan propio, donde se mezcla una deliciosa narrativa con reflexiones filosóficas fruto de una mente acostumbrada a discernir los detalles más finos sin perder una amplia visión generalizadora. Al leerlo se vuelve uno a reconciliar con la humanidad.

Lourdes Santana.
Bachiller en Teología.
Seminario B. N. Do Brasil,
Seminario Betel, Río de Janeiro, Brasil.
Soy estudiante de español. La suerte hizo que encontrara, "Cuando florezcan los eucaliptos", una excelente obra literaria en lengua española.
Rafael Tobar, lleva al lector a un rico mundo de conocimientos, describiendo con detalles la vida y la cultura en diferentes dimensiones, siendo uno de los pocos escritores que consiguen mantener esta habilidad artística en una obra literaria.
En, "Cuando florezcan los eucaliptos" encuentro un interesante conjunto de

conocimientos en ciencia, filosofía, sociología, historia y arte en una gran variedad de temas. En algunos capítulos el autor cuenta sus aventuras de una manera tan humorística despertando en mi un torrente de risas y en otros me produce un brote de emociones y nostalgias.

Para mi es un privilegio leer una obra tan completa, que describe una región de América Latina: la región de Cauca, en Colombia, en un exquisito lenguaje castellano y la considero digna de excelencia entre las grandes obras escritas en este idioma. Se precisa una edición en portugués que haga conocer a Rafael Tobar en mi país.

Tony Monrroy. Diseñador Gráfico.
Miami, Florida, USA.

No he tenido la suerte de viajar a Popayán, la bella ciudad colombiana de mi profesor y amigo Rafael Tobar, al menos no físicamente, pero su bello y exquisito libro vino impensadamente a solucionar esta pequeña laguna geográfica. Su amena y espectacular narrativa me hizo regresar a mi propia niñez, en mi querido Caibarién, Provincia de Villaclara, en Cuba. Y es que muchas de sus aventuras juveniles fueron muy similares a las que yo viví, a no sé cuántas millas de distancia. Por eso, a medida que leía era como si yo mismo lo hubiese escrito.

Tuve la suerte de conocer a este culto y singular colombiano sobre el año 1986, cuando adquirí el negocio de gráficas que aun poseo, lo compré sin saber nada de diseño gráfico, pues estaba seguro que siendo arquitecto, sería fácil para mí. Real y afortunadamente no fue así. Indagué por un profesor, y un conocido me recomendó al mejor profesor de diseño gráfico de esta ciudad: Rafael Tobar. El me enseñó el Arte de la ilustración y a manejar los programas en la PC. Como si esto no bastara, estoy muy orgulloso de ser amigo del escritor que ha sido capaz de escribir el libro más hermoso de aventuras juveniles contemporáneo, "Cuando florezcan los eucaliptos". La excelencia, la delicadeza y la elegancia brotan en cada página de su libro.

Profesor Tobar, mis más sinceras felicitaciones.

Luis Arévalo Cerón.
Escritor, periodista.. Corresponsal de "El Liberal". Popayán, Colombia.

El contenido del libro 'Cuando florezcan los eucaliptos' es una invitación a oxigenar la memoria; sus capítulos son historia imperecedera de una región de gente espontánea, intelectual y reflexiva.

Ladislao Duranza.
Profesor de Historia y Literatura Hispanoamericanas.
Florida International University.
Tobar tiene una prosa tan clara, tan precisa en la descripción y tan ágil en la narración que puede perfectamente competir con los más famosos de la épica latinoamericana. Su estilo se realiza por medio de una prosa de visiones directas, fotográficas, sin regodeos líricos ni con los recursos ya conocidos de tormentosos párrafos literarios. Su factura, en una palabra es clásica, tanto en el modo equilibrado de usar el lenguaje como en los conceptos que requieren las circunstancias narradas.

José Rafael Rebolledo Chaux MD. San Antonio, Texas.
La inclusión de una variedad de anécdotas, dichos, costumbrismos, situaciones románticas de gran ternura, travesuras juveniles, su exquisita adicción por el tango, etc, mantienen al lector en constante interés a tal punto que una vez comenzada la lectura es difícil suspenderla.

Manuel Garcia V. Periodista. Madrid, España.
Con un exquisito estilo narrativo, Rafael nos lleva de la mano haciéndonos participantes activos de sus aventuras, de manera que cuando comenzamos a leerlo no quisiéramos dejarlo. Pocos libros os dejan con la agradable sensación de querer leerlo nuevamente al cerrar las últimas páginas. Creo que la obra merece cinco estrellas en la clasificación de excelencia. Calurosa felicitación a Rafael Tobar por su magnífico libro que nos ha permitido conocer nuevas facetas de la América Hispana.

Alejandro Guzmán R. Bogotá, Colombia..
...combate la ignorancia y el fanatismo religioso e invita a la juventud talentosa a dedicarse a la docencia y a la investigación científica.

Dr. Mario Pachajoa Burbano. Washington. DC. USA.
Cuando hace algunos años me comunicó su deseo de escribirlo pensé que como todos los que llevaban años residiendo en Popayán y que conocían en detalle la historia de la ciudad y los próceres caucanos, el tema estaría muy cercano a ellos. Hace algunos meses, cuando tuve la oportunidad de leerlo, me sorprendió que estaba equivocado en mi primera impresión: eran sus interesantes e ilustrativas experiencias desde muy corta edad, en los distintos escenarios que ofrece el Cauca a sus moradores, el medio en que se educa y trabaja, inclusive en Popayán. Con sinceridad relata en forma interesante y amena, sus aspiraciones de niño y joven y sus metas, las de un caucano, hasta que decide dejar su medio y trasladarse a USA.

Dr. Walter Fonseca. Escritor, sociólogo, diplomatico. San José, Costa Rica..
..es un sorprendente universo de gentes y hechos en un diminuto punto de la geografía americana.

Dr. Jochen Gerstner, MD
Profesor titular de Ortopedia de la Universidad del Valle. Cali. Colombia.
Rafael Tobar Gómez, autor de un libro maravilloso titulado "Cuando florezcan los eucaliptos" cuya lectura recomendamos con entusiasmo, pues es el reflejo fiel de la época que nos tocó en suerte vivir.

César Valencia O. – Lector.
Medellín, Colombia.
La obra respira un amor y un sentimiento únicos por la patria y por nuestra gente, desde la Costa del Pacífico hasta las montañas de los Andes, un amor contagioso que nos induce a ser mejores ciudadanos, con ese idealismo que trasciende las páginas del libro y nos lleva a tocar las fibras más íntimas de nuestro ser.

Qué lindo es el Cauca y Popayán! – Carlos Mosquera.
March 3rd, 2009
Viejo amigo… ya pasaste a la historia. Tu libro es fantástico… para leerlo varias veces! Es relajante y ameno. ¡Felicitaciones!. Bien, esperamos la segunda parte con tu aventura en USA. Ya me he escargado de hacerle publicidad en popa y entre los amigos colombianos aquí en Hannover. Saludes,
Carlos Mosquera.
Hannover, Alemania.

http://rtspecialties.com/blog1/

teahousepub@rtspecialties.com

www.ingramcontent.com/pod-product-compliance
Lightning Source LLC
Chambersburg PA
CBHW071645160426
43195CB00012B/1361